辻村みよ子編著

最新 憲法資料集
年表・史料・判例解説

信山社

はしがき

　日本国憲法施行70周年を経て、憲法を学び直す必要性が一層大きくなっている。20世紀末からの世界の憲法変動や日本の憲法改正論議の展開がその理由である。とくに最近では、与党が改憲の発議に必要な3分の2の議席を得たことから、「政治の論理」によって改憲論議が推進されている状況がある。

　これに対して、研究者のみならず、マスコミ、市民、学生もみな、無関心ではいられない。従来の改憲論の中心であった「押しつけ憲法」論の真偽や、政府が集団的自衛権を容認した憲法9条の解釈など、戦後日本の憲法政治の展開に遡りながら、真剣に考え直す時であろう。権力を抑えるために憲法があるという「立憲主義」の考え方や憲法改正手続を通常の法改正より厳しくしている「硬性憲法」の意味を知ること、民主主義や「個人の尊重」がいかに日本社会に根付いているかを日本国憲法史の視点から検討することも、重要である。そして、今こそ、主権者市民が憲法問題に真摯に向きあい、熟議を尽くすためにも、時宜に見合った憲法のテキストと憲法資料集が求められている。

　このような認識のもとで、本書を緊急出版することにした。本書は、憲法年表・憲法史料・重要判例解説の3部からなる。1憲法年表は、日本初の憲法学の専門雑誌として創刊した『憲法研究』（2017年11月3日創刊）所収の年表を補完し、今日に至る戦後の憲法年表を完成させる意味を持つ。また、2憲法史料では、戦後の改憲動向を再検討するために重要と思われる歴史的文書を厳選して採録した。とくに最近では、天皇の生前退位特例法や安保法制などの重要な立法が行われたため、これらの主要法律も掲載した。3の憲法関連重要判例解説では、日本国憲法史のなかに憲法訴訟の展開を位置付けるために、100の主要な判例を厳選して解説を付した。事例や時代背景、下級審からの展開等を要約的に示すことで、年表と併せて日本の戦後憲法政治の動向を理解することができる。

　本書の年表・史料・判例解説を総合的に読みかえすことで、日本国憲法70年の歴史と、憲法原理の定着の度合いを知ることができるであろう。

　さらに、『憲法研究』創刊号を契機とする出版は、本書だけではない。この資料集だけでは十分に論じることができない憲法条文の解釈や学説の対立等を明らかにするため、当代第一線の執筆陣による『概説 憲法コンメンタール』（2018年信山社刊）を続刊の予定である。

こうして、『憲法研究』・『最新 憲法資料集』・『概説 憲法コンメンタール』という3つの企画が、それぞれ相乗的な効果を発揮して、研究者や法学部・法科大学院学生の他、マスコミ関係者や市民の皆様に、幅広くお役にたてることを、切に願っている。これらの企画の意義を理解してくださり、本書の編集作業に多大な尽力を惜しまれなかった信山社の稲葉文子さんに、心からお礼を申し上げる。
　2018年2月

　　　　　　　　　　　　　　　　　　　　　　　　　　　辻村みよ子

目　次

はしがき／凡　例

1 憲法年表
1945〜2017年……………………………………………………………………2

2 憲法史料
1　ポツダム宣言（1945年7月26日）……………………………………………30
2　ポツダム受諾に関する8月10日付日本国政府申入（抄）（1945年8月10日）……30
3　終戦の詔勅（1945年8月14日）………………………………………………31
4　日本共産党「新憲法の骨子」（1945年11月11日）…………………………31
5　憲法改正に関する松本4原則（1945年12月8日）……………………………31
6　憲法研究会「憲法草案要綱」（抄）（1945年12月26日）……………………31
7　高野岩三郎「憲法改正私案要綱」（抄）（1945年12月28日）………………33
8　日本自由党「憲法改正要綱」（抄）（1946年1月21日）……………………34
9　憲法改正要綱（1946年2月8日，憲法問題調査委員会）……………………34
10　マッカーサー三原則（1946年2月3日）……………………………………35
11　日本国憲法「総司令部案」（マッカーサー草案）（抄）（1946年2月13日）……36
12　日本進歩党「憲法改正要綱」（抄）（1946年2月14日）……………………40
13　日本社会党「憲法改正要綱」（抄）（1946年2月24日）……………………41
14　日本国憲法「三月二日案」（抄）（1946年3月2日）………………………42
15　憲法改正草案要綱（抄）（1946年3月6日）…………………………………43
16　毎日新聞「国民の反応」（1946年5月27日）…………………………………45
17　帝国憲法改正案（1946年6月20日）…………………………………………46
18　公法研究会「憲法改正意見」（1949年3月20日）……………………………50
19　吉田茂内閣「憲法第九条の「戦力」に関する統一見解」（1952年11月25日）……54
20　憲法調査会　最終報告書〈要旨〉（1964年7月3日）………………………55
21　自民党憲法調査会「憲法改正大綱草案」（稲葉私案）（抄）（1972年6月16日）……58
22　集団的自衛権に対する政府解釈（1972年10月14日，1981年4月22日、5月29日）……59
23　読売新聞「憲法改正第一次試案」（1994年11月3日）………………………61
24　日本会議・新憲法研究会「新憲法の大綱」（2001年4月）…………………67
25　テロ対策特別措置法（2001年11月2日）……………………………………69

目　次

26　読売新聞「憲法改正2004年試案」（2004年5月3日）……………………73
27　自民党憲法改正プロジェクトチーム「論点整理」（抄）（2004年6月10日）……81
28　自由民主党「新憲法草案」（2005年10月28日）……………………………86
29　民主党憲法調査会「憲法提言」（2005年10月31日）………………………92
30　憲法改正手続法（国民投票法）（抄）（2007年5月18日）…………………99
31　自由民主党「日本国憲法改正草案」（2012年4月27日）…………………119
32　九条の会「『戦争する国』づくりに反対する国民の声を」（2013年10月7日）……127
33　武器輸出三原則の見直し（2014年4月1日）………………………………128
34　憲法改正手続法一部改正法（2014年6月20日）……………………………131
35　安保法制閣議決定（2014年7月1日）………………………………………132
36　平和安全法制整備法［安保法制タイトル一覧］（2015年9月19日）………135
37　自衛隊法（抄）（1954年6月9日）…………………………………………136
38　国際連合平和維持活動に対する協力に関する法律（抄）（PKO協力法、1992年6月19日）……………………………………………………………147
39　国際平和支援法（2015年9月30日）…………………………………………157
40　天皇の退位等に関する皇室典範特例法（2017年6月9日）………………161
■　**日本国憲法**（1946年11月30日公布）……………………………………164

3　憲法関連　重要判例解説

Ⅰ　1940年代　［1947〈昭22〉-1949〈昭24〉年］

1　死刑合憲判決（最大判1948〈昭23〉.3.12刑集2巻3号191頁）………………172
2　メーデー事件（不敬罪）判決（最大判1948〈昭23〉.5.26刑集2巻6号529頁）……172

Ⅱ　1950年代　［1950〈昭25〉-1959〈昭34〉年］

3　レッド・パージ事件（最大決1952〈昭27〉.4.2民集6巻4号387頁）……………172
4　警察予備隊違憲訴訟（最大判1952〈昭27〉.10.8民集6巻9号783頁）…………172
5　皇居前広場事件（最大判1953〈昭28〉.12.23民集7巻13号1561頁）……………173
6　新潟県公安条例事件（最大判1954〈昭29〉.11.24刑集8巻11号1866頁）………173
7　謝罪広告事件（最大判1956〈昭31〉.7.4民集10巻7号785頁）…………………173
8　チャタレー事件（最大判1957〈昭32〉.3.13刑集11巻3号997頁）………………174
9　砂川事件（最大判1959〈昭34〉.12.16刑集13巻13号3225頁）…………………174

Ⅲ　1960年代　［1960〈昭35〉-1969〈昭44〉年］

10　苫米地事件（最大判1960〈昭35〉.6.8刑集14巻7号1209頁）…………………174

11	東京都公安条例事件（最大判1960〈昭35〉．7．20刑集14巻9号1243頁）	175
12	第三者所有物没収事件（最大判1962〈昭37〉．11.28刑集16巻11号1593頁）	175
13	加持祈禱事件（最大判1963〈昭38〉．5．15刑集17巻4号302頁）	176
14	ポポロ事件（最大判1963〈昭38〉．5．22刑集17巻4号370頁）	176
15	奈良県ため池条例事件（最大判1963〈昭38〉．6．26刑集17巻5号521頁）	176
16	「宴のあと」事件（東京地判1964〈昭39〉．9．28下民集15巻9号2317頁）	177
17	全逓東京中郵事件判決（最大判1966〈昭41〉．10.26刑集20巻8号901頁）	177
18	恵庭事件（札幌地判1967〈昭42〉．3．29 下刑集9巻3号359頁）	177
19	朝日訴訟（最大判1967〈昭42〉．5．24民集21巻5号1043頁）	178
20	都教組事件判決（最大判1969〈昭44〉．4．2刑集23巻5号305頁）	178
21	「悪徳の栄え」事件（最大判1969〈昭44〉．10.15刑集23巻10号1239頁）	179
22	博多駅テレビフィルム提出命令事件（最大決1969〈昭44〉．11.26刑集23巻11号 1490頁）	179
23	京都府学連事件（最大判1969〈昭44〉．12.24刑集23巻12号1625頁）	179

Ⅳ　1970年代 ［1970（昭45）-1979（昭54）年］

24	八幡製鉄献金事件（最大判1970〈昭45〉．6．24民集24巻6号625頁）	180
25	川崎民商事件（最大判1972〈昭47〉．11.22刑集26巻9号554頁）	180
26	小売市場許可制判決（最大判1972〈昭47〉．11.22刑集26巻9号586頁）	180
27	高田事件（最大判1972〈昭47〉．12.20刑集26巻10号631頁）	181
28	尊属殺重罰規定判決（最大判1973〈昭48〉．4．4．刑集27巻3号265頁）	181
29	全農林警職法事件（最大判1973〈昭48〉．4．25刑集27巻4号547頁）	181
30	三菱樹脂事件（最大判1973〈昭48〉．12.12民集27巻11号1536頁）	182
31	昭和女子大事件（最三判1974〈昭49〉．7．19民集28巻5号790頁）	182
32	猿払事件判決（最大判1974〈昭49〉．11.6刑集28巻9号393頁）	183
33	薬事法事件（最大判1975〈昭50〉．4．30民集29巻4号572頁）	183
34	徳島市公安条例事件（最大判1975〈昭50〉．9．10刑集29巻8号489頁）	184
35	衆議院議員定数訴訟（最大判1976〈昭51〉．4．14民集30巻3号223頁）	184
36	旭川学テ事件（学テ訴訟）（最大判1976〈昭51〉．5．21刑集30巻5号615頁）	184
37	津地鎮祭事件（最大判1977〈昭52〉．7．13民集31巻4号533頁）	185
38	外務省機密漏洩事件（最一決1978〈昭53〉．5．31刑集32巻3号457頁）	186
39	マクリーン事件（最大判1978〈昭53〉．10.4民集32巻7号1223頁）	186

Ⅴ　1980年代 ［1980（昭55）-1989（昭64、平成元）年］

40	「四畳半襖の下張」事件（最二判1980〈昭55〉．11.28刑集34巻6号433頁）	186
41	日産自動車定年差別訴訟（最三判1981〈昭56〉．3．24民集35巻2号300頁）	187

目 次

42 「板まんだら」事件（最三判1981〈昭56〉．4．7民集35巻3号443頁）……………187
43 戸別訪問禁止違憲訴訟（最三判1981〈昭56〉．7．21刑集35巻5号568頁）……………187
44 大阪空港公害訴訟（最大判1981〈昭56〉．12.16民集35巻10号1369頁）……………188
45 堀木訴訟（最大判1982〈昭57〉．7．7民集36巻7号1235頁）……………………………188
46 長沼ナイキ基地訴訟（最一判1982〈昭57〉．9．9民集36巻9号1679頁）………………189
47 税関検査事件（最大判1984〈昭59〉．12.12民集38巻12号1308頁）……………………189
48 衆議院議員定数訴訟（最大判1985〈昭60〉．7．17民集39巻5号1100頁）………………190
49 在宅投票制廃止違憲訴訟（最一判1985〈昭60〉．11.21民集39巻7号1512頁）…………190
50 北方ジャーナル事件（最大判1986〈昭61〉．6．11民集40巻4号872頁）………………190
51 森林法判決（最大判1987〈昭62〉．4．22民集41巻3号408頁）…………………………191
52 サンケイ新聞意見広告事件（最二判1987〈昭62〉．4．24民集41巻3号490頁）………191
53 自衛官合祀訴訟（最大判1988〈昭63〉．6．1民集42巻5号277頁）……………………191
54 麹町中学内申書事件（最二判1988〈昭63〉．7．15判時1287号65頁）…………………192
55 法廷メモ採取事件（レペタ訴訟）（最大判1989〈平元〉．3．8民集43巻2号89頁）…192
56 百里基地訴訟（最三判1989〈平元〉．6．20民集43巻6号385頁）………………………192
57 岐阜県青少年保護育成条例事件（最三判1989〈平元〉．9．19刑集43巻8号785頁）…193
58 記帳所事件（天皇の民事裁判権訴訟）（最二判1989〈平元〉．11.20民集43巻10号1160頁）…………………………………………………………………………………193

Ⅵ　1990年代 ［1990（平2）-1999（平12）年］

59 伝習館事件判決（最一判1990〈平2〉．1．18民集44巻1号1頁）………………………194
60 TBSビデオテープ差押事件（最二決1990〈平2〉．7．9刑集44巻5号421頁）………194
61 成田新法事件（最大判1992〈平4〉．7．1民集46巻5号437頁）………………………194
62 箕面忠魂碑訴訟（最三判1993〈平5〉．2．16民集47巻3号1687頁）……………………194
63 教科書裁判（第一次家永訴訟）（最三判1993〈平5〉．3．16民集47巻5号3483頁）…195
64 ロッキード（丸紅ルート）事件（最大判1995〈平7〉．2．22刑集49巻2号1頁）……196
65 外国人参政権訴訟（最三判1995〈平7．〉．2．28民集49巻2号639頁）…………………196
66 泉佐野市民会館事件（最三判1995〈平7〉．3．7民集49巻3号687頁）………………196
67 日本新党繰上げ当選事件（最一判1995〈平7〉．5．25民集49巻5号1279頁）…………197
68 オウム真理教解散命令事件（最一決1996〈平8〉．1．30民集50巻1号199頁）………197
69 剣道実技拒否事件（最二判1996〈平8〉．3．8民集50巻3号469頁）…………………197
70 上尾市福祉会館事件（最二判1996〈平8〉．3．15民集50巻3号549頁）………………198
71 南九州税理士会事件（最三判1996〈平8〉．3．19民集50巻3号615頁）………………198
72 沖縄県知事代理署名拒否訴訟（最大判1996〈平8〉．8．28民集50巻7号1952頁）……199
73 愛媛玉串料訴訟（最大判1997〈平9〉．4．2民集51巻4号1673頁）……………………199
74 国会議員の免責特権（国賠請求事件）（最三判1997〈平9〉．9．9民集51巻8号

目　次

　　　3850頁）……………………………………………………………………………… 199
75　東京都青年の家事件（東京高判1997〈平9〉.9.16判タ986号206頁）……………… 200
76　寺西事件（最大決1998〈平10〉.12.1民集52巻9号1761頁）……………………… 200
77　衆議院小選挙区比例代表並立制違憲訴訟（最大判1999〈平11〉.11.10民集53巻
　　　8号1577、1704頁）…………………………………………………………………… 201

Ⅶ　2000年代　[2000（平12）－2009（平21）年]

78　エホバの証人輸血拒否事件（最三判2000〈平12〉.2.29民集54巻2号582頁）…… 201
79　群馬司法書士会事件（最一判2002〈平14〉.4.25判時1785号31頁）……………… 201
80　郵便法違憲判決（最大判2002〈平14〉.9.11民集56巻7号1439頁）……………… 202
81　「石に泳ぐ魚」事件（最三判2002〈平14〉.9.24判時1802号60頁）……………… 202
82　早稲田大学江沢民講演会事件（最二判2003〈平15〉.9.12民集57巻8号973頁）… 203
83　外国人公務就任権（東京都管理職）事件（最大判2005〈平17〉.1.26民集59巻1号
　　　128頁）………………………………………………………………………………… 203
84　在外国民選挙権訴訟（最大判2005〈平17〉.9.14民集59巻7号2087頁）………… 203
85　旭川市国民健康保険料条例事件（最大判2006〈平18〉3.1.民集60巻2号587頁）… 204
86　首相の靖国神社参拝違憲訴訟（最二判2006〈平18〉.6.23判時1940号122頁）…… 205
87　広島市暴走族追放条例事件（最三判2007〈平19〉.9.18刑集61巻6号601頁）…… 205
88　住民基本台帳ネットワーク（「住基ネット」）事件（最一判2008〈平20〉.3.6民集
　　　62巻3号665頁）……………………………………………………………………… 206
89　自衛隊イラク派兵違憲訴訟（名古屋高判2008〈平20〉.4.17判時2056号74頁）… 206
90　国籍法違憲判決（最大判2008〈平20〉.6.4民集62巻6号1367頁）……………… 207

Ⅷ　2010年代　[2010（平22）－2017（平29）年]

91　砂川政教分離（空知太神社）訴訟（最大判2010〈平22〉.1.20民集64巻1号1頁）…… 207
92　「一人別枠方式」違憲状態判決（最大判2011〈平23〉.3.23民集65巻2号755頁）… 208
93　君が代起立斉唱事件（最二判2011〈平23〉.5.30民集65巻4号1780頁）………… 208
94　裁判員制度違憲訴訟（最大判2011〈平23〉.11.16刑集65巻8号1285頁）………… 209
95　老齢加算廃止違憲訴訟（最三判2012〈平24〉2.28民集66巻3号1240頁）……… 209
96　堀越・世田谷事件（最二判2012〈平24〉12.7刑集66巻12号1337頁、1722頁）… 210
97　婚外子相続分差別規定違憲訴訟（最大決2013〈平25〉.9.4民集67巻6号1320頁）… 210
98　参議院議員定数訴訟（最大判2014〈平26〉11.26民集68巻9号1363頁）………… 211
99　再婚期間禁止規定違憲訴訟（最大判2015〈平27〉.12.16民集69巻8号2427頁）… 211
100　夫婦別姓訴訟（夫婦同氏強制違憲訴訟）（最大判2015〈平27〉.12.16民集69巻8号
　　　2586頁）……………………………………………………………………………… 212

凡　例

1　判例・判例集

最大判(決)	最高裁判所大法廷判決(決定)
最一判(決)	最高裁判所第一小法廷判決(決定)
高　判(決)	高等裁判所判決(決定)
地　判(決)	地方裁判所判決(決定)
民　集	最高裁判所民事判例集
刑　集	最高裁判所刑事判例集
高民集	高等裁判所民事判例集
高刑集	高等裁判所刑事判例集
下民集	下級裁判所民事判例集
下刑集	下級裁判所刑事判例集
行　集	行政事件裁判例集
労　民	労働関係民事事件裁判集
判　時	判例時報
判　タ	判例タイムズ
労　判	労働判例
百　選Ⅰ・Ⅱ	憲法判例百選（第6版）Ⅰ・Ⅱ（長谷部恭男＝石川健治＝宍戸常寿編、別冊ジュリストNo.217、2013年）

2　憲法集・資料集

芦部他・全集	芦部信喜他編著『日本国憲法制定資料全集(1)～(6)』（日本立法資料全集第71～76巻）信山社、1997～2009年【「芦部他・全集○巻○頁」と略記】
浅野＝杉原監修・答弁集	浅野一郎＝杉原泰雄監修・浅野善治他編『憲法答弁集1947～1999』信山社、2003年
憲法調査会・報告書	憲法調査会『憲法制定の経過に関する小委員会報告書』1964年
清水伸・審議録	清水伸編著『逐条日本国憲法審議録　第一巻』有斐閣、1962年
初宿・辻村編・憲法集	初宿正典・辻村みよ子編『新解説世界憲法集（第4版）』三省堂、2017年
杉原編・資料（上）・（下）	杉原泰雄編『資料で読む日本国憲法（上・下）』岩波書店、1994年
高柳他・制定過程Ⅰ・Ⅱ	高柳賢三＝大友一郎＝田中英夫編著『日本国憲法制定の過程Ⅰ・Ⅱ』有斐閣、1972年
渡辺・資料（上）・（下）	渡辺治編『憲法改正問題資料（上）・（下）』旬報社、2015年

3　第2部　史料の出典について

　第2部に収録した史料のうち、憲法制定過程に関わる原史料（各史料末に http://www.ndl.go.jp/constitution/ の URL を表示した 1～15、17）は、国立国会図書館ウェブサイトに掲載されている「日本国憲法の誕生」等に収録されたデータを、許諾を得た上で引用させて頂いた。これらの原典（引用元）およびその意義については、「資料と解説」http://www.ndl.go.jp/constitution/shiryo/01shiryo.html を参照して頂ければ幸いである。

　昨今の憲法状況下で、憲法史や改憲論の流れを再検討することは極めて重要な営為であり、これらの資料収集と資料集の刊行が果たしてきた大きな役割に心から敬意を表するとともに、関係各位にお礼を申し上げる次第である。

① 憲法年表

1945年～2017年

1 憲法年表

憲法年表

(1) 下線は本書2掲載の史料，[ ]内は掲載史料番号
(2) 網掛けは3重要判例解説（判例番号＊1〜＊100）

年	政治・社会の動向	内閣	憲法判例・改憲動向
1945 (昭20)	3・10 東京大空襲（〜5・26） 4・1 米軍、沖縄上陸 5・7 ドイツ軍無条件降伏 6・23 沖縄戦終結 6・25 国連憲章採択 7・26 ポツダム宣言[1] 8・6 広島原爆投下 8・8 ソ連対日宣戦布告 8・9 長崎原爆投下 8・14 ポツダム宣言受諾決定[2] 8・15 第二次世界大戦終結、鈴木貫太郎内閣総辞職 8・17 初の皇族内閣として東久邇稔彦内閣組閣（副総理格で近衛文麿入閣） 9・1 第88回臨時帝国議会召集 10・4 GHQ「自由の指令」 10・9 幣原喜重郎内閣成立（外相 吉田茂） 10・11 幣原・マッカーサー会談、5大改革指示 10・15 治安維持法廃止 10・24 国連発足（20ヵ国批准） 11・2 社会党結成大会（書記長 片山哲） 11・3 新日本婦人同盟結成（会長 市川房枝） 11・9 日本自由党結成大会（総裁 鳩山一郎） 11・27 第89回臨時帝国議会開会 12・15 GHQ 国家神道の保証等の廃止に関する覚書 12・28 米英ソ国、極東委員会設置に合意	4・7〜 鈴木貫太郎 〜8・17 8・17〜 東久邇稔彦 〜10・5 10・9〜 幣原喜重郎	8・15 天皇による戦争終結詔書[3]（玉音放送） 10・11 近衛文麿、内大臣御用掛就任、憲法改正準備 10・25 憲法問題調査委員会（松本委員会）設置 11・11 共産党、人民主権、18歳選挙権等を定めた「新憲法の骨子」[4]発表 12・8 松本4原則公表[5] 12・26 憲法研究会「憲法草案要綱」[6]発表 12・28 高野岩三郎「憲法改正私案要綱」[7]発表
1946 (昭21)	1・1 天皇の人間宣言 2・1 毎日新聞スクープ 2・3 マッカーサー・ノート[10]（3原則）提示 2・13 マッカーサー草案（総司令部案）[11]提示 2・19 天皇地方巡幸開始 2・26 極東委員会第1回会合、米ソ対立顕在化	1・13〜 幣原(2) 〜4・22	1・21 自由党「憲法改正要綱」[8]発表 2・2 憲法問題調査委員会最終総会「憲法改正要綱」[9]作成 2・4 GHQ民政局、憲法起草作業開始 2・13 マッカーサー草案（総司令部案）[11]を政府に手交 2・14 進歩党「憲法改正要綱」[12] 2・18 松本国務相、GHQに「憲法改正案説明補充書」提出 2・23 社会党「憲法改正要綱」[13]発表 3・5 閣議、3月2日案[14]をもとに逐条審議 3・6 政府、「憲法改正草案要綱」[15]を発表 4・17 政府、「憲法改正草案要綱」を平仮名で口語化した「憲法

[I] 憲法年表　1947

年	政治・社会の動向	内閣	憲法判例・改憲動向
	4・10 衆議院議員総選挙（女性参政権行使） 4・22 幣原内閣総辞職 5・3 東京裁判始まる 5・4 GHQ　首班候補の鳩山一郎を公職追放 5・13 極東委員会，憲法採択の基準を決定、3原則発表 5・19 食糧メーデー（プラカード事件発生） 5・14 吉田首相自民党総裁就任 5・22 第一次吉田内閣成立 5・27 毎日新聞世論調査結果[16] 6・20 第90回帝国議会開会 10・17 極東委員会、日本国憲法再検討についての政策決定 10・21 農地改革法公布 11・3 日本国憲法公布、新憲法公布記念祝賀都民大会 11・25 第91回臨時帝国議会召集（26日開会）	5・22〜 吉田茂 (1) 〜1947・ 5・24	改正草案」発表 5・29 枢密院の憲法草案審議開始 6・8 枢密院憲法改正草案可決 6・20 帝国議会に「帝国憲法改正案」[17]提出 6・25 衆院本会議で憲法改正案審議開始 6・28 共産党「人民共和国憲法草案」決定 7・17 ケイディス・金森会談、主権規定等の明確化を示唆 8・24 衆議院本会議、憲法改正案可決 8・25 貴族院憲法改正特別委員会設置 10・3 貴族院特別委員会、15条等の修正 10・6 特別委員会の修正を3分の2の多数で可決、衆院へ回付 10・7 貴族院本会議、憲法改正案採決 10・11 政府、憲法改正案を枢密院に諮詢奏請 **11・3 日本国憲法公布**
1947 (昭22)	1・17 改正参議院選挙法公布（戸別訪問禁止等） 1・31 GHQ ゼネスト中止指令 2・3 参議院議員選挙法可決（24日公布） 2・8 日本教職員組合（日教組）結成 3・12 トルーマンドクトリン発表 3・31 教育基本法公布 3・31 改正衆議院選挙法公布（中選挙区制復活） 4・17 地方自治法公布（5・3施行） 4・20 第1回参議院選挙 4・25 第23回衆議院選挙社会党第一党（社会47、自由39、民主29、国民協同10、共産4等） 5・9 社会、自由、民主、国民協同4党連立内閣に決定 5・20 第1回特別国会召集、吉田内閣総辞職 5・23 衆参両院、片山哲を首相に指名 6・1 片山内閣成立 6・4 国鉄行動組合（国労）結成 7・1 極東委員会、日本に対する基本政策決定 10・21 国家公務員法公布 10・26 改正刑法公布（不敬罪・大逆罪削除） 12・7 警察法公布 12・22 改正民法公布（家制度廃止） 12・31 内務省廃止	 6・1〜 片山哲 〜1948・ 2・10	1・16 皇室典範、皇室経済法公布（5・3施行） 4・16 裁判所法公布 4・16 検察庁法公布 5・3 最高裁判所発足 **5・3 日本国憲法施行** 5・3 憲法普及会（会長　芦田均）記念式典開催 8・4 最高裁発足（10・1開廷） 10・27 国家賠償法公布（憲法17条の国家賠償請求権行使手続規定）

I 憲法年表

年	政治・社会の動向	内閣	憲法判例・改憲動向
1948 (昭23)	1・7 新警察制度発足 2・10 片山内閣総辞職 2・21 首班指名で、衆院芦田、参院吉田を指名、両院協議会で芦田に決定 2・27 海上保安庁設置法公布 6・19 教育勅語、参院で失効確認の決議 6・25 文部省通達 7・15 教育委員会法公布 7・22 マッカーサー、書簡で公務員法改正を指示 7・31 政令201号公布 10・7 芦田内閣総辞職 10・11 第3回国会召集（11・8開会） 10・19 吉田内閣成立 11・12 極東軍事裁判判決（東条英機、広田弘毅ら7名死刑、終身禁錮16名等） 11・30 国家公務員法改正（スト禁止） 12・10 国連総会、世界人権宣言採択 12・20 公共企業体等労働関係法公布 12・23 衆院吉田茂内閣不信任案可決	3・10～ 芦田均 ～10・7 10・19～ 吉田(2)	3・12 死刑合憲判決・最高裁*1 5・3 憲法1周年のマッカーサー声明、新憲法記念式典 5・19 参議院法務委員会浦和事件調査決定 5・26 メーデー事件判決・最高裁*2 9・29 食糧管理法違反事件判決・最高裁 11・26 浦和充子事件問題化
1949 (昭24)	1・23 第24回衆議院総選挙（民自264、民主69、社会48、共産35、国民協同14ほか） 3・7 ドッジライン発表 7・4 マッカーサー、共産主義進出阻止声明 7 一連の公安事件発生（7・6 下山事件、7・15 三鷹事件、8・17 松川事件発生） 8・26 シャウプ税制改革勧告 9・19 公務員の政治的行為に関する人事院規則制定 10・1 毛沢東、中華人民共和国成立を宣言 10・7 ドイツ民主共和国（東独）成立 10・20 東京都公安条例公布、施行 12・9 南原東大総長、全面講和論を強調	2・16～ 吉田(3)	3・20 公法研究会「憲法改正意見」[18] 3・30 参議院法務委員会、浦和光子事件報告書提出 4・20 吉田首相、衆議院外務委員会で憲法改正の意思なしと答弁 4・28 極東委員会、憲法改正に関する新指令を出さないと決定 5・18 食糧緊急措置令合憲判決・最高裁 5・20 最高裁、参議院に浦和光子に関して抗議の申し入れ書 6・1 東大憲法研究会「憲法改正の諸問題」発表
1950 (昭25)	1・1 刑事補償法公布・施行 4・15 公職選挙法公布（5・1 施行） 6・16 国家地方警察本部、デモ・集会を禁止 6・6 GHQ 共産党中央委員の追放指令（レッドパージ） 6・25 朝鮮戦争勃発 7・3 東京都公安条例公布・施行 7・8 マッカーサー、首相あて書簡で国家警察予備隊の創設を指令 7・24 GHQ 報道機関のレッドパージを指示 8・10 警察予備隊令公布 12・18 NATO軍創設		1・9 尊属傷害致死事件一審判決・福岡地裁飯塚支部 1・23 吉田首相、戦争放棄は自衛権放棄を意味せずと言明 2・1 最高裁、下級審の違憲審査権肯定 9・27 戸別訪問禁止合憲判決・最高裁 10・11 尊属傷害致死事件判決・最高裁 12・6 松川事件判決・福島地裁
1951 (昭26)	1・25 ダレス特使、対日講和問題解決のため来日 1・26 吉田首相施政方針演説（単独講和、再軍備		

I 憲法年表　1954

年	政治・社会の動向	内閣	憲法判例・改憲動向
	慎重論） 6・12 警察法一部改正公布・施行 7・10 朝鮮戦争休戦会談（開城） 9・4 サンフランシスコ講和会議 9・8 平和条約、日米安保条約調印 10・23 日本社会党第8回臨時大会、講和問題で左右分裂（～10・24）		4・18 死刑合憲判決・最高裁 10・17 政府、9条2項の〈戦力〉の概念規定（参議院本会議） 10・26 京都市公安条例違憲判決・京都地裁 12・25 免田事件死刑確定・最高裁
1952 (昭27)	1・21 白鳥事件発生 4・1 琉球中央政府発足 4・12 破防法反対ゼネスト第1波 4・28 平和条約および日米安保条約発効 5・1 血のメーデー事件 5・7 日米行政協定に伴う刑事特別法公布・施行 7・15 農地法公布・施行 7・21 破防法関係3法公布・施行 7・31 保安庁法公布、法定等秩序維持法公布 8・28 「抜き打ち解散」（最初の7条解散） 10・15 警察予備隊を保安隊に改称	10・30～ 吉田(4)	1・18 チャタレー事件一審判決・東京地裁 2・20 東大ポポロ事件発生 3・6 吉田首相、自衛戦争合憲論表明 3・15 社会党、警察予備隊違憲訴訟最高裁に提訴 4・2 レッドパージ事件・最高裁*3 10・8 警察予備隊違憲訴訟判決・最高裁*4 11・25 内閣法制局、「戦力に関する内閣統一見解」[19]閣議決定 12・24 大日本帝国憲法下の法令に関する判決・最高裁
1953 (昭28)	4・5 日本婦人団体連合会（婦団連）結成（平塚らいてう会長） 4・19 第26回衆議院選挙（自由党199、改進党76、左派社会党72、右派社会党66、分派自由党35他） 4・24 第3回参議院選挙 5・19 衆議院本会議吉田首相指名 7・27 板門店で、朝鮮休戦協定調印 10・2 池田・ロバートソン会談（再軍備に当たり、愛国心教育の重要性を強調）	5・21～ 吉田(5) ～1954・ 12・7	3・14 衆議院で内閣不信任案可決、「バカヤロー解散」 4・8 政令201号合憲判決・最高裁 4・15 第一次苫米地訴訟（抜き打ち解散無効確認訴訟）不適法と判断・最高裁 5・3 政府、憲法施行6周年記念行事主催（以後取りやめ） 7・29 吹田事件公判中に「吹田黙禱事件」発生 9・26 最高裁、吹田黙禱事件で「法廷の威信について」の通達 11・25 自作農創設特別措置法合憲判決・最高裁 12・5 自由党憲法調査会設置（岸信介会長） 12・23 皇居前広場事件・最高裁*5
1954 (昭29)	3・1 第五福竜丸、ビキニ環礁で被災 4・20 検察庁、造船疑獄で佐藤自由党幹事長の逮捕決定 4・21 犬養法相、造船疑獄事件で指揮権発動 4・24 青年法律家協会（青法協）創立 5・1 日米相互防衛援助協定（MSA協定） 6・8 警察法全面改正法可決（7・1施行） 6・9 自衛隊法公布		1・15 憲法擁護国民連合発会式（片山哲議長） 2・23 造船疑獄に関連して、有田八郎議員の逮捕請求を衆議院委員会で条件付き許諾 5・7 自由党憲法調査会の論点作成 5・11 東大ポポロ事件一審判決・東京地裁 6・2 参議院本会議「自衛隊の海外

1 憲法年表

年	政治・社会の動向	内閣	憲法判例・改憲動向
	6・28 中国（周恩来）・インド（ネール）平和5原則確認の共同声明		出動を為さざることに関する決議」可決 9・13 改進党憲法調査会「現行憲法の問題点の概要」公表 9・22 苫米地訴訟控訴審判決・東京高裁 11・5 自由党憲法調査会「日本国憲法改正案要綱」 11・24 新潟県公安条例事件判決・最高裁 *6
	12・7 吉田内閣総辞職（戦後7年の政権終了） 12・10 鳩山内閣成立、改憲を提唱	12・10～ 鳩山一郎 (1)	12・21 林法制局長官、自衛力は戦力に該当しない旨の答弁、政府統一見解変更
1955 (昭30)	1・22 鳩山首相施政方針演説（自主防衛体制確立） 2・27 第27回衆議院選挙（民主185、自由112、左派社会党89、右派社会党67、労農4ほか） 3・19 鳩山内閣成立 6 森永ヒ素ミルク事件 7・25 西ドイツ政府再軍備法（志願兵法）制定 8・6 第1回原水禁世界大会開催 10・13 社会党統一大会（鈴木茂三郎委員長） 10・18 松山事件発生 11・15 保守合同、自由民主党結成	3・19～ 鳩山(2) 11・22～ 鳩山(3) ～1956・ 12・20	1・26 公衆浴場距離限定合憲判決・最高裁 2・9 公選法252条合憲判決・最高裁 3・28 首相、9条改正に関する答弁 7・28 衆院内閣委員会、首相、憲法全面改正方針表明 11・22 首相、三大公約として憲法改正強調 12・14 刑訴法210条（緊急逮捕）合憲判決・最高裁
1956 (昭31)	2・14 ソ連共産党第20回大会スターリン批判 4・5 自民党臨時党大会、初代総裁鳩山一郎選出 5・1 熊本水俣病問題 7・8 第4回参議院選挙（自民61、社会49、緑風5、共産2ほか）、改憲反対勢力1/3獲得 10・19 日ソ国交回復に関する共同宣言著名 12・18 国連総会日本の国連加盟を決議 12・20 第26回国会召集、石橋湛山首相指名 12・23 石橋内閣成立 12・19 国連憲章	12・23～ 石橋湛山 ～1957・ 2・23	1・28 自主憲法制定期成同盟、憲法改正演説会 4・28 自民党憲法調査会「憲法改正の問題点」公表 5・8 ポポロ事件控訴審判決・東京高裁 6・11 憲法調査会法公布・施行 7・4 謝罪広告合憲判決・最高裁 *7
1957 (昭32)	1・18 日ソ共同宣言 2・23 石橋首相、病気の為、内閣総辞職 2・25 衆参本会議、岸信介を首相に指名 2・25 第一次岸内閣成立 7・11 パグウォッシュ会議、宣言発表 12・17 アメリカ、ICBM実験成功	2・25～ 岸信介 (1)	3・8 岸首相、天皇は元首との答弁 3・13 チャタレー事件判決・最高裁 *8 5・7 岸首相、天皇は元首との答弁 8・13 憲法調査会発足 8・13-14 憲法調査会第1回総会（高柳賢三会長） 9・22 砂川事件発生（23人逮捕） 10・16 憲法調査会、調査開始

[1] 憲法年表　1961

年	政治・社会の動向	内閣	憲法判例・改憲動向
1958 (昭33)	2・9　岸首相、防諜法制定必要と表明 4・21　参議院原水爆禁止決議可決 4・24　防衛庁設置法改正（調達庁を所管に） 5・22　第28回衆議院選挙（自民287、社会166、共産1） 5・23　自衛隊法改正　約2万員増員 9・28　フランス第五共和制憲法国民投票で承認 10・8　政府、警察官職務執行法改正法案提出 10・25　警職法反対国民大会開催 11・27　皇室会議、皇太子の婚約を承認		1・29　占領軍命令による令状なし捜索合憲判決・最高裁 3・12　国家公務員法102条合憲判決・最高裁 6・8　宮沢俊義、我妻栄、大内兵衛ら憲法問題研究会発足 9・10　外国旅行制限に関する旅券法合憲判決・最高裁
1959 (昭34)	2・10　護憲連合、紀元節復活反対大会 2・21　南原繁ほか学者73名安保改定反対声明 3・22　総評など134団体、安保改定阻止国民会議結成 4・10　皇太子結婚式、選挙違反等恩赦10万人 6・18　第二次岸内閣成立 7・21　原水協、安保反対声明 7・22　最高裁、一審強化と審理促進を通達 10・30　全学連、安保改定阻止全国総決起大会、121大学でスト	6・18～ 岸(2) ～1960・ 7・15	2・6　宮内庁長官、内閣委で天皇の生前退位の自由と女帝を否定 3・9　岸首相、ミサイル攻撃に対する敵基地攻撃は合憲と答弁 3・12　岸首相、参院予算委で、防御用小型核兵器は合憲と答弁 3・30　砂川事件一審伊達判決・東京地裁*9 　（駐留米軍違憲、原告無罪判決） 8・8　東京都公安条例事件判決・東京地裁 12・16　砂川事件上告審判決・最高裁大法廷（原判決破棄差戻）*9
1960 (昭35)	1・24　民社党結党大会 2・5　政府、新安保条約等国会提出、安保特別委で審議（2・13 開始） 3・19　安保阻止第13次統一行動、500万人参加 5・19　政府自民党、会期延長と安保改定を単独強行採決（5・20 自民単独可決） 6・15　安保改定阻止行動、全国で580万人参加、国会デモで死亡者 6・19　新安保条約、自然承認（6・23 発効） 7・15　岸内閣総辞職 7・18　第35回国会召集、池田勇人を首相指名 7・19　池田内閣発足 10・12　浅沼社会党委員長、右翼少年により刺殺	7・19～ 池田勇人 (1) 12・8～ 池田(2)	1・19　岸首相ら渡米、新安保条約および地位協定署名 1・27　あん摩師法合憲判決・最高裁 2・4　松川事件弁護団、田中耕太郎最高裁長官罷免請求 2・11　公衆浴場法、奈良県ため池条例合憲判決・最高裁 5・3　憲法問題研究会、安保改定に疑問の声明 5・3　憲法擁護新国民会議結成 6・8　苫米地訴訟上告棄却判決・最高裁*10 7・20　東京都公安条例事件判決・最高裁*11 10・19　朝日訴訟一審違憲判決・東京地裁
1961 (昭36)	4・1　所得倍増計画を盛りこむ新年度予算成立 6・3　自民、民社両党、衆院本会議で政暴法案強行採決 6・12　防衛庁法・自衛隊法一部改正（増員等） 10・25　衆議院、核実験禁止決議案可決（参議院、10・27） 10・26　文部省、全国一斉学力テスト実施、日教組反対闘争		3・27　砂川事件差戻審有罪判決・東京地裁 6・28　選挙犯罪に関する公選法253の2条合憲判決・最高裁 8・8　松川事件差戻判決・仙台高裁 10・7　日本民主法律家協会設立

1 憲法年表

年	政治・社会の動向	内閣	憲法判例・改憲動向
	11・8 昭和女子大事件		
1962 (昭37)	1・17 公明政治連盟（公明党の前身）発足 4・28 沖縄、講和条約発効10周年祖国復帰県民総決起大会開催 5・10 公職選挙法一部改正法公布 5・16 行政事件訴訟法公布 7・1 第6回参議院選挙（自民69、社会37、民社4、共産3、創価学会9） 10・22 キューバ危機		4・18 都教組事件一審判決・東京地裁 5・30 全逓東京中郵事件判決・東京地裁 5・30 条例の罰則合憲判決・最高裁 11・28 第三者没収事件判決・最高裁 *12
1963 (昭38)	2・5 国民文化会議、紀元節復活反対声明 2・17 日本教育国民会議結成 3・28 池田首相、日の丸・君が代の法制化を指示 8・2、8・5 原水禁運動分裂 8・15 政府主催の第1回全国戦没者追悼式 11・21 第30回衆議院選挙（自民党283、社会党144、民社党23、共産党5ほか） 11・22 ケネディ米大統領暗殺 12・9 第三次池田内閣発足	12・9〜 池田（3） 〜1964・ 11・9	3・15 国鉄檜山丸事件判決・最高裁 4・5 八幡製鉄献金事件一審判決・東京地裁 4・19 全農林警職法事件一審判決・東京地裁 5・15 加持祈祷事件判決・最高裁 *13 5・22 ポポロ事件判決・最高裁 *14 6・26 奈良県ため池条例判決・最高裁 *15 9・12 松川事件再上告審判決・最高裁 10・17 白鳥事件上告棄却・最高裁 12・25 砂川事件再上告審判決・最高裁
1964 (昭39)	3・11 狭山事件石川被告に死刑判決・浦和地裁 4・5 町田市に米軍機墜落（9・8大和市で墜落） 4・20 琉球立法院、日本復帰・施政権返還要求決議可決 5・20 国事行為の臨時代行に関する法律 6・23 第9回全国一斉学力テスト実施 7・2 アメリカ議会公民権法可決 7・16 ニューヨーク黒人射殺事件から人種暴動 8・4 米機ベトナム爆撃開始 10・10 東京オリンピック開幕 11・9 池田内閣総辞職、佐藤栄作内閣成立 11・17 公明党発足 12・28 防衛庁法、自衛隊法一部改正	11・9〜 佐藤栄作 (1)	1・11 憲法理論研究会発足 2・5 参議院定数訴訟合憲判決・最高裁 3・5 池田首相、内閣の憲法改正発案権明言 4・27 三菱樹脂事件一審違憲判決・東京地裁 7・3 憲法調査会「最終報告書」[20]提出 9・28「宴のあと」事件判決・東京地裁 *16
1965 (昭40)	2・7 米国の北ベトナム爆撃開始 2・10 防衛庁の「三矢研究」表面化 4・13 韓国で日韓基本条約反対デモ 5・14 中国、2回目の原爆実験成功 6・11 国連軍縮委員会、世界軍縮開催決議採択 6・22 日韓基本条約、協定議定書等正式調印 11・12 衆院、議長発言で日韓基本条約を抜打ち採択（12・18 発効） 12・3 国連総会、全面的核実験禁止決議 12・4 米原潜佐世保入港		3・6 憲法改悪阻止各界連絡会議（憲法会議）結成 4・25 全国憲法研究会発足 6・12 家永教科書訴訟提起 10・1 佐藤首相、憲法担当大臣設置を表明

[I] 憲法年表　1969

年	政治・社会の動向	内閣	憲法判例・改憲動向
1966 (昭41)	3・7　国民の祝日法改正案（紀元節法案）国会提出（6・25成立） 5・10　中国、3度目の核実験、水爆実験成功 8・8　中国プロレタリア文化大革命 9・19　中教審、「期待される人間像」最終報告書了承 11・3　佐藤内閣支持25％に低下（朝日新聞調査） 12・9　政令で建国記念の日（2月11日）決定 12・16　国連総会、国際人権規約採択 12・27　第54回国会召集、即日解散		1・21　第2次国会乱闘事件無罪判決・東京地裁 3・4　自衛隊海外派兵に関する政府統一見解 5・25　旭川学テ事件違法判決・旭川地裁 10・26　全逓東京中郵事件判決・最高裁 *17 12・20　住友セメント事件判決・東京地裁
1967 (昭42)	1・25　第31回衆議院選挙（定数486人） 2・11　初の建国記念日、各地で抗議行動 2・15　第55回国会召集、佐藤栄作を首相指名 4・15　美濃部亮吉、東京都知事当選（〜70年代後半まで全国に革新自治体出現） 4・21　防衛的武器輸出に関する政府見解提示 6・12　新潟水俣病訴訟提起 7・14　ILO100号条約（男女同一賃金）国会承認 8・3　公害対策基本法公布 9・1　四日市公害訴訟提訴 10・8　第一次羽田事件（首相東南アジア歴訪） 10・31　吉田元首相国葬 12・19　第22回国連総会、核兵器拡散防止決議	2・17〜 佐藤(2)	2・23　京都府学連事件違憲判決・京都地裁 3・16　津地鎮祭訴訟一審判決・津地裁 3・29　恵庭事件無罪判決・札幌地裁 *18 5・24　朝日訴訟判決・最高裁 *19 6・23　家永教科書第二次訴訟提訴 7・17　三菱樹脂事件一審判決・東京地裁 11・30　徳島公安条例事件違憲判決・徳島地裁
1968 (昭43)	1・19　米原子力空母エンタープライズ佐世保入港 2・13　ベトナム革命政権樹立 2・26　成田空港建設反対運動、警察隊衝突 3・9　富山イタイイタイ病訴訟提訴 3・28　東大安田講堂占拠、卒業式中止 6・15　安田講堂占拠事件大学紛争全国に拡大 10・21　国際反戦デー、新宿騒擾事件騒擾罪適用 11・10　沖縄行政主席直接投票実施 12・29　東京大学入試中止決定（69・1・20確定）		3・12　戸別訪問事件一審違憲判決・和歌山地裁妙寺簡裁 3・25　猿払事件一審判決・旭川地裁 7・16　牧野訴訟違憲判決・東京地裁 9・25　戸別訪問事件判決・大阪高裁 11・27　河川付近地制限令事件判決・最高裁 12・4　三井美唄炭鉱事件原審破棄判決・最高裁
1969 (昭44)	1・18　安田講堂機動隊出動 1・25　ベトナム平和拡大パリ会談開幕 4・23　最高裁、裁判の独立を遵守するとの談話 5・13　自民党、司法制度調査会設置 7・20　アポロ月面着陸成功 8・2　大学運営臨時措置法強行成立 9・1　平賀札幌地裁所長、長沼訴訟担当判事に書簡（平賀書簡問題） 9・20　最高裁、平賀所長を注意処分 10・1　飯守地裁所長、平賀事件問題所見 11・29　平賀裁判官の訴追請求 12・27　第32回衆議院総選挙（自民288、社会90、公明47、民社31、共産14）		4・2　都教組事件判決・最高裁 *20 4・23　公選法129条事前運動禁止合憲判決・最高裁 5・29　尊属殺事件一審判決・宇都宮地裁 8・22　長沼ナイキ事件決定・札幌地裁 9・18　高田事件一審判決・名古屋地裁 10・15　「悪徳の栄え」事件判決・最高裁 *21 11・26　博多駅テレビフィルム提出命令事件決定・最高裁 *22 12・24　京都府学連事件判決・最高裁 *23

9

1 憲法年表

年	政治・社会の動向	内閣	憲法判例・改憲動向
1970 (昭45)	1・3 政府、核拡散防止条約調印（3・5 発効） 1・14 第63回国会召集、第三次佐藤内閣 3・31 よど号ハイジャック事件 6・23 日米安保条約自動延長 10・19 裁判官訴追委員会、平賀不訴追・福島訴追猶予の決定 10・20 政府、初の防衛白書発表 11・7 札幌高裁、福島判事に注意処分 11・25 三島由紀夫、市ヶ谷の自衛隊乱入、自殺 12・25 公害対策基本法一部改正法等成立	1・14〜 佐藤(3)	1・28 メーデー事件判決・東京地裁 1・23 長沼ナイキ保安林解除処分執行停止申立却下・札幌高裁 2・17 首相、沖縄への非核3原則適用主張 5・3 自主憲法制定国民会議大集会、自主憲法制定を決議 5・21 新宿騒擾事件で騒擾罪適用・東京地裁 6・24 八幡製鉄献金事件判決・最高裁*24 7・17 家永教科書第二次訴訟判決・東京地裁（杉本判決） 10・28 法制局長官、徴兵制違憲と答弁
1971 (昭46)	2・22 成田空港用地強制代執行開始 3・31 最高裁判官会議、熊本地裁の宮本判事補を再任拒否、23期修習生7名任官拒否 4・5 最高裁、阪口修習生罷免 6・15 政府、沖縄返還協定を正式決定 6・27 第9回参議院選挙（自民63、社会39、公明10、民社6、共産6） 6・30 イタイイタイ病訴訟判決・富山地裁 8・6 佐藤首相、広島平和祈念式典に現職首相初の出席 9・27 天皇・皇后欧州7か国親善訪問 9・29 新潟水俣病訴訟判決・新潟地裁 12・14・22 沖縄返還協定、衆参両院で可決	7・5〜 佐藤 (3改造) 〜1972・ 7・6	5・14 津地鎮祭違憲判決・名古屋高裁 11・1 全逓プラカード事件一審違憲判決・東京地裁 12・10 結婚退職制違憲判決・大阪地裁
1972 (昭47)	1・7 ニクソン・佐藤沖縄返還共同声明 2・19 浅間山荘事件 3・15 沖縄返還協定批准書交換 3・27 社会党議員、衆議院委員会で沖縄密約暴露 4・4 外務省沖縄密約公電漏洩事件（西山記者事件）で毎日新聞記者を逮捕（4・15 起訴） 5・15 沖縄本土復帰（施政権返還） 6・5 ストックホルムで国連人間環境会議開催 7・6 佐藤内閣総辞職、第69回国会召集、田中角栄を首相に指名 7・7 第一次田中内閣発足 7・24 四日市公害訴訟判決・津地裁四日市支部 8・2 イタイイタイ病訴訟・名古屋高裁金沢支部 9・29 田中首相、中国訪問、日中国交回復 12・10 裁判官国民審査（対象7判事全員が罷免可1割をこえる）、第33回衆議院選挙（自民党271、社会党118、共産党38、公明党29ほか） 12・22 第71回国会召集、田中角栄を首相に指名 12・25 第二次田中内閣成立	7・7〜 田中角栄 (1) 12・22〜 田中(2) 〜1974・ 12・9	3・16 吹田事件上告棄却・最高裁 4・13 衆議院外務・内閣・法務委員会等で、西山記者事件に関する連合審査開催 6・16 自民党憲法調査会、「憲法改正大綱草案」[21]承認 7・24 四日市公害訴訟で原告勝訴判決・津地裁 9・20 堀木訴訟一審判決・神戸地裁 10・14 集団的自衛権に対する政府解釈[22] 11・13 政府、9条の「戦力」に関する統一見解発表 11・22 川崎民商事件判決・最高裁*25 11・22 小売市場判決・最高裁*26 12・20 高田事件免訴判決・最高裁*27 12・25 生活保護処分取消訴訟（藤木訴訟）判決・東京地裁

Ⅰ 憲法年表　1976

年	政治・社会の動向	内閣	憲法判例・改憲動向
1973 (昭48)	1・22 米最高裁、人工妊娠中絶規制違憲判決（ロウ判決） 1・27 ベトナム和平協定調印 5・26 増原防衛庁長官、内奏時の天皇発言公表 7・17 自民党若手タカ派議員、青嵐会結成 8・8 金大中誘拐事件 9・26 児童扶養手当法改正公布 10・6 第4次中東戦争、石油ショック 12・6 文民に関する政府統一見解公表		3・22 ポポロ事件差戻審有罪確定・最高裁 4・4 尊属殺重罰規定違憲判決・最高裁 *28 4・25 全農林警職法事件合憲判決・最高裁 *29 5・31 国立歩道橋訴訟却下・東京地裁 9・7 長沼ナイキ訴訟違憲判決（福島判決）・札幌地裁（9・12 法務省控訴） 12・12 三菱樹脂事件判決・最高裁 *30
1974 (昭49)	1・31 外務省沖縄密約事件で、記者無罪判決・東京地裁 4・12 自民党、衆議院内閣委員会で靖国神社法案を強行採決 5・29 法制審、刑法改正を答申 5・31 地方自治法改正、区長直接公選復活 7・7 参議院選挙（与野党伯仲国会） 8・15 韓国朴大統領狙撃事件、夫人死亡 10・31 狭山事件一審死刑判決破棄・東京高裁 12・9 第74回国会召集、三木武夫首相指名 12・27 第75回国会召集	12・9～ 三木武夫 ～1976・ 12・24	2・27 大阪空港訴訟一審判決・大阪地裁 7・16 家永教科書第一次訴訟判決（高津判決）・東京地裁 7・19 昭和女子大事件判決・最高裁 *31 11・6 猿払事件判決・最高裁 *32 12・9 在宅投票制訴訟一審違憲判決・札幌地裁小樽支部
1975 (昭50)	1・13 中国全人代、10年ぶりに開催、新憲法採択 2・11 英保守党サッチャーを女性初党首に選出 7・2 国際婦人年世界会議、メキシコ宣言採択 8・4 日本赤軍ゲリラ事件 8・5 三木・フォード会談 11・6 初の先進国首脳会議開催 11・26 スト権スト（～12・3） 12・15 国連、国際婦人年世界会議決定の「世界行動計画」を承認 12・29 イギリス性差別禁止法施行		2・20 牧会活動無罪判決・神戸地裁 2・22 小西反戦自衛官訴訟無罪判決・新潟地裁 4・30 薬事法事件違憲判決・最高裁 *33 5・20 白鳥事件決定・最高裁 8・29 伊豆サボテン公園事件判決・最高裁 9・10 徳島市公安条例事件判決・最高裁 *34 11・10 堀木訴訟控訴審判決・大阪高裁 11・27 大阪空港訴訟控訴審判決・大阪高裁 12・20 家永教科書第二次訴訟判決（畔上判決）・東京高裁
1976 (昭51)	2・4 米上院委員会でロッキード事件発覚 2・16 衆議院予算委員会でロッキード事件調査、証人喚問（3・1、第2次調査） 4・22 憲法問題研究会解散 6・15 民法一部改正 6・22 ロッキード事件で全日空幹部逮捕 7・27 田中前首相逮捕（8・16 起訴）		3・11 三菱樹脂事件和解成立・東京高裁 4・14 衆議院議員定数訴訟判決・最高裁 *35 5・3 政府、24年ぶりに憲法記念式典開催 5・21 旭川学テ訴訟判決・最高

11

1 憲法年表

年	政治・社会の動向	内閣	憲法判例・改憲動向
	9・9 毛沢東中国共産党主席が死去 10・29 閣議と国防会議、防衛計画の大綱決定 11・5 防衛費1％枠の閣議決定 11・10 政府主催の天皇在位50年記念式典開催 12・23 自民党両院議員総会で福田赳夫を総裁に選出 12・24 第79回国会召集、福田首相指名 12・29 第80回国会召集	12・24～ 福田赳夫 ～1978・ 12・6	裁 *36 8・5 長沼ナイキ訴訟控訴審判決・札幌高裁 9・25 マクリーン事件控訴審判決・東京高裁
1977 (昭52)	1・27 ロッキード事件丸紅ルート初公判 1・31 ロッキード事件全日空ルート初公判 2・9 裁判官訴追委員会、偽電話事件で鬼頭判事補の訴追決定（3・23 弾劾裁判所罷免判決） 4・13 衆議院ロッキード委員会、中曽根自民党幹事長を証人喚問 7・10 参議院選挙（自民党が与野党逆転阻止） 7・23 文部省、小中学校の新学習指導要領で「君が代」を国歌とする 11・30 米国、立川基地全面返還		2・13 弘前大教授夫人殺人事件再審無罪判決・仙台高裁 3・15 富山大学事件判決・最高裁 5・4 名古屋中郵事件合憲判決・最高裁 7・13 津地鎮祭訴訟合憲判決・最高裁 *37
1978 (昭53)	3・7 弁護士抜き裁判法案を国会に上程 3・9 政府、核兵器保有に関する統一見解 5・13 成田新法公布・施行 5・20 成田空港開港 5・29 第1回国連軍縮特別総会開 7・19 栗栖統幕議長発言問題化 8・15 福田首相靖国参拝、内閣総理大臣と記帳 8・12 日中平和友好条約調印 10・17 靖国神社、A級戦犯を合祀 11・27 日米安保協議委、日米防衛協力のための指針（日米ガイドライン）決定 12・6 福田内閣総辞職、第86回国会召集 12・7 大平正芳内閣発足	12・7～ 大平正芳 (1)	3・24 福田首相、細菌兵器も自衛のため必要最小限なら合憲と答弁 5・24 在宅投票制訴訟判決・札幌高裁 5・31 外務省機密漏洩事件決定・最高裁 *38 7・28 伝習館訴訟一審判決・福岡地裁 10・4 マクリーン事件判決・最高裁 *39 12・8 成田新幹線訴訟判決・最高裁 12・21 河川管理条例事件判決・最高裁
1979 (昭54)	1・1 米中国交回復 6・12 元号法公布・施行 6・28 主要先進国首脳会議（東京サミット） 8・4 国際人権規約公布（9・21 批准） 9・7 衆議院解散 10・7 第35回衆議院選挙（自民253、社会107、公明58、共産41、民社36他） 10・26 韓国朴大統領射殺 10・30 第89回国会召集 11・6 衆参両会議で大平正芳を首相に指名 11・9 第二次大平内閣成立 11・26 第90回国会召集 12・18 国連総会女性差別撤廃条約採択 12・21 第91回国会召集 12・27 ソ連、アフガニスタン侵攻	11・9～ 大平(2) ～1980・ 6・12	1・24 戸別訪問禁止違憲判決・松江地裁出雲支部 3・22 自衛官合祀訴訟一審判決・山口地裁 3・28 内申書訴訟一審判決・東京地裁 6・1 財田川事件再審開始決定・高松地裁 9・20 戸別訪問禁止合憲判決・最高裁 9・26 免田事件再審開始および死刑執行の停止決定・福岡高裁 12・6 松川事件再審開始決定・仙台地裁

[1] 憲法年表　1983

年	政治・社会の動向	内閣	憲法判例・改憲動向
1980 (昭55)	5・16 衆議院で内閣不信任案可決、解散 6・22 衆参同日選挙で自民党大勝 7・15 自民党両議員総会で鈴木善幸総裁選出 7・17 鈴木内閣成立 8・15 閣議、徴兵制違憲の答弁書決定 10・13 自民党憲法調査会、改憲強調 10・13 靖国神社公式参拝要請決議 10・27 最高裁、裁判官の綱紀粛正を求める訓示 10・28 政府、自衛隊海外派兵問題で答弁書決定 12・13 徳島ラジオ商事件再審決定・徳島地裁	6・12〜 臨時代理 (伊藤正義) 7・17〜 鈴木善幸 〜1982・ 11・26	1・17 在宅投票制廃止違憲判決・札幌地裁 3・25 戸別訪問禁止違憲判決・盛岡地裁遠野支部 4・28 戸別訪問禁止違憲判決・広島高裁 9・11 東海道新幹線訴訟・名古屋地裁 11・28「四畳半襖の下張」事件判決・最高裁 *40
1981 (昭56)	2・25 東京都中野区教育委員準公選制区民投票 5・4 鈴木・レーガン会談、日米共同声明で同盟関係明記 5・17 ライシャワー元駐日大使、核持ち込み証言 6・12 難民条約加入に伴う出入国管理令等 7・10 臨時行政審議会、第一次答申決定 10・15 難民条約批准 11・5 ロッキード事件被告に有罪判決・東京地裁 12・13 ポーランド非常事態宣言（自主管理労組「連帯」による自由化を抑制）		3・24 日産自動車定年差別訴訟判決・最高裁 *41 3・27 小西反戦自衛官訴訟無罪判決・新潟地裁 4・7「板まんだら」事件判決・最高裁 *42 4・14 前科照会事件判決・最高裁 4・30 法律時報編集部の公法学者アンケート、自衛隊違憲71.7％ 6・15 矢田・植田事件で戸別訪問禁止合憲判決・最高裁 7・21 戸別訪問禁止合憲判決・最高裁 *43 12・16 大阪空港公害訴訟判決・最高裁 *44
1982 (昭57)	2・9 日航機羽田沖墜落 6・8 ロッキード事件全日空ルート被告に有罪判決・東京地裁 7・26 文部省の教科書検定につき、中国が抗議 8・3 教科書検定で韓国も抗議 8・24 公職選挙法改正（参議院全国区を比例代表区、地方区を選挙区に改正） 9・16 首相、財政非常事態宣言 11・24 自民党総裁予備選、中曽根康弘選出 11・27 第一次中曽根内閣発足	11・27〜 中曽根康 弘(1)	2・24 自民党憲法調査会、改憲案決定 3・24 箕面忠魂碑訴訟一審判決・大阪地裁 4・8 家永教科書第二次訴訟判決・最高裁 5・19 内申書訴訟二審判決・東京高裁 6・1 自衛官合祀訴訟二審判決・広島高裁 7・7 堀木訴訟上告審判決・最高裁 *45 9・9 長沼ナイキ基地訴訟判決・最高裁 *46 10・20 厚木基地訴訟判決・横浜地裁
1983 (昭58)	1・18 中曽根首相　ソ連侵攻阻止のための不沈空母発言 4・1 神奈川県、都道府県初の情報公開制度開始 5・3 第14回自主憲法制定国民大会 7・27 中曽根首相私的諮問機関「平和問題研究会」設置 10・1 米原子力空母カールビンソン佐世保入港		3・1 箕面慰霊祭訴訟違憲判決・大阪地裁 2・25 隣人訴訟判決・津地裁 4・27 参議院定数訴訟合憲判決・最高裁 6・22 よど号ハイジャック事件判決・最高裁

1 憲法年表

年	政治・社会の動向	内閣	憲法判例・改憲動向
	10・12 ロッキード丸紅ルート事件、東京地裁、田中元首相に懲役4年の実刑判決 12・27 第二次中曽根康弘内閣成立	12・27～ 中曽根 （2）	7・15 免田事件再審無罪判決・熊本地裁11・ 11・7 衆議院定数訴訟判決・最高裁
1984 (昭59)	1・19 家永教科書第三次訴訟提訴 1・26 中曽根首相「戦後政治の総決算」を表明 3・12 財田川事件再審無罪判決・高松高裁 5・25 国籍法・戸籍法一部改正法公布 8・3 官房長官諮問機関「閣僚の靖国神社公式参拝に関する懇談会」発足 9・6 全斗煥韓国大統領来日、天皇、晩さん会で遺憾の表明 12・18 平和問題研究会、最終報告書提出		5・17 東京都議会議員定数訴訟判決・最高裁 12・12 税関検査事件判決・最高裁*47
1985 (昭60)	2・11 中曽根首相、建国記念を祝う会主催の式典に出席 3・11 ソ連、ゴルバチョフ書記長就任 5・1 国民年金法等一部改正法 6・1 男女雇用機会均等法公布 8・12 日航123便御巣鷹尾根に墜落 8・15 中曽根首相、内閣総理大臣の資格で靖国参拝（戦後初）	12・28～ 中曽根 （2改造）	7・17 衆議院議員定数訴訟違憲判決・最高裁*48 11・13 丸刈り強制訴訟判決・熊本地裁 11・21 在宅投票制廃止違憲訴訟判決・最高裁*49
1986 (昭61)	4・1 男女雇用機会均等法・改正労働基準法施行 4・26 チェルノブイリ原子力発電所事故 4・29 政府主催天皇在位60年記念式典挙行 6・2 第105回国会召集、冒頭解散 7・6 衆参同日選挙、衆議院選挙で自民党304議席獲得（圧勝） 7・22 第106回国会召集、第三次中曽根内閣発足 9・6 土井たか子社会党委員長就任（～91・6） 12・4 国鉄の民営化決定 12・30 防衛予算GNP1％枠突破	7・22～ 中曽根 （3） ～1987・ 11・6	3・20 日曜参観日訴訟判決・東京地裁 3・26 名古屋新幹線訴訟和解 3・27 参議院定数訴訟5.37倍を合憲・最高裁 6・11 北方ジャーナル事件判決・最高裁*50
1987 (昭62)	1・24 防衛費の歯止め、GNP比1％枠から総額明示に変更の閣議決定 1・27 野田愛子女性初高裁長官（札幌高裁）就任 3・14 内閣支持率24％に急落（朝日新聞調査） 5・3 朝日新聞記者襲撃事件 7・27 非核宣言自治体、全自治体の3分の1突破 9・2 有責配偶者離婚訴訟破綻主義採用・最高裁 10・31 自民党大会で竹下登総裁選出 11・6 第110回国会召集、竹下内閣発足 12・8 米ソINF条約に調印 12・16 韓国大統領に盧泰愚	11・6～ 竹下登	3・5 岩手靖国訴訟合憲判決・盛岡地裁 4・22 森林法事件判決・最高裁*51 4・24 サンケイ新聞違憲抗告事件判決・最高裁*52 7・16 箕面忠魂碑訴訟判決・大阪高裁
1988 (昭53)	5・2 矢口長官、国民の司法参加の検討を示唆 7・5 リクルート事件発覚 9・19 天皇重病下で自粛ムード拡大 11・21 リクルート問題調査特別委員会証人喚問 11・26 議院証言法の一部改正	12・27～ 竹下改造	6・1 自衛官合祀訴訟判決・最高裁*53 7・15 麹町中学内申書事件判決・最高裁*54 10・21 参議院定数訴訟合憲判決・最

1 憲法年表　1992

年	政治・社会の動向	内閣	憲法判例・改憲動向
	12・7　長崎市長、天皇の戦争責任発言 12・9　個人情報保護法成立 12・27　竹下改造内閣発足	～1989・ 6・2	高裁 12・9　全国憲法研究会有志、天皇制に関する声明発表
1989 (昭54、 平元)	1・7　昭和天皇死去、現憲法下初の皇位継承 　　　「平成」に改元 1・9　即位後朝見の儀 1・20　米国ブッシュ大統領就任 2・13　リクルート事件江副前会長ら逮捕 2・24　大喪の礼、全国で抗議集会 4・1　消費税導入 6・2　竹下内閣総辞職、宇野宗佑内閣成立 6・4　天安門事件 7・23　参議院選挙で与野党逆転 7・24　宇野首相辞意表明 8・9　海部俊樹内閣成立 11・9　ベルリンの壁撤去 12・2　米ソ首脳、マルタ会談	6・2～ 宇野宗佑 ～8・9 8・9～ 海部俊樹 (1)	3・8　法廷メモ採取事件（レペタ訴訟）判決・最高裁*55 3・17　愛媛玉串料訴訟判決・松山地裁 6・20　百里基地訴訟判決・最高裁*56 6・23　夫婦別姓訴訟審判・岐阜家裁 9・19　岐阜県青少年保護育成条例事件判決・最高裁*57 10・3　家永教書第三次訴訟・東京地裁 11・20　記帳所事件判決・最高裁*58
1990 (平2)	1・18　本島長崎市長狙撃事件 1・24　衆議院解散（消費税解散） 2・18　第39回衆議院総選挙、自民党安定多数 　　　（社会党136議席） 2・28　第二次海部内閣成立 3・15　ソ連、ゴルバチョフ大統領就任 4・22　大嘗祭反対の弓削フェリス大学長宅銃撃 4・28　第8次選挙制度審「並立型」答申 5・24　韓国盧泰愚大統領来日、天皇「痛惜の念」発言、海部首相謝罪 8・2　イラク軍クウェート侵攻 10・3　東西ドイツ統一 10・16　国連平和協力法案国会提出（11・8　廃案） 11・12　即位の礼 11・22　大嘗祭 12・29　第二次海部内閣改造	2・28～ 海部(2) 12・29～ 海部 (2改造) ～1991 11・5	1・18　伝習館事件判決・最高裁*59 2・6　西陣ネクタイ訴訟合憲判決・最高裁 7・9　TBSビデオテープ差押事件決定・最高裁*60
1991 (平3)	1・10　海部首相訪韓「日韓覚書」調印 1・16　湾岸戦争（～2・27） 4・24　政府、ペルシャ湾への掃海艇派遣決定 5・27　第2回国連軍縮京都会議 8・19　ソ連・クーデター失敗 9・ PKO法案国会提出（継続審議） 11・5　海部内閣総辞職、宮沢喜一内閣成立 12・21　ソ連邦消滅	11・5～ 宮沢喜一	1・10　岩手靖国訴訟違憲判決・仙台高裁 3・13　小松基地訴訟判決・金沢地裁 5・23　非嫡出子住民票訴訟判決・東京地裁 9・3　オートバイ校則事件判決・最高裁 9・24　岩手靖国訴訟決定・最高裁 11・28　再婚禁止期間規定合憲判決・広島高裁
1992 (平4)	1・13　共和汚職事件、佐川急便事件発覚 1・17　日韓首脳会談で慰安婦問題謝罪		1・10　岩手銀行訴訟二審判決・仙台高裁 4・19　福岡セクハラ訴訟判決・福岡地裁

15

1 憲法年表

年	政治・社会の動向	内閣	憲法判例・改憲動向
	5・20 外国人登録法改正 6・15 PKO協力法成立[38] 8・4 PKO協力法施行令閣議決定 9・17〜 PKOカンボジア派遣 9・28 金丸副総裁略式起訴、議員辞職（10・21）	12・12〜 宮沢改造 〜1993・ 8・9	5・12 愛媛玉串料訴訟判決・高松高裁 7・1 成田新法事件判決・最高裁 *61 12・15 酒類販売免許制合憲判決・最高裁
1993 （平5）	1・20 米国クリントン大統領就任 3・6 金丸元副総裁逮捕 4・23 天皇皇后初の沖縄訪問 4・27 PKOモザンビーク派遣決定 6・18 宮沢内閣不信任案成立、衆院解散 7・18 衆議院議員総選挙、自民党過半数割れ 8・4 河野官房長官、慰安婦問題で謝罪 8・6 日本新党細川護熙首相指名 8・9 細川護熙内閣発足	8・9〜 細川護熙 〜1994・ 4・28	1・20 衆議院定数訴訟判決・最高裁（違憲状態） 2・16 箕面忠魂碑訴訟判決・最高裁 *62 2・25 厚木・横田基地訴訟判決・最高裁 3・16 教科書裁判（第一次家永訴訟）判決・最高裁 *63 6・23 非嫡出子相続分差別違憲判決・東京高裁
1994 （平6）	1・29「政治改革」関連四法、曲折の末成立 3・4「政治改革」四法の改正が成立 4・7 司法修習生任官拒否・最高裁 4・22 子どもの権利条約批准 4・25 細川内閣総辞職、新生党羽田首相選出 4・28 羽田孜内閣成立 6・25 羽田内閣総辞職、村山富一社会党委員長首相指名（6・29） 6・30 自社さきがけ連立政権発足 9・1 PKOルワンダ自衛隊派遣決定 9・3 社会党、自衛隊合憲、基本政策変更 12・9 被爆者救護法成立	4・28〜 羽田孜 〜6・25 6・30〜 村山富市 〜1996・ 1・11	4・26 参議院定数訴訟合憲判決・東京高裁 11・3 読売新聞社「憲法改正試案」[23]発表 11・30 婚外子相続分差別違憲判決・東京高裁 12・22 剣道実技拒否訴訟判決・大阪高裁 12・26 小松基地訴訟判決・名古屋高裁
1995 （平7）	1・17 阪神・淡路大震災発生 2・22 ロッキード事件判決、田中元首相への賄賂認定 3・20 地下鉄サリン事件発生 5・19 地方分権推進法公布 7・19 女性のためのアジア平和基金発足 8・30 第4回国連世界女性会議NGOフォーラム開催（北京） 9・5 フランス地下核実験実施 11・28 政府、防衛計画の大綱決定（自衛隊PKO参加強調） 12・20 人種差別撤廃条約国会承認、公布		2・22 ロッキード丸紅ルート事件判決・最高裁 *64 2・28 外国人参政権訴訟判決・最高裁 *65 3・7 泉佐野市市民会館事件判決・最高裁 *66 5・25 日本新党繰上当事件判決・最高裁 *67 7・5「非嫡出子」相続分差別訴訟合憲判決・最高裁 7・6 反戦自衛官訴訟判決・最高裁 12・26 厚木基地訴訟差戻審控訴審賠償命令・東京高裁
1996 （平8）	1・5 村山首相、辞任表明 1・11 第135回国会召集、橋本龍太郎自民党総裁を首相に指名	1・11〜 橋本龍太 郎(1)	1・30 オウム真理教解散命令事件決定・最高裁 *68 3・8 剣道実技拒否事件判決・最高

Ⅰ 憲法年表　1999

年	政治・社会の動向	内閣	憲法判例・改憲動向
	1・19 社会党党名変更（社会民主党）、綱領改正 3・29 HIV訴訟和解成立 4・17 日米安保共同宣言 9・8 沖縄県民投票、日米地位協定見直しと基地縮小89％賛成 10・20 小選挙区比例代表並立制による衆議院総選挙 11・7 第138回国会召集、橋本第二次内閣成立（3年ぶりの自民党単独政権）	11・7～ 橋本（2）	裁 *69 3・15 上尾市福祉会館事件判決・最高裁 *70 3・19 南九州税理士会事件判決・最高裁 *71 5・16 外国人公務就任権（東京都管理職）訴訟判決・東京地裁 7・18 修徳高校校則訴訟上告棄却・最高裁 8・28 沖縄県知事代理署名拒否訴訟上告棄却・最高裁 *72 9・11 参議院定数訴訟判決・最高裁（違憲状態） 11・27 芝信用金庫昇格差別訴訟・東京地裁
1997 (平9)	2・1 公安審査委、公安調査庁の破防法適用申請棄却 5・8 アイヌ文化振興法成立 5・15 沖縄復帰25周年 6・6 大学教員任期制法成立 6・11 改正労働基準法成立 6・28 神戸小学生殺害事件、中学生男子を逮捕 9・11 第二次橋本内閣改造 9・23 日米防衛新ガイドライン合意 12・9 介護保険法成立 12・25 新進党分裂・解党	9・11～ 橋本 (2改造) ～1998・ 7・30	3・13 拡大連座制合憲判決・最高裁 4・2 愛媛玉串料訴訟判決・最高裁 *73 8・29 教科書検定第三次訴訟判決・最高裁 9・9 国会議員の免責特権（国賠請求事件）判決・最高裁 *74 9・16 東京都府中青年の家事件判決・東京高裁 *75 11・26 外国人公務就任権（東京都管理職）判決・東京高裁
1998 (平10)	2・6 沖縄県太田知事、海上ヘリポート建設反対を表明 2・10 神戸市連続児童殺傷事件で少年の供述調書を週刊誌が掲載、最高裁が抗議 3・19 NPO法成立 4・24 在外投票法成立 6・9 中央省庁等改革基本法成立 7・5 アジア女性基金の慰安婦償い金に韓国政府が拒否通知 7・12 参議院選挙、自民党大敗、橋本首相退陣 7・30 小渕恵三内閣成立 11・19 地方分権推進委員会第五次勧告	7・30～ 小渕恵三	2・9 エホバの証人輸血拒否訴訟判決・東京高裁 3・4 内申書非開示取消訴訟判決・神戸地裁 4・22 横浜教科書訴訟判決・横浜地裁 4・27 元慰安婦訴訟（関釜訴訟）判決・山口地裁 7・29 西淀川公害訴訟和解成立・大阪高裁 9・2 参議院定数訴訟合憲判決・最高裁 11・17 拡大連座制判決・最高裁 12・1 寺西判事補事件（戒告確定）・最高裁 *76
1999 (平11)	1・14 小渕改造内閣成立 4・11 石原東京都知事当選 5・7 情報公開法成立 5・24 ガイドライン関連法成立 6・23 男女共同参画社会基本法成立 7・1 地方分権一括法成立	1・14～ 小渕 (改造①)	3・24 接見制限判決・最高裁 5・20 川崎公害訴訟和解・東京高裁 6・22 「石に泳ぐ魚」訴訟判決・東京地裁 7・29 憲法調査会設置のための国会法改正

17

1 憲法年表

年	政治・社会の動向	内閣	憲法判例・改憲動向
	8・9 国旗・国歌法成立 8・18 通信傍受法公布 10・5〜小渕第二次改造内閣発足（自自公連立）	10・5〜 小渕 （改造②） 〜2000・ 4・4・	11・10 衆議院小選挙区比例代表並立制違憲訴訟合憲判決・最高裁*77 12・21 旭川保険料訴訟判決・札幌高裁
2000 (平12)	1・20 衆参両院に憲法調査会設置 4・4 小渕内閣総辞職、森喜朗内閣成立（4・5）（自民、公明、保守等連立内閣） 5・14 小渕元首相死去 5・15 森首相「日本は神の国」発言 5・18 ストーカー規制法成立 6・2 衆議院解散 6・25 衆議員選挙、民主党躍進 7・4 第二次森内閣成立 7・21 沖縄サミット開幕 12・8 女性国際戦犯法廷開催 12・21 司法改革審議会中間報告	4・5〜 森喜朗 （1） 7・4〜 森（2） 12・5〜 森（2改造） 〜2001・ 4・26	1・31 尼崎公害訴訟判決・神戸地裁 2・16 天皇コラージュ訴訟判決・名古屋高裁金沢支部 2・29 エホバの証人輸血拒否事件判決・最高裁*78 9・6 参議院定数訴訟合憲判決・最高裁 10・27 天皇コラージュ訴訟決定・最高裁 12・8 尼崎公害訴訟和解・大阪高裁
2001 (平13)	3・5 森内閣不信任決議案可決 4・6 配偶者暴力防止法（DV法）成立 4・24 自民党総裁選で小泉純一郎当選 4・26 森内閣総辞職、小泉内閣発足 6・6 クローン技術規制法成立 6・29 教育改革三法成立 8・13 小泉首相靖国参拝 9・11 米国同時多発テロ勃発 10・7 米軍アフガニスタンへの武力行使開始 11・9 アフガニスタン紛争で海上自衛隊インド洋派遣 11・9 司法制度改革推進法成立 12・7 改正PKO協力法成立 12・22 アフガニスタン暫定行政機構が発足	4・26〜 小泉純一郎（1）	4 日本会議、「新憲法の大綱」[24]公表 4・5 在日韓国人元軍属障害年金訴訟判決・最高裁 5・11 ハンセン病訴訟判決・熊本地裁（7・19 熊本地裁で和解） 11・2 テロ対策特措法[25]成立 11・22 戦後補償訴訟判決・最高裁
2002 (平14)	1・29 田中真紀子外相更迭 6・25 千代田区路上禁煙条例制定 7・24 公職選挙法改正（衆院5増5減） 8・5 住基ネット第一次稼働 9・17 小泉首相・金正日総書記会談（拉致問題謝罪） 11・1 衆院憲法調査会中間報告 11・29 改正司法試験法等成立 12・13 個人情報保護法案廃案		1・16 早稲田大学江沢民講演会事件判決・東京高裁 3・6 小松基地訴訟判決・金沢地裁 4・25 群馬司法書士会事件判決・最高裁*79 5・29 横浜教科書訴訟判決・東京高裁 5・30 新横田基地訴訟判決・東京地裁八王子支部 9・11 郵便法違憲判決・最高裁*80 9・26 「石に泳ぐ魚」事件判決・最高裁*81 10・16 厚木基地訴訟判決・横浜地裁
2003 (平15)	1・14 小泉首相3年連続で靖国参拝 3・19 米英軍イラク攻撃開始、小泉首相支持		

[I] 憲法年表　2006

年	政治・社会の動向	内閣	憲法判例・改憲動向
	5・1 ブッシュ大統領イラク大規模戦闘終結宣言 5・23 個人情報保護法関連5法成立 6・6 有事三法成立（6・13 施行） 7・9 国立大学法人法成立 7・18 障害者の代理投票を認める公選法改正 7・23 法務省、国会議員に死刑場を公開 7・26 イラク特措法成立 8・9 女性差別撤廃委員会最終見解、間接差別周知等を勧告 10・10 衆議院解散 11・9 総選挙、連立与党が勝利、民主党躍進 11・19 第二次小泉内閣成立 12・26 イラクに航空自衛隊の先遣隊が出発	11・19〜 小泉（2）	6・20 婚外子相続分差別訴訟判決・最高裁 7・14 町長交際費玉串料違憲判決・大津裁 9・12 早稲田大学江沢民講演会事件判決・最高裁 *82 11・5 兼松事件判決・東京地裁 12・4 成田空港訴訟判決・最高裁
2004 (平16)	1・1 小泉首相靖国神社参拝 1・30 子どもの権利条約委員会改善勧告 4・1 法科大学院開校 5・19 市町村合併に関する3法成立 5・21 裁判員制度法成立 6・5 年金関連法成立 6・14 有事関連法（国民保護法等）成立 6・18 欧州憲法条約採択 9・27 第二次小泉内閣、改造内閣発足 12・1 犯罪被害者等基本法成立 12・27 皇室典範に関する有識者会議設置決定	9・27〜 小泉 （2改造）	1・6 住友電工男女差別訴訟和解（大阪高裁） 1・14 参議院定数訴訟合憲判決・最高裁 4・7 小泉靖国参拝違憲判決・福岡地裁 5・3 読売新聞「憲法改正2004年試案」[26] 6・10 「九条の会」発足 6・10 自民党憲法改正プロジェクトチーム「論点整理」[27] 10・14 婚外子相続分差別訴訟判決・最高裁 10・15 野村証券男女差別訴訟和解（東京高裁）
2005 (平17)	1・12 欧州議会、欧州憲法承認 4・15 衆院憲法調査会報告書提出 4・20 参院憲法調査会報告書提出 5・3 最高裁町田長官、裁判員制度の必要発言 5・29 フランスで欧州憲法条約批准否決 6・1 オランダで欧州憲法条約批准否決 7・29 自衛隊法改正 8・8 郵政民営化法案参院で否決。衆議院解散 9・11 衆議院選挙、自民党大勝 10・31 第三次小泉内閣発足	9・21〜 小泉（3） 〜2006・ 9・26	1・26 外国人公務就任権（東京都管理職）訴訟判決・最高裁 *83 4・7 外国人入浴拒否訴訟判決・最高裁 4・13 国籍法訴訟判決・東京地裁 9・14 在外国民選挙権訴訟違憲判決・最高裁 *84 10・28 自民党新憲法推進本部「新憲法草案」[28]公表 10・31 民主党「憲法提言」[29]公表 11・30 新横田基地訴訟判決・東京高裁 12・1 横浜教科書訴訟判決・最高裁
2006 (平18)	5・26 行政改革推進法成立 6・1 参議院定数是正のための公選法改正 6・20 イラク駐留陸上自衛隊撤収命令		2・9 横浜事件再審で免訴判決・横浜地裁 2・28 国籍法控訴審判決・東京高裁 3・1 旭川市国民健康保険料条例事件・最高裁 *85

1 憲法年表

年	政治・社会の動向	内閣	憲法判例・改憲動向
	8・15 小泉首相靖国参拝 9・26 臨時国会で安倍晋三首相 指名 10・9 北朝鮮初の核実験成功 10・27 改正テロ特措法改正法案可決 11・5 イラク高等法廷、フセイン元大統領に死刑判決 12・15 教育基本法改正可決 12・15 改正テロ対策特別措置法成立 12・15 防衛庁、防衛省昇格法案可決	9・26〜 安倍晋三 (1)	6・23 首相の靖国神社参拝違憲訴訟・最高裁 *86 6・29 世田谷事件一審判決・東京地裁 9・21 都教委君が代通達訴訟違憲判決・東京地裁 9・29 代理出産児の出生届受理を命じる決定・東京高裁 10・27 衆議院小選挙区「一票の格差」訴訟判決・最高裁 11・29 学生無年金訴訟原告勝訴判決・東京高裁
2007 (平19)	1・9 防衛省発足 1・27 柳沢厚労相、「女性は産む機械」と発言 2 公的年金記録5000万件不明発覚 4・27 安倍・ブッシュ会談、日米同盟強化 5・7 離婚後300日問題で法務省通達 5・18 憲法改正手続法（国民投票法）[30]成立 5・18 「安全保障の法的基盤の再構築に関する懇談会」初会合 [座長柳井俊二前駐米大使] 7・29 参議院選挙、与党惨敗 9・12 安倍首相辞任表明 9・25 安倍内閣総辞職・福田康夫首相指名 9・26 福田内閣発足	8・27〜 安倍 (1改造) 〜9・26 9・26 福田康夫	2・6 被爆者援護法時効拒否訴訟判決・最高裁 2・27 君が代ピアノ伴奏訴訟判決・最高裁 3・23 代理母訴訟判決・最高裁 4・16 小松基地訴訟判決・名古屋高裁金沢支部 5・29 新横田基地訴訟判決・最高裁 6・13 衆議院小選挙区格差訴訟合憲判決・最高裁 9・18 広島市暴走族追放条例事件・最高裁 *87 9・28 学生無年金訴訟原告敗訴確定・最高裁
2008 (平20)	2・1 日教組教研集会中止 4・10 法務省、4人の死刑執行発表 [鳩山邦夫法相による施行計10人] 6・6 アイヌ民族を先住民族と認める国会決議 6・10 性同一性障害者特例法改正案成立 6・11 改正少年法成立 6・11 福田首相に対する問責決議参院可決 6・17 法務省、3人の死刑執行を発表 [鳩山邦夫法相による施行は4度目、計13人] 6・23 国家公務員制度改革基本法公布 6・24 安全保障に関する懇談会報告書提出 8・2 福田内閣改造 9・1 福田首相辞任表明 9・24 第120国会、麻生太郎首相に指名、麻生内閣発足 10・31 航空自衛隊田母神幕僚長が論文応募で更迭 [11・3 防衛省が定年退職とする人事を発表]	8・2〜 福田 (改造) 〜9・24 9・24〜 麻生太郎 〜2009・ 9・16	2・7 君が代斉唱拒否訴訟判決・東京地裁 3・6 住民基本台帳ネットワーク（住基ネット）事件判決・最高裁 *88 3・14 横浜事件の再審上告審免訴確定・最高裁 4・7 白山政教分離訴訟判決・名古屋高裁金沢支部 4・11 立川反戦ビラ事件判決・最高裁 4・17 自衛隊イラク派兵違憲訴訟判決・名古屋高裁 *89 4・27 山口市母子殺害事件死刑判決・広島高裁 4・27 イラク派兵違憲判決・名古屋高裁（5・2 確定） 6・4 国籍法違憲判決・最高裁 *90 6・26 普天間爆音訴訟判決・那覇地裁沖縄支部

1 憲法年表　2010

年	政治・社会の動向	内閣	憲法判例・改憲動向
			7・17　新横田基地訴訟判決・東京高裁 10・31　横浜事件第四次再審請求再審開始決定・横浜地裁
2009 (平21)	1・20　オバマ米第44代大統領に就任 5・21　検察審査会法改正 5・21　裁判員法施行 6・16　衆議院で核兵器廃絶の取り組み強化決議案採択 7・21　衆議院解散 8・20　女性差別撤廃委員会最終見解・民法改正等勧告 8・30　総選挙、民主党勝利、政権交代 9・9　民主・社民・国民新党連立政権樹立合意 9・16　麻生内閣総辞職、鳩山由紀夫第93代首相指名、鳩山内閣発足 10・28　法制審議会民法成年年齢18歳引下げを答申 10・26　千葉法相、法制審に公訴時効制度見直し等諮問 12・1　原爆症救済法成立 12・23　沖縄核再持ち込み合意議事録発覚	9・16～ 鳩山由紀夫 ～2010・ 6・8	3・26　君が代訴訟判決・東京地裁 4・11　横田基地訴訟判決、2008年8月の高裁判決が確定・最高裁 9・30　参議院定数訴訟合憲判決・最高裁 12・14　布川事件再審決定・最高裁 12・28　衆議院小選挙区「一人別枠訴訟」違憲判決・大阪高裁
2010 (平22)	 1・28　子ども子育てビジョン閣議決定 2・6　内閣府世論調査、死刑容認85% 3・9　外務省有識者委員会、60年安保時の密約確認 3・31　公立高校授業料不徴収及び就学支援金支給に関する法律成立 4・27　改正刑事訴訟法成立［殺人罪などの公訴時効廃止］ 5・4　鳩山首相が沖縄訪問。普天間「県外」移設断念を表明し地元反発 5・14　憲法改正手続法（国民投票法）施行 5・28　普天間移転問題閣議決定 6・4　鳩山内閣総辞職 6・8　菅直人連立内閣発足（民主・国民新党） 7・17　参議院選挙、民主党敗北 8・10　日韓併合100年首相談話 8・27　法務省刑場を公開	6・8～ 菅直人	1・14　民法772条違憲訴訟判決・岡山地裁 1・20　砂川政教分離訴訟判決・最高裁*91 1・25　衆議院小選挙区「一人別枠訴訟」判決・広島高裁 1・28　君が代不起立訴訟判決・東京高裁 2・24　衆議院小選挙区「一人別枠訴訟」判決・東京高裁 3・2　慰安婦賠償請求訴訟・最高裁 3・9　衆議院小選挙区「一人別枠訴訟」判決・福岡高裁那覇支部 3・11　衆議院小選挙区「一人別枠訴訟」判決・東京高裁 3・18　衆議院小選挙区「一人別枠訴訟」判決・名古屋高裁 3・29　世田谷事件控訴審判決・東京高裁 4・22　裁判員制度訴訟合憲判決・東京地裁 5・25　名古屋刑務所暴行事件判決・名古屋地裁 5・27　老齢加算廃止違憲訴訟・東京高裁 6・14　老齢加算廃止違憲訴訟・福岡高裁

I 憲法年表

年	政治・社会の動向	内閣	憲法判例・改憲動向
	9・17 菅第一次改造内閣 9・21 郵便不正事件FDの改ざん発覚 12・17 第三次男女共同参画基本計画閣議決定	9・17～ 菅（改造 ①）	9・10 郵便不正事件村木元局長無罪判決・大阪地裁 9・21 郵便不正事件村木被告無罪確定 10・18 外国人生活保護受給訴訟・大分地裁 11・17 参議院定数訴訟違憲判決・東京高裁 12・6 砂川政教分離訴訟差戻し控訴審判決 12・21 靖国神社合祀取消訴訟・大阪高裁
2011 (平23)	1・14 菅第二次改造内閣 1・31 指定弁護士が小沢一郎元民主党代表への公訴を提起 2・6 住民投票で名古屋市議会が解散 2・20 住民投票で鹿児島県阿久根市議会が解散 3・6 前原外相辞任 3・11 東日本大震災（M9）発生 3・12 福島第一原発、1号機爆発事故 3・15 福島第一原発、4号機爆発事故 3・25 震災発生2週間で、死者1万人超、行方不明1万7千人以上 5・9 中部電力、浜岡原発運転停止決定 5・15 初の司法試験予備試験実 5・27 改正民法成立（親権2年間停止等） 6・20 復興基本法成立 7・13 菅首相、「脱原発」表明 7・29 脱原発国会大包囲デモ 8・26 菅首相退陣（民主党新代表選出後）表明 8・29 民主党代表選野田佳彦選出 8・30 野田佳彦首相指名 9・2 野田内閣発足 10・31 野田首相、南スーダン陸自派遣方針確認	1・14～ 菅（改造 ②） ～9・2 9・2～ 野田佳彦	1・25 参議院定数訴訟違憲判決・高松高裁 1・27 米空軍嘉手納基地判決・最高裁 1・28 参議院定数訴訟違憲判決・福岡高裁 1・28 都教委君が代通達訴訟判決・東京高裁 2・4 東京都国立市住基ネット訴訟・東京地裁 2・14 衆議院選比例定数訴訟判決・最高裁 2・24 参議院定数訴訟違憲判決・札幌高裁、名古屋高裁 3・10 君が代起立斉唱事件判決・東京高裁 3・23 衆議院「一票の格差（一人別枠方式）」「違憲状態」判決・最高裁 *92 5・30 君が代起立斉唱事件合憲判決・最高裁 *93 6・6 君が代起立斉唱事件合憲判決・最高裁 6・14 君が代起立斉唱事件合憲判決・最高裁 8・24 婚外子相続分差別違憲決定・大阪高裁 10・20 第179回臨時国会開会、両院憲法審査会委員選出・始動 11・16 裁判員制度違憲訴訟判決・最高裁 *94 11・21 オウム真理教公判（死刑13人） 11・30 民法772条違憲訴訟上告棄却・最高裁
2012 (平24)	1・13 野田第一次改造内閣 2・10 復興庁発足 2・18 天皇・心臓バイパス手術	1・13～ 野田（改 造①）、	1・16 君が代斉唱訴訟「慎重な考慮が必要」と判断・最高裁 2・9 君が代斉唱義務なし確認訴

年	政治・社会の動向	内閣	憲法判例・改憲動向
	3・30 野田首相、消費増税法案閣議決定 5・6 フランスオランド大統領（社会党）選出 5・15 沖縄復帰40周年記念式典 6・4 野田第二次改造内閣 6・15 民自公3党消費増税法案等「税と社会保障の一体改革」関連法案の成立予定を確認 6・20 原子力規制委員会設置法成立 6・20 障害者総合支援法成立 8・10 韓国李大統領竹島上陸 8・10 改正労働契約法公布（2015年4月1日施行） 9・26 自民党総裁選、安倍晋三選出 10・1 野田第三次改造内閣 11・16 衆議院解散 12・16 第46回衆議院総選挙（投票率59.3％） 12・25 民主党代表選、海江田新代表選出 12・26 野田内閣総辞職 12・26 第182回特別国会召集、自民党安倍晋三総裁を首相に指名、第二次安倍内閣発足（公明党との連立）	6・4（改造②） ～12・26 6・4～ 野田（改造②） 10・1～ 野田（改造③） ～12・26 12・26～ 安倍晋三(2)	訟・最高裁 2・16 砂川政教分離訴訟差戻上告審上告棄却判決・最高裁 2・28 老齢加算廃止違憲訴訟合憲判決・最高裁*95 3・23 国籍法12条違憲訴訟合憲判決・東京地裁 4・27 自民党「憲法改正草案」[31]決定 5・24 憲法審査会審議、第1章「天皇」 10・17 参議院定数訴訟判決（最大較差1対5違憲状態）・最高裁 10・18 再婚禁止期間規定違憲訴訟合憲判決・岡山地裁 12・7 堀越事件・世田谷事件判決・最高裁*96 12・26 性別変更後の親子関係否定・東京地裁
2013 (平25)	1・9 政府、経済財政諮問会議再開 2・12 北朝鮮、金正恩第一書記長下で初の地下核実験 2・25 韓国、朴槿恵大統領就任 2・26 法制審議会民法部会、債権法に関する民法改正中間試案 3・15 安倍首相、TPP（環太平洋パートナーシップ協定）交渉参加を正式表明 3・21 黒田日銀総裁就任記者会見 4・19 公職選挙法一部改正（SNS等の運動解禁） 4・28 政府、主権回復・国際社会復帰を記念する式典」開催（講和条約発効61年） 5・3 各地で憲法記念集会（96条改憲論批判） 5・13 日本維新の会共同代表橋下徹大阪市長、従軍慰安婦制度は必要だったと発言 6・26 改正DV防止法成立（同居の交際相手も含む）（2014。1・3 施行） 7・10 元徴用工の損害賠償を認めた差戻控訴審で、損害賠償支払命令・ソウル高裁 7・21 第23回参議院選挙、与党過半数獲得 10・7 九条の会「戦争をする国」づくりへの反対声明[32] 12・5 民法900条（婚外子差別規定）改正（同月11日公布・施行） 12・6 特定秘密保護法制定（2014年12月10日施行）		2・15 国家安全保障会議の創設に関する有識者会議、初会合 3・6 衆議院「一票の格差」訴訟「違憲状態」判決・東京高裁 3・25 衆議院「一票の格差」訴訟違憲無効判決・広島高裁 3・26 衆議院「一票の格差」訴訟違憲無効判決・広島高裁岡山支部 4・11 衆議院「一票の格差」訴訟違憲判決・東京高裁 4・16 水俣病患者認定・最高裁 5・29 夫婦別姓訴訟（夫婦同氏強制違憲訴訟）判決・東京地裁 7・17 成年被後見人選挙権訴訟で和解成立・東京高裁、札幌・埼玉・京都地裁 9・4 婚外子相続分差別規定違憲決定・最高裁*97 9・13 性別変更後の父子関係請求棄却・大阪家裁 9・27 受刑者の選挙権否認の公選法11条違憲判決・大阪高裁 10・23 韓国人元徴用工の靖国合祀取消訴訟棄却・東京高裁 11・20 衆議院「一票の格差（一人別枠方式）」訴訟「違憲状態」判決・最高裁

1 憲法年表

年	政治・社会の動向	内閣	憲法判例・改憲動向
2014 (平26)	1・1　特定個人情報保護委員会設置（内閣府外局） 1・19　沖縄県名護市長選挙、米軍移転反対派現職稲嶺進再選 1・28　下村文科大臣、学習指導要領解説書改定（尖閣諸島と竹島「固有の領土」明記）発表 2・9　舛添要一東京都知事当選 4・1　消費税5％から8％に増税 4・1　生活保護法改正（扶養義務厳格化、罰則強化） 4・1　国家安全保障会議、「武器輸出三原則の見直し」[33] 4・1　子の奪取条約（ハーグ条約）正式加盟、同日より発効 7・2　ネイチャー誌「STAP細胞」論文撤回 6・29　イスラム教スンニ派過激派組織が「イスラム国（IS）」建国を宣言 6・18　改正児童買春・ポルノ禁止法可決成立 6・20　憲法改正手続法の一部改正[34] 8・20　広島市北部で大規模土砂災害 8・29　国連人種差別撤廃委員会、ヘイト団体等への刑事捜査や基礎を日本政府に勧告 9・3　第二次安倍改造内閣発足 11・21　衆議院解散 12・10　特定秘密保護法施行 12・14　第47回衆議院議員総選挙（自公両党326議席獲得）、政権交代 12・24　第188回特別国会召集、第三次安倍内閣発足	9・3〜 安倍 （2改造） 12・24〜 安倍（3）	3・27　袴田事件死刑囚再審決定・静岡地裁 3・28　夫婦別姓訴訟（夫婦同氏強制違憲訴訟）判決・東京高裁 5・15　首相私的懇談会「安保法制懇談会」集団的自衛権行使容認を求める報告書提出 5・21　大飯原子力発電所3・4号機運転差止容認判決・福井地裁 7・1　集団的自衛権の行使を認める憲法解釈変更を閣議決定[35] 7・9　法制審議会特別部会、取り調べ可視化義務化等を内容とする要綱案を了承 7・17　DNA鑑定で血縁無の父子関係認定・最高裁 8・1　三鷹市ストーカー殺人懲役22年・東京地裁立川支部 8・12　徳州会公職選挙法違反事件有罪判決・東京地裁 9・9　宮内庁「昭和天皇実録」公表 9・30　PTSD発症原因となった裁判員制度違憲訴訟合憲判断・札幌高裁 10・1　集団的自衛権容認閣議決定違憲訴訟訴え却下・東京地裁 10・23　マタハラ訴訟破棄差戻判決・最高裁 11・26　参議院議員定数訴訟「違憲状態」判決・最高裁*98（4名の裁判官が違憲、山本反対意見は選挙無効判決）
2015 (平27)	1・7　仏週刊誌シャルリー・エブド本社でテロ事件（12人死亡） 1・20　「IS」日本人2名拘束、殺害予告映像公開 2・10　法制審議会民法部会、債権関係規定の民法改正要綱案決定 2・26　韓国憲法裁、姦通罪違憲決定・即日廃止 3・31　渋谷区、同性カップルにパートナーシップ証明書を発行する条例制定 4・9　パラオ訪問中の天皇・皇后、ペリリュー島慰霊碑に供花 4・29　安倍首相米国議会で演説、安保関連法案を夏までに成立させると約束 6・17　選挙権年齢を18歳に引き下げる改正公職選挙法成立（2016年6月19日施行） 6・22　日韓国交正常化50周年式典 6・26　米国連邦最高裁、同性婚を認めない4州の		1・15　東京都議選定数配分規定違憲訴訟上告棄却・最高裁 2・6　三鷹ストーカー殺人事件一審判決破棄差戻・東京高裁 2・18　夫婦別姓訴訟・再婚禁止規定違憲訴訟大法廷回付 3・20　衆議院「一票の格差」訴訟違憲状態判決・名古屋高裁（4・9　仙台高裁、4・24　福岡高裁、4・28　広島高裁岡山支部等） 5・14　政府、安保関連法案閣議決定 6・4　憲法審査会で、3人の憲法学者全員が安全保障関連法案違憲と主張 6・19　地方公務員災害補償法違憲訴訟合憲判決・大阪高裁

[1] 憲法年表　2016

年	政治・社会の動向	内閣	憲法判例・改憲動向
	州法に違憲判決。全米で同性婚承認 8・28　女性活躍促進法成立 9・3　改正マイナンバー法成立 9・3　改正個人情報保護法成立 9・8　自民党総裁選、安倍総裁が無投票当選 9・8　法務省、司法試験問題漏えいの司法試験委員を国家公務員法違反容疑で告発 9・11　改正労働者派遣法成立 9・30　安全保障関連法[36, 37, 38, 39]公布 10・7　第三次安倍改造内閣発足 11・5　日米など12カ国がTPP協定案総全容を公表 11・13　パリで同時多発テロ発生 11・15　フランス軍ISへの空爆 11・24　中央教育審議会法科大学院特別委員会、法科大学院入学定員2500人の改革案	10・7〜 安倍 （3改造 ①）	7・15　安保関連法案、特別委員会で与党単独の強行採決で可決 7・16　衆議院本会議で安保関連法案可決 7・24　参議院選の1票の格差を是正する公職選挙法改正案可決 7・8　幼少期の性的虐待によるPTSDに対する3030万円の損害賠償支払命令・最高裁 7・10　令状なしGPS捜査違法認定（有罪）判決・大阪高裁 9・19　参議院本会議で安全保障関連法成立 10・9　ピアノ伴奏処分取消判決・東京地裁 11・17　マタハラ訴訟差戻控訴審賠償命令・広島高裁 11・25　衆議院「一人別枠方式」訴訟「違憲状態」判決 12・16　再婚期間禁止規定一部違憲判決・最高裁＊99 12・16　夫婦別姓訴訟（夫婦同氏強制違憲訴訟）合憲判決・最高裁＊100
2016 (平28)	1・1　マイナンバー制導入（実施） 1・15　大阪市議会ヘイトスピーチ抑止条例可決 1・24　沖縄県宜野湾市長選、与党支援候補再選 2・7　北朝鮮ミサイル発射、国連安保理批判声明 2・29　衆議院選挙制度改革につき自民党がアダムス方式容認 3・20　オバマ大統領が現職大統領として88年ぶりにキューバ訪問 3・27　民主党と維新の党が合流して民進党結成 3・29　安全保障関連法施行 4・11　広島で開催中のG7外相会議で「広島宣言」発表 5・27　G7伊勢志摩サミット閉幕 5・27　オバマ大統領広島平和記念公園訪問（現職初） 6・1　民法733条改正（再婚禁止期間を100日に短縮、妊娠してない場合に再婚可とする） 6・1　首相、消費税10％引き上げを2019年10月まで延期表明 6・15　舛添東京都知事、21日付辞職願提出 6・23　イギリスの国民投票で欧州連合（EU）離脱を決定 7・2　バングラデシュ首都ダッカでテロ事件（日本人7人を含む20人死亡）		1・25　衆議院選挙「一票の格差」訴訟上告審合憲判決・最高裁 2・18　法務省、再婚禁止期間規定の民法改正案概要を決定 3・2　安倍首相、自己の在任中の憲法改正を表明 3・8　女性差別撤廃委員会の報告書に皇室典範の条約抵触について指摘があることが判明 4・25　ハンセン病「特別法廷」について最高裁が謝罪 6・8　安全保障関連法違憲国賠訴訟（原告713人）大阪地裁に提訴 6・16　石巻ストーカー殺人事件死刑確定・最高裁 9・7　特定秘密保護法違憲訴訟・東京高裁 9・15　第4次厚木基地訴訟上告審決定（差止部分排除）・最高裁 9・16　辺野古埋立承認取消撤回訴訟国側勝訴判決・福岡高裁那覇支部 9・30　安全保障関連法施行 10・7　日弁連、2020年までに死刑制

25

1 憲法年表

年	政治・社会の動向	内閣	憲法判例・改憲動向
	7・3 イラク首都バグダットでテロ（120人以上死亡） 7・11 参議院選挙（自民56、公明14） 改憲勢力が改憲発議可能な3分の2を突破 7・19 アメリカ共和党がドナルド・トランプを大統領選の候補者に指名 7・31 東京都知事選挙で小池百合子当選 8・3 第三次安倍再改造内閣発足 8・8 天皇ビデオメッセージ（退位意向） 9・23 政府、生前退位に関する有識者会議設置 10・31 韓国朴大統領緊急逮捕（11・29 辞任） 11・8 米国大統領選、共和党ドナルド・トランプがヒラリー・クリントンを破り当選	8・3〜 安倍 （3改造②）	度の廃止を目指すとする宣言案を採択 10・14 参議院選挙無効訴訟「違憲状態」判決・広島高裁岡山支部 10・17 生前退位に関する有識者会議初会合 （11・7 第1回専門家ヒヤリング） （11・14 第2回専門家ヒヤリング） （11・30 第3回専門家ヒヤリング） 11・17 衆議院憲法審査会、1年5か月ぶりに実質審議再開 12・20 辺野古埋立承認取消撤回訴訟国側勝訴確定・最高裁
2017 （平29）	1・14 豊洲市場地下水モニタリング調査最終結果 1・20 米国ドナルド・トランプ大統領就任 1・20 文科省天下り問題 事務次官辞任 2・10 安倍首相、トランプ米大統領と首脳会談 2・17 生前退位論点とりまとめ、与野党合意 2・17 森友学園への国有地売却問題で首相発言「私や妻が関係していたら、首相も国会議員もやめる」（衆院予算委） 3・10 南スーダン派遣団5月末撤退、首相表明 3・10 韓国憲法裁判所、朴大統領罷免を宣告 3・14 稲田防衛大臣、国会答弁を撤回し謝罪 3・22 生前退位問題、専門家ヒヤリング 3・23 森友問題、籠池理事長証人喚問 3・24 森友問題、国会審議 3・27 平成29年度予算成立 3・31 教育勅語を「教材として用いることを否定しない」との答弁書を閣議決定 4・19 衆議院選挙区画定審議会（区割審）勧告 4・26 東日本大震災を「東北でよかった」と発言した今村復興相を更迭 5・9 韓国大統領選挙、文在寅選出 5・17 衆議院法務委、組織犯罪処罰法改正案可決 5・17 加計学園問題で、文科省が内閣府から「総理の意向と言われた文書があることが判明」 5・19 天皇退位特例法案閣議決定 5・30 自民・民進党付帯決議案合意 6・2 天皇退位特例法案[40]衆議院本会議で可決（6・9 参議院可決成立、6・16 公布） 6・15 改正組織犯罪処罰法（共謀罪法案）参院委員会審議を打ち切り成立 6・15 加計学園問題の文科省再調査で、「総理の御意向」文書の存在認める 6・18 通常国会閉会 7・2 都知事選、自民党惨敗 7・24・25 森友・加計問題等の国会閉会中審査		3・15 令状なしGPS捜査違法判決・最高裁 3・16 憲法審査会（第1回）開催 3・23 憲法審査会（第2回） 4・13 憲法審査会（第3回） 4・20 憲法審査会（第4回） 5・3 首相「2020年を新しい憲法が施行される年にしたい」と明言（読売新聞インタビュー） 5・8 首相、憲法改正につき「読売新聞を熟読して頂いても良い」と発言（衆議院予算委） 5・18 憲法審査会（第5回） 5・25 憲法審査会（第6回） 6・1 憲法審査会（第7回） 6・8 憲法審査会（第8回）

年	政治・社会の動向	内閣	憲法判例・改憲動向
	（安倍内閣支持率、各社30％台に急落） 8・3 安倍内閣第三次改造 9・1 民進党代表選挙 9・1 民進党代表選挙、前原代表選出 9・3 北朝鮮、6回目の核実験 9・11 国連安保理、北朝鮮新制裁案議決 9・15 北朝鮮ミサイル発射（北海道上空通過） 9・24 ドイツ連邦議会総選挙、極右政党が第3党に躍進 9・25 小池都知事、新党「希望の党」党首宣言 9・25 安倍首相、衆議院解散・総選挙表明 9・28 第194回国会（臨時会）召集・冒頭解散 9・28 民進党両院議員総会で「希望の党」への合流了承 10・3 立憲民主党結党 10・10 衆議院総選挙公示 10・22 衆議院総選挙、自民党大勝、立憲民主党が野党第一党に躍進 11・1 第195回国会（特別会）（～12月9日） 第四次安倍内閣発足 （第三次内閣閣僚全員留任） 11・5-7 米トランプ大統領来日 11・10 希望の党、玉木代表決定 11・14 小池都知事、希望の党代表辞任 11・14 文科省、加計学園認可決定 12・1 皇室会議開催（天皇の退位2018年4月30日決定） 12・6 米トランプ大統領エルサレムをイスラエルの首都と認定 12・21 国連総会、エルサレムの首都認定につき、米国に撤回求める決議採択	8・3〜 安倍（3 改造③） 11・1〜 安倍(4)	9・20 自民党憲法改正推進本部執行役員会、9条改正公約明記方針決定 9・27 参議院定数訴訟、最高裁大法廷合憲判決 10・10 自民党公約に憲法改正明示（4項目） 11・16 自民党憲法改正推進本部審議（合区問題） 11・21 立憲民主党憲法調査会初 11・22 希望の党憲法調査会初会合 12・2 第195回国会衆議院憲法審査会第1回開催 12・6 参議院憲法審査会第1回開催 12・20 自民党憲法改正推進本部審議（9条問題）

＊樋口陽一・山内敏弘・辻村みよ子・蟻川恒正『新版　憲法判例を読みなおす──下級審からのアプローチ』日本評論社（2011年）、杉原泰雄・山内敏弘・浦田一郎・渡辺治・辻村みよ子編『日本国憲法史年表』（勁草書房、1998年）所収の年表のほか、全国憲法研究会『憲法問題1-18号』（三省堂、1989-2007年）「憲法問題の動き」法律時報80巻1号～90巻2号（日本評論社）「メモランダム」等をもとに辻村が作成したものである。

2 憲法史料

2 憲法史料

1 ポツダム宣言
1945年7月26日

一、吾等合衆国大統領、中華民国政府主席及ビ「グレート・ブリテン」国総理大臣ハ吾等ノ数億ノ国民ヲ代表シ協議ノ上日本国ニ対シ今次戦争ヲ終結スルノ機会ヲ与フルコトニ意見一致セリ

二、合衆国、英帝国及ビ中華民国ノ巨大ナル陸、海、空軍ハ西方ヨリ自国ノ陸軍及空軍ニ依ル数倍ノ増強ヲ受ケ日本国ニ対シ最後ノ打撃ヲ加フルノ態勢ヲ整ヘタリ右軍事力ハ日本国カ抵抗ヲ終止スルニ至ル迄同国ニ対シ戦争ヲ遂行スルノ一切ノ連合国ノ決意ニ依リ支持セラレ且鼓舞セラレ居ルモノナリ

三、蹶起セル世界ノ自由ナル人民ノ力ニ対スル「ドイツ」国ノ無益且無意義ナル抵抗ノ結果ハ日本国国民ニ対スル先例ヲ極メテ明白ニ示スモノナリ現在日本国ニ対シ集結シツツアル力ニ抵抗スル「ナチス」ニ対シ適用セラレタル場合ニ於テ全「ドイツ」国人民ノ土地、産業及生活様式ヲ必然的ニ荒廃ニ帰セシメタル力ニ比シ測リ知レサル程更ニ強大ナルモノナリ吾等ノ決意ニ支持セラルル吾等ノ軍事力ノ最高度ノ使用ハ日本国軍隊ノ不可避且完全ナル壊滅ヲ意味スヘク又同様必然的ニ日本国本土ノ完全ナル破壊ヲ意味スヘシ

四、無分別ナル打算ニ依リ日本帝国ヲ滅亡ノ淵ニ陥レタル我儘ナル軍国主義的助言者ニ依リ日本国カ引続キ統御セラルヘキカ又ハ理性ノ経路ヲ日本国カ履ムヘキカヲ日本国カ決意スヘキ時期ハ到来セリ

五、吾等ノ条件ハ左ノ如シ 吾等ハ右条件ヨリ離脱スルコトナカルヘシ右ニ代ル条件存在セス吾等ハ遅延ヲ認ムルヲ得ス

六、吾等ハ無責任ナル軍国主義カ世界ヨリ駆逐セラルルニ至ル迄ハ平和、安全及正義ノ新秩序カ生シ得サルコトヲ主張スルモノナルヲ以テ日本国国民ヲ欺瞞シ之ヲシテ世界征服ノ挙ニ出ツルノ過誤ヲ犯サシメタル者ノ権力及勢力ハ永久ニ除去セラレサルヘカラス

七、右ノ如キ新秩序カ建設セラレ且日本国ノ戦争遂行能力カ破砕セラレタルコトノ確証アルニ至ルマテハ聯合国ノ指定スヘキ日本国領域内ノ諸地点ハ吾等カ茲ニ指示スル基本的目的ノ達成ヲ確保スル為占領セラルヘシ

八、「カイロ」宣言ノ条項ハ履行セラルヘク又日本国ノ主権ハ本州、北海道、九州及四国並ニ吾等ノ決定スル諸小島ニ局限セラルヘシ

九、日本国軍隊ハ完全ニ武装ヲ解除セラレタル後各自ノ家庭ニ復帰シ平和的且生産的ノ生活ヲ営ムノ機会ヲ得シメラルヘシ

十、吾等ハ日本人ヲ民族トシテ奴隷化セントシ又ハ国民トシテ滅亡セシメントスルノ意図ヲ有スルモノニ非サルモ吾等ノ俘虜ヲ虐待セル者ヲ含ム一切ノ戦争犯罪人ニ対シテハ厳重ナル処罰加ヘラルヘシ日本国政府ハ日本国国民ノ間ニ於ケル民主主義的傾向ノ復活強化ニ対スル一切ノ障礙ヲ除去スヘシ言論、宗教及思想ノ自由並ニ基本的人権ノ尊重ハ確立セラルヘシ

十一、日本国ハ其ノ経済ヲ支持シ且公正ナル実物賠償ノ取立ヲ可能ナラシムルカ如キ産業ヲ維持スルコトヲ許サルヘシ但シ日本国ヲシテ戦争ノ為再軍備ヲ為スコトヲ得シムルカ如キ産業ハ此ノ限ニ在ラス右目的ノ為原料ノ入手(其ノ支配トハ之ヲ区別ス)ヲ許可サルヘシ日本国ハ将来世界貿易関係ヘノ参加ヲ許サルヘシ

十二、前記諸目的カ達成セラレ且日本国国民ノ自由ニ表明セル意思ニ従ヒ平和的傾向ヲ有シ且責任アル政府カ樹立セラルルニ於テハ聯合国ノ占領軍ハ直ニ日本国ヨリ撤収セラルヘシ

十三、吾等ハ日本国政府カ直ニ全日本国軍隊ノ無条件降伏ヲ宣言シ且右行動ニ於ケル同政府ノ誠意ニ付適当且充分ナル保障ヲ提供センコトヲ同政府ニ対シ要求ス右以外ノ日本国ノ選択ハ迅速且完全ナル壊滅アルノミトス

[http://www.ndl.go.jp/constitution/etc/j06.html]
(出典:外務省編『日本外交年表並主要文書』下巻 1966年刊)

2 ポツダム受諾に関する8月10日付日本国政府申入 (抄)
1945年8月10日

(訳文)

帝国政府ハ

天皇陛下ノ一般的平和克服ニ対スル御祈念ニ基キ戦争ノ惨禍ヲ出来得ル限リ速ニ終止セシメンコトヲ欲シ左ノ通リ決定セリ

帝国政府ハ一九四五年七月二十六日「ポツダム」ニ於テ米、英、支三国政府首脳者ニ依リ発表セラレ爾後「ソ」聯政府ノ参加ヲ見タル共同宣言ニ挙ケラレタル条件ヲ右宣言ハ 天皇ノ国家統治ノ大権ヲ変更スルノ要求ヲ包含シ居ラサルコトノ了解ノ下ニ受諾ス

帝国政府ハ右了解ニシテ誤リナキヲ信シ本件ニ関スル明確ナル意向カ速ニ表示セラレンコトヲ切望ス

[http://www.ndl.go.jp/constitution/shiryo/01/010/010tx.html#tc009

http://www.mofa.go.jp/mofaj/annai/honsho/shiryo/index.html]

3 終戦の詔勅
1945年8月14日公布

朕深ク世界ノ大勢ト帝国ノ現状トニ鑑ミ非常ノ措置ヲ以テ時局ヲ収拾セムト欲シ茲ニ忠良ナル爾臣民ニ告ク朕ハ帝国政府ヲシテ米英支蘇四国ニ対シ其ノ共同宣言ヲ受諾スル旨通告セシメタリ

抑々帝国臣民ノ康寧ヲ図リ万邦共栄ノ楽ヲ偕ニスルハ皇祖皇宗ノ遺範ニシテ朕ノ拳々措カサル所曩ニ米英二国ニ宣戦セル所以モ亦実ニ帝国ノ自存ト東亜ノ安定トヲ庶幾スルニ出テ他国ノ主権ヲ排シ領土ヲ侵スカ如キハ固ヨリ朕カ志ニアラス然ルニ交戦已ニ四歳ヲ閲シ朕カ陸海将兵ノ勇戦朕カ百僚有司ノ励精朕カ一億衆庶ノ奉公各々最善ヲ尽セルニ拘ラス戦局必スシモ好転セス世界ノ大勢亦我ニ利アラス加之敵ハ新ニ残虐ナル爆弾ヲ使用シテ頻ニ無辜ヲ殺傷シ惨害ノ及フ所真ニ測ルヘカラサルニ至ル而モ尚交戦ヲ継続セムカ終ニ我カ民族ノ滅亡ヲ招来スルノミナラス延テ人類ノ文明ヲモ破却スヘシ斯ノ如クムハ朕何ヲ以テカ億兆ノ赤子ヲ保シ皇祖皇宗ノ神霊ニ謝セムヤ是レ朕カ帝国政府ヲシテ共同宣言ニ応セシムルニ至レル所以ナリ

朕ハ帝国ト共ニ終始東亜ノ解放ニ協力セル諸盟邦ニ対シ遺憾ノ意ヲ表セサルヲ得ス帝国臣民ニシテ戦陣ニ死シ職域ニ殉シ非命ニ斃レタル者及其ノ遺族ニ想ヲ致セハ五内為ニ裂ク且戦傷ヲ負ヒ災禍ヲ蒙リ家業ヲ失ヒタル者ノ厚生ニ至リテハ朕ノ深ク軫念スル所ナリ惟フニ今後帝国ノ受クヘキ苦難ハ固ヨリ尋常ニアラス爾臣民ノ衷情モ朕善ク之ヲ知ル然レトモ朕ハ時運ノ趨ク所堪ヘ難キヲ堪ヘ忍ヒ難キヲ忍ヒ以テ万世ノ為ニ太平ヲ開カムト欲ス

朕ハ茲ニ国体ヲ護持シ得テ忠良ナル爾臣民ノ赤誠ニ信倚シ常ニ爾臣民ト共ニ在リ若シ夫レ情ノ激スル所濫ニ事端ヲ滋クシ或ハ同胞排擠互ニ時局ヲ乱リ為ニ大道ヲ誤リ信義ヲ世界ニ失フカ如キハ朕最モ之ヲ戒ム宜シク挙国一家子孫相伝へ確ク神州ノ不滅ヲ信シ任重クシテ道遠キヲ念ヒ総力ヲ将来ノ建設ニ傾ケ道義ヲ篤クシ志操ヲ鞏クシ誓テ国体ノ精華ヲ発揚シ世界ノ進運ニ後レサラムコトヲ期スヘシ爾臣民其レ克ク朕カ意ヲ体セヨ

[http://www.ndl.go.jp/constitution/shiryo/01/017/017tx.html　http://www.archives.go.jp/]

4 日本共産党「新憲法の骨子」
1945年11月11日発表

一、主権は人民に在り
二、民主議会は主権を管理す民主議会は一八歳以上の選挙権被選挙権の基礎に立つ、民主議会は政府を構成する人々を選挙する
三、政府は民主議会に責任を負ふ議会の決定を遂行しないか又はその遂行が不十分であるかは或は曲げた場合その他不正の行為あるものに対しては即時止めさせる
四、人民は政治的、経済的、社会的に自由であり且つ議会及び政府を監視し批判する自由を確保する
五、人民の生活権、労働権、教育される権利を具体的設備を以て保証する
六、階級的並びに民族的差別の根本的廃止

[http://www.ndl.go.jp/constitution/shiryo/02/040/040tx.html　芦部他・全集72巻365頁]

5 憲法改正に関する松本4原則
1945年12月8日　衆議院予算委員会

1　天皇が統治権を総攬せられるという基本原則には、なんらの変更を加えないこと。このことは、おそらくわが国の識者のほとんど全部が一致しているところであろう。

2　議会の議決を要する事項の範囲を拡充すること。その結果として、大権事項をある程度削減すること。

3　国務大臣の責任を国務の全般にわたるものたらしめ憲法上天皇輔弼の責任を持たないものの介在する余地をなくすること。同時に国務大臣は議会に対して責任を負うものたらしめること。

4　人民の自由および権利の保護を拡大すること。すなわち、議会と無関係な立法によつて自由と権利を侵害しえないようにすること。またこの自由と権利の侵害に対する救済方法を完全なものとすること。

[http://www.shugiin.go.jp/internet/itdb_kenpou.nsf/html/kenpou/chosa/shukenshi002.pdf/$File/shukenshi002.pdf]

6 憲法研究会「憲法草案要綱」（抄）
1945年12月26日

高野岩三郎、馬場恒吾、杉森孝次郎、森戸辰男、岩淵辰雄、室伏高信、鈴木安蔵

根本原則（統治権）
一、日本国ノ統治権ハ日本国民ヨリ発ス
一、天皇ハ国政ヲ親ラセス国政ノ一切ノ最高責任者ハ内閣トス
一、天皇ハ国民ノ委任ニヨリ専ラ国家ノ儀礼ヲ司ル
一、天皇ノ即位ハ議会ノ承認ヲ経ルモノトス
一、摂政ヲ置クハ議会ノ議決ニヨル

国民権利義務
一、国民ハ法律ノ前ニ平等ニシテ出生又ハ身分ニ基ク一切ノ差別ハ之ヲ廃止ス
一、爵位勲章其ノ他ノ栄典ハ総テ廃止ス

2 憲法史料

一、国民ノ言論学術芸術宗教ノ自由ニ妨ケル如何ナル法令ヲモ発布スルヲ得ス
一、国民ハ拷問ヲ加ヘラルルコトナシ
一、国民ハ国民請願国民発案及国民表決ノ権利ヲ有ス
一、国民ハ労働ノ義務ヲ有ス
一、国民ハ労働ニ従事シ其ノ労働ニ対シテ報酬ヲ受クルノ権利ヲ有ス
一、国民ハ健康ニシテ文化的水準ノ生活ヲ営ム権利ヲ有ス
一、国民ハ休息ノ権利ヲ有ス国家ハ最高八時間労働ノ実施勤労者ニ対スル有給休暇制療養所社交教養機関ノ完備ヲナスヘシ
一、国民ハ老年疾病其ノ他ノ事情ニヨリ労働不能ニ陥リタル場合生活ヲ保証サル権利ヲ有ス
一、男女ハ公ノ並私ノニ完全ニ平等ノ権利ヲ享有ス
一、民族人種ニヨル差別ヲ禁ス
一、国民ハ民主主義並平和思想ニ基ク人格完成社会道徳確立諸民族トノ協同ニ努ムルノ義務ヲ有ス

議会

一、議会ハ立法権ヲ掌握ス法律ヲ議決シ歳入及歳出予算ヲ承認シ行政ニ関スル準則ヲ定メ及其ノ執行ヲ監督ス条約ニシテ立法事項ニ関スルモノハ其ノ承認ヲ得ルヲ要ス
一、議会ハ二院ヨリ成ル
一、第一院ハ全国一区ノ大選挙区制ニヨリ満二十歳以上ノ男女平等直接秘密選挙（比例代表ノ主義）ニヨリテ満二十歳以上ノ者ヨリ公選セラレタル議員ヲ以テ組織サレ其ノ権限ハ第二院ニ優先ス
一、第二院ハ各種職業並其ノ中ノ階層ヨリ公選セラレタル満二十歳以上ノ議員ヲ以テ組織サル
一、第一院ニ於テ二度可決サレタル一切ノ法律案ハ第二院ニ於テ否決スルヲ得ス
一、議会ハ無休トス
 ソノ休会スル場合ハ常任委員会ソノ職責ヲ代行ス
一、議会ノ会議ハ公開ス秘密会ヲ廃ス
一、議会ハ議長並書記官長ヲ選出ス
一、議会ハ憲法違反其ノ他重大ナル過失ノ廉ニヨリ大臣並官吏ニ対シ公訴ヲ提起スルヲ得ルカ審理ノ為ニ国事裁判所ヲ設ク
一、議会ハ国民投票ニヨリテ解散ヲ可決サレタルトキハ直チニ解散スヘシ
一、国民投票ニヨリ議会ノ決議ヲ無効ナラシムルニハ有権者ノ過半数カ投票ニ参加セル場合ナルヲ要ス

内閣

一、総理大臣ハ両院議長ノ推薦ニヨリテ決ス
 各省大臣国務大臣ハ総理大臣任命ス
一、内閣ハ外ニ対シテ国ヲ代表ス
一、内閣ハ議会ニ対シ連帯責任ヲ負フ其ノ職ニ在ルニハ議会ノ信任アルコトヲ要ス
一、国民投票ニヨリテ不信任ヲ決議サレタルトキハ内閣ハ其ノ職ヲ去ルヘシ
一、内閣ハ官吏ヲ任免ス
一、内閣ハ国民ノ名ニ於テ恩赦権ヲ行フ
一、内閣ハ法律ヲ執行スル為ニ命令ヲ発ス

司法

一、司法権ハ国民ノ名ニヨリ裁判所構成法及陪審法ノ定ムル所ニヨリ裁判之ヲ行フ
一、裁判官ハ独立ニシテ唯法律ニノミ服ス
一、大審院ハ最高ノ司法機関ニシテ一切ノ下級司法機関ヲ監督ス
 大審院長ハ公選トス国事裁判所長ヲ兼ヌ
 大審院判事ハ第二院議長ノ推薦ニヨリ第二院ノ承認ヲ経テ就任ス
一、行政裁判所長検事総長ハ公選トス
一、検察官ハ行政機関ヨリ独立ス
一、無罪ノ判決ヲ受ケタル者ニ対スル国家補償ハ遺憾ナキヲ期スヘシ

会計及財政

一、国ノ歳出歳入ハ各会計年度毎ニ詳細明確ニ予算ニ規定シ会計年度ノ開始前ニ法律ヲ以テ之ヲ定ム
一、事業会計ニ就テハ毎年事業計画書ヲ提出シ議会ノ承認ヲ経ヘシ
 特別会計ハ唯事業会計ニ就テノミ之ヲ設クルヲ得
一、租税ヲ課シ税率ヲ変更スルハ一年毎ニ法律ヲ以テ之ヲ定ムヘシ
一、国債其ノ他予算ニ定メタルモノヲ除ク外国庫ノ負担トナルヘキ契約ハ一年毎ニ議会ノ承認ヲ経ヘシ
一、皇室費ハ一年毎ニ議会ノ承認ヲ経ヘシ
一、予算ハ先ツ第一院ニ提出スヘシ其ノ承認ヲ経タル項目及金額ニ就テハ第二院之ヲ否決スルヲ得ス
一、租税ノ賦課ハ公正ナルヘシ苟モ消費税ノ偏重シテ国民ニ過重ノ負担ヲ負ハシムルヲ禁ス
一、歳入歳出ノ決算ハ速ニ会計検査院ニ提出シ其ノ検査ヲ経タル後之ヲ次ノ会計年度ニ議会ニ提出シ政府ノ責任解除ヲ求ムヘシ
 会計検査院ノ組織及権限ハ法律ヲ以テ之ヲ定ム
 会計検査院長ハ公選トス

経済

一、経済生活ハ国民各自ヲシテ人間ニ値スヘキ健全ナル生活ヲ為サシムルヲ目トシ正義進歩平等ノ原則ニ適合スルヲ要ス
 各人ノ私有並経済上ノ自由ハ此ノ限界内ニ於テ保障サル
 所有権ハ同時ニ公共ノ権利ニ役立ツヘキ義務ヲ要ス
一、土地ノ分配及利用ハ総テノ国民ニ健康ナル生活ヲ保障シ得ル如ク為サルヘシ
 寄生ノ土地所有並封建ノ小作料ハ禁止ス
一、精神ノ労作著作者発明家芸術家ノ権利ハ保護セラルヘシ
一、労働者其ノ他一切ノ勤労者ノ労働条件改善ノ為ノ結社並運動ノ自由ハ保障セラルヘシ
 之ヲ制限又ハ妨害スル法令契約及処置ハ総テ禁止ス

補則
一、憲法ハ立法ニヨリ改正ス但シ議員ノ三分ノ二以上ノ出席及出席議員ノ半数以上ノ同意アルヲ要ス
　国民請願ニ基キ国民投票ヲ以テ憲法ノ改正ヲ決スル場合ニ於テハ有権者ノ過半数ノ同意アルコトヲ要ス
一、此ノ憲法ノ規定並精神ニ反スル一切ノ法令及制度ハ直チニ廃止ス
一、皇室典範ハ議会ノ議ヲ経テ定ムルヲ要ス
一、此ノ憲法公布後遅クモ十年以内ニ国民投票ニヨル新憲法ノ制定ヲナスヘシ
　［http://www.ndl.go.jp/constitution/shiryo/02/052/052tx.html　芦部他・全集72巻341頁］

7 高野岩三郎「憲法改正私案要綱」
（抄）
1945年12月28日発表

根本原則
天皇制ニ代ヘテ大統領ヲ元首トスル共和制ノ採用
第一　主権及ビ元首
日本国ノ主権ハ日本国民ニ属スル
日本国ノ元首ハ国民ノ選挙スル大統領トス
大統領ノ任期ハ四年トシ再選ヲ妨ゲザルモ三選スルヲ得ズ
大統領ハ国ノ内外ニ対シ国民ヲ代表ス
立法権ハ議会ニ属ス
大統領ハ行政権ヲ執行シ国務大臣ヲ任免ス
条約ノ締結ハ議会ノ議決ヲ経テ大統領之ニ当ル
第二　国民ノ権利義務
国民ハ居住及ビ移転ノ自由ヲ有ス
国民ハ通信ノ自由ヲ有ス
国民ハ公益ニ必要アル場合ノ外其ノ所有権ヲ侵サルルコトナシ
国民ハ言論著作出版集会及ビ結社ノ自由ヲ有ス
国民ハ納税ノ義務ヲ有ス
国民ハ労働ノ義務ヲ有ス
国民ハ生存ノ権利ヲ有ス
国民ハ教育ヲ受クルノ権利ヲ有ス
国民ハ休養ノ権利ヲ有ス
国民ハ文化的享楽ノ権利ヲ有ス
第三　議会
議会ハ第一院及ビ第二院ヲ以テ成立ス
第一院ハ選挙法ノ定ムル所ニ依リ国民ノ直接選挙シタル議員ヲ以テ組織ス
第二院ハ各種職業等ニ（原文ノママ）其ノ中ニケル階層ヨリ選挙セラレタル議員ヲ以テ組織ス議員ノ任期ハ三年トシ毎年三分一ヅツヲ改選ス
両院ノ議事ハ一切公開トシ之ヲ速記シテ公表ヅ
両院ノ議員ハ院内ニ於テナシタル発言及ビ表決ニ付キ院外ニ於テ責ヲ負フコトナシ
両院ノ議員ハ現行犯罪ヲ除ク外会期中又ハ院ノ許諾ナクシテ逮捕セラルルコトナシ
両院ハ各々政府又ハ大臣ニ対シ不信任ノ表決ヲナスコトヲ得此ノ場合政府又ハ大臣ハ直チニ其ノ職ヲ去ルベシ
第五　経済及ビ労働
土地ハ国有トス
公益上必要ナル生産手段ハ議会ノ決ニ依リ漸次国有ニ移スベシ
労働ハ如何ナル場合ニモ一日八時間ヲ超ユルヲ得ズ
労働ノ報酬ハ労働者ノ文化生活水準ニ下ルコトヲ得ズ
第六　文化及科学
凡テ教育其他文化ノ享受ハ男女ノ間ニ差異ヲ設クベカラズ
一切ノ教育ハ真理ノ追官真実ノ闡明ヲ目標トスル科学性ニ其ノ根拠ヲ置クベシ
第七　司法
司法権ハ裁判所構成法及ビ審法ノ規定ニ従ヒ裁判所之ヲ行フ
行政官庁ノ処分ニヨリ権利ヲ傷害セラレ又ハ正当ノ利益ヲ損害セラレタリトスル場合ニ対シ別ニ行政裁判所ヲ設ク
第八　財政
国ノ歳出歳入ハ詳細明確ニ予算ニ規定シ毎年議会ニ提出シテ其ノ承認ヲ経ベシ
租税ノ賦課ハ公正ニ行ハレ苟モ消費税ヲ偏重シテ民衆ノ負担ノ過重ヲ来サザルヤウ注意スルヲ要ス
歳入歳出ノ決算ハ速ニ会計検査院ニ提出シ其ノ検査確定ヲ経タ後政府ハ之ヲ次ノ会計年度ニ議会ニ提出シテ承認ヲ得ベシ
第九　憲法ノ改正及ビ国民投票
将来此ノ憲法ノ条項ヲ改正スルノ必要アリト認メタルトキハ大統領又ハ第一院若クハ第二院ハ議案ヲ作成シ之ヲ議会ノ議ニ附スベシ
此ノ場合ニ於テ両院ハ各々其ノ議員三分ノ二以上出席スルニ非ザレバ議事ヲ開クコトヲ得ズ出席議員三分ノ二以上ノ多数ヲ得ルニ非ザレバ改正ノ議決ヲナスコトヲ得ズ
国民全般ノ利害ニ関係アル問題ヲシテ国民投票ニ附スル必要アリト認ムル事項アルトキハ前掲憲法改正ノ規定ニ準ジテ其ノ可否ヲ決スベシ
（付　枢密院ハ之ヲ廃止ス）
　［http://www.ndl.go.jp/constitution/shiryo/02/054/054tx.html　芦部他・全集72巻339頁］

8 日本自由党「憲法改正要綱」（抄）
　　1946年1月21日発表

一、天皇
一、統治権の主体は日本国家なり
二、天皇は統治権の総攬者なり
三、天皇は万世一系なり
四、天皇は法律上及政治上の責任なし

二、所謂大権事項
左の各項その他天皇の名に於てする国務は総て国務大臣の輔弼による
一、法律の裁可及公布
二、議会の召集、開会、閉会、停会及衆議院の解散
三、官吏の任免
四、外交
五、栄典の授与
六、恩赦
　（註）現行憲法に於る緊急命令、執行命令、独立命令制定の大権官制大権、統帥大権、編制大権、戒厳大権、非常大権は之を廃止す

三、国民の権利
一、思想、言論、信教、学問、芸術の自由は法律を以てするも猥りに之を制限することを得ず
二、営業及勤労の自由は法律を以てするに非ざれば、之を制限することを得ず
三、私有財産及正当なる生活の安定を確保す

四、議会
一、議会は立法の府にして同時に行政を監督する機関とす
二、凡そ法規は議会の立法（法律）に依るを原則とす
三、第一院を衆議院、第二院を参議院とし其の組織は共に法律を以て之を定む
四、参議院は学識経験の活用と政治恒定の機関とす
五、衆議院が第一院として参議院に対する優越性を認むること概ね左の如し
　（イ）衆議院の予算先議権の強化
　（ロ）参議院が衆議院を通過したる議案を修正若は否決したるときは、之を衆議院の再議に附し、三分の二以上の多数を以て再び之を可決したるときは、参議院の修正若は否決は其の効果を失ふ（之と関聯して衆議院を通過したる議案の参議院に於ける審議期間を制限す）
　（ハ）参議院の内閣不信任上奏若は決議を禁止す
六、議会閉会中、各院毎に常置委員会を設け臨時議会を召集する暇なきとき、此委員会をして緊急命令に代る略式立法其他議会の権限を暫定的に代行せしむ
七、議会は直接に行政各部及国民と交渉することを得

五、国務大臣及内閣
一、国務大臣及内閣に関しては憲法に掲ぐるものを除くの外、法律を以て其の基本的事項を定む
二、国務大臣の首班たる内閣総理大臣の他の国務大臣に対する地位の優越を明確にす
三、国務大臣の議会に対する責任を明確にす
四、内閣の制度を憲法中に規定し内閣に執行命令、独立命令、其の他の命令制定権を認む

六、枢密顧問
枢密顧問の制度は之を廃止す

七、裁判所及会計検査院
一、司法権の独立を強化し、大審院長を天皇に直隷せしむ
二、大審院長の下級裁判所に対する独立の監督権を確立す
三、別に検察庁を設け司法大臣の下に置く
四、行政裁判制度を廃止し之を司法裁判所に移管し、且行政訴訟事項を拡大す
五、会計検査院長を天皇に直隷せしむ
六、大審院長及会計検査院長の任命は議会の議決を経ることを要す

八、憲法の改正
一、憲法改正の発案権は議会にもこれを認む
［http://www.ndl.go.jp/constitution/shiryo/02/062/062tx.html　芦部他・全集72巻353頁］

9 憲法改正要綱
　　1946年2月8日　　憲法問題調査委員会

第一章　天皇
一　第三条ニ「天皇ハ神聖ニシテ侵スヘカラス」トアルヲ「天皇ハ至尊ニシテ侵スヘカラス」ト改ムルコト
二　第七条所定ノ衆議院ノ解散ハ同一事由ニ基ツキ之ヲ命スルコトヲ得サルモノトスルコト
三　第八条所定ノ緊急勅令ヲ発スルニハ議院法ノ定ムル所ニ依リ帝国議会常置委員ノ諮詢ヲ経ルヲ要スルモノトスルコト
四　第九条中ニ「公共ノ安寧秩序ヲ保持シ及臣民ノ幸福ヲ増進スル為ニ必要ナル命令」トアルヲ「行政ノ目的ヲ達スル為ニ必要ナル命令」ト改ムルコト（要綱十参照）
五　第十一条中ニ「陸海軍」トアルヲ「軍」ト改メ且第十二条ノ規定ヲ改メ軍ノ編制及常備兵額ハ法律ヲ以テ之ヲ定ムルモノトスルコト（要綱二十参照）
六　第十三条ノ規定ヲ改メ戦ヲ宣シ和ヲ講シ又ハ法律ヲ以テ定ムルヲ要スル事項ニ関シ条約若ハ国ニ重大ナル義務ヲ負ハシムル条約ヲ締結スルニハ帝国議会ノ協賛ヲ経ルヲ要スルモノトスルコト但シ内外ノ情形ニ因リ帝国議会ノ召集ヲ待ツコト能ハサル緊急ノ必要アルトキハ帝国議会常置委員ノ諮詢ヲ経ルヲ以

テ足ルモノトシ此ノ場合ニ於テハ次ノ会期ニ於テ帝国議会ニ報告シ其ノ承諾ヲ求ムヘキモノトスルコト
七　第十五条ニ「天皇ハ爵位勲章及其ノ他ノ栄典ヲ授与ス」トアルヲ「天皇ハ栄典ヲ授与ス」ト改ムルコト

第二章　臣民権利義務
八　第二十条中ニ「兵役ノ義務」トアルヲ「公益ノ為必要ナル役務ニ服スル義務」ト改ムルコト
九　第二十八条ノ規定ヲ改メ日本臣民ハ安寧秩序ヲ妨ケサル限ニ於テ信教ノ自由ヲ有スルモノトスルコト
十　日本臣民ハ本章各条ニ掲ケタル場合ノ外凡テ法律ニ依ルニ非スシテ其ノ自由及権利ヲ侵サルルコトナキ旨ノ規定ヲ設クルコト
十一　非常大権ニ関スル第三十一条ノ規定ヲ削除スルコト
十二　軍人ノ特例ニ関スル第三十二条ノ規定ヲ削除スルコト

第三章　帝国議会
十三　第三十三条ニ以下ニ「貴族院」トアルヲ「参議院」ト改ムルコト
十四　第三十四条ノ規定ヲ改メ参議院ハ参議院法ノ定ムル所ニ依ル選挙又ハ勅任セラレタル議員ヲ以テ組織スルモノトスルコト
十五　衆議院ニ於テ引続キ三回其ノ総員三分ノ二以上ノ多数ヲ以テ可決シテ参議院ニ移シタル法律案ハ参議院ノ議決アルト否トヲ問ハス帝国議会ノ協賛ヲ経タルモノトスル旨規定ヲ設クルコト
十六　第四十二条所定ノ帝国議会ノ会期「三箇月」ヲ改メ「三箇月以上ニ於テ院法ノ定メタル期間」トスルコト
十七　第四十五条所定ノ衆議院解散後ニ於ケル帝国議会ヲ召集スヘキ期限「五箇月以内」ヲ「三箇月以内」ト改ムルコト
十八　第四十八条但書ノ規定ヲ改メ両議院ノ会議ヲ秘密会トナスハ専ラ其ノ院ノ決議ニ依ルモノトスルコト
十九　会期前ニ逮捕セラレタル議員ハ其ノ院ノ要求アルトキハ会期中之ヲ釈放スヘキ旨ノ規定ヲ設クルコト

第四章　国務大臣及枢密顧問
二十　第五十五条第一項ノ規定ヲ改メ国務各大臣ハ天皇ヲ輔弼シ帝国議会ニ対シテ其ノ責ニ任スルモノトシ且軍ノ統帥ニ付亦同シキ旨ヲ明記スルコト
二十一　衆議院ニ於テ国務各大臣ニ対スル不信任ヲ決シタルトキハ解散アリタル場合ヲ除ク外其ノ職ニ留ルコトヲ得サル旨ノ規定ヲ設クルコト（要綱二参照）
二十二　国務各大臣ヲ以テ内閣ヲ組織スル旨及内閣官制ハ法律ヲ以テ之ヲ定ムル旨ノ規定ヲ設クルコト
二十三　枢密院ノ官制ハ法律ヲ以テ之ヲ定ムル旨ノ規定ヲ設クルコト

第五章　司法
二十四　第六十一条ノ規定ヲ改メ行政事件ニ関ル訴訟ハ別ニ法律ノ定ムル所ニ依リ司法裁判所ノ管轄ニ属スルモノトス

第六章　会計
二十五　参議院ハ衆議院ノ議決シタル予算ニ付増額ノ修正ヲ為スコトヲ得サル旨ノ規定ヲ設クルコト
二十六　第六十六条ノ規定ヲ改メ皇室経費中其ノ内廷ノ経費ニ限リ定額ニ依リ毎年国庫ヨリ之ヲ支出シ増額ヲ要スル場合ヲ除ク外帝国議会ノ協賛ヲ要セサルモノトスルコト
二十七　第六十七条ノ規定ヲ改メ憲法上ノ大権ニ基ツケル既定ノ歳出ハ政府ノ同意ナクシテ帝国議会之ヲ廃除シハ削減スルコトヲ得ルモノトスルコト
二十八　予備費ヲ以テ予算ノ外ニ生シタル必要ノ費用ニ充ツルトキ及予備費外ニ於テ避クヘカラサル予算ノ不足ヲ補フヲ為ニ又ハ予算ノ外ニ生シタル必要ノ費用ニ充ツル為ニ支出ヲ為ストキハ帝国議会常置委員ノ諮詢ヲ経ヘキ旨ノ規定ヲ設クルコト
二十九　第七十条所定ノ財政上ノ緊急処分ヲ為スニハ帝国議会常置委員ノ諮詢ヲ経ルヲ要スルモノトスルコト
三十　第七十一条ノ規定ヲ改メ予算不成立ノ場合ニハ政府ハ会計法ノ定ムル所ニ依リ暫定予算ヲ作成シ予算成立ニ至ルマテノ間之ヲ施行スヘキモノトシ此ノ場合ニ於テ帝国議会閉会中ナルトキハ速ニ之ヲ召集シ其ノ年度ノ予算ト共ニ暫定予算ヲ提出シ其ノ承諾ヲ求ムルヲ要スルモノトスルコト

第七章　補則
三十一　両議院ノ議員ハ各々其ノ院ノ総員二分ノ一以上ノ賛成ヲ得テ憲法改正ノ議案ヲ発議スルコトヲ得ル旨ノ規定ヲ設クルコト
三十二　天皇ハ帝国議会ノ議決シタル憲法改正ヲ裁可シ其ノ公布及執行ヲ命スル旨ノ規定ヲ設クルコト
三十三　憲法及皇室典範変更ノ制限ニ関スル第七十五条ノ規定ヲ削除スルコト
三十四　以上憲法改正ノ各規定ノ施行ニ関シ必要ナル規定ヲ設クルコト

［http://www.ndl.go.jp/constitution/shiryo/03/074a/074atx.html　芦部他・全集71巻306頁］

10　マッカーサー三原則
1946年2月3日

1

天皇は、国家の元首の地位にある。
皇位は、世襲される。
天皇の職務および権能は、憲法に基づき行使され、憲法に示された国民の基本的意思に応えるものとす

る。

2

国権の発動たる戦争は、廃止する。日本は、紛争解決のための手段としての戦争、さらに自己の安全を保持するための手段としての戦争をも、放棄する。日本は、その防衛と保護を、今や世界を動かしつつある崇高な理想に委ねる。
日本が陸海空軍をもつ権能は、将来も与えられることはなく、交戦権が日本軍に与えられることもない。

3

日本の封建制度は、廃止される。
貴族の権利は、皇族を除き、現在生存する者一代以上には及ばない。
華族の地位は、今後はどのような国民的または市民的な政治権力も伴うものではない。
予算の型は、イギリスの制度にならうこと。
[http://www.ndl.go.jp/constitution/shiryo/03/072shoshi.html、高柳他・制定過程Ⅰ99頁]

11 日本国憲法「総司令部案」(マッカーサー草案)(抄)
1946年2月13日

我等日本国人民ハ、国民議会ニ於ケル正当ニ選挙セラレタル我等ノ代表者ヲ通シテ行動シ、我等自身及我等ノ子孫ノ為ニ諸国民トノ平和的協力及此ノ土地全土ニ及フ自由ノ祝福ノ成果ヲ確保スヘク決心シ、且政府ノ行為ニ依リ再ヒ戦争ノ恐威ニ訪レラレサルヘク決意シ、茲ニ人民ノ意思ノ主権ヲ宣言シ、国政ハ其ノ権能ハ人民ヨリ承ケ其ノ権力ハ人民ノ代表者ニ依リ行使セラレ而シテ其ノ利益ハ人民ニ依リ享有セラルルトノ普遍的原則ノ上ニ立ツ此ノ憲法ヲ制定確立ス、而シテ我等ハ此ノ憲法ニ抵触スル一切ノ憲法、命令、法律及詔勅ヲ排斥及廃止ス

我等ハ永世ニ亘リ平和ヲ希求シ且今ヤ人類ヲ揺リ動カシツツアル人間関係支配ノ高貴ナル理念ヲ満全ニ自覚シテ、我等ノ安全及生存ヲ維持スル為世界ノ平和愛好諸国民ノ正義ト信義トニ依倚センコトニ意ヲ固メタリ、我等ハ平和ノ維持並ニ横暴、奴隷、圧制及無慈悲ヲ永遠ニ地上ヨリ追放スルコトヲ主義方針トスル国際社会内ニ名誉ノ地位ヲ占メンコトヲ欲求ス、我等ハ万国民等シク恐怖ト欠乏ニ虐ケラルル憂ナク平和ノ裏ニ生存スル権利ヲ有スルコトヲ承認シ且之ヲ表白ス

我等ハ如何ナル国民モ単ニ自己ニ対シテノミ責任ヲ有スルニアラスシテ政治道徳ノ法則ハ普遍的ナリト信ス、而シテ斯ノ如キ法則ヲ遵奉スルコトハ自己ノ主権ヲ維持シ他国民トノ主権ニ基ク関係ヲ正義付ケントスル諸国民ノ義務ナリト信ス

我等日本国人民ハ此等ノ尊貴ナル主義及目的ヲ我等ノ国民的名誉、決意及総力ニ懸ケテ誓フモノナリ

第一章 皇帝

第一条 皇帝ハ国家ノ象徴ニシテ又人民ノ統一ノ象徴タルヘシ彼ハ其ノ地位ヲ人民ノ主権意思ヨリ承ケ之ヲ他ノ如何ナル源泉ヨリモ承ケス
第二条 皇位ノ継承ハ世襲ニシテ国会ノ制定スル皇室典範ニ依ルヘシ
第三条 国事ニ関スル皇帝ノ一切ノ行為ニハ内閣ノ輔弼及協賛ヲ要シ而シテ内閣ハ之ニ責任ヲ負フヘシ
皇帝ハ此ノ憲法ノ規定スル国家ノ機能ヲノミ行フヘシ
彼ハ政治上ノ権限ヲ有セス又之ヲ把握シ又ハ賦与セラルルコト無カルヘシ
皇帝ハ其ノ機能ヲ法律ノ定ムル所ニ従ヒ委任スルコトヲ得
第四条 国会ノ制定スル皇室典範ノ規定ニ従ヒ摂政ヲ置クトキハ皇帝ノ責務ハ摂政之ヲ皇帝ノ名ニ於テ行フヘシ而シテ此ノ憲法ニ定ムル所ノ皇帝ノ機能ニ対スル制限ハ摂政ニ対シ等シク適用セラルヘシ
第五条 皇帝ハ国会ノ指名スル者ヲ総理大臣ニ任命ス
第六条 皇帝ハ内閣ノ輔弼及協賛ニ依リテノミ行動シ人民ニ代リテ国家ノ左ノ機能ヲ行フヘシ即国会ノ制定スル一切ノ法律、一切ノ内閣命令、此ノ憲法ノ一切ノ改正並ニ一切ノ条約及国際規約ニ皇璽ヲ鈐シテ之ヲ公布ス
国会ヲ召集ス
国会ヲ解散ス
総選挙ヲ命ス
国務大臣、大使及其ノ他国家ノ官吏ニシテ法律ノ規定ニ依リ其ノ任命又ハ嘱託及辞職ヲ免職カ此ノ方法ニテ公証セラルヘキモノノ任命又ハ嘱託及辞職又ハ免職ヲ公証ス
大赦、恩赦、減刑、執行猶予及復権ヲ公証ス
栄誉ヲ授与ス
外国ノ大使及公使ヲ受ク
適当ナル式典ヲ執行フ
第七条 国会ノ許諾ナクシテハ皇位ニ金銭又ハ其ノ財産ヲ授与スルコトヲ得又皇位ハ何等ノ支出ヲ為スコトヲ得ス

第二章 戦争ノ廃棄

第八条 国民ノ一主権トシテノ戦争ハ之ヲ廃止ス他ノ国民トノ紛争解決ノ手段トシテノ武力ノ威嚇又ハ使用ハ永久ニ之ヲ廃棄ス
陸軍、海軍、空軍ハ其ノ他ノ戦力ハ決シテ許諾セラルルコト無カルヘク又交戦状態ノ権利ハ決シテ国家ニ授与セラルルコト無カルヘシ

第三章 人民ノ権利及義務

第九条 日本国ノ人民ハ何等ノ干渉ヲ受クルコト無ク一切ノ基本的人権ヲ享有スル権利ヲ有ス
第十条 此ノ憲法ニ依リ日本国ノ人民ニ保障セラルル基本的人権ハ人類ノ自由タラントスル積年ノ闘争ノ結

果ナリ時ト経験ノ坩堝ノ中ニ於テ永続性ニ対スル厳酷ナル試練ニ克ク耐ヘタルモノニシテ永世不可侵トシテ現在及将来ノ人民ニ神聖ナル委託ヲ以テ賦与セラルルモノナリ

第十一条　此ノ憲法ニ依リ宣言セラルル自由、権利及機会ハ人民ノ不断ノ監視ニ依リ確保セラルルモノニシテ人民ハ其ノ濫用ヲ防キ常ニ之ヲ共同ノ福祉ノ為ニ行使スル義務ヲ有ス

第十二条　日本国ノ封建制度ハ終止スヘシ一切ノ日本人ハ其ノ人類タルコトニ依リ個人トシテ尊敬セラルヘシ一般ノ福祉ノ限度内ニ於テ生命、自由及幸福探求ニ対スル其ノ権利ハ一切ノ法律及一切ノ政治ノ行為ノ至上考慮タルヘシ

第十三条　一切ノ自然人ハ法律上平等ナリ政治的、経済的又ハ社会的ノ関係ニ於テ人種、信条、性別、社会的身分、階級又ハ国籍起源ノ如何ニ依リ如何ナル差別的待遇モ許容又ハ黙認セラルルコト無カルヘシ

爾今以後何人モ貴族タルノ故ヲ以テ国又ハ地方ノ如何ナル政治ノ権力ヲ有スルコト無カルヘシ

皇族ヲ除クノ外貴族ノ権利ハ現存ノ者生存中ヲ限リ之ヲ廃止ス

栄誉、勲章又ハ其ノ他ノ優遇ノ授与ニハ何等ノ特権モ附随セサルヘシ又右ノ授与ハ現ニ之ヲ有スル又ハ将来之ヲ受クル個人ノ生存中ヲ限リ其ノ効力ヲ失フヘシ

第十四条　人民ハ其ノ政府及皇位ノ終局ノ決定者ナリ彼等ハ其ノ公務員ヲ選定及罷免スル不可譲ノ権利ヲ有ス

一切ノ公務員ハ全社会ノ奴僕ニシテ如何ナル団体ノ奴僕ニモアラス

有ラユル選挙ニ於テ投票ノ秘密ハ不可侵ニ保タルヘシ選挙人ハ其ノ選択ニ関シ公的ニモ私的ニモ責ヲ問ハルルコト無カルヘシ

第十五条　何人モ損害ノ救済、公務員ノ罷免及法律、命令又ハ規則ノ制定、廃止又ハ改正ニ関シ平穏ニ請願ヲ為ス権利ヲ有ス又何人モ右ノ如キ請願ヲ主唱シタルコトノ為ニ如何ナル差別的待遇ヲモ受クルコト無カルヘシ

第十六条　外国人ハ平等ニ法律ノ保護ヲ受クル権利ヲ有ス

第十七条　何人モ奴隷、農奴又ハ如何ナル種類ノ奴隷役務ニ服セシメラルルコト無カルヘシ犯罪ノ為ノ処罰ヲ除クノ外本人ノ意思ニ反スル服役ハ之ヲ禁ス

第十八条　思想及良心ノ自由ハ不可侵タルヘシ

第十九条　宗教ノ自由ハ何人ニモ保障セラル如何ナル宗教団体モ国家ヨリ特別ノ特権ヲ受クルコト無カルヘク又政治上ノ権限ヲ行使スルコト無カルヘシ

何人モ宗教ノ行為、祝典、式典又ハ行事ニ参加スルコトヲ強制セラレサルヘシ

国家及其ノ機関ハ宗教教育又ハ其ノ他如何ナル宗教的ノ活動ヲモ為スヘカラス

第二十条　集会、言論及定期刊行物並ニ其ノ他一切ノ表現形式ノ自由ヲ保障ス検閲ハ之ヲ禁シ通信手段ノ秘密ハ之ヲ犯ス可カラス

第二十一条　結社、運動及住居選定ノ自由ハ一般ノ福祉ニ抵触セサル範囲内ニ於テ何人ニモ之ヲ保障ス

何人モ外国ニ移住シ又ハ国籍ヲ変更スル自由ヲ有ス

第二十二条　学究上ノ自由及職業ノ選択ノ自由ヲ保障ス

第二十三条　家族ハ人類社会ノ基底ニシテ其ノ伝統ハ善カレ悪シカレ国民ニ滲透ス婚姻ハ男女両性ノ法律上及社会上ノ争フ可カラサル平等ノ上ニ存シ両親ノ強要ノ代リニ相互同意ノ上ニ基礎ツケラレ且男性支配ノ代リニ協力ニ依リ維持セラルヘシ此等ノ原則ニ反スル諸法律ハ廃止セラレ配偶ノ選択、財産権、相続、住所ノ選定、離婚並ニ婚姻及家族ニ関スル其ノ他事項ヲ個人ノ威厳及両性ノ本質ニ立脚スル他ノ法律ヲ以テ之ニ代フヘシ

第二十四条　有ラユル生活範囲ニ於テ法律ハ社会ノ福祉、自由、正義及民主主義ノ向上発展ノ為ニ立案セラルヘシ

自由、普遍的且強制ノナル教育ヲ設立スヘシ

児童ノ私利ノ酷使ハ之ヲ禁止スヘシ

公共衛生ヲ改善スヘシ

社会的ノ安寧ヲ計ルヘシ

労働条件、賃銀及勤務時間ノ規準ヲ定ムヘシ

第二十五条　何人モ働ク権利ヲ有ス

第二十六条　労働者カ団結、商議及集団行為ヲ為ス権利ハ之ヲ保障ス

第二十七条　財産ヲ所有スル権利ハ不可侵ナリ然レトモ財産権ハ公共ノ福祉ニ従ヒ法律ニ依リ定義セラルヘシ

第二十八条　土地及一切ノ天然資源ノ究極ノ所有権ハ人民ノ集団ノ代表者トシテノ国家ニ帰属ス

国家ハ土地又ハ其ノ他ノ天然資源ガ其ノ保存、開発、利用又ハ管理ヲ確保又ハ改善スル為ニ公正ナル補償ヲ払ヒテ収用スルコトヲ得

第二十九条　財産ヲ所有スル者ハ義務ヲ負フ其ノ使用ハ公共ノ利益ノ為タルヘシ国家ハ公正ナル補償ヲ払ヒテ私有財産ヲ公共ノ利益ノ為ニ収用スルコトヲ得

第三十条　何人モ裁判所ノ当該官吏カ発給シ訴追ノ理由タル犯罪ヲ明示セル逮捕状ニ依ルニアラスシテ逮捕セラルルコト無カルヘシ但シ犯罪ノ実行中ニ逮捕セラルル場合ハ此ノ限ニ存ラス

第三十一条　何人モ訴追ノ趣旨ヲ直チニ告ケラルルコト無ク又ハ直チニ弁護人ヲ依頼スル特権ヲ与ヘラルルコト無クシテ逮捕又ハ拘留セラレサルヘシ何人モ監禁セラルルコト無カルヘシ何人モ適当ナル理由無クシテ拘留セラレサルヘシ要求アルトキハ右理由ハ公開廷ニテ本人及其ノ弁護人ノ面前ニ於テ直チニ開示セラルヘシ

第三十二条　何人モ国会ノ定ムル手続ニ依ルニアラサレハ其ノ生命若ハ自由ヲ奪ハレ又ハ刑罰ヲ科セラルルコト無カルヘシ又何人モ裁判所ニ上訴ヲ提起スル権利

ヲ奪ハルコト無カルヘシ

第三十三条　人民カ其ノ身体、家庭、書類及所持品ニ対シ侵入、捜索及押収ヨリ保障セラルル権利ハ相当ノ理由ニ基キテノミ発給セラレ殊ニ捜索セラルヘキ場所及拘禁スハ押収セラルヘキ人又ハ物ヲ表示セル司法逮捕状ニ依ルニアラスシテ害セラルルコト無カルヘシ
各捜索又ハ拘禁若ハ押収ハ裁判所ノ当該官吏ノ発給セル格別ノ逮捕状ニ依リ行ハルヘシ

第三十四条　公務員ニ依ル拷問ハ絶対ニ之ヲ禁ス

第三十五条　過大ナル保釈金ヲ要求スヘカラス又ハ残虐若ハ異常ナル刑罰ヲ科スヘカラス

第三十六条　一切ノ刑事訴訟事件ニ於テ被告人ハ公平ナル裁判所ノ迅速ナル公判ヲ受クル権利ヲ享有スヘシ刑事被告人ハ一切ノ証人ヲ反対訊問スル有ラユル機会ヲ与ヘラルヘク又自己ノ為ノ証人ヲ公費ヲ以テ獲得スル強制ノ手続ニ対スル権利ヲ有スヘシ

被告人ハ常ニ資格アル弁護人ヲ依頼シ得ヘク若シ自己ノ努力ニ依リ弁護人ヲ得ル能ハサルトキハ政府ニ依リ弁護人ヲ附添セラルヘシ

第三十七条　何人モ管轄権有ル裁判所ニ依ルニアラサレハ有罪ト宣言セラルルコト無カルヘシ

何人モ同一ノ犯罪ニ因リ再度厄ニ遭フコト無カルヘシ

第三十八条　何人モ自己ニ不利益ナル証言ヲ為スコトヲ強要セラレサルヘシ

自白ハ強制、拷問若ハ脅迫ノ下ニ為サレ又ハ長期ニ亘ル逮捕若ハ拘留ノ後ニ為サレタルトキハ証拠トシテ許容セラルサルヘシ

何人モ其ノ為ニ不利益ナル唯一ノ証拠カ其ノ自白ナル場合ニハ有罪ト決定又ハ処罰セラルサルヘシ

第三十九条　何人モ実行ノ時ニ於テ合法ナリシ行為ニ因リ刑罰ヲ科セラルルコト無カルヘシ

第四章　国会

第四十条　国会ハ国家ノ権力ノ最高ノ機関ニシテ国家ノ唯一ノ法律制定機関タルヘシ

第四十一条　国会ハ三百人ヨリ少カラス五百人ヲ超エサル選挙セラレタル議員ヨリ成ル単一ノ院ヲ以テ構成ス

第四十二条　選挙人及国会議員候補者ノ資格ハ法律ヲ以テ之ヲ定ムヘシ而シテ右資格ヲ定ムルニ当リテハ性別、人種、信条、皮膚色又ハ社会上ノ身分ニ因リ何等ノ差別ヲ為スヲ得ス

第四十四条　国会議員ハ法律ノ規定スル場合ヲ除クノ外如何ナル場合ニ於テモ国会ノ議事ニ出席中又ハ之ニ出席スル為ノ往復ノ途中ニ於テ逮捕セラルルコト無カルヘク又国会ニ於ケル演説、討論又ハ投票ニ因リ国会以外ニ於テ法律上ノ責ヲ問ハルルコト無カルヘシ

第四十五条　国会議員ノ任期ハ四年トス然レトモ此ノ憲法ノ規定スル国会解散ニ因リ満期以前ニ終了スルコトヲ得

第四十八条　内閣ハ臨時議会ヲ召集スルコトヲ得国会議員ノ二割ヨリ少カラサル者ノ請願アリタルトキハ之ヲ召集スルコトヲ要ス

第四十九条　国会ハ選挙及議員ノ資格ノ唯一ノ裁決者タルヘシ当選ノ証明ヲ有スルモ其ノ効力ニ疑アル者ノ当選ヲ拒否セントスルトキハ出席議員ノ多数決ニ依ルヲ要ス

第五十条　議事ヲ行フニ必要ナル定足数ハ議員全員ノ三分ノ一ヨリ少カラサル数トス此ノ憲法ニ規定スル場合ヲ除クノ外国会ノ行為ハ凡ヘテ出席議員ノ多数決ニ依ルヘシ可否同数ナルトキハ議長ノ決スル所ニ依ル

第五十一条　国会ハ議長及其ノ他役員ヲ選定スヘシ国会ハ議事規則ヲ定メ並ニ議員ノ無秩序ナル行動ニ因リ処罰及除名スルコトヲ得議員除名ノ動議有リタル場合ニ之ヲ実行セントスルトキハ出席議員ノ三分ノ二ヨリ少カラサル者ノ賛成ヲ要ス

第五十三条　国会ノ議事ハ之ヲ公開スヘク秘密会議ハ之ヲ開クコトヲ得国会ハ其ノ議事ノ記録ヲ保存シ且発表スヘク一般公衆ハ此ノ記録ヲ入手シ得ヘシ出席議員二割ノ要求アルトキハ議題ニ対スル各議員ノ賛否ヲ議事録ニ記載スヘシ

第五十四条　国会ハ調査ヲ行ヒ証人ノ出頭及証言供述並ニ記録ノ提出ヲ強制シ且之ニ応セサル者ヲ処罰スル権限ヲ有スヘシ

第五十五条　国会ハ出席議員ノ多数決ヲ以テ総理大臣ヲ指定スヘシ総理大臣ノ指定ハ国会ノ他ノ一切ノ事務ニ優先シテ行ハルヘシ

国会ハ諸般ノ国務大臣ヲ設定スヘシ

第五十六条　総理大臣及国務大臣ハ国会ニ議席ヲ有スルト否トヲ問ハス何時ニテモ法律案ヲ提出シ討論スル目的ヲ以テ出席スルコトヲ得国会ノ質問ニ答弁スルコトヲ要求セラレタルトキハ出席スヘシ

第五十七条　内閣ハ国会ノ全議員ノ多数決ヲ以テ不信任案ノ決議ヲ通過シタル後又ハ信任案ヲ通過セサリシ後十日以内ニ辞職シ又ハ国会ヲ解散ヲ命スヘシ国会カ解散ヲ命セラレタルトキハ解散ノ日ヨリ三十日ヨリ少カラス四十日ヲ超エサル期間内ニ特別選挙ヲ行フヘシ新タニ選挙セラレタル国会ハ選挙ノ日ヨリ三十日以内ニ之ヲ召集スヘシ

第五十八条　国会ハ忌避訴訟ノ被告タル司法官ヲ裁判スル為議員中ヨリ弾劾裁判所ヲ構成スヘシ

第五章　内閣

第六十条　行政権ハ内閣ニ帰属ス

第六十一条　内閣ハ其ノ首長タル総理大臣及国会ニ依リ授権セラルル其ノ他ノ国務大臣ヲ以テ構成ス

内閣ハ行政権ノ執行ニ当リ国会ニ対シ集団的ニ責任ヲ負フ

第六十二条　総理大臣ハ国会ノ輔弼及協賛ヲ以テ国務大臣ヲ任命スヘシ

総理大臣ハ個々ノ国務大臣ヲ任意ニ罷免スルコトヲ得

第六十三条　総理大臣欠員ト為リタルトキ又ハ新国会ヲ召集スルトキハ内閣ハ総辞職ヲ為スヘク新総理大臣ハ指名セラルヘシ

右指名アルマテハ内閣ハ其ノ責務ヲ行フヘシ
第六十四条　総理大臣ハ内閣ニ代リテ法律案ヲ提出シ一般国務及外交関係ヲ国会ニ報告シ並ニ行政府ノ各部及各支部ノ指揮及監督ヲ行フ
第六十五条　内閣ハ他ノ行政ノ責任ノホカ
法律ヲ忠実ニ執行シ国務ヲ管理スヘシ
外交関係ヲ処理スヘシ
公共ノ利益ト認ムル条約、国際規約及協定ヲ事前ノ授権又ハ事後ノ追認ニ依リ国会ノ協賛ヲ以テ締結スヘシ
国会ノ定ムル規準ニ従ヒ内政事務ヲ処理スヘシ
年次予算ヲ作成シテ之ヲ国会ニ提出スヘシ
此ノ憲法及法律ノ規定ヲ実行スル為命令及規則ヲ発スヘシ然レトモ右命令又ハ規則ハ刑罰規定ヲ包含スヘカラス
大赦、恩赦、減刑、執行猶予及復権ヲ賦与スヘシ
第六十七条　内閣大臣ハ総理大臣ノ承諾無クシテ在任中訴追セラルルコト無カルヘシ然レトモ此ノ理由ニ因リ如何ナル訴権モ害セラルルコトナシ

第六章　司法

第六十八条　強力ニシテ独立ナル司法府ハ人民ノ権利ノ堡塁ニシテ全司法権ハ最高法院及国会ノ随時設置スル下級裁判所ニ帰属ス
特別裁判所ハ之ヲ設置スヘカラス又行政府ノ如何ナル機関又ハ支部ニモ最終ノ司法権ヲ賦与スヘカラス
判事ハ凡テ其ノ良心ノ行使ニ於テ独立タルヘク此ノ憲法及其レニ基キ制定セラルル法律ニノミ拘束セラルヘシ
第六十九条　最高法院ハ規則制定権ヲ有シ其レニ依リ訴訟手続規則、弁護士ノ資格、裁判所ノ内部規律、司法行政並ニ司法権ノ自由ナル行使ニ関係アル其ノ他ノ事項ヲ定ム
検事ハ裁判所ノ職員ニシテ裁判所ノ規則制定権ニ服スヘシ
最高法院ハ下級裁判所ノ規則ヲ制定スル権限ヲ下級裁判所ニ委任スルコトヲ得
第七十条　判事ハ公開ノ弾劾ニ依リテノミ罷免スルコトヲ得行政機関又ハ支部ニ依リ懲戒処分ニ附セラルルコト無カルヘシ
第七十一条　最高法院ハ首席判事及国会ノ定ムル員数ノ普通判事ヲ以テ構成ス右判事ハ凡テ内閣ニ依リ任命セラレ不都合ノ所為無キ限リ満七十歳ニ到ルマテ其ノ職ヲ免セラルルコト無カルヘシ但シ右任命ハ任命後最初ノ総選挙ニ於テ、爾後ハ次ノ先位確認後十暦年経過直後行ハルル総選挙ニ於テ、審査セラルヘシ若シ選挙民カ判事ノ罷免ヲ多数決ヲ以テ議決シタルトキハ右判事ノ職ハ欠員ト為ルヘシ
右ノ如キ判事ハ凡テ定期ニ適当ノ報酬ヲ受クヘシ報酬ハ任期中減額セラルルコト無カルヘシ
第七十二条　下級裁判所ノ判事ハ各欠員ニ付最高法院ノ指名スル少クトモ二人以上ノ候補者ノ氏名ヲ包含スル表ノ中ヨリ内閣之ヲ任命スヘシ右判事ハ凡テ十年ノ任期ヲ有スヘク再任ノ特権ヲ有シ定期ニ適当ノ報酬ヲ受クヘシ報酬ハ任期中減額セラルルコト無カルヘシ
判事ハ満七十歳ニ達シタルトキハ退職スヘシ
第七十三条　最高法院ハ最終裁判所ナリ法律、命令、規則又ハ官憲ノ行為ノ憲法上合法ナリヤ否ヤノ決定カ問題ト為リタルトキハ憲法第三章ニ基ク又ハ関聯スル有ラユル場合ニ於テハ最高法院ノ判決ヲ以テ最終トス
法律、命令、規則又ハ官憲ノ行為ノ憲法上合法ナリヤ否ヤノ決定カ問題ト為リタル其ノ他ノ有ラユル場合ニ於テ国会最高法院ノ判決ヲ再審スルコトヲ得
再審ニ附スルコトヲ得最高法院ノ判決ハ国会議員全員ノ三分ノ二ノ賛成ヲ以テノミ之ヲ破棄スルコトヲ得
国会ハ最高法院ノ判決ノ再審ニ関スル手続規則ヲ制定スヘシ
第七十五条　裁判ハ公開廷ニ於テ行ヒ判決ハ公然言ヒ渡スヘシ然レトモ裁判所カ公開ヲ公ノ秩序又ハ善良ノ風俗ニ害有リト全員一致ヲ以テ決スルトキハ非公開ニテ裁判ヲ行フコトヲ得但シ政治的ノ犯罪、定期刊行物ノ犯罪及此ノ憲法第三章ニ確保スル人民ノ権利カ問題ト為レル場合ニ於ケル裁判ハ例外ナク公開セラルヘシ

第七章　財政

第七十六条　租税ヲ徴シ、金銭ヲ借入レ、資金ヲ使用シ並ニ硬貨及通貨ヲ発行シ及其ノ価格ヲ規整スル権限ハ国会ヲ通シテ行使セラルヘシ
第七十七条　国会ノ行為ニ依リ又ハ国会ノ定ムル条件ニ依ルニアラサレハ新タニ租税ヲ課シ又ハ現行ノ租税ヲ変更スルコトヲ得ス
此ノ憲法発布ノ時ニ於テ効力ヲ有スル一切ノ租税ハ現行ノ規則カ国会ニ依リ変更セラルルマテ引キ続キ現行ノ規則ニ従ヒ徴集セラルヘシ
第七十九条　内閣ハ一切ノ支出計画並ニ歳入及借入予想ヲ含ム次期会計年度ノ全財政計画ヲ示ス年次予算ヲ作成シ之ヲ国会ニ提出スヘシ
第八十条　国会ハ予算ノ項目ヲ不承認、減額、増額若ハ却下シ又ハ新タナル項目ヲ追加スルコトヲ得
国会ハ如何ナル会計年度ニ於テモ借入金額ヲ含ム同年度ノ予想歳入ヲ超過スル金銭ヲ支出スヘカラス
第八十一条　予期セサル予算ノ不足ニ備フルヽニ内閣ノ直接監督ノ下ニ支出スヘキ予備費ヲ設クルコトヲ許スコトヲ得
内閣ハ予備費ヲ以テスル一切ノ支出ニ関シ内閣ニ対シ責任ヲ負フヘシ
第八十二条　世襲財産ヲ除クノ外皇室ノ一切ノ財産ハ国民ニ帰属スヘシ一切ノ皇室財産ヨリスル収入ハ国庫ニ納入スヘシ而シテ法律ノ規定スル皇室ノ手当及費用ハ国会ニ依リ年次予算ニ於テ支弁セラルヘシ
第八十三条　公共ノ金銭又ハ財産ハ如何ナル宗教制度、宗教団体若ハ社団ノ使用、利益若ハ支持ノ為又ハ国家ノ管理ニ服サヽル如何ナル慈善、教育若ハ博愛ノ為ニモ、充当セラルヽコト無カルヘシ
第八十四条　会計検査院ハ毎年国家ノ一切ノ支出及歳

入ノ最終的会計検査ヲ為シ内閣ハ次年度中ニ之ヲ国会ニ提出スヘシ
会計検査院ノ組織及権限ハ国会之ヲ定ムヘシ
第八十五条　内閣ハ定期ニ且少クトモ毎年財政状態ヲ国会及人民ニ報告スヘシ

第八章　地方政治
第八十六条　府県知事、市長、町長、徴税権ヲ有スル其ノ他ノ一切ノ下級自治体及法人、府県及地方議会並ニ国会ノ定ムル其ノ他ノ府県及地方役員ハ夫レ夫レ其ノ社会内ニ於テ直接普遍選挙ニ依リ選挙セラルヘシ
第八十七条　首都地方、市及町ノ住民ハ彼等ノ財産、事務及政治ヲ処理シ並ニ国会ノ制定スル法律ノ範囲内ニ於テ彼等自身ノ憲章ヲ作成スル権利ヲ奪ハルルコト無カルヘシ
第八十八条　国会ハ一般法律ノ適用セラレ得ル首都地方、市又ハ町ニ適用セラルヘキ地方的又ハ特別ノ法律ヲ通過スヘカラス但シ右社会ノ選挙民ノ大多数ノ受諾ヲ条件トスルトキハ此ノ限ニ在ラス

第九章　改正
第八十九条　此ノ憲法ノ改正ハ議員全員ノ三分ノ二ノ賛成ヲ以テ国会之ヲ発議シ人民ニ提出シテ承認ヲ求メヘシ人民ノ承認ハ国会ノ指定スル選挙ニ於テ賛成投票ノ多数決ヲ以テ之ヲ為スヘシ右ノ承認ヲ経タル改正ハ直ニ此ノ憲法ノ要素トシテ人民ノ名ニ於テ皇帝之ヲ公布スヘシ

第十章　至上法
第九十条　此ノ憲法並ニ之ニ基キ制定セラルル法律及条約ハ国民ノ至上法ニシテ其ノ規定ニ反スル公ノ法律若ハ命令及詔勅若ハ其ノ他ノ政府ノ行為又ハ其ノ部分ハ法律上ノ効力ヲ有セサルヘシ
第九十一条　皇帝皇位ニ即キタルトキ並ニ摂政、国務大臣、国会議員、司法府員及其ノ他ノ一切ノ公務員其ノ官職ニ就キタルトキハ、此ノ憲法ヲ尊重擁護スル義務ヲ負フ
此ノ憲法ノ効力発生スル時ニ於テ官職ニ在ル一切ノ公務員ハ右ト同様ノ義務ヲ負フヘク其ノ後任者ノ選挙又ハ任命セラルルマテ官職ニ止マルヘシ

[http://www.ndl.go.jp/constitution/shiryo/03/076/076tx.html]

12 日本進歩党「憲法改正要綱」（抄）
1946年2月1日発表

第二　要綱
一、統治権行使の原則
一、天皇は臣民の輔翼に依り憲法の条規に従ひ統治権を行ふ
　立法は帝国議会の協賛に由り、行政は内閣の輔弼を要し、司法は裁判所に之を託す

二、委任立法並に独立命令は之を廃止す
三、緊急勅令の制定は議会常置委員会の議を経るを要す
四、宣戦、媾和、同盟条約、立法事項又は重大事項を含む条約の締結は帝国議会の議を経るを要す
五、統帥大権、編成大権及非常大権に関する条項は之を削除す
六、戒厳の宣告は帝国議会の議を経るを要す
七、内閣、各省其の他重要なる官制は法律に拠る
八、教育の制度に関する重要なる事項は法律に拠る
九、栄典大権中爵位の授与は之を廃止す

二、臣民の権利義務
十、日本臣民不法に逮捕、監禁せられたりとするときは裁判所に対し呼出を求め弁明を聴取せられんことを請願することを得
十一、日本臣民は自己を犯罪人たらしむべき告白を強要せらるることなし
十二、住所の不可侵、信書の秘密、信教、言論、著作、印行、集会、結社の自由の制限の法律は公安保持の為め必要なる場合に限り之を制定することを得

三、帝国議会
十三、貴族院を廃止し参議院を置く
　参議院は参議院法の定める所に依り学識経験者及選挙に依る議員を以て之を組織す
十四、予算案及財政法案は衆議院に於て之を先議す
　参議院は衆議院に於て削減せる予算案の復活を決議することを得ず
十五、衆議院に於て引続き二回通過したる法案は参議院の同意なくして成立したるものと看做さる
十六、衆議院は内閣及各国務大臣に対し不信任又は弾劾を決議することを得
十七、帝国議会の会期を五箇月とす
　衆議院は会期の延長並に臨時議会の召集を求むることを得
十八、議会常置委員会を設く
　常置委員会は議会閉会中緊急勅令の制定、臨時議会召集の請求緊急財政処分、予備金の支出、暫定予算、其の他緊急実施を要する重要事項を議決す此等の議決は次の帝国議会の承認を要す常置委員は衆議院議員任期満了及衆議院解散の場合に於ても新議会成立迄其の資格を存続す

四、国務大臣
十九、天皇内閣総理大臣を親任せんとするときは両院議長に諮問す
　各国務大臣の親任は内閣総理大臣の奏薦に依る
　内閣総理大臣及国務大臣を以て内閣を組織す
二十、内閣総理大臣及国務大臣は帝国議会に対し其の責に任ず
二十一、枢密院は之を廃止す

五、司法
二十二、大審院を最高裁判所とす大審院は法律又は命

令が違憲又は違法なりやを審査する権を有す
二十三、行政裁判所を廃止しその権限を裁判所の管轄に属せしむ
六、会計
二十四、総予算不成立の場合には前年度予算の月額範囲内に於て三箇月限り暫定予算を作成す、暫定予算は常置委員会の承認を要す
政府は三箇月の期間内に新予算の成立し得るやう帝国議会を召集することを要す
七、補則
二十五、各議院は各其の現在議員の三分の二以上の同意を以て憲法改正案を発議することを得
[http://www.ndl.go.jp/constitution/shiryo/02/078/078tx.html 芦部他・全集72巻355頁]

13 日本社会党「憲法改正要綱」（抄）
1946年2月24日発表

主権と統治権
一、主権　主権は国家（天皇を含む国民協同体）に在り
二、統治権　統治権は之を分割し、主要部を議会に、一部を天皇に帰属（天皇大権大幅制限）せしめ、天皇制を存置す
天皇統治権の内容
一、内閣総理大臣は両院議長の推薦に基き、天皇之を任命す、但し、天皇之を拒否するを得ず
二、条約締結は議会の権能に属し天皇之に署名す但し天皇之を拒否するを得ず
三、議会に於て議決せる法律の公布には天皇之に署名するの形式を経ることとす
四、内閣の申出に基き天皇は恩赦を為すの権を有す
五、天皇は国民に栄典授与の権を有す
六、天皇は外国に対し儀礼的に国家を代表するの権を有す
七、天皇は政治上の責任なし尚皇位の継承は議会の承認を得るを要す、摂政を置くには議会の議決による
議会
一、議会は天皇大権に属せざる他の一切の統治権を行使す
二、議会の権能は立法権、歳入歳出予算承認の権、行政に関する指示及監督権、条約締結に承認を与ふるの権を有す
三、議会は二院より成る、衆議院は比例代表による国民公選の議員より成り参議院に優先す、参議院は各種職業団体よりの公選議員を以て構成し専門的審議に当る
四、衆議院において二回可決せられたる法律案は参議院を拘束す
五、議会は無休とす、休会の際は代行機関をおく
六、議会は国民投票により解散されるの途を開く
国民の権利義務
一、国民は生存権を有す、その老後の生活は国の保護を受く
二、正義公平の原則に基き、国民生活の安定向上を図るは国の使命なり、そのために必要なる政策を実施す
三、国民は一切平等なり、特別身分による総ての差別を撤廃す
四、華族、位階、勲等を総て廃止す
五、言論、集会、結社、出版、信仰、通信の自由を確保す
六、国民は労働の義務を有す、労働力は国の特別の保護を受く
七、所有権は公共の福利のために制限せらる
八、国民の家庭生活は保護せらる、婚姻は男女の同等の権利を有することを基本とす
九、公民は法の定むる所により其の機能に応じ均しく公職に就くことを得
十、就学は国民の義務なり、国は教育普及の施設をなし、文化向上の助成をなすべし
内閣
一、内閣総理大臣は各省大臣、国務大臣を任命す、各大臣を以て内閣を構成す
二、内閣は議会に対し責任を負ふ内閣は議会の委託により外に対し国を代表し、行政権を執行し官吏を任免し法律執行命令を発す
三、国民投票により内閣の不信任を問はるることあり、尚枢密院は之を廃止す
司法
一、司法権は独立し裁判所之を行ふ、裁判所は法律の定むる裁判官を以て構成す
二、大審院長、大審院判事、検事総長は両院議長の推薦に基き、内閣之を任命し、他の裁判官は内閣直接に任命す
三、無罪の判決を受けたる者に対しては国家補償の途を確立す
四、死刑は之を廃止す、人権尊重の裁判制度を樹立すべし
五、行政裁判所は之を廃止す
予算、決算
一、国の歳出歳入は詳細に予算に規定し、各会計年度の開始前に法律を以て之を定むべし
二、国の歳出歳入の決算は速に会計検査院に提出し、その検査を経たる後議会に提出すべし、会計検査院長は両院議長の推薦に基き内閣之を任命す
附則
憲法を改正せんとする時は議員三分の二以上の出席及び出席議員の半数以上の同意あるを要す
[http://www.ndl.go.jp/constitution/shiryo/02/084/

2 憲法史料

084tx.html　芦部他・全集72巻356頁］

14 日本国憲法「三月二日案」（抄）
1946年3月2日

第一章　天皇
第一条　天皇ハ日本国民至高ノ総意ニ基キ日本国ノ象徴及日本国民統合ノ標章タル地位ヲ保有ス。
第三条　天皇ノ国事ニ関スル一切ノ行為ハ内閣ノ輔弼ニ依ルコトヲ要ス。内閣ハ之ニ付其ノ責ニ任ズ。
第七条　天皇ハ内閣ノ輔弼ニ依リ国民ノ為ニ左ノ国務ヲ行フ
一　憲法改正、法律、閣令及条約ノ公布
二　国会ノ召集
三　衆議院ノ解散
四　衆議院議員ノ総選挙ヲ行フベキ旨ノ命令
五　国務大臣、大使及法律ノ定ムル所ニ依ル其ノ他ノ官吏ノ任免
六　大赦、特赦、減刑、刑ノ執行ノ停止及復権
七　栄典ノ授与
八　外国ノ大使及公使ノ引接
九　式典ノ挙行

第二章　戦争ノ廃止
第九条　戦争ヲ国権ノ発動ト認メ武力ノ威嚇又ハ行使ヲ他国トノ間ノ争議ノ解決ノ具トスルコトハ永久ニ之ヲ廃止ス。
陸海空軍其ノ他ノ戦力ノ保持及国ノ交戦権ハ之ヲ認ムズ。

第三章　国民ノ権利及義務
第十条　国民ハ凡テノ基本的ノ人権ノ享有ヲ妨ゲラルルコトナシ。
此ノ憲法ノ保障スル国民ノ基本的人権ハ其ノ貴重ナル由来ニ鑑ミ、永遠ニ互ル不可侵ノ権利トシテ現在及将来ノ国民ニ賦与セラルベシ。
第十二条　凡ソ国民ハ個人トシテ尊重セラルベク、其ノ生命、自由及幸福ノ追求ニ対スル権利ハ公共ノ福祉ニ牴触セザル限立法其ノ他諸般ノ国政ノ上ニ於テ最大ノ考慮ヲ払ハルベシ。
爵位、勲章其ノ他ノ栄典ハ特権ヲ伴フコトナシ。
第十四条　外国人ハ均シク法律ノ保護ヲ受クルノ権利ヲ有ス。
第十五条　官吏其ノ他ノ公務員ハ国家社会ノ公僕ニシテ、其ノ選任及罷免ノ機能ノ根源ハ全国民ニ存ス。
第二十条　凡テノ国民ハ安寧秩序ヲ妨ゲザル限ニ於テ言論、著作、出版、集会及結社ノ自由ヲ有ス。
検閲ハ法律ニ特ニ定ムル場合ノ外ヲ行フコトヲ得ズ。
第二十一条　凡テノ国民ノ信書其ノ他ノ通信ノ秘密ヲ侵サルルコトナシ。公共ノ安寧秩序ヲ保持スル為必要ナル処分ハ法律ノ定ムル所ニ依ル。
第二十五条　勤労者ハ法律ノ定ムル所ニ依リ団結ノ権利及団体交渉其ノ他ノ集団行動ヲ為スノ権利ヲ有ス。
第三十四条　凡テノ国民ハ法律ニ依ルニ非ズシテ住所ニ侵入セラレ及捜索セラルルコトナシ。
緊急ノ場合ヲ除クノ外住所ノ侵入、捜索及押収ハ正当ナル令状ニ基クニ非ザレバ之ヲナストコトヲ得ズ。
第三十六条　財産権ハ義務ヲ伴フ。其ノ行使ハ公共ノ福祉ノ為ニ為サザルベキモノトス。

第四章　国会
第三十九条　国会ハ国権ノ最高機関ニシテ立法権ヲ行フ。
第四十一条　衆議院ハ選挙セラレタル議員ヲ以テ組織ス。
衆議院議員ノ員数ハ三百人乃至五百人ノ間ニ於テ法律ヲ以テ之ヲ定ム。
第四十二条　衆議院議員ノ選挙人及候補者タル資格ハ法律ヲ以テ之ヲ定ム。但シ性別、人種、信条又ハ社会上ノ身分ニ依リテ差別ヲ附スルコトヲ得ズ。
第四十五条　参議院ハ地域別又ハ職能別ニ依リ選挙セラレタル議員及内閣ガ両議院ノ議員ヨリ成ル委員会ノ決議ニ依リ任命スル議員ヲ以テ組織ス。
参議院議員ノ員数ハ二百人乃至三百人ノ間ニ於テ法律ヲ以テ之ヲ定ム。
第四十六条　参議院議員ノ任期ハ第一期ノ議員ノ半数ニ当ル者ノ任期ヲ除クノ外六年トシ、各種ノ議員ニ付三年毎ニ其ノ半数ヲ改選ス。
第六十条　凡テ法律ハ法律案ニ依ルニ非ザレバ之ヲ決スルコトヲ得ズ。
法律案ハ両議院ニ於テ可決セラレタルトキ法律トシテ成立ス。
衆議院ニ於テ引続キ三回可決シテ参議院ニ移シタル法律案ヲ衆議院ニ於テ之ニ関スル最初ノ議事ヲ開キタル日ヨリ二年ヲ経過シタルトキハ参議院ノ議決アルト否トヲ問ハズ法律トシテ成立ス。

第五章　内閣
第六十七条　行政権ハ内閣之ヲ行フ。
第六十八条　内閣ハ其ノ首長タル内閣総理大臣及其ノ他ノ国務大臣ヲ以テ組織ス。
内閣ハ行政権ノ行使ニ付国会ニ対シ連帯シテ其ノ責ニ任ズ。
第七十六条　衆議院ノ解散其ノ他ノ事由ニ因リ国会ヲ召集スルコト能ハザル場合ニ於テ公共ノ安全ヲ保持スル為特ニ緊急ノ必要アルトキハ、内閣ハ事後ニ於テ国会ノ協賛ヲ得ルコトヲ条件トシテ法律又ハ予算ニ代ルベキ閣令ヲ制定スルコトヲ得。

第六章　司法
第七十九条　司法権ハ裁判所独立シテ之ヲ行フ。
裁判所ハ最高裁判所及法律ヲ以テ定ムル其ノ他ノ下級裁判所トス。
特別裁判所ハ之ヲ設置スルコトヲ得ズ。
第八十一条　此ノ憲法第三章ノ規定ニ関聯アル法令又

ハ行政行為ガ此ノ憲法ニ違反スルヤ否ヤノ争訟ニ付テハ最高裁判所ノ裁判ヲ以テ終審トス。
前項ニ掲グルモノヲ除キ、法令又ハ行政行為ガ此ノ憲法ニ違反スルヤ否ヤノ争訟ニ付最高裁判所ノ為シタル判決ニ対シテハ国会ニ再審ヲ為スコトヲ得。此ノ場合ニ於テ両議院ハ各々其ノ総員三分ノ二以上ノ多数ヲ得ルニ非ザレバ最高裁判所ノ判決ヲ破棄スルコトヲ得ズ。
前項ノ再審ノ手続ハ法律ヲ以テ之ヲ定ム。
第八十四条　最高裁判所ノ裁判官ノ任命ハ之ノ次グ最初ノ衆議院議員総選挙ノ際国民ノ審査ニ付シ、爾後十年ヲ経過シタル後最初ニ行ハルル衆議院議員選挙ノ際国民ノ審査ニ付スベシ。其ノ後ニ於テ亦同ジ。
前項ノ場合ニ於テ、国民ノ多数ガ当該裁判官ノ罷免ヲ表示シタルトキハ其ノ者ハ罷免セラルベシ。
前項ノ審査ニ関スル事項ハ法律ヲ以テ之ヲ定ム。
第八十五条　下級裁判所ノ裁判官ノ任命ハ最高裁判所ノ指名ニ係ル少クトモ倍数ノ候補者ノ中ヨリ之ヲスベシ。
下級裁判所ノ判事ハ其ノ任期ヲ十年トシ、再任ヲ妨ゲズ。
第八十七条　前三条ニ掲グル場合ノ外、裁判官ハ刑法ノ宣告、弾劾裁判所ノ判決又ハ懲戒事犯若ハ心身耗弱ヲ理由トスル裁判所ノ罷免判決ニ依ルニ非ザレバ罷免セラルルコトナシ。
弾劾ニ関スル事項ハ法律ヲ以テ之ヲ定ム。

第七章　会計
第九十一条　租税ヲ課シ又ハ現行ノ租税ヲ変更スルハ法律ヲ以テスルコトヲ要ス。
現行ノ租税ハ更ニ法律ヲ以テ之ヲ改メザル限リ旧ニ依リ之ヲ徴収ス。
第九十四条　国ノ歳出歳入ハ毎年予算ヲ以テ国会ノ協賛ヲ経ベシ。

第八章　地方自治
第百一条　地方公共団体ノ組織及運営ニ関スル規定ハ地方自治ノ本旨ニ基キ法律ヲ以テ之ヲ定ム。
第百二条　地方公共団体ニハ法律ノ定ムル所ニ依リ其ノ議事機関トシテ議会ヲ設クベシ。
地方税徴収権ヲ有スル地方公共団体ノ長及其ノ議会ノ議員ハ法律ノ定ムル所ニ依リ当該地方公共団体ノ住民ニ於テ之ヲ選挙スベシ。
第百三条　地方公共団体ノ住民ハ自治ノ権能ヲ有シ、法律ノ範囲内ニ於テ条例及規則ヲ制定スルコトヲ得。

[http://www.ndl.go.jp/constitution/shiryo/03/088/088tx.html]

15　憲法改正草案要綱（抄）
1946年3月6日発表

日本国民ハ、国会ニ於ケル正当ニ選挙セラレタル代表者ヲ通ジテ行動シ、我等自身及子孫ノ為ニ諸国民トノ平和ノ協力ノ成果及此ノ国全土ニ及ブ自由ノ福祉ヲ確保シ、且政府ノ行為ニ依リ再ビ戦争ノ惨禍ノ発生スルガ如キコトナカラシメンコトヲ決意ス。乃チ茲ニ国民至高意思ヲ宣言シ、国政ノ以テ其ノ権威ハ之ヲ国民ニ承ケ、其ノ権力ハ国民ノ代表者ヲ之ヲ行使シ、其ノ利益ハ国民之ヲ享有スベキ崇高ナル信託ナリトスル基本的原理ニ則リ此ノ憲法ヲ制定確立シ、之ト牴触スル一切ノ法令及詔勅ヲ廃止ス。
日本国民ハ永世ニ亙リ平和ヲ希求シ、人間関係ヲ支配スル高邁ナル理想ヲ深ク自覚シ、我等ノ安全及生存ヲ維持スル為世界ノ平和愛好諸国民ノ公正ト信義ニ信倚センコトヲ期ス。
日本国民ハ平和ヲ維持シ且専制、隷従、圧抑及偏狭ヲ永遠ニ払拭セントスル国際社会ニ伍シテ名誉アル地位ヲ占メンコトヲ庶幾フ。我等ハ万国民均シク恐怖ト欠乏ヨリ解放セラレ、平和ノ裡ニ生存スル権利ヲ有スルコトヲ主張シ且承認ス。
我等ハ何レノ国モ単ニ自己ニ対シテノミ責任ヲ有スルニ非ズシテ、政治道徳ノ法則ハ普遍的ナルガ故ニ、之ヲ遵奉スルコトハ自国ノ主権ヲ維持シ他国トノ対等関係ヲ主張セントスル各国ノ負フベキ義務ナリト信ズ。
日本国民ハ国家ノ名誉ヲ賭ケ全力ヲ挙ゲテ此等ノ高遠ナル目的ヲ達成センコトヲ誓フ。

第一　天皇
第一　天皇ハ日本国民至高ノ総意ニ基キ日本国及其ノ国民統合ノ象徴タルベキコト
第二　皇位ハ国会ノ議決ヲ経タル皇室典範ノ定ムル所ニ依リ世襲シテ之ヲ継承スルコト
第三　天皇ノ国務ニ関スル行為ハ凡テ内閣ノ輔弼賛同ニ依リ内閣ハ其ノ責ニ任ズルコト
第四　天皇ハ此ノ憲法ノ定ムル国務ヲ除クノ外政治ニ関スル権能ヲ有スルコトナキコト
天皇ハ法律ノ定ムル所ニ依リ其ノ権能ヲ委任スルコトヲ得ルコト
第五　皇室典範ノ定ムル所ニ依リ摂政ヲ置クトキハ摂政ハ天皇ノ名ニ於テ其ノ権能ヲ行フモノトシ此ノ場合ニ於テハ前記第四第一項ニ準ズルコト
第六　天皇ハ国会ノ指名ニ基キ内閣総理大臣ヲ任命スルコト
第七　天皇ハ内閣ノ輔弼賛同ニ依リ国民ノ為ニ左ノ国務ヲ行フコト
一　憲法改正、法律、政令及条約ノ公布
二　国会ノ召集
三　衆議院ノ解散
四　衆議院議員総選挙ヲ行フベキ旨ノ宣布
五　国務大臣、大使及法律ノ定ムル其ノ他ノ官吏ノ任免ノ認証
六　大赦、特赦、減刑、刑ノ執行ノ停止及復権ノ認証
七　栄典ノ授与
八　外国ノ大使及公使ノ接受

② 憲法史料

九　式典ノ挙行
第八　皇室ノ為ス金銭其ノ他ノ財産ノ授受ハ国会ノ議決ナクシテ之ヲ為スコトヲ得ザルコト
　　　第二　戦争ノ抛棄
第九　国ノ主権ノ発動トシテ行フ戦争及武力ニ依ル威嚇又ハ武力ノ行使ヲ他国トノ間ノ紛争ノ解決ノ具トスルコトハ永久ニ之ヲ抛棄スルコト
陸海空軍其ノ他ノ戦力ノ保持ヲ之ヲ許サズ国ノ交戦権ハ之ヲ認メザルコト
　　　第三　国民ノ権利及義務
第十　国民ハ凡テノ基本的人権ノ享有ヲ妨ゲラルルコトナキモノトシ此ノ憲法ノ保障スル国民ノ基本的人権ハ永遠ニ亙ル不可侵ノ権利トシテ現在及将来ノ国民ニ賦与セラルベキコト
第十一　此ノ憲法ノ保障スル自由及権利ハ国民ニ於テ不断ニ之ガ保持ニ努ムルト共ニ国民ハ其ノ濫用ヲ自制シ常ニ公共ノ福祉ノ為ニ之ヲ利用スルノ責務ヲ負フコト
第十二　凡テ国民ノ個性ハ之ヲ尊重シ其ノ生命、自由及幸福希求ニ対スル権利ニ付テハ公共ノ福祉ニ牴触セザル限リ立法其ノ他ノ諸般ノ国政ノ上ニ於テ最大ノ考慮ヲ払フベキコト
第十三　凡ソ人ハ法ノ下ニ平等ニシテ人種、信条、性別、社会的地位、又ハ門地ニ依リ政治的、経済的又ハ社会的関係ニ於テ差別ヲ受クルコトナキコト
将来何人ト雖モ華族タルノ故ヲ以テ国又ハ地方公共団体ニ於テ何等ノ政治ノ権力ヲモ有スルコトナク華族ノ地位ハ現存ノ者ノ生存中ニ限リ之ヲ認ムルコトトシ栄誉、勲章又ハ其ノ他ノ栄典ノ授与ニハ何等ノ特権ヲ伴フコトナク此等ノ栄典ノ授与ハ現ニ之ヲ有シ又ハ将来之ヲ受クル者ノ一代ニ限リ其ノ効力ヲ有スベキコト
第十四　国民ハ其ノ公務員ヲ選定及罷免スルノ権利ヲ専有スルコト公務員ハ凡テ全体ノ奉仕者ニシテ其ノ一部ノ奉仕者ニ非ザルコト
凡ソ選挙ニ於ケル投票ノ秘密ハ之ヲ侵スベカラズ選挙人ハ其ノ選択ニ関シ公的ニモ私的ニモ責ヲ問ハルルコトナカルベキコト
第十五　何人ト雖モ損害其ノ他ニ関スル救済、公務員ノ罷免及法律、命令又ハ規則ノ制定、廃止又ハ改正ニ関シ平穏ニ請願ヲ為ス権利ヲ有シ何人モ斯カル請願ヲ為シタルノ故ヲ以テ如何ナル差別待遇ヲモ受クルコトナキコト
第十六　何人ト雖モ如何ナル奴隷的役務ニモ服セシメラルルコトナク犯罪ニ因ル処罰ノ場合ヲ除クノ外其ノ意ニ反スル苦役ハ之ヲ禁ズルコト
第十七　思想及良心ノ自由ヲ侵スベカラザルコト
第十八　信教ノ自由ハ何人ニ対シテモ之ヲ保障スルコトシ如何ナル宗教団体モ国家ヨリ特権ヲ受クルコトナク且政治上ノ権力ヲ行使スルコトナカルベキコト
何人ト雖モ宗教上ノ行為、祝典、儀式又ハ行事ニ参加スルコトヲ強制セラレザルベキコト

国及其ノ機関ハ宗教教育其ノ他如何ナル宗教ノ活動ヲモ為スベカラザルコト
第十九　集会、結社及言論、出版其ノ他一切ノ表現ノ自由ハ之ヲ保障シ検閲ハ之ヲ禁ジ通信ノ秘密ハ之ヲ侵スベカラザルコト
第二十　国民ハ凡テ公共ノ福祉ニ牴触セザル限リ居住、移転及職業選択ノ自由ヲ有スルコト
国民ハ外国ニ移住シ又ハ国籍ヲ離脱スルノ自由ヲ侵サルルコトナキコト
第二十一　国民ハ凡テ研学ノ自由ヲ保障セラルルコト
第二十二　婚姻ハ両性双方ノ合意ニ基キテノミ成立シ且夫婦ガ同等ノ権利ヲ有スルコトヲ基本トシ相互ノ協力ニ依リ維持セラルベキコト
配偶ノ選択、財産権、相続、住所ノ選定、離婚並ニ婚姻及家族ニ関スル其ノ他ノ事項ニ関シ個人ノ権威及両性ノ本質的平等ニ立脚スル法律ヲ制定スベキコト
第二十三　法律ハ有ラユル生活分野ニ於テ社会ノ福祉及安寧、公衆衛生、自由、正義並ニ民主主義ノ向上発展ノ為ニ立案セラルベキコト
第二十四　国民ハ凡テ法律ノ定ムル所ニ依リ其ノ能力ニ応ジ均シク教育ヲ受クルノ権利ヲ有スルコト
国民ハ凡テ其ノ保護ニ係ル児童ヲシテ初等教育ヲ受ケシムルノ義務ヲ負フモノトシ其ノ教育ハ無償タルコト
第二十五　国民ハ凡テ勤労ノ権利ヲ有スルコト
賃金、就業時間其ノ他ノ勤労条件ニ関スル基準ハ法律ヲ以テ之ヲ定ムルコト
児童ノ不当使用ハ之ヲ禁止スベキコト
第二十六　勤労者ノ団結及団体交渉其ノ他ノ集団行為ヲ為スノ権利ハ之ヲ保障スベキコト
第二十七　財産権ハ侵サルルコトナキコト
財産権ノ内容ハ法律ヲ以テ之ヲ定メ公共ノ福祉ニ適応セシムルコト
私有財産ハ正当ナル補償ヲ以テ之ヲ公共ノ用ニ供セラルルコトアルベキコト
第二十八　何人ト雖モ現行犯トシテ逮捕セラルル場合ヲ除クノ外権限アル司法官憲ガ発スル令状ニシテ訴追ノ理由タル犯罪ヲ明示スルモノニ依ルニ非ザレバ逮捕セラルルコトナキコト
第二十九　何人ト雖モ訴追ノ趣旨ヲ直チニ告ゲラルルコトナク又ハ直ニ弁護人ニ依頼スルノ権利ヲ与ヘラルルコトナクシテ逮捕又ハ拘留セラルルコトナク何人モ正当ノ理由ナクシテ拘留セラルルコトナク要求アルトキハ其ノ理由ハ直ニ本人及其ノ弁護人ノ出席スル公開ノ法廷ニ於テ之ヲ示スベキコト
第三十　何人ト雖モ国会ノ定ムル手続ニ依ルニ非ザレバ其ノ生命若ハ自由ヲ奪ハレ又ハ刑罰ヲ科セラルルコトナカルベク何人モ裁判所ニ於テ裁判ヲ受クルノ権利ヲ奪ハルルコトナカルベキコト
第三十一　国民ガ其ノ身体、家庭、書類及所持品ニ付侵入、捜索、拘禁及押収ヲ受ケザル権利ハ相当ノ理由ニ基キ且捜索スベキ場所及拘禁又ハ押収スベキ人又ハ

物ヲ明示スル令状ヲ発スルニ非ザレバ侵サルルコトナカルベキコト

捜索又ハ拘禁若ハ押収ノ権限アル司法官憲ノ発スル各別ノ令状ニ依リ之ヲ行フベキコト

第三十二　公務員ニ依リ拷問及残虐ナル刑罰ハ絶対ニ之ヲ禁ズベキコト

第三十三　凡ソ刑事事件ニ於テハ被告人ハ公平ナル裁判所ノ迅速ナル公開裁判ヲ受クルノ権利ヲ享有スベキコト

刑事被告人ハ総テノ証人ニ対シ訊問ヲ行ハルル有ラユル機会ヲ与ヘラレ且公費ヲ以テ自己ノ為ニ証人ヲ求ムルノ強制ノ手続ニ付テノ権利ヲ有スベキコト

被告人ハ如何ナル場合ニ於テモ資格アル弁護人ヲ依頼シ得ベク若シ自ラ之ヲ依頼スルコト能ハザルトキハ国ニ於テ之ヲ附スルモノトスルコト

第三十五　何人ト雖モ実行ノ時ニ於テ適法ナリシ行為又ハ既ニ無罪トセラレタル行為ニ因リ刑事上ノ責任ヲ問ハルルコトナカルベキモノトスルコト

第四　国会

第四十二　参議院議員ノ任期ハ第一期ノ議員ノ半数ニ当者ノ任期ヲ除クノ外六年トシ三年毎ニ議員ノ半数ヲ改選スルコト

第五十四　法律案ハ此ノ憲法ニ特別ノ定ヲ為シタル場合ヲ除クノ外両院ニ於テ可決シタル時法律トシテ成立スルコト

衆議院ニ於テ可決シ参議院ニ於テ否決シタル法律案ヲ衆議院ニ於テ出席議員三分ノ二以上ノ多数ヲ以テ再度可決スルトキハ法律トシテ成立スルモノトスルコト

参議院ガ衆議院ノ可決シタル法律案ヲ受領シタル後議会休会中ノ期間ヲ除キ六十日以内ニ議決ヲ為スニ至ラザルトキハ参議院ガ右法律案ヲ否決シタルモノト看做スコトヲ得ルコト

第六　司法

第七十二　司法権ハ凡テ最高裁判所及法律ヲ以テ定ムル下級裁判所之ヲ行フコト

特別裁判所ハ之ヲ設置スルコトヲ得ズ行政機関ハ終審トシテ裁判ヲ行フコトヲ得ザルコト

裁判官ハ凡テ其ノ良心ニ従ヒ独立シテ其ノ職権ヲ行ヒ此ノ憲法及法律ニ依ルノ外其ノ職務ノ執行ニ付他ノ干渉ヲ受クルコトナキコト

第七十三　最高裁判所ハ訴訟手続、弁護士ニ関スル事項、裁判所ノ内部規律、司法事務処理及司法権ノ自由ナル行使ニ関スル事項ニ付規則ヲ定ムルノ権限ヲ有スルコト

検察官ハ最高裁判所ノ定ムル規則ニ従フコトヲ要シ最高裁判所ハ下級裁判所ニ関スル規則ヲ定ムルノ権限ヲ之ニ委任スルコトヲ得ルコト

第七十四　裁判官ハ裁判ニ依リ心神ノ耗弱又ハ身体ノ故障ノ為職務ヲ執ルコト能ハズト決定セラレタル場合ヲ除クノ外公開ノ弾劾ニ依ルニ非ザレバ罷免スルコトヲ得ズ裁判官ハ行政官庁ノ懲戒処分ヲ受クルコトナキコト

第七十六　下級裁判所ノ裁判官ハ最高裁判所ノ指名シタル者ノ名簿ニ就キ内閣ニ於テ之ヲ任命シ此等ノ裁判官ハ十年ヲ以テ任期トシ再任ヲ妨ゲザルコト裁判官ハ凡ソ定期ニ適当ナル報償ヲ受クルモノトスルコト此ノ報償ハ在任中之ヲ減額スルコトヲ得ザルコト裁判官ハ満七十歳ニ達シタル後ハ在任スルコトヲ得ザルコト

第七十七　最高裁判所ハ最終裁判所トシ一切ノ法律、命令、規則又ハ処分憲法ニ適合スルヤ否ヲ決定スルノ権限ヲ有スルコト

第七十八　裁判ノ対審及判決ハ公開法廷ニ於テ之ヲ行フベキコト但シ裁判所ガ全員一致ヲ以テ公ノ秩序又ハ善良ノ風俗ヲ害スルノ虞アリト決シタル場合ニ於テハ対審ヲ公開セズシテ之ヲ行フコトヲ得ルコト政治ニ関スル犯罪、出版物ニ関スル犯罪及此ノ憲法第三ノ保障スル国民ノ権利ニ係ル事件ノ対審ハ常ニ之ヲ公開スルコトヲ要スルコト

第七　会計

第七十九　国ノ財政ヲ処理スル権限ノ行使ハ国会ノ議決ニ基クコトヲ要スルコト

第八十一　国費ヲ支出シ又ハ国ニ於テ債務ヲ負担スルハ国会ノ議決ニ基クニ非ザレバ之ヲ為スコトヲ得ザルコト

第八十九　地方公共団体ニハ法律ノ定ムル所ニ依リ其ノ議事機関トシテ議会ヲ設クベキコト

地方公共団体ノ長、其ノ議会ノ議員及法律ノ定ムル其ノ他ノ吏員ハ当該地方公共団体ノ住民ニ於テ直接之ヲ選挙スベキコト

第九十　地方公共団体ハ其ノ財産ヲ管理シ、行政ヲ執行シ及事務ヲ処理スルノ権能ヲ有シ、且法律ノ範囲内ニ於テ条例ヲ制定スルコトヲ得ベキコト

〔http://www.ndl.go.jp/constitution/shiryo/03/093/093tx.html　芦部他・全集74-Ⅱ巻332頁〕

16 毎日新聞「国民の反応」
1946年5月27日毎日新聞発表

有識階層2000人

草案の天皇制について
　　支持85%　反対13%　不明2%
戦争放棄の条項
　　必要70%　不要28%
国民の権利義務
　　支持65%　修正の主張33%
国会二院制の可否
　　可79%　否17%

〔芦部他・全集74-Ⅰ巻　443-449頁〕

2 憲法史料

17 帝国憲法改正案
1946年6月20日　帝国議会へ提出

日本国憲法

　日本国民は、国会における正当に選挙された代表者を通じて、我ら自身と子孫のために、諸国民との間に平和的協力を成立させ、日本国全土にわたつて自由の福祉を確保し、政府の行為によつて再び戦争の惨禍が発生しないやうにすることを決意し、ここに国民の総意が至高なものであることを宣言し、この憲法を確定する。そもそも国政は、国民の崇高な信託によるものであり、その権威は国民に由来し、その権力は国民の代表者がこれを行ひ、その利益は国民がこれを受けるものであつて、これは人類普遍の原理であり、この憲法は、この原理に基くものである。我らは、この憲法に反する一切の法令と詔勅を廃止する。

　日本国民は、常に平和を念願し、人間相互の関係を支配する高遠な理想を深く自覚するものであつて、我らの安全と生存をあげて、平和を愛する世界の諸国民の公正と信義に委ねようと決意した。我らは、平和を維持し、専制と隷従と圧迫と偏狭を地上から永遠に払拭しようと努めてゐる国際社会に伍して、名誉ある地位を占めたいものと思ふ。我らは、すべての国の国民が、ひとしく恐怖と欠乏から解放され、平和のうちに生存する権利を有することを確認する。

　我らは、いづれの国家も、自国のことのみに専念して他国を無視してはならぬのであつて、政治道徳の法則は、普遍的なものであると信ずる。この法則に従ふことは、自国の主権を維持し、他国と対等関係に立たうとする各国の責務であると信ずる。

　日本国民は、国家の名誉に懸けて、全力をあげてこの高遠な主義と目的を達成することを誓ふ。

第一章　天皇

第一条　天皇は、日本国の象徴であり日本国民統合の象徴であつて、この地位は、日本国民の至高の総意に基く。

第二条　皇位は、世襲のものであつて、国会の議決した皇室典範の定めるところにより、これを継承する。

第三条　天皇の国務に関するすべての行為には、内閣の助言と承認を必要とし、内閣が、その責任を負ふ。

第四条　天皇は、この憲法の定める国務のみを行ひ、政治に関する権能を有しない。

　天皇は、法律の定めるところにより、その権能を委任することができる。

第五条　皇室典範の定めるところにより摂政を置くときは、摂政は、天皇の名でその権能を行ふ。この場合には、前条第一項の規定を準用する。

第六条　天皇は、国会の指名に基いて、内閣総理大臣を任命する。

第七条　天皇は、内閣の助言と承認により、国民のために、左の国務を行ふ。

一　憲法改正、法律、政令及び条約を公布すること。
二　国会を召集すること。
三　衆議院を解散すること。
四　国会議員の総選挙の施行を公示すること。
五　国務大臣及び法律の定めるその他の官吏の任免並びに全権委任状及び大使及び公使の信任状を認証すること。
六　大赦、特赦、減刑、刑の執行の免除及び復権を認証すること。
七　栄典を授与すること。
八　批准書及び法律の定めるその他の外交文書を認証すること。
九　外国の大使及び公使を接受すること。
十　儀式を行ふこと。

第八条　皇室に財産を譲り渡し、又は皇室が、財産を譲り受け、若しくは賜与することは、国会の議決に基かなければならない。

第二章　戦争の抛棄

第九条　国の主権の発動たる戦争と、武力による威嚇又は武力の行使は、他国との間の紛争の解決の手段としては、永久にこれを抛棄する。

　陸海空軍その他の戦力は、これを保持してはならない。国の交戦権は、これを認めない。

第三章　国民の権利及び義務

第十条　国民は、すべての基本的人権の享有を妨げられない。この憲法が国民に保障する基本的人権は、侵すことのできない永久の権利として、現在及び将来の国民に与へられる。

第十一条　この憲法が国民に保障する自由及び権利は、国民の不断の努力によつて、これを保持しなければならない。又、国民は、これを濫用してはならぬのであつて、常に公共の福祉のためにこれを利用する責任を負ふ。

第十二条　すべて国民は、個人として尊重される。生命、自由及び幸福追求に対する国民の権利については、公共の福祉に反しない限り、立法その他の国政の上で、最大の尊重を必要とする。

第十三条　すべて国民は、法の下に平等であつて、人種、信条、性別、社会的身分又は門地により、政治的、経済的又は社会的関係において、差別を受けない。

　華族その他の貴族の制度は、これを認めない。

　栄誉、勲章その他の栄典の授与は、いかなる特権も伴はない。栄典の授与は、現にこれを有し、又は将来これを受ける者の一代に限り、その効力を有する。

第十四条　公務員を選定し、及びこれを罷免することは、国民固有の権利である。

　すべて公務員は、全体の奉仕者であつて、一部の奉仕者ではない。

　すべて選挙における投票の秘密は、これを侵してはならない。選挙人は、その選択に関し公的にも私的にも

責任を問はれない。
第十五条　何人も、損害の救済、公務員の罷免、法律、命令又は規則の制定、廃止又は改正その他の事項に関し、平穏に請願する権利を有し、何人も、かかる請願をしたためにいかなる差別待遇も受けない。
第十六条　何人も、いかなる奴隷的拘束も受けない。又、犯罪に因る処罰の場合を除いては、その意に反する苦役に服させられない。
第十七条　思想及び良心の自由は、これを侵してはならない。
第十八条　信教の自由は、何人に対してもこれを保障する。いかなる宗教団体も、国から特権を受け、又は政治上の権力を行使してはならない。
何人も、宗教上の行為、祝典、儀式又は行事に参加することを強制されない。
国及びその機関は、宗教教育その他いかなる宗教的活動もしてはならない。
第十九条　集会、結社及び言論、出版その他一切の表現の自由は、これを保障する。
検閲は、これをしてはならない。通信の秘密は、これを侵してはならない。
第二十条　何人も、公共の福祉に反しない限り、居住、移転及び職業選択の自由を有する。
何人も、外国に移住し、又は国籍を離脱する自由を侵されない。
第二十一条　学問の自由は、これを保障する。
第二十二条　婚姻は、両性の合意のみに基いて成立し、夫婦が同等の権利を有することを基本として、相互の協力により、維持されなければならない。
配偶者の選択、財産権、相続、住居の選定、離婚並びに婚姻及び家族に関するその他の事項に関しては、法律は、個人の権威と両性の本質的平等に立脚して、制定されなければならない。
第二十三条　法律は、すべての生活部面について、社会の福祉、生活の保障及び公衆衛生の向上及び増進のために立案されなければならない。
第二十四条　すべて国民は、法律の定めるところにより、その能力に応じて、ひとしく教育を受ける権利を有する。すべて国民は、その保護する児童に初等教育を受けさせる義務を負ふ。初等教育は、これを無償とする。
第二十五条　すべて国民は、勤労の権利を有する。
賃金、就業時間その他の勤労条件に関する基準は、法律でこれを定める。児童は、これを酷使してはならない。
第二十六条　勤労者の団結する権利及び団体交渉その他の団体行動をする権利は、これを保障する。
第二十七条　財産権は、これを侵してはならない。
財産権の内容は、公共の福祉に適合するやうに、法律でこれを定める。
私有財産は、正当な補償の下に、これを公共のために用ひることができる。
第二十八条　何人も、法律の定める手続によらなければ、その生命若しくは自由を奪はれ、又はその他の刑罰を科せられない。
第二十九条　何人も、裁判所において裁判を受ける権利を奪はれない。
第三十条　何人も、現行犯として逮捕される場合を除いては、権限を有する司法官憲が発し、且つ理由となつてゐる犯罪を明示する令状によらなければ、逮捕されない。
第三十一条　何人も、理由を直ちに告げられ、且つ、直ちに弁護人に依頼する権利を与へられなければ、抑留又は拘禁されない。又、何人も、正当な理由がなければ、拘禁されず、要求があれば、その理由は、直ちに本人及びその弁護人の出席する公開の法廷で示されなければならない。
第三十二条　何人も、その住居、書類及び所持品について、侵入、捜索及び押収を受けることのない権利は、第三十条の場合を除いては、正当な理由に基いて発せられ、且つ捜索する場所及び押収する物を明示する令状がなければ、侵されない。
捜索又は押収は、権限を有する司法官憲が発する各別の令状により、これを行ふ。
第三十三条　公務員による拷問及び残虐な刑罰は、絶対にこれを禁ずる。
第三十四条　すべて刑事事件においては、被告人は、公平な裁判所の迅速な公開裁判を受ける権利を有する。
刑事被告人は、すべての証人に対して審問する機会を充分に与へられ、又、公費で自己のために強制的手続により証人を求める権利を有する。
刑事被告人は、いかなる場合にも、資格を有する弁護人に依頼することができる。被告人が自らこれを依頼することができないときは、国でこれを附する。
第三十五条　何人も、自己に不利益な供述を強要されない。
強制、拷問若しくは脅迫の下での自白又は不当に長く抑留若しくは拘禁された後の自白は、これを証拠とすることができない。
何人も、自己に不利益な唯一の証拠が本人の自白である場合には、有罪とされ、又は刑罰を科せられない。
第三十六条　何人も、実行の時に適法であつた行為又は既に無罪とされた行為については、刑事上の責任を問はれない。又、同一の犯罪について、重ねて刑事上の責任を問はれない。

第四章　国会

第三十七条　国会は、国権の最高機関であつて、国の唯一の立法機関である。
第三十八条　国会は、衆議院及び参議院の両議院でこれを構成する。
第三十九条　両議院は、全国民を代表する選挙された議員でこれを組織する。

2 憲法史料

両議院の議員の定数は、法律でこれを定める。
第四十条　両議院の議員及びその選挙人の資格は、法律でこれを定める。但し、人種、信条、性別、社会的身分、又は門地によつて差別してはならない。
第四十一条　衆議院議員の任期は、四年とする。但し、衆議院解散の場合には、その期間満了前に終了する。
第四十二条　参議院議員の任期は、六年とし、三年ごとに議員の半数を改選する。
第四十三条　選挙区、投票の方法その他両議院の議員の選挙に関する事項は、法律でこれを定める。
第四十四条　何人も、同時に両議院の議員たることはできない。
第四十五条　両議院の議員は、法律の定めるところにより、国庫から相当額の歳費を受ける。
第四十六条　両議院の議員は、法律の定める場合を除いては、国会の会期中逮捕されず、会期前に逮捕された議員は、その議院の要求があれば、会期中これを釈放しなければならない。
第四十七条　両議院の議員は、議院で行つた演説、討論又は表決について、院外で責任を問はれない。
第四十八条　国会の常会は、毎年一回これを召集する。
第四十九条　内閣は、国会の臨時会の召集を決定することができる。いづれかの議院の総議員の四分の一以上の要求があれば、内閣は、その召集を決定しなければならない。
第五十条　衆議院が解散されたときは、解散の日から四十日以内に、衆議院議員の総選挙を行ひ、その選挙の日から三十日以内に、国会を召集しなければならない。
衆議院が解散されたときは、参議院は、同時に閉会となる。但し、内閣は、国に緊急の必要があるときは、参議院の緊急集会を求めることができる。
前項但書の緊急集会において採られた措置は、臨時のものであつて、次の国会開会の後十日以内に、衆議院の同意がない場合には、その効力を失ふ。
第五十一条　両議院は、各々その議員の選挙又は資格に関する争訟を裁判する。但し、議員の議席を失はせるには、出席議員の三分の二以上の多数による議決を必要とする。
第五十二条　両議院は、各々その総議員の三分の一以上の出席がなければ、議事を開き議決することができない。
両議院の議事は、この憲法に特別の定のある場合を除いては、出席議員の過半数でこれを決し、可否同数のときは、議長の決するところによる。
第五十三条　両議院の会議は、公開とする。但し、出席議員の三分の二以上の多数で議決したときは、秘密会を開くことができる。
両議院は、各々その会議の記録を保存し、秘密会の記録の中で特に秘密を要すると認められるもの以外は、これを公表し、且つ一般に頒布しなければならない。

出席議員の五分の一以上の要求があれば、各議員の表決は、これを会議録に記載しなければならない。
第五十四条　両議院は、各々その議長その他の役員を選任する。
両議院は、各々その会議その他の手続及び内部の規律に関する規則を定め、又、院内の秩序をみだした議員を懲罰することができる。但し、議員を除名するには、出席議員の三分の二以上の多数による議決を必要とする。
第五十五条　法律案は、この憲法に特別の定のある場合を除いては、両議院で可決したとき法律となる。
衆議院で可決し、参議院でこれと異なつた議決をした法律案は、衆議院で出席議員の三分の二以上の多数で再び可決したときは、法律となる。
参議院が、衆議院の可決した法律案を受け取つた後、国会休会中の期間を除いて六十日以内に、議決しないときは、衆議院は、参議院がその法律案を否決したものとみなすことができる。
第五十六条　予算は、さきに衆議院に提出しなければならない。
予算について、参議院で衆議院と異なつた議決をした場合に、法律の定めるところにより、両議院の協議会を開いても意見が一致しないとき、又は参議院が、衆議院の可決した予算を受け取つた後、国会休会中の期間を除いて四十日以内に、議決しないときは、衆議院の議決を国会の議決とする。
第五十七条　条約の締結に必要な国会の承認については、前条第二項の規定を準用する。
第五十八条　両議院は、各々国務に関する調査を行ひ、これに関して証人の出頭及び証言並びに記録の提出を要求することができる。
第五十九条　内閣総理大臣その他の国務大臣は、両議院の一に議席を有すると有しないとにかかはらず、何時でも議案について発言するため議院に出席することができる。又、答弁又は説明のため出席を求められたときは、出席しなければならない。
第六十条　国会は、罷免の訴追を受けた裁判官を裁判するため、両議院の議員で組織する弾劾裁判所を設ける。
弾劾に関する事項は、法律でこれを定める。

第五章　内閣

第六十一条　行政権は、内閣に属する。
第六十二条　内閣は、法律の定めるところにより、その首長たる内閣総理大臣及びその他の国務大臣でこれを組織する。
内閣は、行政権の行使について、国会に対し連帯して責任を負ふ。
第六十三条　内閣総理大臣は、国会の議決で、これを指名する。この指名は、他のすべての案件に先だつて、これを行ふ。
衆議院と参議院とが異なつた指名の議決をした場合に、

法律の定めるところにより、両議院の協議会を開いても意見が一致しないとき、又は衆議院が指名の議決をした後、国会休会中の期間を除いて二十日以内に、参議院が、指名の議決をしないときは、衆議院の議決を国会の議決とする。
第六十四条　内閣総理大臣は、国会の承認により、国務大臣を任命する。この承認については、前条第二項の規定を準用する。
内閣総理大臣は、任意に国務大臣を罷免することができる。
第六十五条　内閣は、衆議院で不信任の決議案を可決し、又は信任の決議案を否決したときは、十日以内に衆議院が解散されない限り、総辞職をしなければならない。
第六十六条　内閣総理大臣が欠けたとき、又は衆議院議員総選挙の後に初めて国会の召集があつたときは、内閣は、総辞職をしなければならない。
第六十七条　前二条の場合には、内閣は、あらたに内閣総理大臣が任命されるまで引き続きその職務を行ふ。
第六十八条　内閣総理大臣は、内閣を代表して議案を国会に提出し、一般国務及び外交関係について国会に報告し、並びに行政各部を指揮監督する。
第六十九条　内閣は、他の一般行政事務の外、左の事務を行ふ。
一　法律を誠実に執行し、国務を総理すること。
二　外交関係を処理すること。
三　条約を締結すること。但し、事前に、時宜によつては事後に、国会の承認を経ることを必要とする。
四　法律の定める基準に従ひ、官吏に関する事務を掌理すること。
五　予算を作成して国会に提出すること。
六　この憲法及び法律の規定を実施するために、政令を制定すること。但し、政令には、特にその法律の委任がある場合を除いては、罰則を設けることができない。
七　大赦、特赦、減刑、刑の執行の免除及び復権を決定すること。
第七十条　法律及び政令には、すべて主任の国務大臣が署名し、内閣総理大臣が連署することを必要とする。
第七十一条　国務大臣は、その在任中、内閣総理大臣の同意がなければ、訴追されない。但し、これがため、訴追の権利は、害されない。

第六章　司法

第七十二条　すべて司法権は、最高裁判所及び法律の定めるところにより設置する下級裁判所に属する。
特別裁判所は、これを設置することができない。行政機関は、終審として裁判を行ふことができない。
すべて裁判官は、その良心に従ひ、独立してその職権を行ひ、この憲法及び法律にのみ拘束される。
第七十三条　最高裁判所は、訴訟に関する手続、弁護士、裁判所の内部規律及び司法事務処理に関する事項について、規則を定める権限を有する。
検察官は、最高裁判所の定める規則に従はなければならない。
最高裁判所は、下級裁判所に関する規則を定める権限を、下級裁判所に委任することができる。
第七十四条　裁判官は、裁判により、心身の故障のために職務を執ることができないと決定された場合を除いては、公の弾劾によらなければ罷免されない。裁判官の懲戒処分は、行政機関がこれを行ふことはできない。
第七十五条　最高裁判所は、法律の定める員数の裁判官でこれを構成し、その裁判官は、すべて内閣でこれを任命し、法律の定める年齢に達した時に退官する。
最高裁判所の裁判官の任命は、その任命後初めて行はれる衆議院議員総選挙の際国民の審査に付し、その後十年を経過した後初めて行はれる衆議院議員総選挙の際更に審査に付しその後も同様とする。
前項の場合において、投票者の多数が裁判官の罷免を可とするときは、その裁判官は、罷免される。
審査に関する事項は、法律でこれを定める。
最高裁判所の裁判官は、すべて定期に相当額の報酬を受ける。この報酬は、在任中、これを減額することができない。
第七十六条　下級裁判所の裁判官は、最高裁判所の指名した者の名簿によつて、内閣でこれを任命する。その裁判官は、任期を十年とし、再任されることができる。但し、法律の定める年齢に達した時には退官する。
下級裁判所の裁判官は、すべて定期に相当額の報酬を受ける。この報酬は、在任中、これを減額することができない。
第七十七条　最高裁判所は、終審裁判所である。
最高裁判所は、一切の法律、命令、規則又は処分が憲法に適合するかしないかを決定する権限を有する。
第七十八条　裁判の対審及び判決は、公開法廷でこれを行ふ。
裁判所が、裁判官の全員一致で、公の秩序又は善良の風俗を害する虞があると決した場合には、対審は、公開しないでこれを行ふことができる。但し、政治犯罪、出版に関する犯罪又はこの憲法第三章で保障する国民の権利が問題となつてゐる事件の対審は、常にこれを公開しなければならない。

第七章　財政

第七十九条　国の財政を処理する権限は、国会の議決に基いて、これを行使しなければならない。
第八十条　あらたに租税を課し、又は現行の租税を変更するには、法律又は法律の定める条件によることを必要とする。
第八十一条　国費を支出し、又は国が債務を負担するには、国会の議決に基くことを必要とする。
第八十二条　内閣は、毎会計年度の予算を作成し、国会に提出して、その審議を受け議決を経なければなら

2 憲法史料

ない。
第八十三条　予見し難い予算の不足に充てるため、国会の議決に基いて予備費を設け、内閣の責任でこれを支出することができる。
すべて予備費の支出については、内閣は、事後に国会の承諾を得なければならない。
第八十四条　世襲財産以外の皇室の財産は、すべて国に属する。皇室財産から生ずる収益は、すべて国庫の収入とし、法律の定める皇室の支出は、予算に計上して国会の議決を経なければならない。
第八十五条　公金その他の公の財産は、宗教上の組織若しくは団体の使用、便益若しくは維持のため、又は公の支配に属しない慈善、教育若しくは博愛の事業に対し、これを支出し、又はその利用に供してはならない。
第八十六条　国の収入支出の決算は、すべて毎年会計検査院がこれを検査し、内閣は、次の年度に、その検査報告とともに、これを国会に提出しなければならない。
会計検査院の組織及び権限は、法律でこれを定める。
第八十七条　内閣は、国会及び国民に対し、定期に、少くとも毎年一回、国の財政状況について報告しなければならない。

第八章　地方自治

第八十八条　地方公共団体の組織及び運営に関する事項は、地方自治の本旨に基いて、法律でこれを定める。
第八十九条　地方公共団体には、法律の定めるところにより、その議事機関として議会を設置する。
地方公共団体の長、その議会の議員及び法律の定めるその他の吏員は、その地方公共団体の住民が、直接これを選挙する。
第九十条　地方公共団体は、その財産を管理し、事務を処理し、及び行政を執行する権能を有し、法律の範囲内で条例を制定することができる。
第九十一条　一の地方公共団体のみに適用される特別法は、法律の定めるところにより、その地方公共団体の住民の投票においてその過半数の同意を得なければ、国会は、これを制定することができない。

第九章　改正

第九十二条　この憲法の改正は、各議院の総議員の三分の二以上の賛成で、国会が、これを発議し、国民に提案してその承認を経なければならない。この承認には、特別の国民投票又は国会の定める選挙の際行はれる投票において、その過半数の賛成を必要とする。
憲法改正について前項の承認を経たときは、天皇は、国民の名で、この憲法と一体を成すものとして、直ちにこれを公布する。

第十章　最高法規

第九十三条　この憲法が日本国民に保障する基本的人権は、人類の多年にわたる自由獲得の努力の成果であつて、これらの権利は、過去幾多の試錬に堪へ、現在及び将来の国民に対し、侵すことのできない永久の権利として信託されたものである。
第九十四条　この憲法並びにこれに基いて制定された法律及び条約は、国の最高法規とし、その条規に反する法律、命令、詔勅及び国務に関するその他の行為の全部又は一部は、その効力を有しない。
第九十五条　天皇又は摂政及び国務大臣、国会議員、裁判官その他の公務員は、この憲法を尊重し擁護する義務を負ふ。

第十一章　補則

第九十六条　この憲法は、公布の日から起算して六箇月を経過した日から、これを施行する。
この憲法を施行するために必要な法律の制定、参議院議員の選挙及び国会召集の手続並びにこの憲法を施行するために必要な準備手続は、前項の期日よりも前に、これを行ふことができる。
第九十七条　この憲法施行の際現に華族その他の貴族の地位にある者については、その地位は、その生存中に限り、これを認める。但し、将来、華族その他の貴族たることにより、いかなる政治的権力も有しない。
第九十八条　この憲法施行の際、参議院がまだ成立してゐないときは、その成立するまでの間、衆議院は、国会としての権限を行ふ。
第九十九条　この憲法による第一期の参議院議員のうち、その半数の者の任期は、これを三年とする。その議員は、法律の定めるところにより、これを定める。
第百条　この憲法施行の際現に在職する国務大臣、衆議院議員及び裁判官並びにその他の公務員で、その地位に相応する地位がこの憲法で認められてゐる者は、法律で特別の定をした場合を除いては、この憲法施行のため、当然にはその地位を失ふことはない。但し、この憲法によつて、後任者が選挙又は任命されたときは、当然その地位を失ふ。

〔http://www.ndl.go.jp/constitution/shiryo/04/117/117tx.html〕

18 公法研究会「憲法改正意見」
1949年3月20日

前文
　前文及び本文に使用されている「日本国民」という言葉を「日本人民」に改め、また、前文中、「その権力は国民の代表者がこれを行使し」とあるのを「その権力は人民がこれを行使し」と改める。
　〔理由〕前文は日本国憲法の根本原則を示すもので、本文の基礎となっているものであり、従って、憲法の改正手続によって軽々に、これを改むべきものではない。ことに民主主義の根本原則は日本国憲法の鉄則ともいうべきもので、これを民主主義に反する方向に改

正することは許さるべきではないが、ただ、民主主義の原則を深化・発展せしめるために改正を加えることは、前文にいう根本原則に反するものではない。従って、日本国民という曖昧な表現を明確にし、英文にあるように日本人民 Japanese people とすることは、本来の主旨を徹底させるものである。さらにまた、前文中に「その権威は国民に由来し、その権力は国民の代表者がこれを行使し、その福利は国民がこれを享受する」と示されているのは、欧米のデモクラシーの原則としていわれる government of the people, by the people, for the people に相当するものであるが、このうち人民による政治にあたる部分は前文においては「国民の代表者」とされ、間接民主政治を意味している。しかるに、デモクラシーの原則としては直接民主政治を排すべき理由はなく、現に日本国憲法も直接民主政治の諸制度を採用しているし、直接民主政治が立て前たるべきものである。従って、民主主義の根本原則を示す場合には、あくまで直接民主政治を意味する「日本人民」とすべきで、「代表者」という文字を削除する。

第一章　天皇

第一章に天皇の章を設けているのは、人民主権を表明する憲法としては妥当ではなく、別に人民主権を宣言する章を設けるか、或いは人民主権の宣言を含む基本的人権の規定を第一章とすべきである。また民主主義の憲政というポツダム宣言の主旨に従えば、天皇制の廃止による共和制とすべきことが理想であり、従って天皇の章は理想案においては不要である。かような場合には、大統領制とすべきことはいうまでもないが、その場合の大統領制は米国のような政治的実体をもつものではなく、仏蘭西流の儀礼的な存在とすべきである。しかし、このような理想案はいま一応将来のこととして、現実可能な改正案ということになれば、天皇制を承認した上で人民主権を明確にすべきである。この観点から、天皇の儀礼的な存在たることを明示すべきである。

〔第一条〕「主権は日本人民にある」という条文を新たに加える。

〔理由〕原稿の第一条のように天皇の法的性質を表現することに附随して、国民主権を宣言しているのは妥当ではない。別個の一条を設け、これを冠頭に掲ぐべきである。

〔第二条〕現行第一条を、「天皇は日本人民の儀章たるべきものである」と改める。

〔理由〕現行憲法の第一条にいう象徴という用語は神秘的要素をもち、その法的性質が明らかでない。ある者は象徴たるものを主権者の地位にまで高める解釈を行っている。象徴とは、本来、儀礼的存在を示すものとして用いられた言葉であるから、これを一層明確にして、儀章とすべきである。儀章は旗章という概念にも相当するもので、新造語であるが、天皇の儀礼的な存在をよく現わしているものと思う。このため、現行憲法にいう「日本国民の統合」という文字も、天皇の地位が「国民の総意に基く」という文字も削除すべきはいうまでもない。これらの用語は天皇制を不当に強化する可能性をもつものだからである。

現行の第二条を改め、次の如くする。「皇位は世襲のものであって、法律の定あるところにより、国会の承認に基いて継承する。」

〔理由〕世襲ということは、何人が天皇の位につくかについて、順位を固定させてしまうことを意味しない。皇統に属するものの中から、日本人民の儀章となるにふさわしい者を人民が決定するのは、人民主権の原則からいって穏当であると思われる。そのため少くとも国会がこれを承認するものとしたい。もちろん、ここに、生前の退位をみとめ、女帝をみとめることは、この条文の主旨と矛盾するものではなく、民主主義の原則からいって、それらの制度は採用さるべきである。憲法の本文のうちに、これらを明記してもよいが、とくにこれを明記する必要はないほど当然のことであろう。また、「国会の議決した皇室典範」とあるが、皇室典範が国会の議決を経るにもかかわらずこのような旧来からの固有名詞を用いることは特別の法典であるかのような誤解を生ぜしめるので皇室継承に関する法律も、その形式的効力について他の法律となんら異らないものであることを明示する必要があり、そのため、皇室典範という文字を削除する。

〔第三条〕全文削除

〔理由〕象徴としての天皇は、その本質上、儀礼的行為以外には行うことができないのであって、第一に、国事に関する行為というような国政との区別の明らかでない表現は適当でない。第二に、儀礼的行為については、内閣は、旧憲法で天皇が、統治権を総覧していたときのように輔弼の責任を負う必要はなく、従って、それを思わせるような「助言と承認」を行う必要がない。従って本条は全文削除する。ことに助言と承認 (advice and approval) は、アメリカ憲法で上院が大統領に与える「助言と同意」advice and consent と紛らわしく、表現としても不適当である。

〔第四条乃至第七条〕第四条は、第二項を削除し、第一項を次のように改める。「天皇は、国政に関する権能を有しない。ただ儀礼的行為のみを行うことはできる。」第五条乃至第七条は全文削除する。

〔理由〕儀章としての天皇にふさわしい行為は儀礼的行為だけであって、現行憲法も既にその精神で規定されていることは疑をいれないところであるにも拘らず、第三条乃至第七条の規定があいまいであって、あたかも実質的に国政に関する権能をもっているかのように解されるおそれがあるから、この際、そのことも明らかにするために、右のような改正をする。第四条第一項では、天皇が国政に関する権能を有しないという大原則を明記することを規定の中心とし、ただその

行い得る行為は儀礼的行為に止まることを附記する。第二項の委任代理は不要であり、第五条の法定代理即ち摂政も当然不要となる（摂政という文字が、第四条と矛盾していることは改めていうまでもない）。第六条の任命権及び第七条中のあるもの（例えば国会の召集、衆議院の解散など）は、儀礼的行為でないから、誤解を避けるため、全文を削除したい。

〔第八条〕全文削除

〔理由〕第八条によると、皇室の財産はすべて国に属することになっているが、それには例外があって、純然たる皇室の私産は依然として国有とならない。そこでそのような皇室の私産についても、その移動について国会の議決を要するものとするのが本条の趣旨であると通説は解している。しかし既に皇室財産国有の原則が定められた以上、明文によらないでその例外を認めることは適当でない。従って憲法は皇室の私産を認めない趣旨と解すべきであり、もし本来国有たるべき皇室財産の移動については、これを同じく一切の戦争にしても、あらゆる戦争に参加することを禁止して、軍国主義を真に日本国民の心裡から清算することを明示する。第二項の冒頭の一句も、解釈上何らか限定のある規定のように曲解されるおそれがあるから、名義や形式の如何を問わず、一切の軍備を保持しないことを明記しておき度い。

第三章　国民の権利

〔第一一条〕本条前段を、「およそ基本的人権の侵害はこれを許さない」というような強い表現をもって代える。

〔理由〕現在の「すべての基本的人権の享有を妨げられない」という表現は、あまりに弱い。本条で、このように、権力者に強力な制限を加える趣意を明かにするとともに、一二条で、人民の側からの反抗権をみとめることによって、基本的人権の保障を、いよいよ十分なものにしようとする。

〔第一二条〕（1）本条の前段の次に「これらの自由及び権利が侵されたときは、人民は、これに抵抗することができる」という趣意を加える。

〔理由〕およそ基本的人権にたいする侵害は圧制である。圧制に反抗することは人民の権利である。それもまた基本的人権である。反抗権の裏付けをもたない基本的人権は魂のない人形のようなものだ。基本的人権を保持しようとする「不断の努力」も、そこまでゆかないことには、竜を描いて晴を点じないものだ。フランスの人権宣言も、アメリカの独立宣言も、みな、圧制にたいする反抗権をみとめているのである。

（2）こういうお説教を条文のなかに置くのは、ふさわしくない。また、修正の提案をされた形においても、それは民主主義憲法の基本原理とみるべきものであるから、やはり、前文に現われるのが適当である。

〔第一二・一三・二二・二九条〕この四つの各条文のなかから「公共の福祉」という言葉を全部削除する。

〔理由〕新憲法の最大の特色が、基本的人権の完全な享有を現在ならびに将来にわたって保障した点（前文およびとくに一一条）に存するといっても決して過言ではない。何故なら過去の我国においては、旧憲法が規定した極めて小範囲の権利すら、時の官憲の一方的意思によって恣に蹂躙されてきたからである。したがってもしこの規定が等閑に附されるようなことがあれば、新憲法がいかにすぐれた規定を他に含んでいようとも、それはもはや「生ける屍」と同然であるといってよい。したがって基本的人権の保障をとくに我国民に強調する必要のあることは、それを永い間享有してきた英米諸国民の想像以上である。一一条が、基本的人権を以て侵すことのできない永久の権利と謳ったことは当然である。

ところがこの憲法は、この重大な基本的人権の共有に一つの制限を付けている。それが即ち、一二・一三・二二・二九条に現われている「公共の福祉」である。つまり「公共の福祉」のためには基本的人権も一定の限界を有するというのである。基本的人権がいくら尊重すべきものであるといっても、他人の迷惑をもかまわずにその権利を享有されることはたしかに考慮の余地がある。これを認めるには毫も吝でない。唯問題なのは、その限界を測る基準が、意味の頗る曖昧な「公共の福祉」という概念に求められたことである。かつて軍閥官僚支配の時代に「滅私奉公」というこれ亦為政者がその内容を自由に解釈しうる漠然たる標語のために、個人の正当な権利が勝手に無視された歴史

をもっている我国である。「公共の福祉」という言葉が、再びかつての「滅私奉公」的解釈に利用される惧れがないとはいえない。とくに一七・八世紀のプロシア絶対制官僚国家において、この公共の福祉 Salus pubica という言葉は、専制君主の便益のために人民の自由を無視し、その財産を収奪する場合にいつも用いられる常套語であったことを想起する時、民主化の日なお浅い我国でこうした言葉によって基本的人権の限界を示すことは甚だ危険といえよう。基本的人権の極端な主張が、社会になんらかの危害を及ぼす惧れのある場合は、常に他人の基本的人権を毀損している時である。したがってこの場合両者の基本的人権の享有の程度を比較して、その不当なる享有を行っているものには、それだけ制限し、それによって不当に人権の享有を妨げられているものには、その伸張を計ってやればよい。その意味において基本的人権の享有に対する制限も、同じく基本的人権によることにし、「公共の福祉」という如き曖昧で、内に非民主的解釈の余地をのこす言葉は本憲法の根本精神に基いて、この憲法の箇条から、ことごとく削除することを主張するものである。

〔第一五条〕第一項の「公務員を選定し、及びこれを罷免することは、国民固有の権利である」を「人民の譲ることのできない権利」と改める。

〔理由〕官尊民卑の永い歴史を有する我国において、官吏の地位を自由に左右しうるものが逆に人民であると明示した本条は、文字どおり統治関係の百八〇度の顛倒を示す重要な規定といってよい。それだけに用語についてはとくに慎重でなければならぬ。本条が「国民固有の権利」と謳ったことは、それだけでもその歴史的意義をかなり明瞭に表現しているのであるが、さらに進んで英訳文に出ている inalienable (譲ることのできない) という言葉を用いた方が、一層よくこの重大な権利を説明しうるとおもう。いささか字句に拘泥するようだが自己に「固有」のものであるならば、その保有者の意思によってならこれに異動を生ぜしめることが可能であるという解釈をのこす余地がある。管吏制度の真の民主化を意図するならばむしろ進んで公務員の選定罷免権は、その保有者である人民の意思によっても変更廃棄しえないという客観的法則に支配されていることを現わす意味で「譲ることのできない」と改めた方がよい。

〔第二一条〕街頭行進を挿入して、「集会、結社、街頭行進及び言論、出版その他……」とする。

〔理由〕街頭行進は勤労者の利益を保障する有力な手段である。然るに交通妨害等の名目のために往々にして不当な取締の対象とせられることがある。それ故に憲法上に街頭行進の自由を明記してこの権利の保障を完全にしなければならない。

〔第二五条〕第一項を「すべての人民は健康で文化的な生活の最低水準を維持する権利を有する。」と改める。

〔理由〕第二五条一項は「すべて国民は、健康で文化的な最低限度の生活を営む権利を有する。」となっているが、これでは、ややもすれば最低生活をする権利だけがあるので、それ以上に程度の高い生活を営む権利はないのだというような印象を与えがちである。それでは本条の意図がまったく逆になってしまう。本条は、かつての日本の支配者たちが好んだ「耐乏生活」のお説教のごときものとは、まったく反対の考え方をあらわしている。何故ならこのように理解しなければ、一三条の人民の「幸福追求の権利」と矛盾するからである。したがってそのような誤解にみちびきがちな、表明をやめて、左の英文に用いた語句のように改めるべきである。

（本文の英文 All people shall have the right to maintain the minimum standards of wholesome and cultured living.）

〔第二七条〕休息の権利を特に本条の一項目として、又は別に条項を設けて規定する。
（2）第二項に最低基準を明記する。
（3）労働に関して、男女の平等の権利を実現に可能ならしめる保障を与える条項を別に設ける。

〔理由〕（1）勤労の権利と関連して、休息の権利を憲法上明確に規定しなければ、労働時間が法令で不当に制限せられる危険がないとはいわれない。それ故に八時間労働日、毎年の有給休暇、療養所、休息の家等休息の権利を保障する規定を設くべきである。

（2）勤労条件については、法律で定めるのみでは勤労者の利益が充分保障せられないから、尠くとも、これに関する最低基準を憲法に明記して、これを法律によって動かされないようにしなければならない。

（3）人民の基本権は、これが形式的な宣言にとゞまってはならないのであって、現実に保障せられなければ無意味である。第十四条には「……政治的、経済的又は社会的関係において、差別されない」と規定せられているから、男女の平等についても一応は現実の平等が保障せられていると解せられる。しかし従来法律上に於ても事実上に於ても女子の地位が極めて低かった我国に於ては、この規定のみでは充分でない。家族生活における男女の平等が第二十四条に規定せられているように、経済的及び社会的関係における男女の平等が、現実に保障せられる積極的な規定が必要である。その内容として、女子に対する男子と平等の労働、労働賃金、休息、社会保険及び教育に関する権利附与、母子の利益の国家的保護、妊娠の際の有給休暇、産院、託児所等の施設を包含することが望ましい。

〔第二十八条〕「勤労者の団結する権利及び団体交渉その他の団体行動をする権利は、これを保障する。」となっているが、これを「……団体交渉、同盟罷業その他の団体行動をする権利……」と改める。

〔理由〕団結権、団体交渉権および罷業権（ないし

2 憲法史料

争議権）は、民主主義社会における労働者の基本権として、三位一体的な関係であるもので、そのうちの一つだけを謳わないのは、奇異の感を与える。むろん、現行憲法の解釈としては、「その他の団体行動権」の中にストライキ権ないし争議権を含ませるのが、常識的な解釈であり、ほとんど誰もそれに反対する人はあるまい。しかし、争議権の裏づけのない団結権や団体交渉権は、本来、ほとんど無意味なのであり、また争議権というものは、その重みからいって、「その他の団体行動権」というような表現の中に埋没せしめられるべき性質のものでないから、純理上、争議権は争議権として明記せらるべきものである。

もしも、憲法第二八条に争議権の保障を明記すれば、公益事業の争議制限等の立法が許されないことになりはしないか、との心配があるとすれば、それは無用の心配である。言論の自由が「保障」されていても（第二一条）、言論による名誉毀損罪や脅迫罪の成立をさまたげないのと同様に、争議権の行使によって一般公衆の健康や安全がおびやかされるというような、法益の衝突の問題、またその調節の問題は、別に考えるべき問題であって、憲法第二十八条の表現の如何が直ちに右の心配のような結論にみちびくわけでは、決してない。いわんや、前記のように、現在の第二十八条でも争議権の保障を含んでいると解釈しなければならぬ以上、第二十八条をわれわれの提案のように改めることは、何らこの問題を左右する結果とはならないのである。

〔第三一条乃至三五条〕次の如き条項をあらたに挿入する。

（1）「すべての人民は、国の行う裁判に参加する権利を有する。」

（2）「すべての刑事事件において、被告人または被疑者は、裁判所による刑の最終決定あるまでは、有罪者としての取扱いを受けることのない権利を有する。」

〔理由〕（1）民主主義国家にあっては、国家活動の全領域にわたって、人民の意思が積極的に参画するごとく、また人民の意思が公平に反映するごとく組織されねばならないものであることはいうまでもない。

ところが憲法には、人民の裁判権・裁判手続への参加が基本的権利であるということについては、なんの明文をも規定していない。あたかも司法・裁判の領域のみは、主権を有する人民の意思とは無関係でもあるかのごとき印象をあたえている。従って、明文をもって、裁判権・裁判手続の一切の領域への人民の参加が、奪うことのできない人民の基本的権利である旨を規定する必要がある。

（2）すべての刑事事件において、被告人はもちろんのこと、被疑者程度にしかすぎないものにたいしても、あたかもすでに確定判決によって有罪宣告をうけた確定犯罪者ででもあるかのごとく処遇していることは、現実の事実であり、常識に属する。

しかし被告人または被疑者は、いうまでもなく公開裁判による有罪宣告あるまでは確定犯罪者ではないのであって、かれらにたいしてあたかも有罪宣告後の確定犯罪者＝有罪者ででもあるかのごとく処遇することは、また重大なる基本的人権の侵害であるといわねばならない。もちろん、かれらが捜査、証拠の収集、逃亡の予防等一定の必要な限度で法律上の制限に服さねばならないということはいうまでもない。が、かれらはあくまでも被告人であり被疑者なのであって、有罪者ではない。従って、被告人または被疑者としてもつ基本的人権は、最大限度に尊重されねばならない。すなわち逆にいえば、有罪者としての処遇をされない権利が明文をもって規定されるべきである。

〔第三六条〕第二項として左の一項を挿入する。

公務員による拷問及び残虐な刑罰にたいしては、法律の定めるところにより、厳格にこれを処罰する。

〔理由〕本条は、公務員による拷問及び残虐な刑罰は、絶対にこれを禁止する旨規定しているが、これの違反にたいする措置を欠いている。

民主主義国家においては、公務員が人民のサーバントであることは、もとより当然のことである。にもかかわらず、現実においては、公務員が今なお強大な権力をもち、強力な支配意識の上に存続されている。従って公務員による拷問及び残虐な刑罰が、今なお事実として存在している。このような行為にたいしては、単なる禁止の宣言に止らず、人民の基本的権利の重大なる侵犯として厳格に処罰する必要がある。

〔第四〇条〕「……国にその補償を求めることができる」を「……国はその補償をしなければならない」に改める。

〔理由〕抑留または拘禁された後、公開の裁判によって無罪の判決をうけ、または公訴の棄却あるいは免訴の言渡をうけたということは、そもそも抑留または拘禁そのものが、公務員の錯誤（事実の認定についてかあるいは法の適用についての）による国家権力の不当な行使の結果であることを意味する。従って、このような基本的人権を侵害する公務員の不当な行為にたいしては、人民の側からする求償請求をまつまでもなく、積極的に国家がそれにたいして補償すべき責任がある。その意味より、現行刑事補償法は、幾多の無用な制限規定をもうけているが、それらの規定を一切排除して、速かに改正する必要がある。

［法律時報21巻4号］

19 吉田茂内閣「憲法第九条の「戦力」に関する統一見解」
1952年11月25日　閣議了承

一、憲法第九条第二項は、侵略の目的たると自衛の目

的たるとを問わず「戦力」の保持を禁止している。
一、右にいう「戦力」とは、近代戦争遂行に役立つ程度の装備、編成を具えるものをいう。
一、「戦力」の基準は、その国のおかれた時間的、空間的環境で具体的に判断せねばならない。
一、「陸海空軍」とは、戦争目的のために装備編成された組織体をいい「その他の戦力」とは、本来は戦争目的を有せずとも実質的にこれに役立ち得る実力を備えたものをいう。
一、「戦力」とは人的、物的に組織化された総合力である。従って単なる兵器そのものは戦力の構成要素ではあるが「戦力」そのものではない。兵器製造工場のごときも無論同様である。
一、憲法第九条第二項にいう「保持」とは、いうまでもなくわが国が保持の主体たることを示す。米国駐留軍は、わが国を守るために米国の保持する軍隊であるから憲法第九条の関するところではない。
一、「戦力」に至らざる程度の実力を保持し、これを直接侵略防衛の用に供することは違憲ではない。このことは有事の際、国警の部隊が防衛にあたるのと理論上同一である。
一、保安隊および警備隊は戦力ではない。これらは保安庁法第四条に明らかなごとく「わが国の平和と秩序を維持し人命および財産を保護するため、特別の必要がある場合において行動する部隊」であり、その本質は警察上の組織である。従って戦争を目的として組織されたものではないから、軍隊でないことは明らかである。また客観的にこれを見ても保安隊等の装備編成は決して近代戦を有効に遂行し得る程度のものでないから、憲法の「戦力」には該当しない。
［朝日新聞1952年11月26日］

20 憲法調査会 最終報告書〈要旨〉
1964年 7月3日

第一編　憲法調査会の設置および構成の経緯
昭和二十一年の日本国憲法制定当時から、憲法改正の底流があった。二十五年の朝鮮戦争を契機に防衛問題を中心として憲法改正が活発に論議され始めた。自由党、改進党、日本民主党と歴代保守政党は憲法改正のため努力を重ねたが、三十一年五月、保守合同による自由民主党、鳩山内閣の下でようやく「憲法調査会法」が成立した。調査会は社会党はじめ護憲勢力の抵抗で約一年後の三十二年八月発足した。

第二編　調査会の所掌事務と組織および運営
調査会は内閣に置かれ、日本国憲法に検討を加え、関係諸問題を調査審議し、結果を内閣と内閣を通じて国会に報告する。調査会は五十人の委員（現在三十八人）からなり、会長、副会長、専門委員、各委員会、部会がある。

第三編　調査審議の経過および内容
第一章　調査審議の基本方針
第一段階として制定過程の調査、第二段階で憲法の運用の実際を四年間調査、第三段階で調査結果に基づいて憲法改正の要否などを二年間審議した。

第二章　調査審議の経過
三十二年十月から憲法制定過程について、三十三年三月から運用の実際について調査にはいり、三十六年九月まで続けた。同月、この調査の結果を整理し「今後において審議すべき問題点要綱」を決定し、三十七年十二月までこの要綱の問題点について、憲法改正の要否、運用の改善等の審議を行なった。

ついで三十八年一月、以上の調査、審議の結果を基礎に「討議に対する問題点」をきめ五月まで討議を行なった。そして六月以降、これら調査、審議の結果を内閣および内閣を通じて国会に報告するため、報告書作成のための審議を行ない、三十九年七月三日の第百三十一回総会で確定した。また、この間五十六回の公聴会のほか、ひろく海外調査を行なった。

第三章　調査審議の内容
第一節　日本国憲法制定の経過についての調査内容
同調査の内容は「小委員会報告書」にくわしい。同報告書は①憲法改正問題の起源②憲法改正問題の展開③総司令部による憲法草案の作成④日本案の作成から議会提出まで⑤憲法議会の審議と憲法改正の成立、と段階的な事実調査の報告で、最後に制定過程に関する総括的考察が行なわれている。そこでマッカーサー草案の提示は日本に対する強制であったか、など五点が重要問題としてあげられ、見解の対立が明らかにされている。そして「結び」で「制定過程は敗戦、占領という事情の下で異常ではあるが、押しつけ強制されたか否かは事情は単純ではない」としている。

第二節　日本国憲法運用の実際についての調査の内容

【一】天皇＝天皇の地位、権能、皇位の継承などについて調査した結果①「象徴」の文字は現行通りでよいか②国事行為の規定を整備する必要はないかの問題点がとりあげられた。

【二】戦争放棄＝逐条的形でなく、日本の防衛問題全般としてとりあげられ、その中で第九条が問題とされた。すなわち①第九条成立の経緯②戦後の防衛問題の推移③日米安保条約の成立と改定④安保制度の発展と現段階⑤現代の防衛のあり方⑥防衛組織のあり方⑦第九条解釈の諸問題といった点から調査検討が加えられた。その結果①第九条を現実に合わせて改正するか、現状を第九条に合わせるよう改めるか②国際平和条項を設けるべきか……といった問題があげられた。

【三】国民の権利および義務＝①人権の保障の意味②公共の福祉による人権の制限③法の下の平等・家庭生活における個人の尊厳と平等、司法上の人権などに

2 憲法史料

ついて、憲法第十上から第四十条までの規定についての調査概要。その結果①国民の権利義務に関する諸規定で再検討する必要はないか②基本的人権の限界を公共の福祉という一般概念で示すのがよいか、個別に規定するのがよいか③司法上の人権の規定が詳細にすぎることなどが問題点としてあげられた。

【四】国会＝「国会は国権の最高機関である」との国会の地位の問題、両院性とくに参議院制度、委員会中心の国会運営といった国会そのものから国会のあり方まで、国会に関する運用の実際の調査は多面にわたった。

【五】内閣＝議院内閣制の諸類型、議院内閣制と政党との関係、政党政治と選挙制度との関係などについて理論的調査が行なわれた。とくに、議院内閣制の是非、総理大臣の顕現の問題がとりあげられた。

【六】司法＝①特別裁判所の禁止②最高裁の規則制定権③最高裁の下級裁判所への人事権④最高裁裁判官の国民審査⑤違憲審査権など現憲法の特色たる点が多いので、これらの規定の運用を中心に審査され、とくに、規則制定権でアメリカ、違憲審査権でドイツで調査した。

【七】財政＝国の財政処理権の帰属の問題、予算、決算に対する国会の権能、予算と法律との関係等を中心に調査が行なわれた。

【八】地方自治＝①地方公共団体の範囲②「地方自治の本旨」という字句の内容③地方公共団体の組織形態、その長の選任方法④事務範囲などを中心に調査が行なわれた。

【九】最高法規＝調査はほぼ逐条的に行なわれたが、とくに重点となったのは、九十八条二項、憲法と条約との関係であった。

第三節　日本国憲法の問題点についての審議の内容
本報告書第四編「憲法調査会における諸見解」付属文書「各委員の意見」で記述する。

第四節　公聴会および海外調査にあらわれた意見内容

【一】公聴会にあらわれた意見の内容（一）都道府県公聴会においては憲法上の重要事項について公述人の自由に選定した問題で意見をきいた。公述した人数は戦争放棄で二百五十人、憲法制定過程で四百四十九人、改正について百二十三人、家族制度で九十五人といった順で関心の強さを示すものとみられる。

（二）地区および中央公聴会で調査会がとりあげた問題点について改正の要否等をきいた。発言の数からは自衛隊について八十四人、憲法改正で六十六人、天皇で五十七人といった順になっている。

【二】海外調査にあらわれた意見の内容（一）アメリカ、カナダの部＝高柳賢三、小島徹三委員、田中和夫専門委員らは三十七年三月から五月までアメリカ、カナダで憲法の問題点を調査。

天皇については大部分の学者は象徴天皇制を改める必要はないとの意見だった。戦争の放棄については①自衛隊を持つために第九条を改正する②現行第九条下でも自衛隊をもてるから改める必要なし③第九条改正は政治的に賢明ではないなどの意見がのべられた。

（二）ヨーロッパ諸国の部＝真野毅、愛知揆一委員、黒田覚、松本馨専門委員は三十七年十月から十二月まで、イギリス、フランス、ドイツなどで学識者から意見をきいた。

天皇制ではイギリスで多くの角度から批判がなされた。第九条についてはイギリスは批判的で、フランスでは改正論、改正不用論から活発な発言があり、ドイツではすべて批判的意見だった。

第四編　調査会における諸意見
第一章　総説

第三編に記した調査の結果、とりあげられた憲法の基本問題、重要問題について、委員の意見を全員またはほとんど全員が一致する意見、一定数の共通の意見といった大勢においてとらえ類型的にその論拠とともに明らかにした。

第二章　日本国憲法の基本問題
第一節　日本国憲法はいかなる憲法であるべきか

①日本国民が自主的に制定する憲法②人類普遍の原理とともに日本の歴史、伝統に適合する憲法③世界の動向に対応し、現実的、実効憲法、という点は各委員に共通している。改正論では理由づけとして積極的にのべられている。

第二節　日本国憲法の制定過程をいかに評価すべきか

多数の医員は現行憲法は日本国民の自由な意見に基づいて制定されたものでないとしている。これに対して必ずしもマッカーサー草案は強制されたとはいえず、国民の自由意思がはいっているとの反論もある。高柳委員の「日米合作」との意見もある。

第三節　日本国憲法の解釈・運用をいかにみるべきか

憲法改正論の立場からは厳格な解釈・運用論に立ち、現行憲法の欠陥はもはや解釈・運用では措置しえずと主張される。改正不要論からは、現行憲法に問題があることは認めても、弾力的解釈・運用で措置すべきであると主張される。

第三章　日本国憲法の前文および各章の重要問題
第一節　前文

現行憲法の前文は、文章、表現、内容で、日本の憲法にふさわしくないので全面的に改めるべきであるとの意見が多数である。

第二節　天皇

一、委員のほとんど全員は天皇制も国民主権と調和するものとし、現行天皇制のあり方を維持すべしとしている。

二、その上で、天皇が「元首」たる地位にあることを明らかにし、機能上もそれに応じた改正をすべきで

あるとの意見と、象徴天皇制を維持する意見の対立がある。
　三、調査会内では、天皇主権論、「元首」と明記し権能強化を主張する意見は少数ある。最多数の意見は「元首」と明記することはさけ、対外的に国家を代表するものとして、対外的国事行為を整備すべきであるとする。また、現行天皇制維持も相当多数である。
　第三節　戦争の放棄
　一、現行憲法の平和主義の理想はあくまで維持すべきであるというのは委員全員の一致した見解である。また現行九条下でも自衛隊、日米安保体制、国連加入等の防衛体制は違憲ではないとの点でもほとんど全員が一致している。
　二、しかし第九条の改正については、改正論の委員が多数であり、改正不要論は少数である。この見解の対立は①第九条二項の戦力不保持の現実性②自衛権、独立国家の理想③第九条の防衛体制への支障の有無④第九条改正の効果……などの点において現われている。
　第四節　国民の権利・義務
　一、国民の権利・義務全般の問題として基本的人権の制約について現行の「公共の福祉」だけでよいのか、権利・義務について新しい規定の追加、整理は必要ないかの点について見解が対立している。これらの対立は実質的なものでなく、新たな規定を置くか、解釈・運用で措置するかという対立である。
　二、ただしこの対立が思想的形で現われている場合がある。現行憲法が現代福祉国家の原理にあわないとして改正を主張する見解が多数である。これに対し、現代福祉国家の要請は現行憲法下でも実現不可能ではないとして、改正不要を主張する見解がある。
　第五節　国会
　一、現行憲法の国民主権、三権分立、議院内閣制等の基本原則については、ほとんど全員が維持すべきものとしている。否定するものとしては、首相公選論、選挙民権論がある。
　二、「国会は国権の最高機関である」との規定は削除すべきであるとの見解が多数である。その論点は三権分立の基本原則と矛盾し、国会の権限濫用の弊害をまねくというものである。
　三、国会の構成については委員のほとんど全員は両院性を維持すべきものとしている。ただし、参議院組織を現行のままでよいとする見解は少数で、多数の意見は衆議院と異質のものとするため任命制議員を加える等の意見が多い。
　第六節　内閣
　一、基本的問題として取り上げられたのは首相公選制であった。そして多数の意見は首相公選制に反対し、議員内閣制を維持すべしとしている。これら反対論は首相公選制の基本的立場への反対ではなく、日本には現在、首相公選制が行なわれる条件が欠けていること、日本の政治の欠点除去に有効でなく、有害であること を論拠としている。
　二、その他の問題は解釈上、技術上の問題である。
　第七節　司法
　一、現行の司法権の拡大強化の基本方針は、委員のほとんど全員賛成維持すべきとしている。
　二、もっとも問題とされたのは違憲審査権で、これは国会に対する裁判所の優位であるとの意見もあったが、多数の意見は現行制度を維持する。
　三、意見の対立が顕著なのは最高裁裁判官の任命方法とその解職についての国民審査制度についてだった。任命については諮問委員会等を設けるとともに、解職についての国民審査制度を廃止すべきであるとの意見が多い。
　第八節　財政
　一、国会の問題と関連して、財政に対しても、国会中心に傾きすぎているとし、これを改正すべしとする見解が多い。
　二、現代の複雑な財政処理のため政府の権限と責任を重視すべしとの見解もある。反対論としてはこれらの点は法律で措置しうるとしている。
　第九節　地方自治
　わが国の広域行政に対する要求を理由として、現行制度は地方分権に傾きすぎているとの見解が強い。国と地方公共団体との基本的あり方を明らかにし、とくに道州制等の改革を可能にするため、地方公共団体の種類や長の選任方法を明らかにすべきであるとの見解が多数である。
　第十節　改正
　現行第九十六条の改正規定は不明確な点が多く、疑義をなくすため改正を要するとするのが多数の意見である。問題点は現行規定では改正手続きが厳格すぎるので緩和の必要があるとする。改正不要論は政治の安定と、解釈・運用を論拠としている。
　第十一節　最高法規
　第十章「最高法規」の三か条はいずれも不要であるか、他の章に移すべきで、本章は存在理由がなく、削除すべきであるとする見解が多数の見解である。
　第十二節　非常事態
　非常事態について何らかの措置が必要との点では船員が一致しているが、これに関する規定を憲法に置くか、否かで対立している。憲法に規定すべきであるとの見解が多数の見解である。この対立は憲法の解釈を厳格なものとするか、弾力的解釈を認めるかといった態度の対立でもある。
　第十三節　政党
　政治機構の基礎にある政党の重要性は委員全員が一致して認めている。しかし政党についての規定を憲法に置くか否かでは、その必要があるとする委員と、これに反対する委員はほぼ同数である。
　第十四節　選挙
　公正な選挙法の制定を保障する必要性は委員全員が

② 憲法史料

一致して認めている。そのために憲法上特別の機関を置く必要性については反対の意見が多い。ただ高柳賢三、大西邦敏、中曽根康弘、広瀬久忠委員ら少数の委員から積極的意見が述べられている。

　第四章　日本国憲法の改正の要否
　一、調査会においては、日本国憲法は改正を要するとする見解が多数で、改正を不要とする見解は少数である。改正論にも「前文改正論」と「一部改正論」「自主憲法論」などの立場の相違がある。改正の要否の対立の起因は、日本国憲法の基本問題に対する意見の相違に基づいている。
　二、改正論の多数意見では、制定経過では自由意思に基づかなかったとし、天皇制では象徴天皇制を維持し「元首」と明記する必要はないが対外的国事行為を整理すべきであるとする。戦争の放棄では第九条二項の戦力不保持は現実的でないとし、独立国家の自衛権の観念に基づき第九条を改正すべきであるとする。
　三、改正論には「天皇主権論」など多数意見と異なる見解もある。
　四、改正不要論では、制定経過も自由意見がなかったと評価することは正しくなく、第九条についても、現行の自衛体制は合憲だから改正の必要はないとしている。
　［読売新聞1964年7月3日］

21 自民党憲法調査会「憲法改正大綱草案」（稲葉私案）（抄）
1972年6月16日　稲葉修会長私案

第1　日本国憲法改正の基本方針

　およそ独立した民主国では、主権をもつ国民が、自由な意志をもって国民の自由、幸福と国の平和、発展を目標として制定した自主憲法をもつ。
　現行日本国憲法は、占領下、国民にいまだ主権がなく、また自由な意志の表明を許されなかったとき、連合国占領軍の強い指導の下に、きわめて短時日の間に作成されたものであるから、その中に多くの長所を備えているが、不備不合理な個所があり、わが国情に合致しないところが少なくない。またその表現は明確を欠くため、解釈上疑義があり、わが国および世界の進展にも即応し難いうらみがある。
　よってわれわれは、ここに独立した民主国にふさわしい憲法をもつため、国民の幸福、国家社会の発展に寄与するとともに、国際間に正義と平和の理念を確立し、東西文化の融合を図り、人類の福祉と新文化の創造に貢献することを目途とし、つぎの方針をもって憲法を改正する。
　1. 天皇の地位の明確化
わが国の歴史にもとづき、天皇が国を代表することを明確にする。
　2. 世界平和への寄与とわが国の安全保障の確立
日本国は孤立しては存立し、繁栄しえないことにかんがみ、地球上から戦争を絶滅し、世界の恒久平和を確保することが、わが国最高の使命である。
　わが国の安全保障は、国際緊張の緩和と各国の友好親善の増進のための平和外交によることを第一義とするが、万一の侵略に対しては、国連の普遍的安全保障機構に依存する　ことを理想とし、これに到達するまでの間は、自衛力の保持と集団安全保障によることを明らかにする。
　3. 社会連帯の理念による文化的福祉国家の建設
個人とその形成する家庭、社会、国家とは共同体であることにかんがみ、個人の幸福追求と国家社会秩序との調整をはかり、真の文化的福祉国家を建設する。
　4. 人種平等、民族の自主性尊重にもとづく世界連邦の建設
人類社会の真の平等と幸福は、究極において人種平等と民族の自主性尊重にもとづく　世界連邦の建設によって完成さるべきものであるから、国家主権が唯一・不可分・絶対・最高のものであるとする従来の憲法理念を改める。

第2　憲法改正の方向

　前文
世界平和への寄与と国の安全保障、人権尊重による文化的福祉国家の建設等を盛る自主的憲法を制定する趣旨を明らかにし、簡潔で、格調の高い、しかも国民の親しみやすい文章に改める。
　第1章　天皇
　1. 天皇の法的地位を明確にするため、天皇は国民統合の中心として、国を代表する旨を規定する。
　第2章　戦争放棄
　1. 平和維持のため、国際紛争解決の手段としての武力行使に関する現行憲法第9条第1項はこれを存続する。
　2. 現行憲法は、国の固有の権利である自衛権を否認していないが、これを行使する自衛力の保有については種々の議論がある。日本国の安全保障は、究極には国連の普遍的集団安全保障機構に依存することを明らかにする。
　3. 自衛力の保持については、文民統制（シビリアン・コントロール）による趣旨を規定する。
　第3章　国民の権利及び義務
　1. 現行憲法では、個々の基本権と公共の福祉の関係が明確を欠くため、個人の権利と自由が一面乱用に陥るとともに、他面公共の福祉の名によって不当に制約されるおそれがあるから、憲法上個別的にその内容、限界を定める。

2．国民の権利は、社会連帯の理念にもとづき発揮さるべきものであるから、国民は他人の権利、自由及び社会の秩序を尊重すべき責務を明らかにする。
3．家庭は祖先から受けて子孫に伝承すべき人間の生命を育てる礎石であり、また社会の基底であることにかんがみ、国は家庭を保護することを規定する。
　注：人権に関する世界宣言第16条
　「家庭は、社会の自然なしかも基本的な集団単位であって、社会及び国の保護を　　　受ける権利を有する。」
4．人間の生存と繁栄を可能ならしめるため、天然資源の開発と自然環境保全の調和をはかり、そのため土地の所有権等に制限を加えることを明らかにする。
　第4章　国会
1．現行憲法では国会は衆・参両院をもって構成され、ほとんど同一の権限をもち、異質性を欠いているから、参議院の特殊性を発揮できるようその構成、機能についてこれを根本的に改めることを考究する。
　第5章　内閣
1．内閣に緊急状態における特別の立法及び財産措置の権限を付与する規定を設ける。
　第6章　司法
1．裁判の迅速と違憲裁判充実のため、最高裁判所の大法廷は、憲法の解釈適用に関する裁判及び判例を変更する裁判を行い、小法廷はその他の裁判を行うこと等を考究する。
　第7章　財政
1．現行憲法89条後段の慈善、教育、博愛の事業に対する公金及び公の財産の支出供与の制限に関する条項はこれを削除する。
　第10章　最高法規
1．国際平和機構への参加協力とその場合の主権制限の関係について新たに規定を置く必要がある。
　附記
憲法の改正は、国の最高の課題であるから、憲法改正の必要とその方向につき十分国民の理解と納得を求め、適当な時期に国会に憲法調査委員会（仮称）を設けて憲法の条章により国民に発議する改正案を作成する。
［政策月報1972年7月号］

22 集団的自衛権に対する政府解釈

(1) 第六九国会参議院決算委員会提出資料
　　1972年10月14日　水口宏三議員要求
(2) 稲葉誠一衆議院議員提出「憲法、国際法と集団的自衛権」に関する質問主意書・答弁書　1981年4月22日、5月29日

(1)第六九国会参議院決算委員会提出資料

　国際法上、国家は、いわゆる集団的自衛権、すなわち、自国と密接な関係にある外国に対する武力攻撃を、自国が直接攻撃されていないにもかかわらず、実力をもって阻止することが正当化されるという地位を有しているものとされており、国際連合憲章第五一条、日本国との平和条約第五条（C）、日本国とアメリカ合衆国との間の相互協力及び安全保障条約前文並びに日本国とソヴィエト社会主義共和国連邦との共同宣言3第二段の規定は、この国際法の原則を宣明したものと思われる。そして、わが国が、国際法上右の集団的自衛権を有していることは、主権国家である以上、当然といわなければならない。
　ところで、政府は、従来から一貫して、わが国は国際法上いわゆる集団的自衛権を有しているとしても、国権の発動としてこれを行使することは、憲法の容認する自衛の措置の限界をこえるものであって許されないとの立場にたっているが、これは次のような考え方に基づくものである。
　憲法は、第九条において、同条にいわゆる戦争を放棄し、いわゆる戦力の保持を禁止しているが、前文において「全世界の国民が……平和のうちに生存する権利を有する」ことを確認し、また、第一三条において「生命・自由及び幸福追求に対する国民の権利については、……国政の上で、最大の尊重を必要とする」旨を定めていることからも、わが国がみずからの存立を全うし国民が平和のうちに生存することまでも放棄していないことは明らかであって、自国の平和と安全を維持しその存在を全うするために必要な自衛の措置をとることを禁じているとはとうてい解されない。しかしながら、だからといって、平和主義をその基本原則とする憲法が、右にいう自衛のための措置を無制限に認めているとは解されないのであって、それは、あくまでも国の武力攻撃によって国民の生命、自由及び幸福追求の権利が根底からくつがえされるという急迫、不正の事態に対処し、国民のこれらの権利を守るための止むを得ない措置として、はじめて容認されるものであるから、その措置は、右の事態を排除するためとられるべき必要最小限度の範囲にとどまるべきものである。そうだとすれば、わが憲法の下で、武力行使を行うことが許されるのは、わが国に対する急迫、不正の侵害に対処する場合に限られるのであって、したがって、他国に加えられた武力攻撃を阻止することをその内容とするいわゆる集団的自衛権の行使は、憲法上許されないといわざるを得ない。

(2)稲葉誠一衆議院議員提出「憲法、国際法と集団的自衛権」に関する質問主意書・答弁書

「憲法、国際法と集団的自衛権」に関する質問主意書
　集団的自衛権と憲法第九条、国際法との関係については必ずしも明瞭でないので、これを明らかにするこ

2 憲法史料

とがこの際必要と考えるので、ここに質問主意書を提出する。
　集団的自衛権について次のとおり質問する。
　一　内閣としての統一した定義
　二　独立主権国家たる日本は当然自衛権を持ち、その中に集団的自衛権も含まれるのか。
　三　集団的自衛権は憲法上「禁止」されているのか。とすれば憲法何条のどこにどのように規定されているか。
　四　「禁止」されていず政策上の問題として「やらない」としているのか。
　五　集団的自衛権が「ない」ということで我が国の防衛上、実質的に不利を蒙ることはあるか。
　六　尾崎行雄記念財団発行「世界と議会」一九八一年四月号に、元外務次官法眼晋作氏の「日本の外交」と題する講演が記載され、その七頁上段に「たとえば、日本が集団的自衛権がないということをいうでしょう。法制局がそう解釈しているのですが、しかし、安保条約を見てごらんなさい。日ソ共同宣言を見てごらんなさい。国際連合憲章をみてごらんなさい。どの国も個別的に、集団的に自衛をする固有の権利を持っているということが書いてあります。それを日本の解釈は、集団的自衛権がないということをいうものですから、安保条約の解釈も、日本が自分だけを守ることをやっておっていいけれども、それ以外はアメリカと協力しない、という建前で議論するわけです。そんな独断的解釈が通るでしょうか。云々」とある。
　　1　日米安保条約は、集団的自衛権を否定しているものか。
　　　とすればその条文上の根拠
　　　認めているとすればその条文上の根拠
　　2　日ソ共同宣言は、日本の集団的自衛権を認め、その上に成立しているのか。
　　3　国連憲章を承認して加盟している以上、その第五十一条により集団的自衛権をなくしているのではないか。
　　4　平和条約第五条Ｃ項との関係
　七　昭和四十七年五月十二日参議院内閣委員会会議録第十一号二十頁二段目、法制局第一部長答弁の中に、「韓国に対する脅威が、危害がありましても、これは直ちにわが国の自衛権が発動することになるとは毛頭考えておりません。」とある。
　　「直ちに」とあるのはいかなる意味か。
　　それがひいては日本の自衛権発動─個別的か集団的かを問わず─を招来することを予期しての答弁ではないか。
　八　また、同十九頁三段四段には、「かりにわが国が集団的自衛権の行使ということを行なっても、外国はわが国を目して国際法違反であると、国際法的に見て違法な行為をしたのだというべき立場にはないということだろうと思います。云々」とある。
　　これはいかなる意味か。
　　右質問する。

衆議院議員稲葉誠一君提出「憲法、国際法と集団的自衛権」に関する質問に対する答弁書
　一から五までについて
　国際法上、国家は、集団的自衛権、すなわち、自国と密接な関係にある外国に対する武力攻撃を、自国が直接攻撃されていないにもかかわらず、実力をもって阻止する権利を有しているものとされている。
　我が国が、国際法上、このような集団的自衛権を有していることは、主権国家である以上、当然であるが、憲法第九条の下において許容されている自衛権の行使は、わが国を防衛するため必要最小限度の範囲にとどまるべきものであると解しており、集団的自衛権を行使することは、その範囲を超えるものであって、憲法上許されないと考えている。
　なお、我が国は、自衛権の行使に当たっては我が国を防衛するため必要最小限度の実力を行使することを旨としているのであるから、集団的自衛権の行使が憲法上許されないことによって不利益が生じるというようなものではない。
　六について
　我が国は、国際法上、国際連合憲章第五十一条に規定する集団的自衛権を有しており、このことについて、日本国との平和条約第五条（Ｃ）は、「連合国としては、日本国が主権国として国際連合憲章第五十一条に掲げる個別的又は集団的自衛の固有の権利を有すること……を承認する。」と、日本国とソヴィエト社会主義共和国連邦との共同宣言第三項第二段は、「日本国及びソヴィエト社会主義共和国連邦は、それぞれ他方の国が国際連合憲章第五十一条に掲げる個別的又は集団的自衛の固有の権利を有することを確認する。」と、日本国とアメリカ合衆国との間の相互協力及び安全保障条約前文は、「両国が国際連合憲章に定める個別的又は集団的自衛の固有の権利を有していることを確認し」と、それぞれ規定している。
　なお、我が国が集団的自衛権を行使することが憲法上許されないことについては、一から五までについてにおいて述べたとおりである。
　七について
　御指摘の答弁は、その答弁に係る事態について、我が国の自衛権の行使が認められる余地があるという趣旨のものではない。このことは、同答弁の直前において、「わが国に対する武力攻撃があった場合に日本の個別的自衛権は限定された態様で発動できるというだけのことでございますから」と述べていることからも明らかである。
　八について

御指摘の答弁は、我が国が、国際法上、主権国家として、集団的自衛権を有していることを説明したものである。
　右答弁する。
[http://www.kantei.go.jp/jp/singi/anzenhosyou2/dai4/siryou.pdf]

23 読売新聞「憲法改正第一次試案」
1994年11月3日読売新聞発表

前文
　日本国民は、日本国の主権者であり、国家の意思を最終的に決定する。国政は、正当に選挙された国民の代表者が、国民の信託によってこれに当たる。
　日本国民は、世界の恒久平和を念願し、国際協調の精神をもって、国際社会の平和と繁栄と安全の実現に向け、全力を尽くすことを誓う。
　日本国民は、基本的人権が尊重され、自由で活力ある社会の発展をめざすとともに、国民の福祉の増進に努める。
　日本国民は、民族の長い歴史と伝統を受け継ぎ、美しい国土や文化的遺産を守り、文化及び学術の向上を図る。
　この憲法は、日本国の最高法規であり、国民はこれを遵守しなければならない。

第一章　国民主権
　第一条（国民主権）　日本国の主権は、国民に存する。
　第二条（主権の行使）　国民は、正当に選挙された国会における代表者を通じ、及び憲法改正のための国民投票によって、主権を行使する。
　第三条（国民の要件）　日本国民たる要件は、法律でこれを定める。

第二章　天皇
　第四条（天皇の地位）　天皇は、日本国及び日本国民統合の象徴であって、その地位は、国民の総意に基づく。
　第五条（皇位の継承）　皇位は、世襲のものであって、国会の議決した皇室典範の定めるところにより、これを継承する。
　第六条（天皇の権能の限界、天皇の国事行為の委任、摂政）　①　天皇は、この憲法の定める国事に関する行為のみを行い、国政に関する権能を有しない。
②　天皇は、法律の定めるところにより、その国事に関する行為を委任することができる。
③　皇室典範の定めるところにより摂政を置くときは、摂政は、天皇の名でその国事に関する行為を行う。この場合には、第一項の規定を準用する。
　第七条（天皇の国事行為に対する内閣の助言と承認）　天皇の国事に関するすべての行為には、内閣の助言と承認を必要とし、内閣が、その責任を負う。
　第八条（天皇の任命権）　①　天皇は、衆議院の指名に基づいて、内閣総理大臣を任命する。
②　天皇は、参議院の指名に基づいて、憲法裁判所の長たる裁判官を任命する。
③　天皇は、内閣の指名に基づいて、最高裁判所の長たる裁判官を任命する。この場合の内閣の指名は、参議院の同意を得たものでなければならない。
　第九条（天皇の国事行為）　天皇は、内閣の助言と承認により、国民のために、次の国事に関する行為を行う。
　　一　国を代表して、外国の大使及び公使を接受し、また、全権委任状及び大使、公使の信任状、批准書及び法律の定めるその他の外交文書を認証すること。
　　二　憲法改正、法律、政令及び条約を公布すること。
　　三　国会召集の詔書を発すること。
　　四　衆議院の解散詔書を発すること。
　　五　衆議院議員の総選挙及び参議院議員の通常選挙の施行を公示すること。
　　六　国務大臣及び法律の定めるその他の公務員の任免を認証すること。
　　七　大赦、特赦、減刑、刑の執行の免除及び復権を認証すること。
　　八　栄典の授与を認証すること。
　　九　儀式を行うこと。

第三章　安全保障
　第十条（戦争の否認、大量殺傷兵器の禁止）　①　日本国民は、正義と秩序を基調とする国際平和を誠実に希求し、国権の発動たる戦争と、武力による威嚇又は武力の行使は、国際紛争を解決する手段としては、永久にこれを認めない。
②　日本国民は、非人道的な無差別大量殺傷兵器が世界から廃絶されることを希求し、自らはこのような兵器を製造及び保有せず、また、使用しない。
　第十一条（自衛のための組織、文民統制、参加強制の否定）　①　日本国は、自らの平和と独立を守り、その安全を保つため、自衛のための組織を持つことができる。
②　自衛のための組織の最高の指揮監督権は、内閣総理大臣に属する。
③　国民は、自衛のための組織に、参加を強制されない。

第四章　国際協力
　第十二条（理念）　日本国は、地球上から、軍事紛争、自然災害、環境破壊、特定地域での経済的欠乏及び地域的な無秩序によって生じる人類の災禍が除去されることを希求する。
　第十三条（国際活動への参加）　前条の理念に基づ

き、日本国は、確立された国際的機構の活動に、積極的に協力する。必要な場合には、公務員を派遣し、平和の維持及び促進並びに人道的支援の活動に、自衛のための組織の一部を提供することができる。

第十四条（国際法規の遵守）　日本国が締結した条約及び確立された国際法規は、これを誠実に遵守する。

第五章　国民の権利及び義務

第十五条（基本宣言）　国民は、すべての基本的人権を享有する。この憲法が保障する基本的人権は、侵すことのできない永久の権利である。

第十六条（自由及び権利の保持責任）　この憲法が国民に保障する自由及び権利は、国民の不断の努力によって、これを保持しなければならない。また、国民は、常に公共の福祉との調和を図り、これを濫用してはならない。

第十七条（個人の尊厳）　すべて国民は、個人として尊重される。生命、自由及び幸福追求に対する国民の権利については、公共の福祉に反しない限り、立法その他の国政の上で、最も尊重されなければならない。

第十八条（法の下の平等）①　すべて国民は、法の下に平等であって、人種、信条、性別、社会的身分又は門地により、政治的、経済的又は社会的関係において、差別されない。
②　華族その他の貴族の制度は、これを認めない。
③　栄誉、勲章その他の栄典の授与は、いかなる特権も伴わない。ただし、法律で定める相当な年金その他の経済的利益の付与は、この限りではない。
④　栄典の授与は、現にこれを有し、又は将来これを受ける者の一代に限り、その効力を有する。

第十九条（人格権）①　何人も、名誉、信用その他人格を不当に侵害されない権利を保障される。
②　何人も、自己の私事、家族及び家庭にみだりに干渉されない権利を有する。
③　通信の秘密は、これを侵してはならない。

第二十条（思想及び良心の自由）　思想及び良心の自由は、これを侵してはならない。

第二十一条（信教の自由及び公金の支出制限）①　信教の自由は、何人に対してもこれを保障する。
②　何人も、宗教上の行為、祝典、儀式又は行事に参加することを強制されない。
③　国及びその機関は、宗教教育その他いかなる宗教活動もしてはならない。
④　いかなる宗教団体も、国から特権を受け、又は政治上の権力を行使してはならない。
⑤　公金その他の公の財産は、宗教上の組織若しくは団体の使用、便益若しくは維持のため、これを支出し、又はその利用に供してはならない。

第二十二条（表現の自由）①　言論、出版その他一切の表現の自由は、これを保障する。
②　検閲は、これをしてはならない。

第二十三条（集会及び結社の自由）　何人も、集会及び結社の自由を有する。

第二十四条（居住及び移転、国籍離脱の自由）①　何人も、公共の福祉に反しない限り、居住及び移転の自由を有する。
②　すべて国民は、外国に移住し、又は国籍を離脱する自由を保障される。

第二十五条（学問の自由）　学問の自由は、これを保障する。

第二十六条（家族生活における個人の尊厳と男女の平等）①　婚姻は、両性の合意のみに基づいて成立し、夫婦が同等の権利を有することを基本として、相互の協力により、維持されなければならない。
②　配偶者の選択、財産権、相続、住居の選定、離婚並びに婚姻及び家族に関するその他の事項に関しては、法律は、個人の尊厳と両性の本質的平等に立脚して、制定されなければならない。

第二十七条（生存権、国の社会的使命）①　すべて国民は、健康で文化的な最低限度の生活を営む権利を有する。
②　国は、すべての生活部面について、社会福祉、社会保障及び公衆衛生の向上及び増進に努めなければならない。

第二十八条（環境権）①　何人も、良好な環境を享受する権利を有し、その保全に努める義務を有する。
②　国は、良好な環境の保全に努めなければならない。

第二十九条（教育を受ける権利）①　すべて国民は、法律の定めるところにより、その能力に応じて、ひとしく教育を受ける権利を有する。
②　すべて国民は、法律の定めるところにより、その保護する子どもに普通教育を受けさせる義務を負う。義務教育は、これを無償とする。

第三十条（勤労の権利及び義務）①　すべて国民は、勤労の権利を有し、義務を負う。
②　賃金、就業時間、休息その他の勤労条件に関する基準は、法律でこれを定める。
③　児童は、これを酷使してはならない。

第三十一条（労働者の団結権）　勤労者の団結する権利及び団体交渉その他の団体行動をする権利は、これを保障する。

第三十二条（職業選択の自由）　何人も、公共の福祉に反しない限り、職業選択及び営業の自由を有する。

第三十三条（財産権）①　財産権は、これを侵してはならない。
②　財産権の内容は、公共の福祉に適合するように、法律でこれを定める。
③　私有財産は、正当な補償の下に、これを公共のために用いることができる。

第三十四条（納税の義務）　国民は、法律の定めるところにより、納税の義務を負う。

第三十五条（法定手続きの保障）　何人も、法律の定める手続によらなければ、その生命若しくは自由を

奪われ、又はその他の刑罰を科せられない。
　第三十六条（裁判を受ける権利）　何人も、裁判所において裁判を受ける権利を有する。
　第三十七条（逮捕の要件）　何人も、現行犯として逮捕される場合を除いては、裁判官が発し、かつ理由となっている犯罪を明示する令状によらなければ、逮捕されない。
　第三十八条（抑制または拘禁の要件、不法拘留に対する保障）　何人も、理由を直ちに告げられ、かつ、直ちに弁護人に依頼する権利を与えられなければ、抑留又は拘禁されない。また、何人も、正当な理由がなければ、拘禁されず、要求があれば、その理由は、直ちに本人及びその弁護人の出席する公開の法廷で示されなければならない。
　第三十九条（住居の不可侵）①　何人も、第三十七条の場合を除いては、正当な理由に基づいて裁判官が発する令状によらなければ、その住居、書類及び所持品について、侵入、捜索及び押収を受けることはない。
②　捜索又は押収は、捜索する場所及び押収する物を明示する各別の令状によらなければならない。
　第四十条（拷問及び残虐刑の禁止）　公務員による拷問及び残虐な刑罰は、絶対にこれを禁ずる。
　第四十一条（刑事被告人の権利）①　すべて刑事事件においては、被告人は、公平な裁判所の迅速な公開裁判を受ける権利を有する。
②　刑事被告人は、すべての証人に対して審問する機会を充分に与えられ、また、公費で自己のために強制的手続きにより証人を求める権利を有する。
③　刑事被告人は、いかなる場合にも、資格を有する弁護人を依頼することができる。被告人が自らこれを依頼することができないときは、国でこれを付する。
　第四十二条（自己に不利益な供述、自白の証拠能力）①　何人も、自己に不利益な供述を強要されない。
②　強制、拷問若しくは脅迫による自白又は不当に長く抑留若しくは拘禁された後の自白は、これを証拠とすることができない。
③　何人も、自己に不利益な唯一の証拠が本人の自白である場合には、有罪とされ、又は刑罰を科せられない。
　第四十三条（遡及処罰の禁止、一事不再理）　何人も、実行の時に適法であった行為又は既に無罪とされた行為については、刑事上の責任を問われない。また、同一の犯罪について、重ねて刑事上の責任を問われない。
　第四十四条（刑事補償請求権）　何人も、抑留又は拘禁された後、無罪の裁判を受けたときは、法律の定めるところにより、国にその補償を求めることができる。
　第四十五条（公務員を選定罷免する権利、公務員の性質、普通選挙の保障、投票の秘密の保障】①　国会議員、地方公共団体の長及びその議会の議員その他の公務員を選定し、及びこれを罷免することは、国民固有の権利である。
②　すべて公務員は、全体の奉仕者であって、一部の奉仕者ではない。
③　公務員の選挙については、成年者による普通選挙を保障する。
④　すべて選挙における投票の秘密は、これを侵してはならない。選挙人は、その選択に関し公的にも私的にも責任を問われない。
　第四十六条（請願権）　何人も、損害の救済、公務員の罷免、法律、命令又は規則の制定、廃止又は改正その他の事項に関し、平穏に請願する権利を有し、何人も、かかる請願をしたためにいかなる差別待遇も受けない。
　第四十七条（国及び公共団体の損害賠償責任）　何人も、公務員の不法行為により、損害を受けたときは、法律の定めるところにより、国又は公共団体に、その賠償を求めることができる。

第六章　国会
　第四十八条（立法権）　立法権は、国会に属する。
　第四十九条（両院制）　国会は、衆議院及び参議院の両議院で構成する。
　第五十条（両議院の組織）①　両議院は、選挙された議員でこれを組織する。
②　議員は、全国民を代表する。
③　両議院の議員の定数は、法律でこれを定める。
　第五十一条（議員及び選挙人の資格）　両議院の議員及びその選挙人の資格は、法律でこれを定める。ただし、人種、信条、性別、社会的身分、門地、教育、財産又は収入によって差別してはならない。
　第五十二条（衆議院議員の任期）　衆議院議員の任期は、四年とする。ただし、衆議院解散の場合には、その期間満了前に終了する。
　第五十三条（参議院議員の任期）　参議院議員の任期は、六年とし、三年ごとに議員の半数を改選する。
　第五十四条（選挙に関する事項）　選挙区、投票の方法その他両議院の議員の選挙に関する事項は、法律でこれを定める。
　第五十五条（両議院議員兼職の禁止）　何人も、同時に両議院の議員たることはできない。
　第五十六条（議員の歳費）　両議院の議員は、法律の定めるところにより、国庫から相当額の歳費を受ける。
　第五十七条（議員の不逮捕特権）　両議院の議員は、法律の定める場合を除いては、国会の会期中逮捕されず、会期前に逮捕された議員は、その議院の要求があれば、会期中これを釈放しなければならない。
　第五十八条（議員の発言及び表決の無責任）　両議院の議員は、議院で行った演説、討論又は表決について、院外で責任を問われない。
　第五十九条（常会）　国会の常会は、毎年一回これ

を召集する。

第六十条（臨時会）　内閣は、国会の臨時会の召集を決定することができる。いずれかの議院の総議員の四分の一以上の要求があれば、内閣は、その召集を決定しなければならない。

第六十一条（衆議院の解散及び特別会、参議院の緊急集会）①　衆議院が解散されたときは、解散の日から四十日以内に、衆議院議員の総選挙を行い、その選挙の日から三十日以内に、国会を召集しなければならない。
②　衆議院が解散されたときは、参議院は、同時に閉会となる。ただし、内閣は、国に緊急の必要があるときは、参議院の緊急集会を求めることができる。
③　前項ただし書の緊急集会において採られた措置は、臨時のものであって、次の国会開会の後十日以内に、衆議院の同意がない場合には、その効力を失う。

第六十二条（資格争訟の裁判）　両議院は、各々その議員の資格に関する争訟を裁判する。ただし、議員の議席を失わせるには、出席議員の三分の二以上の多数による議決を必要とする。

第六十三条（定足数、表決）①　両議院は、各々その在籍議員の三分の一以上の出席がなければ、議事を開き議決することができない。
②　両議院の議事は、この憲法に特別の定めのある場合を除いては、出席議員の過半数でこれを決し、可否同数のときは、議長の決するところによる。

第六十四条（会議の公開、会議録、表決の記載）①　両議院の会議は、公開とする。ただし、出席議員の三分の二以上の多数で議決したときは、秘密会を開くことができる。
②　両議院は、各々その会議の記録を保存し、秘密会の記録の中で特に秘密を要すると認められるもの以外は、これを公表し、かつ一般に頒布しなければならない。
③　出席議員の五分の一以上の要求があれば、各議員の表決は、これを会議録に記載しなければならない。

第六十五条（役員の選任、議院規則・懲罰）①　両議院は、各々その議長その他の役員を選任する。
②　両議院は、各々その会議その他の手続き及び内部の規律に関する規則を定め、また、院内の秩序をみだした議員を懲罰することができる。ただし、議員を除名するには、出席議員の三分の二以上の多数による議決を必要とする。

第六十六条（法律案の議決、衆議院の優越）①　法律案は、この憲法に特別の定めのある場合を除いては、両議院で可決したとき法律となる。
②　衆議院で可決し、参議院でこれと異なった議決をした法律案は、衆議院で出席議員の三分の二以上の多数で再び可決したときは、法律となる。
③　前項の規定は、法律の定めるところにより、衆議院が、両議院の協議会を開くことを求めることを妨げない。
④　参議院が、衆議院の可決した法律案を受け取った後、国会休会中の期間を除いて六十日以内に、議決しないときは、衆議院は、参議院がその法律案を否決したものとみなすことができる。

第六十七条（衆議院の予算案先議、予算案議決に関する衆議院の優越）①　予算案は、さきに衆議院に提出しなければならない。
②　予算案について、参議院で衆議院と異なった議決をした場合に、法律の定めるところにより、両議院の協議会を開いても意見が一致しないとき、又は参議院が、衆議院の可決した予算案を受け取った後、国会休会中の期間を除いて三十日以内に、議決しないときは、衆議院の議決を国会の議決とする。

第六十八条（条約の承認に関する参議院の優越）①　条約は、さきに参議院に提出しなければならない。
②　条約について、衆議院で参議院と異なった議決をした場合に、法律の定めるところにより、両議院の協議会を開いても意見が一致しないとき、又は衆議院が、参議院の可決した条約を受け取った後、国会休会中の期間を除いて三十日以内に、議決しないときは、参議院の議決を国会の議決とする。

第六十九条（人事案件の参議院の優越）①　法律で定める重要な公務員の就任については、国会の議決を経なければならない。
②　前項の議決については、前条の規定を準用する。

第七十条（議院の国政調査権）　両議院は、各々国政に関する調査を行い、これに関して、証人の出頭及び証言並びに記録の提出を要求することができる。

第七十一条（閣僚の議院出席の権利と義務）　内閣総理大臣その他の国務大臣は、両議院の一に議席を有すると有しないとにかかわらず、何時でも議案について発言するため議院に出席することができる。また、答弁又は説明のため出席を求められたときは、出席しなければならない。

第七十二条（弾劾裁判所、訴追委員会）①　参議院に、罷免の訴追を受けた裁判官を裁判するため、参議院議員で組織する弾劾裁判所を置く。
②　衆議院に、前項の訴追のため、衆議院議員で組織する訴追委員会を置く。
③　訴追及び弾劾に関する事項は、法律でこれを定める。

第七章　内閣

第七十三条（行政権）　行政権は、内閣に属する。

第七十四条（内閣の組織、国会に対する連帯責任）
①　内閣は、法律の定めるところにより、内閣総理大臣及びその他の国務大臣でこれを組織する。
②　内閣総理大臣は、内閣を代表し、国務大臣を統率する。
③　内閣総理大臣その他の国務大臣は、文民でなければならない。

④　内閣は、行政権の行使について、国会に対し連帯して責任を負う。
　第七十五条（内閣総理大臣の指名、衆議院の優越）　内閣総理大臣は、衆議院議員の中から衆議院の議決で、これを指名する。この指名は、他のすべての案件に先だって、これを行う。
　第七十六条（国務大臣の任命及び罷免）　①　内閣総理大臣は、国務大臣を任命する。ただし、その過半数は、国会議員の中から選ばれなければならない。
②　内閣総理大臣は、任意に国務大臣を罷免することができる。
　第七十七条（内閣の解散権、内閣不信任決議の効果）　①　内閣は、衆議院を解散することができる。
②　内閣は、衆議院で不信任の決議案が可決され、又は信任の決議案が否決されたときは、十日以内に衆議院を解散しない限り、総辞職をしなければならない。
　第七十八条（内閣総理大臣の不在及び新国会の召集と内閣の総辞職）　内閣総理大臣が欠けたとき、又は衆議院議員総選挙の後に初めて国会の召集があったときは、内閣は、総辞職をしなければならない。
　第七十九条（総辞職後の内閣）　前二条の場合には、内閣は、あらたに内閣総理大臣が任命されるまで引き続きこの憲法の定める職務を行う。ただし、衆議院の解散権は、行使できない。
　第八十条（内閣総理大臣の職務）　内閣総理大臣は、内閣を代表して法律案、予算案その他の議案を国会に提出し、一般国務及び外交関係について国会に報告する。
　第八十一条（内閣総理大臣の統括権）　内閣総理大臣は、行政各部を統括する。
　第八十二条（内閣総理大臣の臨時代理）　①　内閣総理大臣に事故あるとき、又は内閣総理大臣が欠けたときは、臨時代理たる国務大臣が内閣総理大臣の職務を行う。
②　前項の場合に備え、内閣総理大臣は、あらかじめ臨時代理となる国務大臣を指定しておかなければならない。
　第八十三条（内閣の職務）　内閣は、他の一般行政事務のほか、次の事務を行う。
　一　法律を誠実に執行し、行政事務を統括管理すること。
　二　外交関係を処理すること。
　三　条約を締結すること。ただし、事前に、場合によっては事後に、国会の承認を経ることを必要とする。
　四　法律の定める基準に従い、公務員に関する事務を掌理すること。
　五　国会を召集すること。
　六　予算案を作成して国会に提出すること。
　七　この憲法及び法律の規定を実施するために、政令を制定すること。ただし、政令には、特にその法律の委任がある場合を除いては、罰則を設けることができない。
　八　大赦、特赦、減刑、刑の執行の免除及び復権を決定すること。
　九　栄典の授与を決定すること。
　第八十四条（国務大臣の特典）　国務大臣は、その在任中、内閣総理大臣の同意がなければ、訴追されない。ただし、これがため、訴追の権利は、害されない。

第八章　司法
　第八十五条（司法権、憲法裁判所及び裁判所、特例の裁判所の禁止）　①　すべて司法権は、憲法裁判所、最高裁判所及び法律の定めるところにより設置する下級裁判所に属する。
②　特例の裁判所は、これを設置することができない。行政機関は、終審として裁判を行うことができない。
　第八十六条（憲法裁判所の違憲立法審査権）　憲法裁判所は、一切の条約、法律、命令、規則又は処分が憲法に適合するかしないかを決定する権限を有する唯一の裁判所である。
　第八十七条（憲法裁判所の権限）　憲法裁判所は、次の事項を管轄する。
　一　条約、法律、命令、規則又は処分について、内閣又はそれぞれの在籍議員の三分の一以上の衆議院議員若しくは参議院議員の申し立てがあった場合に、法律の定めるところにより、憲法に適合するかしないかを審判すること。
　二　具体的訴訟事件で、最高裁判所又は下級裁判所が求める事項について、法律の定めるところにより、憲法に適合するかしないかを審判すること。
　三　具体的訴訟事件の当事者が最高裁判所の憲法判断に異議がある場合に、法律の定めるところにより、その異議の申し立てについて、審判すること。
　第八十八条（憲法裁判所の判決の効力）　憲法裁判所が、条約、法律、命令、規則又は処分について、憲法に適合しないと決定した場合には、その決定は、法律で定める場合を除き、それ以降、あらゆる国及び地方公共団体の機関を拘束する。
　第八十九条（憲法裁判所の裁判官、任期、定年、報酬）　①　憲法裁判所は、その長たる裁判官及び八人のその他の裁判官で構成し、その長たる裁判官以外の裁判官は、参議院の指名に基づいて内閣が任命する。
②　憲法裁判所の裁判官は、任期を八年とし、再任されない。
③　憲法裁判所の裁判官は、法律の定める年齢に達した時に退官する。
④　憲法裁判所の裁判官は、すべて定期に相当額の報酬を受ける。この報酬は、在任中、減額することができない。
　第九十条（上告裁判所としての最高裁判所）　最高

2 憲法史料

裁判所は、憲法裁判所の管轄以外の事項につき、裁判を行う終審裁判所とする。

第九十一条（最高裁判所の裁判官、任期、定年、報酬）① 最高裁判所は、その長たる裁判官及び法律の定める員数のその他の裁判官でこれを構成し、その長たる裁判官以外の裁判官は、内閣でこれを任命する。
② 最高裁判所の裁判官は、任期を五年とし、再任されることができる。
③ 最高裁判所の裁判官は、法律の定める年齢に達した時に退官する。
④ 最高裁判所の裁判官は、すべて定期に相当額の報酬を受ける。この報酬は、在任中、これを減額することができない。

第九十二条（下級裁判所の裁判官・任期・定年、報酬）① 下級裁判所の裁判官は、最高裁判所の指名した者の名簿によって、内閣でこれを任命する。その裁判官は、任期を十年とし、再任されることができる。ただし、法律の定める年齢に達した時には退官する。
② 下級裁判所の裁判官は、すべて定期に相当額の報酬を受ける。この報酬は、在任中、これを減額することができない。

第九十三条（憲法裁判所及び最高裁判所の規則制定権）① 憲法裁判所及び最高裁判所は、訴訟に関する手続き、弁護士、裁判所の内部規律及び司法事務処理に関する事項について、規則を定める権限を有する。
② 検察官は、前項に規定する規則に従わなければならない。
③ 最高裁判所は、下級裁判所に関する規則を定める権限を、下級裁判所に委任することができる。

第九十四条（裁判官の独立、身分保障）① すべて裁判官は、その良心に従い独立してその職権を行い、この憲法及び法律にのみ拘束される。
② すべて裁判官は、裁判により、心身の故障のために職務を執ることができないと決定された場合を除いては、公の弾劾によらなければ罷免されない。裁判官の懲戒処分は、行政機関がこれを行うことはできない。

第九十五条（裁判の公開）① 裁判の対審及び判決は、公開法廷でこれを行う。
② 裁判所が、裁判官の全員一致で、公の秩序、善良の風俗又は当事者の私生活の利益を害するおそれがあると決した場合には、対審は、公開しないでこれを行うことができる。ただし、政治犯罪、出版に関する犯罪又はこの憲法第五章で保障する国民の権利が問題となっている事件の対審は、常にこれを公開しなければならない。

第九章　財政

第九十六条（財政処理の基本原則）　国の財政は、国会の議決に基づいて、内閣が、これを処理する。国は、健全な財政の維持及び運営に努めなければならない。

第九十七条（課税）　あらたに租税を課し、又は現行の租税を変更するには、法律又は法律の定める条件によることを必要とする。

第九十八条（国費の支出及び国の債務負担）　国費を支出し、又は国が債務を負担するには、国会の議決に基づくことを必要とする。

第九十九条（予算案）① 内閣は、毎会計年度の予算案を作成し、国会に提出して、その議決を得なければならない。
② 特別に継続支出の必要があるときは、年限を定め、継続費として国会の議決を得なければならない。

第百条（予備費）① 予見し難い予算の不足に充てるため、国会の議決に基づいて予備費を設け、内閣の責任でこれを支出することができる。
② すべて予備費の支出については、内閣は、事後に国会の承諾を得なければならない。

第百一条（皇室財産・皇室の費用）　すべて皇室財産は、国に属する。すべて皇室の費用は、予算案に計上して国会の議決を得なければならない。

第百二条（決算検査、会計検査院）① 国の収入支出の決算は、すべて毎年会計検査院がこれを検査し、内閣は、次の年度に、その検査報告とともに、これを国会に提出しなければならない。
② 会計検査院の組織及び権限は、法律でこれを定める。

第百三条（財政状況の報告）　内閣は、国会及び国民に対し、定期に、少くとも毎年一回、国の財政状況について報告しなければならない。

第十章　地方自治

第百四条（地方自治の基本原則）　地方公共団体の組織及び運営に関する事項は、地域住民と地方公共団体の自治権を尊重して、法律でこれを定める。

第百五条（地方議会、長・議員等の直接選挙）① 地方公共団体には、法律の定めるところにより、議会を設置する。
② 地方公共団体の長及びその議会の議員は、その地方公共団体の住民が、直接これを選挙する。

第百六条（地方公共団体の権能、条例制定権）　地方公共団体は、その財産を管理し、事務を処理し、及び行政を執行する権能を有し、法律の趣旨に反しない範囲内で条例を制定することができる。

第百七条（特別法の住民投票）　特定の地方公共団体に適用される特別法は、法律の定めるところにより、その地方公共団体の住民の投票においてその過半数の同意を得なければ、国会は、これを制定することができない。

第十一章　改正

第百八条（改正の手続き及びその公布）① この憲法の改正は、改正案につき各議院の在籍議員の三分の二以上の出席により、出席議員の過半数の賛成で議決し、国会がこれを発議し、国民に提案してその承認を経なければならない。

②　前項の規定に関わらず、この憲法の改正は、改正案につき、各議院の在籍議員の三分の二以上の出席で、出席議員の三分の二以上の賛成で可決することにより成立する。
③　第一項の承認には、特別の国民投票又は国会の定める選挙の際行われる投票において、有効投票の過半数の賛成を必要とする。
④　第一項又は第二項の憲法改正案は、国会議員又は内閣が提出することができる。
⑤　第一項の承認を経たとき、又は第二項の可決があったときは、天皇は、国民の名で、直ちにこれを公布する。
［読売新聞1994年11月3日］

24 日本会議・新憲法研究会「新憲法の大綱」
1993年5月3日公表、2001年2月11日改訂

一、前　文
　我々日本国人は古来、人と人との和を尊び、多様な価値の共存を認め、自然との共生のうちに、伝統を尊重しながら海外文明を摂取・同化することにより独自の文化を築き、天皇と国民が一体となって国家を発展させてきた。
　我々は、このような我が国固有の国体に基づき、民意を国政の基礎におく明治以来の立憲主義の精神と歴史を継承発展させ、国民の自由と権利を尊重するとともに国家の一員としての責任を自覚して新たな国づくりへ進むことを期し、併せて世界の平和と諸国民の共存互恵の実現に資する国際責任を果たすために、この憲法を制定する。

二、天　皇
　我が国の歴史をふまえ、天皇の地位と権能を明確にする
（1）日本国は立憲君主国である。
　天皇は日本国の元首であり、日本国の永続性及び日本国民統合の象徴である。
（2）天皇は元首として、内閣の補佐に基き左の行為を行う。
　1、内閣総理大臣の任命
　2、衆議院及び参議院議長の任命
　3、最高裁判所長官の任命
　4、憲法及び皇室典範の改正、並びに法律及び政令の公布
　5、条約の批准並びに公布
　6、国会の召集及び衆議院の解散
　7、衆議院議員の総選挙及び参議院議員の通常選挙の施行の公示
　8、国務大臣及び法律の定めるその他の公務員の任免
　9、全権委任状及び外交使節の信任状の授与
　10、外交使節の接受
　11、栄典の授与
　12、元号の制定
　13、恩赦
　14、儀式
（3）天皇は伝統に基く祭祀、儀礼その他象徴にふさわしい行為を行う。
（4）天皇の行為については内閣が全て責任を負う。
（5）元首及び象徴の尊厳は守られるべきことを明記する。
［今後の検討事項］
　1、皇室典範の整備（践祚（ぜんそ）及び大嘗祭、皇族の監督権等について明記し、皇統についても触れる。なお皇室典範は法律ではあるけれども、その改正のためには皇室会議の審議を要するものとし、皇室が実質的に関与することによって一般の法律とは異なる扱いをする）。
　2、皇室経済法の整備（相続税の適用除外等の明記）。
　3、宮内庁の位置づけの再検討。
　4、その他皇室関連法規の整備。

三、防　衛
　正義と秩序ある平和の追求を宣言するとともに、国軍の保持並びに国軍に対する政治優位の原則を明記する
（1）我が国は正義と秩序を基調とする国際平和を誠実に希求し、国際条約を遵守して、国際紛争を平和的手段によって解決するよう努める。
（2）我が国の安全と独立を守り、併せて国際平和に寄与するため、国軍を保持する。
（3）国軍の最高指揮権は、内閣総理大臣が行使する。
（4）国軍の指揮及び編制は、法律で定める。

四、国際協力
　我が国の国際社会に対する積極的な寄与を目指し、新たに、「国際協力」の章を設ける
（1）我が国は、各民族及び各国家の共存共栄の精神に基づき、次に掲げる目的の実現のための積極的な国際協力を行う。
　1、自由で公正な国際経済社会の実現。
　2、自然保護と産業開発の調和、各国の自助及び応分の負担を原則とする地球環境の保全。
　3、世界的規模での文化財保護その他固有の民族文化の復興。

五、国民の権利及び義務
　現代国家にふさわしい新しい権利を採用するとともに、現行の権利及び自由について補正する。加えて具体的人権と公共の福祉との調和をはかる。
（1）憲法で定める自由及び権利は、国政上、最大限尊重されなければならない。同時にそれは、権利の濫

2 憲法史料

用の禁止、他人の権利の尊重及び公共の福祉の実現のため制限され得る。
(2) 自由を享受し、権利を行使するに当たっては、自助努力と自己責任の原則に従うとともに、公共の福祉の実現のために努力する責任を負う。
(3) 現代国家にふさわしい新しい権利や義務規定を採用する。
(4) 情報に関する新しい権利と義務の規定を新に設ける。
　1、国民は法律の定めるところにより、政府及びその機関の有する情報の開示を求める権利を有する。但し、国防・外交・公安上の機密情報及び企業、個人の秘密に関わる情報及びその公開が公共の福祉を害するおそれがあるとして法律で定める情報については、国はこれを保護する義務を負う。
　2、個人の秘密に関わる情報は、保護されなければならない。但し、国の安全を害する場合、犯罪捜査、税務調査その他法律で定める場合を除く。
(5) 環境に関する権利と義務を新たに規定する。
　1、国民は、健康で文化的な生活を維持するため、公共の福祉に反しない限度において良好な自然環境を享受する権利を有する。
　2、国民は自然環境を保護し、将来の国民にこれを伝えるよう努めなければならない。
(6) 国民の義務として、教育を受ける義務、納税の義務に加えて、新たに遵法義務及び国を守る義務を明記する。
(7) 信教の自由を保障するとともに、国及びその機関が、特定宗教を布教・宣伝し、並びにそのための財政的援助をしてはならないこと、また宗教団体による政治支配を禁止する旨を明記する。
(8) 表現の自由は、最大限尊重されなければならない。但し、個人の名誉の保護、青少年の保護その他公益上の必要のため、法律の定めるところにより国はこれに制限を加えることができる。
(9) 婚姻における個人の尊重及び両性の平等とともに、国は国家・社会の存立の基盤である家族を尊重、保護、育成すべきことを明記する。
(10) 教育は、この憲法の前文に掲げられた理念を基本として行われるべきこととともに、学校教育に関する国家の責任を明記する。
(11) 財産権については、国土の公共性を明らかにするとともに、国民の財産権と、国土の利用及び自然環境の保護との調和をはかることを明記する。
(12) 本大綱に掲げる権利、義務のうち、国家構成員たる国民に固有のもの以外は、原則として外国人にも適用する。

六、国会及び内閣
　国会と内閣については、抜本的な見直しを行い、国政の刷新をはかる
(1) 現代国家の要請に応えるべく、国会と内閣について新たな役割分担を考え、統治機構の再構築をはかる。
　1、国会の「最高機関性」を見通す。
　2、内閣および内閣総理大臣の権限を強化する。
(2) 「権威の府」としての参議院の独自性を発揮させるべく、左の点において現行の二院制を抜本的に見直す。
　1、議員の選出方法
　2、憲法上の権限
　3、運用上の配慮
(3) 憲法に政党条項を設け、政党は国民の政治的意思の形成に協力し、その結成及び活動は自由であること、並びに政党の組織及び運営は民主的でなければならないことを明記する。
[補足事項] 首相公選制について
首相公選制については、検討の結果、これを採用しないこととした。

七、司　法
　憲法訴訟を専門に扱う部門を、最高裁の中に設置する
(1) 憲法訴訟の続出と裁判の遅滞に対処し、憲法解釈の統一をはかるべく、最高裁の中に憲法訴訟を専門に扱う部門を設置する。
(2) 最高裁の裁判官の国民審査制度については、新憲法ではこれを採用しないこととする。

八、地方自治
　中央集権を是正し、地方自治の活性化をはかる。
(1) 地方自治の本旨を明らかにし、行政の広域化に対処するために、地方自治体の再編と権限の再配分をはかる。

九、非常事態
　非常事態については、新たに以下のような規定を設ける
(1) 我が国が外国から武力攻撃を受け、またはその危険が切迫している場合、及び内乱・騒擾(そうじょう)、大規模自然災害等の非常事態が生じた場合、内閣は国会の事前又は事後の承認のもとに、政令により、非常事態宣言を発することができる。非常事態においては、国軍の出動を命じ、及び法律に定めるところにより、非常事態が解消されるまで一定の権利の制限を行うことができる。事後の承認が得られなかった時、また非常事態が終了したと認められた時は、政府は解除宣言を発しなければならない。
(2) 右の非常事態及び経済恐慌その他の緊急やむを得ざる事態において、国会が閉会中のときには、内閣は緊急命令と緊急財政処分の命令を制定することができる。緊急命令と緊急財政処分の命令は、すみやかに国会の事後承認を得るものとする。事後承認が得られなかった時、また緊急やむを得ざる事態が終了したと認められた時は、政府は失効宣言を発し

なければならない。
十、憲法改正
（１）憲法改正は、国会または内閣が発議し、衆参両院の総議員の五分の三以上の賛成を必要とする。
[https://www.nipponkaigi.org/opinion/archives/8502]

25 テロ対策特別措置法
2001年11月2日法律第113号、
最終改正：2006年12月22日法律第118号

平成十三年九月十一日のアメリカ合衆国において発生したテロリストによる攻撃等に対応して行われる国際連合憲章の目的達成のための諸外国の活動に対して我が国が実施する措置及び関連する国際連合決議等に基づく人道的措置に関する特別措置法

（目的）
第一条　この法律は、平成十三年九月十一日にアメリカ合衆国において発生したテロリストによる攻撃（以下「テロ攻撃」という。）が国際連合安全保障理事会決議第千三百六十八号において国際の平和及び安全に対する脅威と認められたことを踏まえ、あわせて、同理事会決議第千二百六十七号、第千二百六十九号、第千三百三十三号その他の同理事会決議が、国際的なテロリズムの行為を非難し、国際連合のすべての加盟国に対しその防止等のために適切な措置をとることを求めていることにかんがみ、我が国が国際的なテロリズムの防止及び根絶のための国際社会の取組に積極的かつ主体的に寄与するため、次に掲げる事項を定め、もって我が国を含む国際社会の平和及び安全の確保に資することを目的とする。

一　テロ攻撃によってもたらされている脅威の除去に努めることにより国際連合憲章の目的の達成に寄与するアメリカ合衆国その他の外国の軍隊その他これに類する組織（以下「諸外国の軍隊等」という。）の活動に対して我が国が実施する措置、その実施の手続その他の必要な事項

二　国際連合の総会、安全保障理事会若しくは経済社会理事会が行う決議又は国際連合、国際連合の総会によって設立された機関若しくは国際連合の専門機関若しくは国際移住機関（以下「国際連合等」という。）が行う要請に基づき、我が国が人道的精神に基づいて実施する措置、その実施の手続その他の必要な事項

（基本原則）
第二条　政府は、この法律に基づく協力支援活動、捜索救助活動、被災民救援活動その他の必要な措置（以下「対応措置」という。）を適切かつ迅速に実施することにより、国際的なテロリズムの防止及び根絶のための国際社会の取組に我が国として積極的かつ主体的に寄与し、もって我が国を含む国際社会の平和及び安全の確保に努めるものとする。

2　対応措置の実施は、武力による威嚇又は武力の行使に当たるものであってはならない。

3　対応措置については、我が国領域及び現に戦闘行為（国際的な武力紛争の一環として行われる人を殺傷し又は物を破壊する行為をいう。以下同じ。）が行われておらず、かつ、そこで実施される活動の期間を通じて戦闘行為が行われることがないと認められる次に掲げる地域において実施するものとする。

一　公海（海洋法に関する国際連合条約に規定する排他的経済水域を含む。第六条第五項において同じ。）及びその上空

二　外国の領域（当該対応措置が行われることについて当該外国の同意がある場合に限る。）

4　内閣総理大臣は、対応措置の実施に当たり、第四条第一項に規定する基本計画に基づいて、内閣を代表して行政各部を指揮監督する。

5　関係行政機関の長は、前条の目的を達成するため、対応措置の実施に関し、相互に協力するものとする。

（定義等）
第三条　この法律において、次の各号に掲げる用語の意義は、それぞれ当該各号に定めるところによる。

一　協力支援活動　諸外国の軍隊等に対する物品及び役務の提供、便宜の供与その他の措置であって、我が国が実施するものをいう。

二　捜索救助活動　諸外国の軍隊等の活動に際して行われた戦闘行為によって遭難した戦闘参加者について、その捜索又は救助を行う活動（救助した者の輸送を含む。）であって、我が国が実施するものをいう。

三　被災民救援活動　テロ攻撃に関連し、国際連合の総会、安全保障理事会若しくは経済社会理事会が行う決議又は国際連合等が行う要請に基づき、被害を受け又は受けるおそれがある住民その他の者（以下「被災民」という。）の救援のために実施する食糧、衣料、医薬品その他の生活関連物資の輸送、医療その他の人道的精神に基づいて行われる活動であって、我が国が実施するものをいう。

四　関係行政機関　次に掲げる機関で政令で定めるものをいう。

イ　内閣府並びに内閣府設置法（平成十一年法律第八十九号）第四十九条第一項及び第二項に規定する機関並びに国家行政組織法（昭和二十三年法律第百二十号）第三条第二項に規定する機関

ロ　内閣府設置法第四十条及び第五十六条並びに国家行政組織法第八条の三に規定する特別の機関

2 協力支援活動として行う自衛隊に属する物品の提供及び自衛隊による役務の提供（次項後段に規定するものを除く。）は、別表第一に掲げるものとする。
3 捜索救助活動は、自衛隊の部隊等（自衛隊法（昭和二十九年法律第百六十五号）第八条に規定する部隊等をいう。以下同じ。）が実施するものとする。この場合において、捜索救助活動を行う自衛隊の部隊等において、その実施に伴い、当該活動に相当する活動を行う諸外国の軍隊等の部隊等に対して協力支援活動として行う自衛隊に属する物品の提供及び自衛隊による役務の提供は、別表第二に掲げるものとする。

（基本計画）
第四条　内閣総理大臣は、次に掲げる対応措置のいずれかを実施することが必要であると認めるときは、当該対応措置を実施すること及び対応措置に関する基本計画（以下「基本計画」という。）の案につき閣議の決定を求めなければならない。
　一　前条第二項の協力支援活動
　二　前号に掲げるもののほか、関係行政機関が協力支援活動として実施する措置であって特に内閣が関与することにより総合的かつ効果的に実施する必要があるもの
　三　捜索救助活動
　四　自衛隊による被災民救援活動
　五　前号に掲げるもののほか、関係行政機関が被災民救援活動として実施する措置であって特に内閣が関与することにより総合的かつ効果的に実施する必要があるもの
2　基本計画に定める事項は、次のとおりとする。
　一　対応措置に関する基本方針
　二　前項第一号又は第二号に掲げる協力支援活動を実施する場合における次に掲げる事項
　　イ　当該協力支援活動に係る基本的事項
　　ロ　当該協力支援活動の種類及び内容
　　ハ　当該協力支援活動を実施する区域の範囲及び当該区域の指定に関する事項
　　ニ　当該協力支援活動を自衛隊が外国の領域で実施する場合には、当該活動を外国の領域で実施する自衛隊の部隊等の規模及び構成並びに装備並びに派遣期間
　　ホ　関係行政機関がその事務又は事業の用に供し又は供していた物品以外の物品を調達して諸外国の軍隊等に譲与する場合には、その実施に係る重要事項
　　ヘ　その他当該協力支援活動の実施に関する重要事項
　三　捜索救助活動を実施する場合における次に掲げる事項
　　イ　当該捜索救助活動に係る基本的事項
　　ロ　当該捜索救助活動を実施する区域の範囲及び当該区域の指定に関する事項
　　ハ　当該捜索救助活動の実施に伴う前条第三項後段の協力支援活動の実施に関する重要事項（当該協力支援活動を実施する区域の範囲及び当該区域の指定に関する事項を含む。）
　　ニ　当該捜索救助活動を自衛隊が外国の領域で実施する場合には、当該活動を外国の領域で実施する自衛隊の部隊等の規模及び構成並びに装備並びに派遣期間
　　ホ　その他当該捜索救助活動の実施に関する重要事項
　四　前項第四号又は第五号に掲げる被災民救援活動を実施する場合における次に掲げる事項
　　イ　当該被災民救援活動に係る基本的事項
　　ロ　当該被災民救援活動の種類及び内容
　　ハ　当該被災民救援活動を実施する区域の範囲及び当該区域の指定に関する事項
　　ニ　当該被災民救援活動を自衛隊が外国の領域で実施する場合には、当該活動を外国の領域で実施する自衛隊の部隊等の規模及び構成並びに装備並びに派遣期間
　　ホ　関係行政機関がその事務又は事業の用に供し又は供していた物品以外の物品を調達して国際連合等に譲与する場合には、その実施に係る重要事項
　　ヘ　その他当該被災民救援活動の実施に関する重要事項
　五　前三号に掲げるもののほか、自衛隊が実施する対応措置のうち重要なものの種類及び内容並びにその実施に関する重要事項
　六　第二号から前号までに掲げるもののほか、関係行政機関が実施する対応措置のうち特に内閣が関与することにより総合的かつ効果的に実施する必要があるものの実施に関する重要事項
　七　対応措置の実施のための関係行政機関の連絡調整に関する事項
3　第一項の規定は、基本計画の変更について準用する。
4　対応措置を外国の領域で実施する場合には、当該外国と協議して、実施する区域の範囲を定めるものとする。

（国会の承認）
第五条　内閣総理大臣は、基本計画に定められた自衛隊の部隊等が実施する協力支援活動、捜索救助活動又は被災民救援活動については、これらの対応措置を開始した日（防衛大臣が次条第二項、第七条第一項又は第八条第一項の規定によりこれらの対応措置の実施を自衛隊の部隊等に命じた日をいう。）から二十日以内に国会に付議して、これらの対応措置の実施につき国会の承認を求めなければならない。ただし、国会が閉会中の場合又は衆議院が解散されている場合には、そ

の後最初に召集される国会において、速やかに、その承認を求めなければならない。

2　政府は、前項の場合において不承認の議決があったときは、速やかに、当該協力支援活動、捜索救助活動又は被災民救援活動を終了させなければならない。
（自衛隊による協力支援活動としての物品及び役務の提供の実施）

第六条　防衛大臣又はその委任を受けた者は、基本計画に従い、第三条第二項の協力支援活動としての自衛隊に属する物品の提供を実施するものとする。

2　防衛大臣は、基本計画に従い、第三条第二項の協力支援活動としての自衛隊による役務の提供について、実施要項を定め、これについて内閣総理大臣の承認を得て、防衛省本省の機関又は自衛隊の部隊等にその実施を命ずるものとする。

3　防衛大臣は、前項の実施要項において、当該協力支援活動を実施する区域（以下この条において「実施区域」という。）を指定するものとする。

4　防衛大臣は、実施区域の全部又は一部がこの法律又は基本計画に定められた要件を満たさないものとなった場合には、速やかに、その指定を変更し、又はそこで実施されている活動の中断を命じなければならない。

5　第三条第二項の協力支援活動のうち公海若しくはその上空又は外国の領域における活動の実施を命ぜられた自衛隊の部隊等の長又はその指定する者は、当該協力支援活動を実施している場所の近傍において、戦闘行為が行われるに至った場合又は付近の状況等に照らして戦闘行為が行われることが予測される場合には、当該協力支援活動の実施を一時休止し又は避難するなどして当該戦闘行為による危険を回避しつつ、前項の規定による措置を待つものとする。

6　第二項の規定は、同項の実施要項の変更（第四項の規定により実施区域を縮小する変更を除く。）について準用する。
（捜索救助活動の実施等）

第七条　防衛大臣は、基本計画に従い、捜索救助活動について、実施要項を定め、これについて内閣総理大臣の承認を得て、自衛隊の部隊等にその実施を命ずるものとする。

2　防衛大臣は、前項の実施要項において、当該捜索救助活動を実施する区域（以下この条において「実施区域」という。）を指定するものとする。

3　捜索救助活動を実施する場合において、戦闘参加者以外の遭難者が在るときは、これを救助するものとする。

4　前条第四項の規定は実施区域の指定の変更及び活動の中断について、同条第五項の規定は捜索救助活動の実施を命ぜられた自衛隊の部隊等の長又はその指定する者について準用する。

5　第一項の規定は、同項の実施要項の変更（前項において準用する前条第四項の規定により実施区域を縮小する変更を除く。）について準用する。

6　前条の規定は、捜索救助活動の実施に伴う第三条第三項後段の協力支援活動について準用する。
（自衛隊による被災民救援活動の実施）

第八条　防衛大臣は、基本計画に従い、自衛隊による被災民救援活動について、実施要項を定め、これについて内閣総理大臣の承認を得て、自衛隊の部隊等にその実施を命ずるものとする。

2　防衛大臣は、前項の実施要項において、当該被災民救援活動を実施する区域（以下この条において「実施区域」という。）を指定するものとする。

3　第六条第四項の規定は実施区域の指定の変更及び活動の中断について、同条第五項の規定は被災民救援活動の実施を命ぜられた自衛隊の部隊等の長又はその指定する者について準用する。

4　第一項の規定は、同項の実施要項の変更（前項において準用する第六条第四項の規定により実施区域を縮小する変更を除く。）について準用する。
（関係行政機関による対応措置の実施）

第九条　前三条に定めるもののほか、防衛大臣及びその他の関係行政機関の長は、法令及び基本計画に従い、協力支援活動、被災民救援活動その他の対応措置を実施するものとする。
（物品の無償貸付及び譲与）

第十条　内閣総理大臣及び各省大臣又はそれらの委任を受けた者は、その所管に属する物品（武器（弾薬を含む。）を除く。）につき、諸外国の軍隊等又は国際連合等からその活動の用に供するため当該物品の無償貸付又は譲与を求める旨の申出があった場合において、当該活動の円滑な実施に必要であると認めるときは、その所掌事務に支障を生じない限度において、当該申出に係る物品を当該諸外国の軍隊等又は国際連合等に対し無償で貸し付け、又は譲与することができる。
（国会への報告）

第十一条　内閣総理大臣は、次の各号に掲げる事項を、遅滞なく、国会に報告しなければならない。
　一　基本計画の決定又は変更があったときは、その内容
　二　基本計画に定める対応措置が終了したときは、その結果
（武器の使用）

第十二条　協力支援活動、捜索救助活動又は被災民救援活動の実施を命ぜられた自衛隊の部隊等の自衛官は、自己又は自己と共に現場に所在する他の自衛隊員若しくはその職務を行うに伴い自己の管理の下に入った者の生命又は身体の防護のためやむを得ない必要があると認める相当の理由がある場合には、その事態に応じ合理的に必要と判断される限度で、武器を使用することができる。

2　前項の規定による武器の使用は、現場に上官が在

② 憲法史料

るときは、その命令によらなければならない。ただし、生命又は身体に対する侵害又は危難が切迫し、その命令を受けるいとまがないときは、この限りでない。
3　第一項の場合において、当該現場に在る上官は、統制を欠いた武器の使用によりかえって生命若しくは身体に対する危険又は事態の混乱を招くこととなることを未然に防止し、当該武器の使用が第一項及び次項の規定に従いその目的の範囲内において適正に行われることを確保する見地から必要な命令をするものとする。
4　第一項の規定による武器の使用に際しては、刑法（明治四十年法律第四十五号）第三十六条又は第三十七条に該当する場合のほか、人に危害を与えてはならない。
（政令への委任）
第十三条　この法律に特別の定めがあるもののほか、この法律の実施のための手続その他この法律の施行に関し必要な事項は、政令で定める。
　　　附　則
（施行期日）
1　この法律は、公布の日から施行する。
（自衛隊法の一部改正）
2　自衛隊法の一部を次のように改正する。
　附則中第三十一項を第三十三項とし、第十七項から第三十項までを二項ずつ繰り下げ、第十六項の次に次の二項を加える。
　17　内閣総理大臣又はその委任を受けた者は、平成十三年九月十一日のアメリカ合衆国において発生したテロリストによる攻撃等に対応して国際連合憲章の目的達成のための諸外国の活動に対して我が国が実施する措置及び関連する国際連合決議等に基づく人道的措置に関する特別措置法（平成十三年法律第百十三号）がその効力を有する間、同法の定めるところにより、自衛隊の任務遂行に支障を生じない限度において、協力支援活動としての物品の提供を実施することができる。
　18　長官は、平成十三年九月十一日のアメリカ合衆国において発生したテロリストによる攻撃等に対応して行われる国際連合憲章の目的達成のための諸外国の活動に対して我が国が実施する措置及び関連する国際連合決議等に基づく人道的措置に関する特別措置法がその効力を有する間、同法の定めるところにより、自衛隊の任務遂行に支障を生じない限度において、防衛庁本庁の機関及び部隊等に協力支援活動としての役務の提供を、部隊等に捜索救助活動又は被災民救援活動を行わせることができる。
3　この法律は、施行の日から起算して六年を経過した日に、その効力を失う。ただし、その日より前に、対応措置を実施する必要がないと認められるに至っ

たときは、速やかに廃止するものとする。
4　前項の規定にかかわらず、施行の日から起算して六年を経過する日以後においても対応措置を実施する必要があると認められるに至ったときは、別に法律で定めるところにより、同日から起算して二年以内の期間を定めて、その効力を延長することができる。
5　前項の規定は、同項（この項において準用する場合を含む。）の規定により効力を延長した後その定めた期間を経過しようとする場合について準用する。

［別表第一（第三条関係）］

種　類	内　容
補　給	給水、給油、食事の提供並びにこれらに類する物品及び役務の提供
輸　送	人員及び物品の輸送、輸送用資材の提供並びにこれらに類する物品及び役務の提供
修理及び整備	修理及び整備、修理及び整備用機器並びに部品及び構成品の提供並びにこれらに類する物品及び役務の提供
医　療	傷病者に対する医療、衛生機具の提供並びにこれらに類する物品及び役務の提供
通　信	通信設備の利用、通信機器の提供並びにこれらに類する物品及び役務の提供
空港及び港湾業務	航空機の離発着及び船舶の出入港に対する支援、積卸作業並びにこれらに類する物品及び役務の提供
基地業務	廃棄物の収集及び処理、給電並びにこれらに類する物品及び役務の提供

備　考
　一　物品の提供には、武器（弾薬を含む。）の提供を含まないものとする。
　二　物品及び役務の提供には、戦闘作戦行動のために発進準備中の航空機に対する給油及び整備を含まないものとする。
　三　物品の輸送には、外国の領域における武器（弾薬を含む。）の陸上輸送を含まないものとする。

別表第二（第三条関係）

種　類	内　容
補　給	給水、給油、食事の提供並びにこれらに類する物品及び役務の提供
輸　送	人員及び物品の輸送、輸送用資材の提供並びにこれらに類する物品及び

		役務の提供
修理及び整備		修理及び整備、修理及び整備用機器並びに部品及び構成品の提供並びにこれらに類する物品及び役務の提供
医 療		傷病者に対する医療、衛生機具の提供並びにこれらに類する物品及び役務の提供
通 信		通信設備の利用、通信機器の提供並びにこれらに類する物品及び役務の提供
宿 泊		宿泊設備の利用、寝具の提供並びにこれらに類する物品及び役務の提供
消 毒		消毒、消毒機具の提供並びにこれらに類する物品及び役務の提供
備 考	一	物品の提供には、武器（弾薬を含む。）の提供を含まないものとする。
	二	物品及び役務の提供には、戦闘作戦行動のために発進準備中の航空機に対する給油及び整備を含まないものとする。
	三	物品の輸送には、外国の領域における武器（弾薬を含む。）の陸上輸送を含まないものとする。

[http://www.cas.go.jp/jp/hourei/houritu/tero_h.html]

26 読売新聞「憲法改正2004年試案」
2004年5月3日読売新聞発表

前文

　日本国民は、日本国の主権者であり、国家の意思を最終的に決定する。国政は、正当に選挙された国民の代表者が、国民の信託によってこれに当たる。

　日本国民は、個人の自律と相互の協力の精神の下に、基本的人権が尊重され、国民の福祉が増進される、自由で活力があり、かつ公正な社会をめざす。

　日本国民は、民族の長い歴史と伝統を受け継ぎ、美しい国土や文化的遺産を守り、これらを未来に活かして、文化及び学術の向上を図り、創造力豊かな国づくりに取り組む。

　日本国民は、世界の恒久平和を希求し、国際協調の精神をもって、国際社会の平和と繁栄と安全の実現に向け、不断の努力を続ける。

　地球環境は、人類の存続の基盤であり、日本国民は、国際社会と協力しながら、その保全に努め、人間と自然との共生を図る。

　日本国民は、これらの理想と目的を達成し、国際社会において、名誉ある地位を占めることを念願する。

　この憲法は、日本国の最高法規であり、国民はこれを遵守しなければならない。

第1章　国民主権（94年試案で新設）
　第1条（国民主権）
　　主権は、国民に存する。
　第2条（主権の行使）
　　国民は、正当に選挙された国会における代表者を通じ、及び憲法改正のための国民投票によって、主権を行使する。
　第3条（政党）
　（1）国民は、その政治的意思形成に資するため、自由に政党を結成することができる。
　（2）政党は、国民主権の原理を尊重し、国民の政治的意思を集約し、統合する役割を果たし、民主政治の発展に努めなければならない。
　（3）政党は、政治活動に要する資金の収支を国民に明示しなければならない。
　第4条（国民の要件）
　　日本国民たる要件は、法律でこれを定める。

第2章　天皇（現行第1章）
　第5条（天皇の地位）
　　天皇は、日本国及び日本国民統合の象徴であって、その地位は、国民の総意に基づく。
　第6条（皇位の継承）
　　皇位は、世襲のものであって、法律の定めるところにより、これを継承する。
　第7条（天皇の権能の限界、天皇の国事行為の委任、摂政）
　（1）天皇は、この憲法の定める国事に関する行為を行い、国政に関する権能を有しない。
　（2）天皇は、法律の定めるところにより、その国事に関する行為を委任することができる。
　（3）法律の定めるところにより摂政を置くときは、摂政は、天皇の名でその国事に関する行為を行う。この場合には、第1項の規定を準用する。
　第8条（天皇の国事行為に対する内閣の助言と承認）
　　天皇の国事に関するすべての行為には、内閣の助言と承認を必要とし、内閣が、その責任を負う。
　第9条（天皇の任命権）
　（1）天皇は、衆議院の指名に基づいて、内閣総理大臣を任命する。
　（2）天皇は、参議院の指名に基づいて、憲法裁判所の長たる裁判官を任命する。
　（3）天皇は、内閣の指名に基づいて、最高裁判所の長たる裁判官を任命する。この場合の内閣の指名は、参議院の同意を得たものでなければならない。
　第10条（天皇の国事行為）
　　天皇は、内閣の助言と承認により、国民のために、次の国事に関する行為を行う。

2 憲法史料

1 国を代表して、外国の大便及び公使を接受し、また、全権委任状及び大便、公使の信任状、批准書及び法律の定めるその他の外交文書を認証すること。
2 憲法改正、法律、政令及び条約を公布すること。
3 国会召集の詔書を発すること。
4 衆議院の解散詔書を発すること。
5 衆議院議員の総選挙及び参議院議員の通常選挙の施行を公示すること。
6 国務大臣及び法律の定めるその他の公務員の任免を認証すること。
7 大赦、特赦、減刑、刑の執行の免除及び復権を認証すること。
8 栄典の授与を認証すること。
9 儀式を行うこと。

第3章　安全保障 (現行第2章戦争の放棄)

第11条 (戦争の否認、大量破壊兵器の禁止)
（1）日本国民は、正義と秩序を基調とする国際平和を誠実に希求し、国権の発動たる戦争と、武力による威嚇又は武力の行使は、国際紛争を解決する手投としては、永久にこれを認めない。
（2）日本国民は、非人道的な無差別大量破壊兵器が世界から廃絶されることを希求し、自らはこのような兵器を製造及び保有せず、また、使用しない。

第12条 (自衛のための軍隊、文民統制、参加強制の否定)
（1）日本国は、自らの平和と独立を守り、その安全を保つため、自衛のための軍隊を持つことができる。
（2）前項の軍隊の最高の指揮監督権は、内閣総理大臣に属する。
（3）国民は、第1項の軍隊に、参加を強制されない。

第4章　国際協力 (94年試案で新設)

第13条 (理念)
日本国は、地球上から、軍事的紛争、国際テロリズム、自然災害、環境破壊、特定地域での経済的欠乏及び地域的な無秩序によって生じる人類の災禍が除去されることを希求する。

第14条 (国際活動への参加)
前条の理念に基づき、日本国は、確立された国際的機構の活動、その他の国際の平和と安全の維持及び回復並びに人道的支援のための国際的な共同活動に、積極的に協力する。必要な場合には、公務員を派遣し、軍隊の一部を国会の承認を得て協力させることができる。

第15条 (国際法規の遵守)
日本国が締結した条約及び確立された国際法規は、これを誠実に遵守する。

第5章　国民の権利及び義務 (現行第3章)

第16条 (基本宣言)
国民は、すべての基本的人権を享有する。この憲法が保障する基本的人権は、侵すことのできない永久の権利である。

第17条 (自由及び権利の保持責任)
この憲法が国民に保障する自由及び権利は、国民の不断の努力によって、これを保持しなければならない。また、国民は、常に相互に自由及び権利を尊重し、国の安全や公の秩序、国民の健全な生活環境その他の公共の利益との調和を図り、これを濫用してはならない。

第18条 (個人の尊厳)
すべて国民は、個人として尊重される。生命、自由及び幸福追求に対する国民の権利については、公共の利益に反しない限り、立法その他国政の上で、最も尊重されなければならない。

第19条 (法の下の平等)
（1）すべて国民は、法の下に平等であって、人種、信条、性別、社会的身分又は門地により、政治的、経済的又は社会的関係において、差別されない。
（2）華族その他の貴族の制度は、これを認めない。
（3）栄誉、勲章その他の栄典の授与は、いかなる特権も伴わない。ただし、法律で定める相当な年金その他の経済的利益の付与は、この限りではない。
（4）栄典の授与は、現にこれを有し、又は将来これを受ける者の一代に限り、その効力を有する。

第20条 (人格権)
（1）何人も、名誉、信用その他人格を不当に侵害されない権利を保障される。
（2）何人も、自己の私事、家族及び家庭にみだりに干渉されない権利を有する。
（3）通信の秘密は、これを侵してはならない。

第21条 (思想及び良心の自由)
思想及び良心の自由は、これを侵してはならない。

第22条 (信教の自由及び公金の支出制限)
（1）信教の自由は、何人に対してもこれを保障する。
（2）何人も、宗教上の行為、祝典、儀式又は行事に参加することを強制されない。
（3）国及びその機関は、宗教教育その他いかなる宗教的活動もしてはならない。
（4）いかなる宗教団体も、国から特権を受け、又は政治上の権力を行使してはならない。
（5）公金その他の公の財産は、宗教上の組織若しくは団体の使用、便益若しくは維持のため、これを支出し、又はその利用に供してはならない。

第23条 (表現の自由、情報の享受等)
（1）言論、出版その他一切の表現の自由は、これを保障する。

（2）検閲は、これをしてはならない。
（3）何人も、適正な情報の流通を享受する権利を有する。
（4）個人情報は、濫用から保護される。
第24条（集会及び結社の自由）
　何人も、集会及び結社の自由を有する。
第25条（居住及び移転、国籍離脱の自由）
（1）何人も、公共の利益に反しない限り、居住及び移転の自由を有する。
（2）すべて国民は、外国に移住し、又は国籍を離脱する自由を保障される。
第26条（学問の自由）
　学問の自由は、これを保障する。
第27条（家族・婚姻）
（1）家族は、社会の基礎として保護されなければならない。
（2）婚姻は、両性の合意のみに基づいて成立し、夫婦が同等の権利を有することを基本として、相互の協力により、維持されなければならない。
（3）財産権、相続、離婚、その他の家族及び婚姻に関する事項に関しては、法律は、個人の尊厳と両性の本質的平等に立脚して、制定されなければならない。
第28条（生存権、国の社会的使命、社会連帯）
（1）すべて国民は、健康で文化的な最低限度の生活を営む権利を有する。
（2）国は、すべての生活部面について、社会福祉、社会保障及び公衆衛生の向上及び増進に努めなければならない。
（3）国民は、自己の努力と相互の協力により、社会福祉及び社会保障の向上及び増進を図るものとする。
第29条（人為による生命操作等）
　人為による人の生命の操作及び生成は、人及びその生命の尊厳の保持、生命及び身体の安全の確保並びに社会秩序の維持に重大な影響を及ぼすおそれのあるときは、法律によって制限し、又は禁止することができる。
第30条（環境権）
（1）何人も、良好な環境を享受する権利を有し、その保全に努める義務を有する。
（2）国は、良好な環境の保全に努めなければならない。
第31条（教育を受ける権利）
（1）すべて国民は、法律の定めるところにより、その能力に応じて、ひとしく教育を受ける権利を有する。
（2）すべて国民は、法律の定めるところにより、その保護する子どもに普通教育を受けさせる義務を負う。義務教育は、これを無償とする。
第32条（勤労の権利及び義務）

（1）すべて国民は、勤労の権利を有し、義務を負う。
（2）賃金、就業時間、休息その他の勤労条件に関する基準は、法律でこれを定める。
（3）児童は、これを酷使してはならない。
第33条（労働者の団結権）
　勤労者の団結する権利及び団体交渉その他の団体行動をする権利は、これを保障する。
第34条（職業選択及び営業の自由）
　何人も、公共の利益に反しない限り、職業選択及び営業の自由を有する。
第35条（財産権、知的財産制度の整備）
（1）財産権は、これを侵してはならない。
（2）財産権の内容は、公共の利益に適合するように、法律でこれを定める。
（3）私有財産は、正当な補償の下に、これを公共のために用いることができる。
（4）国は、知的創造力を高め、活力ある社会を実現するため、知的財産及びその保護に関する制度の整備に努めなければならない。
第36条（納税の義務）
　国民は、法律の定めるところにより、納税の義務を負う。
第37条（罪刑法定主義及び法定手続きの保障）
　何人も、適正な法律及び法律の定める手続きによらなければ、その生命若しくは自由を奪われ、又はその他の刑罰を科せられない。
第38条（裁判を受ける権利）
　何人も、裁判所において裁判を受ける権利を有する。
第39条（逮捕の要件）
　何人も、現行犯として逮捕される場合を除いては、裁判官が発し、かつ理由となっている犯罪を明示する令状によらなければ、逮捕されない。
第40条（留置又は勾留の要件、不法勾留に対する保障）
　何人も、理由を直ちに告げられ、かつ、直ちに弁護人に依頼する権利を与えられなければ、留置又は勾留されない。
　また、何人も、正当な理由がなければ、勾留されず、要求があれば、その理由は、直ちに本人及びその弁護人の出席する公開の法廷で示されなければならない。
第41条（住居の不可侵）
（1）何人も、第39条の場合を除いては、正当な理由に基づいて裁判官が発する令状によらなければ、その住居、書類及び所持品について侵入、捜索及び押収を受けることはない。
（2）捜索又は押収は、捜索する場所及び押収する物を明示する各別の令状によらなければならない。
第42条（拷問及び残虐刑の禁止）

公務員による拷問及び残虐な刑罰は、絶対にこれを禁ずる。
第43条（刑事被告人、勾留された被疑者の権利）
（１）すべて刑事事件においては、被告人は、公平な裁判所の迅速な公開裁判を受ける権利を有する。
（２）刑事被告人は、すべての証人に対して審問する機会を十分に与えられ、また、公費で自己のために強制的手続きにより証人を求める権利を有する。
（３）刑事被告人及び勾留された被疑者は、いかなる場合にも、資格を有する弁護人を依頼することができる。被告人が自らこれを依頼することができないときは、国でこれを付する。
第44条（自己に不利益な供述、自白の証拠能力）
（１）何人も、自己に不利益な供述を強要されない。
（２）強制、拷問若しくは脅迫による自白又は不当に長く留置若しくは勾留された後の自白は、これを証拠とすることができない。
（３）何人も、自己に不利益な唯一の証拠が本人の自白である場合には、有罪とされ、又は刑罰を科せられない。
第45条（遡及処罰の禁止、一事不再理）
何人も、実行の時に適法であった行為又は既に無罪とされた行為については、刑事上の責任を問われない。また、同一の犯罪について、重ねて刑事上の責任を問われない。
第46条（刑事補償請求権）
何人も、留置又は勾留された後、無罪の裁判を受けたときは、法律の定めるところにより、国にその補償を求めることができる。
第47条（犯罪被害者の権利）
（１）生命又は身体を害する犯罪行為による被害者又はその遺族は、法律の定めるところにより、国の救済を受けることができる。
（２）生命又は身体を害する犯罪行為による被害者又はその遺族は、法律の定めるところにより、当該事件の処理と結果について司法機関から説明を受け、裁判に際して意見を述べることができる。
第48条（公務員を選定罷免する権利、公務員の性質、普通選挙の保障、投票の秘密の保障）
（１）国会議員、地方自治体の長及びその議会の議員その他の公務員を選定し、及びこれを罷免することは、国民固有の権利である。
（２）すべて公務員は、全体の奉仕者であって、一部の奉仕者ではない。
（３）公務員の選挙については、成年者による普通選挙を保障する。
（４）すべて選挙における投票の秘密は、これを侵してはならない。選挙人は、その選択に関し公的にも私的にも責任を問われない。
第49条（請願権）

何人も、損害の救済、公務員の罷免、法律、命令又は規則の制定、廃止又は改正その他の事項に関し、平穏に請願する権利を有し、何人も、かかる請願をしたためにいかなる差別待遇も受けない。
第50条（国の行政情報の開示請求権）
何人も、法律の定めるところにより、国に対して、その事務に係る情報について、開示を求めることができる。
第51条（国及び公共団体の損害賠償責任）
何人も、公務員の不法行為により、損害を受けたときは、法律の定めるところにより、国又は公共団体に、その賠償を求めることができる。

第６章　国会（現行第４章）
第52条（立法権及び役割）
（１）立法権は、国会に属する。
（２）国会は、国民の代表機関として、国政の適正な運営を図る。
第53条（両院制）
国会は、衆議院及び参議院の両議院で構成する。
第54条（両議院の組織）
（１）両議院は、選挙された議員でこれを組織する。
（２）議員は、全国民を代表する。
（３）両議院の議員の定数は、法律でこれを定める。
第55条（議員及び選挙人の資格）
両議院の議員及びその選挙人の資格は、法律でこれを定める。ただし、人種、信条、性別、社会的身分、門地、教育、財産又は収入によって差別してはならない。
第56条（衆議院議員の任期）
衆議院議員の任期は、４年とする。ただし、衆議院解散の場合には、その期間満了前に終了する。
第57条（参議院議員の任期）
参議院議員の任期は、６年とし、３年ごとに議員の半数を改選する。
第58条（選挙に関する事項）
選挙区、投票の方法その他両議院の議員の選挙に関する事項は、法律でこれを定める。
第59条（両議院議員の兼職の禁止）
何人も、同時に両議院の議員たることはできない。
第60条（議員の歳費）
両議院の議員は、法律の定めるところにより、国庫から相当額の歳費を受ける。
第61条（議員の不逮捕特権）
両議院の議員は、法律の定める場合を除いては、国会の会期中逮捕されず、会期前に逮捕された議員は、その議院の要求があれば、会期中これを釈放しなければならない。
第62条（議員の発言及び表決の無責任）
両議院の議員は、議院で行った演説、討論又は表決について、院外で責任を問われない。
第63条（常会）

国会の常会は、内閣が毎年1回その召集を決定する。
第64条（臨時会）
　内閣は、国会の臨時会の召集を決定することができる。いずれかの議院の総議員の4分の1以上の要求があれば、内閣は、その召集を決定しなければならない。
第65条（衆議院の解散及び特別会、参議院の緊急集会）
（1）衆議院が解散されたときは、解散の日から40日以内に、衆議院議員の総選挙を行い、その選挙の日から30日以内に、国会を召集しなければならない。
（2）衆議院が解散されたときは、参議院は、同時に閉会となる。ただし、内閣は、国に緊急の必要があるときは、参議院の緊急集会を求めることができる。
（3）前項ただし書の緊急集会において採られた措置は、臨時のものであって、次の国会開会の後10日以内に、衆議院の同意がない場合には、その効力を失う。
第66条（資格争訟の裁判）
　両議院は、各々その議員の資格に関する争訟を裁判する。ただし、議員の議席を失わせるには、出席議員の3分の2以上の多数による議決を必要とする。
第67条（定足数、表決）
（1）両議院は、各々その在籍議員の3分の1以上の出席がなければ、議決することができない。
（2）両議院の議事は、この憲法に特別の定めのある場合を除いては、出席議員の過半数でこれを決し、可否同数のときは、議長の決するところによる。
第68条（会議の公開、会議録、表決の記載）
（1）両議院の会議は、公開とする。ただし、出席議員の3分の2以上の多数で議決したときは、秘密会を開くことができる。
（2）両議院は、各々その会議の記録を保存し、秘密会の記録の中で特に秘密を要すると認められるもの以外は、これを公表し、かつ一般に頒布しなければならない。
（3）出席議員の5分の1以上の要求があれば、各議員の表決は、これを会議録に記載しなければならない。
第69条（役員の選任、議院規則・懲罰）
（1）両議院は、各々その議長その他の役員を選任する。
（2）両議院は、各々その会議その他の手続き及び内部の規律に関する規則を定め、また、院内の秩序をみだした議員を懲罰することができる。ただし、議員を除名するには、出席議員の3分の2以上の多数による議決を必要とする。

第70条（法律案の議決、衆議院の優越）
（1）法律案は、この憲法に特別の定めのある場合を除いては、両議院で可決したとき法律となる。
（2）衆議院で可決し、参議院でこれと異なった議決をした法律案は、衆議院で出席議員の過半数で再び可決したときは、法律となる。
（3）前項の規定は、法律の定めるところにより、衆議院が、両議院の協議会を開くことを求めることを妨げない。
（4）第2項の規定による衆議院の再議決は、参議院の議決後、国会休会中の期間を除いて60日を経なければならない。
（5）参議院が、衆議院の可決した法律案を受け取った後、国会休会中の期間を除いて60日以内に、議決しないときは、衆議院は、参議院がその法律案を否決したものとみなし、出席議員の過半数で再び可決して法律とすることができる。
第71条（衆議院の予算先議、予算案議決に関する衆議院の優越）
（1）予算案は、さきに衆議院に提出しなければならない。
（2）予算案について、参議院で衆議院と異なった議決をした場合に、法律の定めるところにより、両議院の協議会を開いても意見が一致しないとき、又は参議院が、衆議院の可決した予算案を受け取った後、国会休会中の期間を除いて30日以内に、議決しないときは、衆議院の議決を国会の議決とする。
第72条（条約の承認に関する衆議院の優越）
　条約の締結に必要な国会の承認については、前条第2項の規定を準用する。
第73条（人事案件の参議院の優越）
（1）法律で定める重要な公務員の就任については、国会の議決を経なければならない。
（2）前項の案件は、さきに参議院に提出しなければならない。
（3）第1項の議決については、衆議院で参議院と異なった議決をした場合に、法律の定めるところにより、両議院の協議会を開いても意見が一致しないとき、又は衆議院が、参議院の可決した案件を受け取った後、国会休会中の期間を除いて30日以内に、議決しないときは、参議院の議決を国会の議決とする。
第74条（議院の国政調査権）
　両議院は、各々国政に関する調査を行い、これに関して、証人の出頭及び証言並びに記録の提出を要求することができる。
第75条（閣僚の議院出席の権利と義務）
　内閣総理大臣その他の国務大臣は、両議院の一に議席を有すると有しないとにかかわらず、何時でも議案の内容及びその取り扱いについて発言するため

2 憲法史料

議院に出席することができる。また、答弁又は説明のため出席を求められたときは、出席しなければならない。

第76条（弾劾裁判所、訴追委員会）
（1）参議院に、罷免の訴追を受けた裁判官を裁判するため、参議院議員で組織する弾劾裁判所を置く。
（2）衆議院に、前項の訴追のため、衆議院議員で組織する訴追委員会を置く。
（3）訴追及び弾劾に関する事項は、法律でこれを定める。

第7章　内閣（現行第5章）

第77条（行政権）
行政権は、内閣に属する。

第78条（内閣の組織、国会に対する連帯責任）
（1）内閣は、法律の定めるところにより、内閣総理大臣及びその他の国務大臣でこれを組織する。
（2）内閣総理大臣は、内閣を代表し、国務大臣を統率する。
（3）内閣総理大臣その他の国務大臣は、文民でなければならない。
（4）内閣は、行政権の行使について、国会に対して連帯して責任を負う。

第79条（内閣総理大臣の指名、衆議院の優越）
内閣総理大臣は、衆議院議員の中から衆議院の議決で、これを指名する。この指名は、他のすべての案件に先だって、これを行う。

第80条（国務大臣の任命及び罷免）
（1）内閣総理大臣は、国務大臣を任命する。ただし、その過半数は、国会議員の中から選ばれなければならない。
（2）内閣総理大臣は、任意に国務大臣を罷免することができる。

第81条（内閣の解散権、内閣不信任決議の効果）
（1）内閣は、衆議院を解散することができる。
（2）内閣は、衆議院で不信任の決議案が可決され、又は信任の決議案が否決されたときは、10日以内に衆議院を解散しない限り、総辞職をしなければならない。

第82条（内閣総理大臣の不在及び新国会の召集と内閣の総辞職）
内閣総理大臣が欠けたとき、又は衆議院議員総選挙の後に初めて国会の召集があったときは、内閣は、総辞職をしなければならない。

第83条（総辞職後の内閣）
前2条の場合には、内閣は、あらたに内閣総理大臣が任命されるまで、引き続きこの憲法の定める職務を行う。ただし、衆議院の解散権は、行使できない。

第84条（内閣総理大臣の職務）
内閣総理大臣は、内閣を代表して法律案、予算案その他の議案を国会に提出し、一般国務及び外交関係について国会に報告する。

第85条（内閣総理大臣の統括権）
内閣総理大臣は、行政各部を統括する。

第86条（内閣総理大臣の臨時代理）
（1）内閣総理大臣に事故あるとき、又は内閣総理大臣が欠けたときは、臨時代理たる国務大臣が内閣総理大臣の職務を行う。
（2）前項の場合に備え、内閣総理大臣は、あらかじめ臨時代理となる国務大臣を指定しておかなければならない。

第87条（内閣の職務）
内閣は、他の一般行政事務のほか、次の事務を行う。
1　法律を誠実に執行し、国務を統括管理すること。
2　外交関係を処理すること。
3　条約を締結すること。ただし、事前に、場合によっては事後に、国会の承認を経ることを必要とする。
4　法律の定める基準に従い、国の公務員に関する事務を掌理すること。
5　国会の召集を決定すること。
6　予算案を作成して国会に提出すること。
7　この憲法及び法律の規定を実施するために、政令を制定すること。ただし、政令には、特にその法律の委任がある場合を除いては、罰則を設けることができない。
8　大赦、特赦、減刑、刑の執行の免除及び復権を決定すること。
9　栄典の授与を決定すること。

第88条（国務大臣の特典）
国務大臣は、その在任中、内閣総理大臣の同意がなければ、訴追されない。ただし、これがため、訴追の権利は、害されない。

第89条（緊急事態の宣言、指揮監督）
（1）内閣総理大臣は、国の独立と安全又は多数の国民の生命、身体若しくは財産が侵害され、又は侵害されるおそれがある事態が発生し、その事態が重大で緊急に対策をとる必要があると認めるときは、法律の定めるところにより、全国又は一部地域について、緊急事態の宣言を発することができる。
（2）前項の宣言には、その区域、宣言を必要とする事態の概要及び宣言の効力が生ずる日時を明示しなければならない。
（3）内閣総理大臣は、緊急事態の宣言を発した場合には、法律に基づき、自衛のための軍隊のほか、警察、消防等の治安関係機関を一時的に統制し、それぞれの機関の長を直接に指揮監督できる。また、前段に定めるもの以外の国の機関、地方自治

体その他の行政機関に、必要な指示及び命令を行うことができる。
第90条（国会承認と宣言の解除）
（1）内閣総理大臣は、緊急事態の宣言を発したときは、20日以内に国会に付議して、その承認を求めなければならない。衆議院が解散されているときは、緊急集会による参議院の承認を求めなければならない。
（2）内閣総理大臣は、国会が緊急事態の宣言を承認しなかったとき、又は宣言の必要がなくなったときは、すみやかに宣言を解除しなければならない。
第91条（内閣総理大臣の緊急措置、基本的人権の制限）
（1）内閣総理大臣は、緊急事態の宣言を発した場合には、国民の生命、身体又は財産を守るためにやむをえないと法律が認める範囲内で、身体、通信、居住及び移転の自由並びに財産権を制限する緊急の措置をとることができる。
（2）内閣総理大臣は、前項の措置をとる場合には、この憲法が国民に保障する基本的人権を尊重するよう努めなければならない。

第8章　司法（現行第6章）
第92条（司法権、憲法裁判所及び裁判所、特例の裁判所の禁止、国民の司法参加）
（1）すべて司法権は、憲法裁判所、最高裁判所及び法律の定めるところにより設置する下級裁判所に属する。
（2）特例の裁判所は、これを設置することができない。行政機関は、終審として裁判を行うことができない。
（3）司法への国民の参加については、法律でこれを定める。
第93条（憲法裁判所の違憲立法審査権）
憲法裁判所は、一切の条約、法律、命令、規則又は処分が憲法に適合するかしないかを決定する権限を有する唯一の裁判所である。
第94条（憲法裁判所の権限）憲法裁判所は、次の事項を管轄する。
　1　条約、法律、命令、規則又は処分について、内閣又はそれぞれの在籍議員の3分の1以上の衆議院議員若しくは参議院議員の申し立てがあった場合に、法律の定めるところにより、憲法に適合するかしないかを審判すること。
　2　具体的訴訟事件で、最高裁判所又は下級裁判所が求める事項について、法律の定めるところにより、憲法に適合するかしないかを審判すること。
　3　具体的訴訟事件の当事者が最高裁判所の憲法判断に異議がある場合に、法律の定めるところにより、その異議の申し立てについて、審判すること。
第95条（憲法裁判所の判決の効力）
憲法裁判所が、条約、法律、命令、規則又は処分について、憲法に適合しないと決定した場合には、その決定は、法律で定める場合を除き、それ以降、あらゆる国及び地方自治体の機関を拘束する。
第96条（憲法裁判所の裁判官、任期、定年）
（1）憲法裁判所は、その長たる裁判官及び8人のその他の裁判官で構成し、その長たる裁判官以外の裁判官は、参議院の指名に基づいて内閣が任命する。
（2）憲法裁判所の裁判官は、任期を8年とし、再任されない。
（3）憲法裁判所の裁判官は、法律の定める年齢に達した時に退官する。
第97条（上告裁判所としての最高裁判所）
最高裁判所は、憲法裁判所の管轄以外の事項につき、裁判を行う終審裁判所とする。
第98条（最高裁判所の裁判官、任期、定年）
（1）最高裁判所は、その長たる裁判官及び法律の定める員数のその他の裁判官でこれを構成し、その長たる裁判官以外の裁判官は、内閣でこれを任命する。
（2）最高裁判所の裁判官は、任期を5年とし、再任されることができる。
（3）最高裁判所の裁判官は、法律の定める年齢に達した時に退官する。
第99条（下級裁判所の裁判官・任期・定年）
下級裁判所の裁判官は、最高裁判所の指名した者の名簿によって、内閣でこれを任命する。その裁判官は、任期を10年とし、再任されることができる。ただし、法律の定める年齢に達した時には退官する。
第100条（憲法裁判所及び垂日岡裁判所の規則制定権）
（1）憲法裁判所及び最高裁判所は、訴訟に関する手続き、弁護士、裁判所の内部規律及び司法事務処理に関する事項について、規則を定める権限を有する。
（2）検察官は、前項に規定する規則に従わなければならない。
（3）最高裁判所は、下級裁判所に関する規則を定める権限を、下級裁判所に委任することができる。
第101条（裁判官の独立、身分保障、報酬）
（1）すべて裁判官は、その良心に従い独立してその職権を行い、この憲法及び法律にのみ拘束される。
（2）すべて裁判官は、裁判により、心身の故障のために職務を執ることができないと決定された場合を除いては、公の弾劾によらなければ罷免されない。裁判官の懲戒処分は、行政機関がこれを行うことはできない。

(3) すべて裁判官は、定期に相当額の報酬を受ける。裁判官の独立を害することとなる報酬の減額の決定は、これをしてはならない。

第102条 （裁判の公開）
(1) 裁判の対審及び判決は、公開法廷でこれを行う。
(2) 裁判所が、裁判官の全員一致で、公の秩序、善良の風俗又は当事者の私生活の利益を害するおそれがあると決した場合には、対審は、公開しないでこれを行うことができる。ただし、政治犯罪、出版に関する犯罪又はこの憲法第5章で保障する国民の権利が問題となっている事件の対審は、常にこれを公開しなければならない。

第9章 財政 （現行第7章）

第103条 （財政処理の基本原則）
　国の財政は、国会の議決に基づいて、内閣が、これを処理する。国は、健全な財政をめざして、財政を適正に維持及び運営しなければならない。

第104条 （課税）
　あらたに租税を課し、又は現行の租税を変更するには、法律又は法律の定める条件によることを必要とする。

第105条 （国費の支出及び国の債務負担）
　国費を支出し、又は国が債務を負担するには、国会の議決に基づくことを必要とする。

第106条 （予算案）
(1) 内閣は、毎会計年度の予算案を作成し、国会に提出して、その議決を得なければならない。
(2) 継続支出の必要があるときは、年限を定め、継続費として国会の議決を得なければならない。

第107条 （予備費）
(1) 予見し難い予算の不足に充てるため、国会の議決に基づいて予備費を設け、内閣の責任でこれを支出することができる。
(2) すべて予備費の支出については、内閣は、事後に国会の承諾を得なければならない。

第108条 （皇室財産・皇室の費用）
　すべて皇室財産は、国に属する。すべて皇室の費用は、予算案に計上して国会の議決を得なければならない。

第109条 （決算検査、会計検査院）
(1) 国の収入支出の決算は、会計検査院がすべて毎年度検査し、内閣は、次の年度にすみやかに、その検査報告とともに、これを国会に提出しなければならない。
(2) 会計検査院の組織及び権限は、法律でこれを定める。

第110条 （財政状況の報告）内閣は、国会及び国民に対し、定期に、少なくとも毎年1回、国の財政状況について報告しなければならない。

第10章 地方自治 （現行第8章）

第111条 （地方自治の基本原則）
(1) 地方自治は、地方自治体及びその住民の自立と自己責任を原則とする。
(2) 地方自治体の組織及び運営に関する事項は、前項の原則を尊重して、法律でこれを定める。
(3) 地方自治体は、国と協力して、住民の福祉の増進に努めなければならない。

第112条 （地方議会、長・議員等の直接選挙）
(1) 地方自治体には、法律の定めるところにより、議会を設置する。
(2) 地方自治体の長及びその議会の議員は、その地方自治体の住民が直接これを選挙する。

第113条 （地方自治体の権能、条例制定権、財政）
(1) 地方自治体は、その財産を管理し、事務を処理し、及び行政を執行する権能を有し、法律の趣旨に反しない範囲内で条例を制定することができる。
(2) 地方自治体の財政は、国の財政や経済情勢を考慮し、自主財源を基礎とする健全な財政をめざして、適正に維持及び運営されなければならない。

第114条 （特別法の住民投票）
　特定の地方自治体に適用される特別法は、法律の定めるところにより、その地方自治体の住民の投票においてその過半数の同意を得なければ、国会は、これを制定することができない。

第115条 （地方自治体の行政情報の開示請求権）
　地方自治体の住民は、条例の定めるところにより、当該地方自治体に対して、その事務に係る情報について、開示を求めることができる。

第11章 改正 （現行第9章）

第116条 （改正の手続き及びその公布）
(1) この憲法の改正は、改正案につき、各議院の在籍議員の3分の2以上の出席により、出席議員の過半数の賛成で議決し、国会がこれを発議し、国民に提案してその承認を経なければならない。
(2) 前項の規定にかかわらず、この憲法の改正は、改正案につき、各議院の在籍議員の3分の2以上の出席で、出席議員の3分の2以上の賛成で可決することにより成立する。
(3) 第1項の承認には、特別の国民投票又は国会の定める選挙の際行われる投票において、有効投票の過半数の賛成を必要とする。
(4) 第1項又は第2項の憲法改正案は、国会議員又は内閣が提出することができる。
(5) 第1項の承認を経たとき、又は第2項の可決があったときは、天皇は、国民の名で、直ちにこれを公布する。

[https: // info. yomiuri. co. jp/media/yomiuri/feature/kaiseishian.html]

27 自民党憲法改正プロジェクトチーム「論点整理」(抄)
2004年6月15日 自由民主党政務調査会憲法調査会

はじめに

　新時代にふさわしい新たな憲法を求める国民的気運は、かつてない高まりをみせている。わが党は、先の総選挙の政権公約において立党50年を迎える平成17年11月までに新しい憲法草案をつくることを国民に対して約束し、国民は大きな支持をもってこれに応えた。われわれは、党を挙げて、新憲法の草案作成という公約を実行に移すときを迎えている。

　本プロジェクトチームは、昨年12月22日の第1回会合以来、6月10日までの間、合計19回の会合を重ね、日本国憲法103ヵ条の全条文(前文を含む)に関して、各条章ごとに審議・検討を行った。これらの会合のうちの大半は、国民世論を喚起するという見地から報道各社に公開の会合とするとともに、その議事録をインターネットで全国民に公開することとした。去る5月13日からは、各条章ごとの審議・検討において表明された様々な意見を踏まえた論点整理を行った。

　本プロジェクトチームの議論は、結果的に「新憲法を制定すべきである」という方向性を示すものとなった。もちろん、近い将来に行われるであろう現実的な憲法改正は、両議院の3分の2以上の多数の合意が必要であることから、各党間の具体的な憲法改正協議によっては、必ずしも全面改正という形にならない可能性も否定できない。しかし、わが党が志向するあるべき新憲法の全体像を示すことは、公党としての国民に対する責務であると考え、これまでの議論を取りまとめ、この「論点整理」を作成した。

　本プロジェクトチームの「論点整理」をもとに、今後も自由闊達な意見を各位から求め、慎重な検討を重ねつつ、わが党の叡智を結集した最良の憲法草案起草に向け、さらに検討を進める。
国民各層のご理解とご協力を切にお願い申し上げます。
自由民主党憲法調査会会長　保　岡　興　治

I　総論
一　新憲法制定に当たっての基本的考え方

　本プロジェクトチームの審議・検討を通じて浮かび上がった新憲法制定に当たっての基本的な考え方は、おおよそ次のとおりである。この中には、われわれの議論の共通基盤である、先の総選挙における政権公約の内容も含まれている。

《新憲法が目指すべき国家像に関して》

○　新憲法が目指すべき国家像とは、国民誰もが自ら誇りにし、国際社会から尊敬される「品格ある国家」である。新憲法では、基本的に国というものはどういうものであるかをしっかり書き、国と国民の関係をはっきりさせるべきである。そうすることによって、国民の中に自然と「愛国心」が芽生えてくるものと考える。

○　諸外国の憲法の規定例を参考にして、わが国が目指すべき社会がどういうものであるか(例えば「公正で活力ある経済活動が行われる社会」など)、その大綱について憲法に明示すべきである。

《わが国の憲法として守るべき価値に関して》

○　新憲法は、戦後わが国に定着した国民主権・平和主義・基本的人権の尊重という三原則などを高く評価し、かかる人類普遍の価値を維持し、さらに発展させるものでなければならない。

○　現憲法の制定時、連合国最高司令官総司令部の占領下において置き去りにされた歴史、伝統、文化に根ざしたわが国固有の価値(すなわち「国柄」)や、日本人が元来有してきた道徳心など健全な常識に基づいたものでなければならない。同時に、日本国、日本人のアイデンティティを憲法の中に見いだすことができるものでなければならない。

○　新憲法は、わが国の平和主義の原則が不変のものであることを明確に世界に宣言するものでなければならない。(侵略戦争の放棄)

《21世紀にふさわしい憲法のあり方に関して》

○　新憲法は、21世紀の新しい日本にふさわしいものであるとともに、科学技術の進歩、少子高齢化の進展等新たに直面することとなった課題に的確に対応するものでなければならない。同時に、人間の本質である社会性が個人の尊厳を支える「器」であることを踏まえ、家族や共同体が、「公共」の基本をなすものとして、新憲法において重要な位置を占めなければならない。

二　主要分野における重要方針

　一に掲げた基本的な考え方をもとに、安全保障など主要分野においてはさらに突っ込んだ討議がなされた。それらの討議全体を通じて、われわれが共有すると思われる新憲法草案の起草に当たっての重要方針は、おおよそ次のとおりである。

《安全保障の分野に関して》

○　新憲法には、国際情勢の冷徹な分析に基づき、わが国の独立と安全をどのように確保するかという明確なビジョンがなければならない。同時に、新憲法は、わが国が、自由と民主主義という価値を同じくする諸国家と協働して、国際平和に積極的能動的に貢献する国家であることを内外に宣言するようなものでなければならない。

　さらに、このような国際平和への貢献を行う際には、他者の生命・尊厳を尊重し、公正な社会の形成に貢献するという「公共」の基本的考え方を国際関係にも広げ、憲法においてどこまで規定すべきかを議論する必要があると考える。

《基本的人権の分野に関して》

2 憲法史料

○ 新しい時代に対応する新しい権利をしっかりと書き込むべきである。同時に、権利・自由と表裏一体をなす義務・責任や国の責務についても、共生社会の実現に向けての公と私の役割分担という観点から、新憲法にしっかりと位置づけるべきである。

《統治機構の分野に関して》

○ 新憲法には、迅速かつ的確な政策決定及び合理的かつ機動的な政策執行を可能とする統治システムが組み込まれたものでなければならない。また、憲法裁判所制度など憲法の実効性を担保する制度や道州制など国のかたちをなす大きな要素についてこの際明確に位置づけるべきである。

三 今後の議論の方向性

憲法を論ずるに当たり、まず、国家とは何であるかについて、わが党の考え方を明らかにし、国民各層の理解を深めていく必要があると思われる。

次に、憲法の意義を明らかにすべきである。すなわち、これまでは、ともすれば、憲法とは「国家権力を制限するために国民が突きつけた規範である」ということのみを強調する論調が目立っていたように思われるが、今後、憲法改正を進めるに当たっては、憲法は、そのような権力制限規範にとどまるものではなく、「国民の利益ひいては国益を守り、増進させるために公私の役割分担を定め、国家と国民とが協力し合いながら共生社会をつくることを定めたルール」としての側面も持つものであることをアピールしていくことが重要である。

さらに、このような憲法の法的な側面ばかりではなく、憲法という国の基本法が国民の行為規範として機能し、国民の精神（ものの考え方）に与える影響についても考慮に入れながら、議論を続けていく必要があると考える。

Ⅱ 各論

一 前文

1 共通認識

現行憲法の前文については、これを全面的に書き換えるものとすることで、異論はなかった。

2 前文に盛り込むべき内容

前文に盛り込むべき内容に関する意見は、次のとおりである。

○ 現行憲法の基本原則である「国民主権」「基本的人権の尊重」「平和主義」は、今後ともこれを堅持していくべきである。ただし、「基本的人権の尊重」については行き過ぎた利己主義的風潮を戒める必要がある。また、「平和主義」についても、現行憲法９条の見直しを反映させ「一国平和主義」の誤りを正すとともに、わが国の平和主義が世界の平和構築に寄与し、国を挙げて国際平和を推し進める姿勢を強調するなど修正が必要である。

○ 国民誰もが自ら誇りにし、国際社会から尊敬される「品格ある国家」を目指すことを盛り込むべきである。

○ わが国の歴史、伝統、文化等を踏まえた「国柄」を盛り込むべきである。

○ 環境権や循環型社会の理念（持続可能な社会づくりの観点）などを盛り込むべきである。

○ 社会を構成する重要な単位である家族に関する文言を盛り込むべきである。

○ 利己主義を排し、「社会連帯、共助」の観点を盛り込むべきである。

○ 国を守り、発展させ、次世代に受け継ぐ、という意味での「継続性」の観点を盛り込むべきである。

3 前文の文章表現

前文の文章表現に関する意見は、次のとおりである。

○ 翻訳調の現行の前文の表現を改め、前文の文章は、平易で分かりやすいものとし、模範的な日本語の表現を用いるべきである。

○ 一つの文章が冗長にならないようにすべきである。

4 今後の議論の方向性

前文に盛り込むべき内容は、憲法の各条章の内容と深く関わるものであり、今後の議論の流れによっては大きく異なることも予想され、現時点でその内容を固める必要はないものと考える。一方、文章表現については、わが国の憲法である以上わが国の言葉で書かれるべきことは当然であるとしても、文体や語彙の選択は、盛り込むべき内容のいかんによって左右されるものであり、ある程度内容が固まってから議論の対象とすべきである。

したがって、前文の議論は、各条文の議論が進んでから再び行うこととした。

二 天皇

1 共通認識

象徴天皇制については、今後ともこれを維持すべきものであることについては、異論がなかった。

2 改正意見

天皇の国事行為その他の公的行為に関する改正意見は、次のとおりである。

○ 天皇の国事行為について定める第７条の規定のうち第４号の「国会議員の総選挙を公示すること」は誤りであり、これは「衆議院議員の総選挙及び参議院議員の通常選挙の公示をすること」とすべきである。

○ 天皇の祭祀等の行為を「公的行為」と位置づける明文の規定を置くべきである。

3 今後の議論の方向性

連綿と続く長い歴史を有するわが国において、天皇はわが国の文化・伝統と密接不可分な存在となっているが、現憲法の規定は、そうした点を見過ごし、結果的にわが国の「国柄」を十分に規定していないのではないか、また、天皇の地位の本来的な根拠はそのような「国柄」にあることを明文規定をもって確認すべきかどうか、天皇を元首として明記すべきかなど、様々

な観点から、現憲法を見直す必要があると思われる。
　なお、女帝問題については、皇室典範の改正という観点から今後検討すべき論点であるとの意見が多数を占めた。
三　安全保障
1　共通認識
　次の点については、大多数の同意が得られた。
○　自衛のための戦力の保持を明記すること。
2　安全保障に関し盛り込むべき内容
　安全保障について盛り込むべき内容は、次のとおりである。
○　戦後日本の平和国家としての国際的信頼と実績を高く評価し、これを今後とも重視することを盛り込むべきである。
○　わが国の平和主義の原則が不変のものであることを盛り込むべきである。（再び侵略国家とならないこと）
○　個別的・集団的自衛権の行使に関する規定を盛り込むべきである。
○　内閣総理大臣の最高指揮権及びシビリアン・コントロールの原則に関する規定を盛り込むべきである。
○　非常事態全般（有事、治安的緊急事態（テロ、大規模暴動など）、自然災害）に関する規定を盛り込むべきである。
○　「人間の安全保障」（積極的な「平和的生存権」）の概念など、国際平和の構築に関する基本的事項を盛り込むべきである。
○　国際協力（国際貢献）に関する規定を盛り込むべきである。
○　集団的安全保障、地域的安全保障に関する規定を盛り込むべきである。
○　食糧安全保障、エネルギー安全保障などに関する規定を盛り込むべきである。
3　今後の議論の方向性
　21世紀において、わが国は、国力に見合った防衛力を保有し、平和への貢献を行う国家となるべきである。こうした観点から、今後は、個別的及び集団的自衛権の行使のルール、集団的安全保障・地域的安全保障における軍事的制裁措置への参加のルール並びに国際的平和維持協力活動への参加のルールはいかにあるべきかを議論しながら、憲法においてどこまで規定すべきかを考える必要がある。
　なお、非常事態については、国民の生命、身体及び財産を危機から救うことが国家の責務であること、その責務を果たすために非常時においてこそ国家権力の円滑な行使が必要であるということを前提に、憲法に明文の規定を設ける方向で議論する必要があると考える。
四　国民の権利及び義務
1　共通認識
　現憲法の定める基本的人権が、人類の普遍的な価値で、わが国が永久にこれを尊重することを基本としつつ、時代の変化に対応して新たな権利・新たな義務を規定するとともに、国民の健全な常識感覚から乖離した規定を見直すべきであるということについて、異論はなかった。
2　新しい権利
　いわゆる「新しい権利」に関する意見は、次のとおりである。
○　「環境権」とともに「環境保全義務」に関する規定を設けるべきである。
○　IT社会の進展に対応した「情報開示請求権」や「プライバシー権」に関する規定を設けるべきである。
○　科学技術の進歩に対応した「生命倫理に関する規定」を設けるべきである。
○　知的財産権の保護に関する規定を設けるべきである。
○　現憲法は被告人（加害者）の人権に偏しており、犯罪被害者の権利に関する規定を設けるべきである。
3　公共の責務（義務）
　公共の責務（義務）に関する意見は、次のとおりである。
○　社会連帯・共助の観点からの「公共的な責務」に関する規定を設けるべきである。
○　家族を扶助する義務を設けるべきである。また、国家の責務として家族を保護する規定を設けるべきである。
○　国の防衛及び非常事態における国民の協力義務の規定を設けるべきである。
4　見直すべき規定
　上記の2・3とも一部重複するが、現憲法の運用の実態に照らし、権利に関する規定を見直すべきとする意見は、次のとおりである。
○　政教分離規定（現憲法20条3項）を、わが国の歴史と伝統を踏まえたものにすべきである。
○　「公共の福祉」（現憲法12条、13条、22条、29条）を「公共の利益」あるいは「公益」とすべきである。
○　婚姻・家族における両性平等の規定（現憲法24条）は、家族や共同体の価値を重視する観点から見直すべきである。
○　社会権規定（現憲法25条）において、社会連帯、共助の観点から社会保障制度を支える義務・責務のような規定を置くべきである。
5　今後の議論の方向性
　この分野における本プロジェクトチーム内の議論の根底にある考え方は、近代憲法が立脚する「個人主義」が戦後のわが国においては正確に理解されず、「利己主義」に変質させられた結果、家族や共同体の破壊につながってしまったのではないか、ということへの懸念である。権利が義務を伴い、自由が責任を伴うことは自明の理であり、われわれとしては、家族・

2 憲法史料

共同体における責務を明確にする方向で、新憲法における規定ぶりを考えていくべきではないか。同時に、科学技術の進歩、少子化・高齢化の進展等の新たな状況に対応した、「新しい人権」についても、積極的に取り込んでいく必要があろう。

なお、美しい国づくりの観点から、景観を含めた環境保全と私権との調整についても今後の検討課題とする必要があると思われる。また、地方参政権（現憲法93条2項）について明確な規定を置くべきとの意見を踏まえ、今後さらに検討を続ける必要がある。

五 国会及び内閣
1 共通認識
　次の点については、大多数の同意が得られた。
○ 戦後の国民主権主義、民主主義が、わが国の国家社会の発展に大きく寄与したことを評価し、この原則をさらに充実させるために、政治主導の政策決定システムをより強化するとともに、そのプロセスを大胆に合理化し、時代の変化に即応してスピーディに政治判断を実行に移せるシステムとすべきである。
○ 現在の二院制については、両院の権限や選挙制度が似たようなものとなっている現状をそのまま維持すべきではなく、何らかの改編が必要である。
2 改正意見
　国会及び内閣の分野で、憲法改正に関する意見は、次のとおりである。
○ 議事の定足数（現憲法56条1項）は、削除すべきである。
○ 総理大臣以下の国務大臣の国会への出席義務を緩和し、副大臣などの代理出席でよいとするなど憲法の規定を見直すべきである。
○ 法律案の提案権は、国会議員（国務大臣たる国会議員を含む）に限定する方向で憲法の規定を見直すべきである。
○ 閣議における内閣総理大臣のリーダーシップ、衆議院の解散権の行使主体及び行使要件、国会の予算修正権など、現憲法では必ずしも明確でない事項について明確な規定を置くべきである。
3 今後の議論の方向性
　議会制民主主義を採る以上、政策決定に当たり議会の多数の同意を得なければならないことは当然であるが、現在の政策決定システムの問題（運用も含めて）は、各省庁と内閣・政党との関係、一律の国務大臣の出席義務、会議の定足数など、最終的に議会の同意を得るに至るまでの間にあまりにも多くの時間を要するシステムになっているのではないかという点である。
　要は、どのような政策決定システムであれば国民の権利利益を適時適切に伸張・擁護することができるのかが重要なのであって、今後も、この観点から議論を続ける必要があろう。なお、首相公選制、国会議員の任期や会期制（現憲法52条、53条）、国務大臣全員を国会議員から選出すべきか、副大臣の憲法上の位置づけなどについても、今後検討する必要があると思われる。

六 司法
1 共通認識
　次の点については、異論がなかった。
○ 最高裁判所による違憲立法審査権の行使の現状には、極めて不満がある。
○ 民主的統制を確保しつつも政治部門が行う政策決定・執行に対する第三者的な立場から憲法判断をする仕組み（憲法裁判所制度、あるいは最高裁判所の改組など）について、検討すべきである。
○ 裁判官の身分保障のあり方について見直すべきである。
○ 民事・刑事を問わず裁判の迅速化を図るべきである。
2 改正意見
　現憲法第6章（司法）に関する改正意見は、次のとおりである。
○ 最高裁判所裁判官の国民審査の制度（現憲法79条）は廃止し、廃止後の適格性審査の制度についてはさらに検討を行うべきである。
○ 最高裁判所裁判官の任期は10年とし、再任を行わないものとすべきである。
○ 下級裁判所の裁判官の任期は、3年を下回ってはならず、10年を超えてはならないとすべきである（再任は妨げないものとする）。
○ 一定の場合には裁判官の報酬（現憲法79条・80条）を減額することができる旨の明文規定を置くべきである。
3 今後の議論の方向性
　司法のあり方については、一部に、常識に反する裁判をしているとの国民の批判を招いていることを踏まえ、司法制度改革を推進しつつ、今後とも検討を進める必要がある。同時に、司法への国民参加という観点から憲法に何らかの規定を置くべきかどうかについても、今後の検討課題とすべきである。
　また、弁護士会に入会しなければ弁護士になれないという現行弁護士法のあり方についても議論となったが、引き続き検討することとしたい。なお、憲法裁判所、行政裁判所、軍事裁判所等については、外国におけるその権能・組織などを調査しながら、引き続き議論を継続することとしたい。

七 財政
1 共通認識
　財政民主主義を、より実質の伴うものとする方向で見直すべきであるということについては、異論がなかった。
2 改正意見
　現憲法第7章（財政）に関する改正意見は、次のとおりである。
○ 現憲法89条を書き直し、私学助成に関する明文規

定を置くべきである。
○ 決算に関する国会の権能に関する明文規定を置くべきである。
3　今後の議論の方向性
　上記の2のほか、会計年度を1年とすることを前提とした憲法・財政法の定める財政システムを検証し、健全な財政規律に関する明文規定を置くべきか否か、複数年度予算の可能性などについても、今後、検討する必要があろう。また、後年度負担を伴う財政支出については、次代への財政負担の責任を明確にするため、その発生原因、数額などに関する情報開示の必要性についても議論することとしたい。

八　地方自治
1　共通認識
　地方分権をより一層推進する必要があるという点については、異論がなかった。また、地方分権の基本的な考え方や理念を憲法に書き込む必要があることについても、大多数の同意が得られた。
2　改正意見
　現憲法第8章(地方自治)に関する改正意見は、次のとおりである。
○ いわゆる「道州制」を含めた新しい地方自治のあり方について、①法律の範囲内での課税自主権の付与等自主財源の確保、②自己決定権と自己責任の原則、③補完性の原則など、その基本事項を明示すべきである。その際には、住民による自発的な自治、必要最小限の行政サービスの保障などの観点に留意すべきである。
3　今後の議論の方向性
　近年の通信交通のスピード化に伴い、住民の生活圏は広域化する傾向にある。従来の都道府県は以前ならば十分「広域」自治体であったが、今では、大きな市で県に匹敵する区域を有するものも出てくるようになっている。一方で、農山漁村の中には過疎化で消滅の危機にある地域がいくつもあり、その地域に根ざす伝統や文化が絶えてしまうおそれが出てきている。こうした問題に対して、現憲法は何の解決策も用意していないのではないだろうか。
　こういった観点から、今後とも、「道州制」(その前提としての「市町村合併」や中央政府と道州政府による統治権能の適切な分配のあり方等)や、地方財政における受益と負担の関係の適正化などに関する議論を進めていく必要があると考える。また、住民投票の濫用防止規定についても更に検討を進めることとする。また、昭和26年以降「一の地方公共団体のみに適用される特別法」の制定はなく、現行95条は削除する方向で検討する。

九　改　正
　現憲法の改正要件については、概ね、次の2点について議論がなされた。
(1) 現憲法の改正要件は、比較憲法的に見てもかなり厳格であり、これが、時代の趨勢にあった憲法改正を妨げる一因になっていると思われる。したがって、例えば、憲法改正の発議の要件である「各議院の総議員の3分の2以上の賛成」を「各議院の総議員の過半数」とし、あるいは各議院において総議員の3分の2以上の賛成が得られた場合には、国民投票を要しないものとする等の緩和策を講ずる(そのような憲法改正を行う)べきではないか。
(2) 憲法改正の国民投票について、現憲法は「特別の国民投票」と「国会の定める選挙の際行われる投票(国政選挙と同時に行うこと)」の2種を規定しているが、このような特別の選択肢を明示する必要はないのではないか。
　以上の諸点については、引き続き、議論を継続する必要があると考える。

十　最高法規及び補則
　現憲法第10章(最高法規)については、国民の憲法尊重擁護義務を含めることとしつつ、その各条文の内容に応じて、「前文」あるいは「国民の権利及び義務」にその趣旨を盛り込むものとし、章としては削除するべきであるとの意見があった。この点については、引き続き、議論を継続する必要があると考える。
　また、現憲法第11章(補則)は、すでにその役目を終えた経過措置に関する規定であり、これを削除することについて異論はなかった。

十一　その他
　以上のほか、次のような事項について、憲法に盛り込むべきであるとの意見があった。
1　領土、大陸棚など
　わが国の主権が及ぶ地理的範囲を明確に憲法で規定すべきだとする意見があった。
2　国旗及び国歌
　諸外国の憲法の規定例を参考にして、国旗及び国歌に関する規定を憲法に置くべきだとする意見があった。

結　語
　わが党のたゆまぬ努力により、憲法改正のための国民投票は、もはや絵空事ではなくなった。憲法改正の手続法が整備され、国民投票が実現されれば、わが国憲政史上初めてのことになる。すなわち、日本国民は初めて主権者として真に憲法を制定する行為を行うことになるのである。
　今回の新憲法草案の策定作業がこのような重大な意義を有することにかんがみ、本プロジェクトチームは、意図的に議論を方向づけたり、性急に結論をまとめるようなことをすることなく、毎回の会議において、参加者から文字どおり自由闊達な意見交換に意を用いた。その結果、憲法のあらゆる分野にわたってまさに多種多様な意見が提出された。
　その多様な意見の中で、発言者が異口同音に強調していたのは、「一国の基本法である憲法が正反対の意味に解釈されることがあってはならない。新憲法は、

その解釈に疑義を生じさせるようなものであってはならない。」ということであった。今後の作業を行う上で、肝に銘ずべきこととして、あえてここに明記させていただく次第である。

本プロジェクトチームの会議で出された一つ一つの貴重な意見については、丹念にこれを書き留めるとともに自民党インターネット・ホームページにより国民に公開したが、このことを通じて、わが党が先の総選挙における政権公約を着々と実行に移している姿を、国民各層に伝えることができたものと考える。

今後は、この「論点整理」を基礎として、参院通常選挙後、党の地方組織を含めた全党的な議論を深めるとともに、憲法改正に関するわが党の取組についてなお一層の国民の理解を求め、新憲法草案が大多数の国民の共感を得ることができるものとなるよう、引き続き努力を傾注してまいりたい。

[http://www.kenpoukaigi.gr.jp/seitoutou/20040-610jiminkaikenPTronten2.htm]

28 自由民主党「新憲法草案」
2005年10月28日　自民党新憲法起草委員会

前文
日本国民は、自らの意思と決意に基づき、主権者として、ここに新しい憲法を制定する。

象徴天皇制は、これを維持する。また、国民主権と民主主義、自由主義と基本的人権の尊重及び平和主義と国際協調主義の基本原則は、不変の価値として継承する。

日本国民は、帰属する国や社会を愛情と責任感と気概をもって自ら支え守る責務を共有し、自由かつ公正で活力ある社会の発展と国民福祉の充実を図り、教育の振興と文化の創造及び地方自治の発展を重視する。

日本国民は、正義と秩序を基調とする国際平和を誠実に願い、他国とともにその実現のため、協力し合う。国際社会において、価値観の多様性を認めつつ、圧政や人権侵害を根絶させるため、不断の努力を行う。

日本国民は、自然との共生を信条に、自国のみならずかけがえのない地球の環境を守るため、力を尽くす。

第一章　天皇
第一条（天皇）
　天皇は、日本国の象徴であり日本国民統合の象徴であって、この地位は、主権の存する日本国民の総意に基づく。
第二条（皇位の継承）
　皇位は、世襲のものであって、国会の議決した皇室典範の定めるところにより、これを継承する。
第三条
　（第六条四項参照）
第四条（天皇の権能）
　天皇は、この憲法の定める国事に関する行為のみを行い、国政に関する権能を有しない。
第五条
　（第七条参照）
第六条（天皇の国事行為）
① 天皇は、国民のために、国会の指名に基づいて内閣総理大臣を任命し、内閣の指名に基づいて最高裁判所の長たる裁判官を任命する。
② 天皇は、国民のために、次に掲げる国事に関する行為を行う。
　一　憲法改正、法律、政令及び条約を公布すること。
　二　国会を召集すること。
　三　第五四条第一項の規定による決定に基づいて衆議院を解散すること。
　四　衆議院議員の総選挙及び参議院議員の通常選挙の施行を公示すること。
　五　国務大臣及び法律の差ためるその他の国の公務員の任免並びに全権委任状並びに大使及び公使の信任状を認証すること。
　六　大赦、特赦、減刑、刑の執行の免除及び復権を承認すること。
　七　栄典を授与すること。
　八　批准書及び法律の定めるその他の外交文書を認証すること。
　九　外国の大使及び公使を接受すること。
　一〇　儀式を行うこと。
③ 天皇は、法律の定めるところにより、前二項の行為を委任することができる。
④ 天皇の国事に関するすべての行為には、内閣の助言と承認を必要とし、内閣がその責任を負う。
第七条（摂政）
① 皇室典範の定めるところにより摂政を置くときは、摂政は、天皇の名で、その国事に関する行為を行う。
② 第四条及び前条第四項の規定は、摂政について準用する。
第八条（皇室への財産の譲渡等の制限）
　皇室に財産を譲り渡し、又は皇室が財産を譲り受け、若しくは賜与するには、法律で定める場合を除き、国会の議決を経なければならない。

第二章　安全保障
第九条（平和主義）
　日本国民は、正義と秩序を基調とする国際平和を誠実に希求し、国権の発動たる戦争と、武力による威嚇又は武力の行使は、国際紛争を解決する手段としては、永久にこれを放棄する。
第九条の二（自衛軍）
① 我が国の平和と独立並びに国及び国民の安全を確保するため、内閣総理大臣を最高指揮権者とする自衛軍を保持する。
② 自衛軍は、前項の規定による任務を遂行するため

の活動を行うにつき、法律の定めるところにより、国会の承認その他の統制に服する。
③ 自衛軍は、第一項の規定による任務を遂行するための活動のほか、法律の定めるところにより、国際社会の平和と安全を確保するために国際的に協調して行われる活動及び緊急事態における公の秩序を維持し、又は国民の生命若しくは自由を守るための活動を行うことができる。
④ 前二項に定めるもののほか、自衛軍の組織及び統制に関する事項は、法律で定める。

第三章　国民の権利及び義務

第一〇条（日本国民）
　日本国民の要件は、法律で定める。

第一一条（基本的人権の享有）
　国民は、すべての基本的人権の享有を妨げられない。この憲法が国民に保障する基本的人権は、侵すことのできない永久の権利として、現在及び将来の国民に与えられる。

第一二条（国民の責務）
　この憲法が国民に保障する自由及び権利は、国民の不断の努力によって、保持しなければならない。国民は、これを濫用してはならないのであって、自由及び権利には責任及び義務が伴うことを自覚しつつ、常に交易及び公の秩序に反しないように自由を享受し、権利を行使する責務を負う。

第一三条（個人の尊重等）
　すべて国民は、個人として尊重される。生命、自由及び幸福追求に対する国民の権利については、公益及び公の秩序に反しない限り、立法その他の国政の上で、最大の尊重を必要とする。

第一四条（法の下の平等）
① すべて国民は、法の下に平等であって、人種、信条、性別、障害の有無、社会的身分又は門地により、政治的、経済的又は社会的関係において、差別されない。
② 華族その他の貴族の制度は、認めない。
③ 栄誉、勲章その他の栄典の授与は、いかなる特権も伴わない。栄典の授与は、現にこれを有し、又は将来これを受ける者の一代に限り、その効力を有する。

第一五条（公務員の選定及び罷免に関する権利等）
① 公務員を選定し、及び罷免することは、国民固有の権利である。
② すべて公務員は、全体の奉仕者であって、一部の奉仕者ではない。
③ 公務員の選挙については、成年者による普通選挙を保障する。
④ 選挙における投票の秘密は、侵してはならない。選挙人は、その選択に関し、公的にも私的にも責任を問われない。

第一六条（請願をする権利）
① 何人も、損害の救済、公務員の罷免、法律、命令又は規則の制定、廃止又は改正その他の事項に関し、平穏に請願する権利を有する。
② 請願をした者は、そのためにいかなる差別待遇も受けない。

第一七条（国等に対する賠償請求権）
　何人も、公務員の不法行為により損害を受けたときは、法律の定めるところにより、国又は公共団体に、その賠償を求めることができる。

第一八条（奴隷的拘束及び苦役からの自由）
① 何人も、いかなる奴隷的拘束も受けない。
② 何人も、犯罪による処罰の場合を除いては、その意に反する苦役に服させられない。

第一九条（思想及び良心の自由）
　思想及び良心の自由は、侵してはならない。

第一九条の二（個人情報の保護等）
① 何人も、自己に関する情報を不当に取得され、保有され、又は利用されない。
② 通信の秘密は、侵してはならない。

第二〇条（信教の自由）
① 信教の自由は、何人に対しても保障する。いかなる宗教団体も、国から特権を受け、又は政治上の権力を行使してはならない。
② 何人も、宗教上の行為、祝典、儀式又は行事に参加することを強制されない。
③ 国及び公共団体は、社会的儀礼又は習俗的行為の範囲を超える宗教教育その他の宗教的活動であって、宗教的意義を有し、特定の宗教に対する援助、助長若しくは促進又は圧迫若しくは干渉となるようなものを行ってはならない。

第二一条（表現の自由）
① 集会、結社及び言論、出版その他一切の表現の自由は、何人に対しても保障する。
② 検閲は、してはならない。

第二一条の二（国政上の行為に関する説明の責務）
　国は、国政の上の行為につき国民に説明する責務を負う。

第二二条（居住、移転及び職業選択等の自由等）
① 何人も、居住、移転及び職業選択の自由を有する。
② すべて国民は、外国に移住し、又は国籍を離脱する自由を侵されない。

第二三条（学問の自由）
　学問の自由は、何人に対しても保障する。

第二四条（婚姻及び家族に関する基本原則）
① 婚姻は、両性の合意のみに基づいて成立し、夫婦が同等の権利を有することを基本として、相互の協力により、維持されなければならない。
② 配偶者の選択、財産権、相続、住居の選定、離婚並びに婚姻及び家族に関するその他の事項に関しては、法律は、個人の尊厳と両性の本質的平等に立脚して、制定されなければならない。

2 憲法史料

第二五条（生存権等）
① すべて国民は、健康で文化的な最低限度の生活を営む権利を有する。
② 国は、国民生活のあらゆる側面について、社会福祉、社会保障及び公衆衛生の向上及び増進に努めなければならない。

第二五条の二（国の環境保全の責務）
国は、国民が良好な環境の恵沢を享受することができるようにその保全に努めなければならない。

第二五条の三（犯罪被害者の権利）
犯罪被害者は、その尊厳にふさわしい処遇を受ける権利を有する。

第二六条（教育に関する権利及び義務）
① すべて国民は、法律の定めるところにより、その能力に応じて、ひとしく教育を受ける権利を有する。
② すべて国民は、法律の定めるところにより、その保護する子に普通教育を受けさせる義務を負う。義務教育は、無償とする。

第二七条（勤労の権利及び義務）
① すべて国民は、勤労の権利を有し、義務を負う。
② 賃金、就業時間、休息その他の勤労条件に関する基準は、法律で定める。
③ 児童は、酷使してはならない。

第二八条（勤労者の団結権等）
勤労者の団結する権利及び団体交渉その他の団体行動をする権利は、保障する。

第二九条（財産権）
① 財産権は、侵してはならない。
② 財産権の内容は、公益及び公の秩序に適合するように、法律で定める。この場合において、知的財産権については、国民の知的想像力の向上及び活力ある社会の実現に留意しなければならない。
③ 私有財産は、正当な補償の下、公共のために用いることができる。

第三〇条（納税の義務）
国民は、法律の定めるところにより、納税の義務を負う。

第三一条（適正手続の保障）
何人も、法律の定める適正な手続によらなければ、その生命若しくは自由を奪われ、又はその他の刑罰を科せられない。

第三二条（裁判を受ける権利）
何人も、裁判所において裁判を受ける権利を奪われない。

第三三条（逮捕に関する手続の保障）
何人も、現行犯として逮捕される場合を除いては、裁判官が発し、かつ、理由となっている犯罪を明示する令状によらなければ、逮捕されない。

第三四条（拘留及び拘禁に関する手続の保障）
① 何人も、正当な理由がなく、若しくは理由を直ちに告げられることなく、又は直ちに弁護人に依頼する権利を与えられることなく、拘留され、又は拘禁されない。
② 拘禁された者は、拘禁の理由を直ちに本人及びその弁護人の出席する公開の法廷で示すことを求める権利を有する。

第三五条（住居等の不可侵）
① 何人も、正当な理由に基づいて発せられ、かつ、捜索する場所及び押収する物を明示する令状によらなければ、その住居、書類及び所持品について、侵入、捜索又は押収を受けない。ただし、第三三条の規定により逮捕される場合は、この限りでない。
② 前行本文の規定による捜索又は押収は、裁判官が発する各別の令状によって行う。

第三六条（拷問等の禁止）
公務員による拷問及び残虐な刑罰は、絶対に禁止する。

第三七条（刑事被告人の権利）
① すべて刑事事件においては、被告人は、公平な裁判所の迅速な公開裁判を受ける権利を有する。
② 被告人は、すべての証人に対して審問する機会を充分に与えられる権利及び公費で自己のために強制的手続により証人を求める権利を有する。
③ 被告人は、いかなる場合にも、資格を有する弁護人を依頼することができる。被告人自らがこれを依頼することができないときは、国でこれを付する。

第三八条（刑事事件における自白等）
① 何人も、自己に不利益な供述を強要されない。
② 拷問、脅迫その他の強制による自白又は不当に長く拘留され、若しくは拘禁された後の自白は、証拠とすることができない。
③ 何人も、自己に不利益な唯一の証拠が本人の自白である場合には、有罪とされない。

第三九条（遡及処罰等の禁止）
何人も、実行の時に適法であった行為又は既に無罪とされた行為については、刑事上の責任を問われない。同一の犯罪については、重ねて刑事上の責任を問われない。

第四〇条（刑事補償を求める権利）
何人も、拘留され、又は拘禁された後、無罪の裁判を受けたときは、法律の定めるところにより、国にその補償を求めることができる。

第四章　国会

第四一条（国会と立法権）
国会は、国権の最高機関であって、国の唯一の立法機関である。

第四二条（両議院）
国会は、衆議院及び参議院の両議院で構成する。

第四三条（両議院の組織）
① 両議院は、全国民を代表する選挙された議員で組織する。
② 両議院の議員の定数は、法律で定める。

第四四条（議院及び選挙人の資格）
　両議院の議員及びその選挙人の資格は、法律で定める。この場合においては、人種、信条、性別、障害の有無、社会的身分、門地、教育、財産又は収入によって差別してはならない。
第四五条（衆議院議員の任期）
　衆議院議員の任期は、四年とする。ただし、衆議院が解散された場合には、その期間満了前に終了する。
第四六条（参議院議員の任期）
　参議院議員の任期は、六年とし、三年ごとに議員の半数を改選する。
第四七条（選挙に関する事項）
　選挙区、投票の方法その他両議院の議員の選挙に関する事項は、法律で定める。
第四八条（両院議員兼職の禁止）
　何人も、同時に両議院の議員となることはできない。
第四九条（議員の歳費）
　両議院の議員は、法律の定めるところにより、国庫から相当額の歳費を受ける。
第五〇条（議員の不逮捕特権）
　両議院の議員は、法律の定める場合を除いては、国会の期間中逮捕されず、会期前に逮捕された議員は、その議院の要求があるときは、会期中釈放しなければならない。
第五一条（議員の免責特権）
　両議院の議員は、議院で行った演説、討論又は表決について、院外で責任を問われない。
第五二条（常会）
① 国会の常会は、毎年一回召集する。
② 常会の会期は、法律で定める。
第五三条（臨時会）
　内閣は、国会の臨時会の召集を決定することができる。いずれかの議院の総議員の四分の一以上の要求があれば、内閣は、その召集を決定しなければならない。
第五四条（衆議院の解散と衆議院議員の総選挙、特別会及び参議院の緊急集会）
① 第六九条の場合その他の場合の衆議院の解散は、内閣総理大臣が決定する。
② 衆議院が解散されたときは、解散の日から四〇日以内に、衆議院議員の総選挙を行い、その選挙の日から三〇日以内に、国会の特別会を招集しなければならない。
③ 衆議院が解散されたときは、参議院は、同時に閉会となる。ただし、内閣は、国に緊急の必要があるときは、参議院の緊急集会を求めることができる。
④ 前項ただし書の緊急集会において採られた措置は、臨時のものであって、次の国会開会の後一〇日以内に、衆議院の同意がない場合には、その効力を失う。
第五五条（資格争訟の裁判）
　両議院は、各々その議院の資格に関する争訟を裁判する。ただし、議院の議席を失わせるには、出席議員の三分の二以上の多数による議決を必要とする。
第五六条（表決及び定足数）
① 両議院の議事は、この憲法に特別の定めのある場合を除いては、出席議員の過半数で決し、可否同数のときは、議長の決するところによる。
② 両議院の議決は、各々その総議員の三分の一以上の出席がなければすることができない。
第五七条（会議及び会議録の公開等）
① 両議院の会議は、公開しなければならない。ただし、出席議員の三分の二以上の多数で議決したときは、秘密会を開くことができる。
② 両議院は、各々その会議の記録を保存し、秘密会の記録の中で特に秘密を要すると認められるものを除き、これを公表し、かつ、一般に頒布しなければならない。
③ 出席議員の五分の一以上の要求があるときは、各議員の表決を会議録に記載しなければならない。
第五八条（役員の選任並びに議員規則及び懲罰）
① 両議院は、各々その議長その他の役員を選任する。
② 両議院は、各々その会議その他の手続及び内部の規律に関する規則を定め、並びに院内の秩序を乱した議員を懲罰することができる。ただし、議院を除名するには、出席議院の三分の二以上の多数による議決を必要とする。
第五九条（法律案の議決及び衆議院の優越）
① 法律案は、この憲法に特別の定めのある場合を除いては、両議院で可決したとき法律となる。
② 衆議院で可決し、参議院でこれと異なった議決をした法律案は、衆議院で出席議員の三分の二以上の多数で再び可決したときは、法律となる。
③ 前項の規定は、法律の定めるところにより、衆議院が両議院の協議会を開くことを求めることを妨げない。
④ 参議院が、衆議院の可決した法律案を受け取った後、国会休会中の期間を除いて六〇日以内に、議決しないときは、衆議院は、参議院がその法律案を否決したものとみなすことができる。
第六〇条（予算案の議決等に関する衆議院の優越）
① 予算案は、先に衆議院に提出しなければならない。
② 予算案について、参議院で衆議院と異なった議決をした場合において、法律の定めるところにより、両議院の協議会を開いても意見が一致しないとき、又は参議院が、衆議院の可決した予算案を受け取った後、国会休会中の期間を除いて三〇日以内に、議決しないときは、衆議院の議決を国会の議決とする。
第六一条（条約の承認に関する衆議院の優越）
　条約の締結に必要な国会の承認については、前条第二項の規定を準用する。
第六二条（議院の国政調査権）
　両議院は、各々国政に関する調査を行い、これに関して、証人の出頭及び証言並びに記録の提出を要求す

89

ることができる。
第六三条（国務大臣の議院出席の権利及び義務）
① 内閣総理大臣その他の国務大臣は、両議院のいずれかに議席を有すると有しないとにかかわらず、いつでも議案について発言するため議院に出席することができる。
② 内閣総理大臣その他の国務大臣は、答弁又は説明のため議院から出席を求められたときは、職務の遂行上やむを得ない事情がある場合を除き、出席しなければならない。
第六四条（弾劾裁判所）
① 国会は、罷免の訴追を受けた裁判官を裁判するため、両議院の議員で組織する弾劾裁判所を設ける。
② 弾劾に関する事項は、法律で定める。
第六四条の二（政党）
① 国は、政党が議会制民主主義に不可欠の存在であることにかんがみ、その活動の公正の確保及びその健全な発展に努めなければならない。
② 政党の政治活動の自由は、制限してはならない。
③ 前二項に定めるもののほか、政党に関する事項は、法律で定める。

第五章　内閣

第六五条（内閣と行政権）
　行政権は、この憲法に特別の定めのある場合を除き、内閣に属する。
第六六条（内閣の組織及び国会に対する責任）
① 内閣は、法律の定めるところにより、その首長たる内閣総理大臣及びその他の国務大臣で組織する。
② 内閣総理大臣その他の国務大臣は、文民でなければならない。
③ 内閣は、行政権の行使について、国会に対し連帯して責任を負う。
第六七条（内閣総理大臣の指名及び衆議院の優越）
① 内閣総理大臣は、国会議員の中から国会が指名する。
② 国会は、他のすべての案件に先立って、前項の指名を行わなければならない。
③ 衆議院と参議院とが異なった指名をした場合において、法律の定めるところにより、両議院の協議会を開いても意見が一致しないとき、又は衆議院が指名をした後、国会休会中の期間を除いて一〇日以内に、参議院が指名しないときは、衆議院の指名を国会の指名とする。
第六八条（国務大臣の任免）
① 内閣総理大臣は、国務大臣を任命する。この場合においては、その過半数は、国会議員の中から選ばれなければならない。
② 内閣総理大臣は、任意に国務大臣を罷免することができる。
第六九条（内閣の不信任と総辞職）
　内閣は、衆議院が不信任の決議案を可決し、又は信任の決議案を否決したときは、一〇日以内に衆議院が解散されない限り、総辞職をしなければならない。
第七〇条（内閣総理大臣が欠けたとき等の内閣の総辞職）
　内閣総理大臣が欠けたとき、又は衆議院議員の総選挙の後に初めて国会召集があったときは、内閣は、総辞職をしなければならない。
第七一条（総辞職後の内閣）
　前二条の場合には、内閣は、新たに内閣総理大臣が任命されるまで引き続きその職務を行う。
第七二条（内閣総理大臣の職務）
① 内閣総理大臣は、行政各部を指揮監督し、その総合調整を行う。
② 内閣総理大臣は、内閣を代表して、議案を国会に提出し、並びに一般国務及び外交関係について国会に報告する。
第七三条（内閣の職務）
　内閣は、他の一般行政事務のほか、次に掲げる事務を行う。
　一　法律を誠実に執行し、国務を総理すること。
　二　外交関係を処理すること。
　三　条約を締結すること。ただし、事前に、時宜によっては事後に、国会の承認を経ることを必要とする。
　四　法律の定める基準に従い、国の公務員に関する事務を掌理すること。
　五　予算案及び法律案を作成して国会に提出すること。
　六　法律の規定に基づき、政令を制定すること。ただし、政令には、特にその法律の委任がある場合を除いては、義務を課し、又は権利を制限する規定を設けることができない。
　七　大赦、特赦、減刑、刑の執行の免除及び復権を決定すること。
第七四条（法律および政令への署名）
　法律及び政令には、すべて主任の国務大臣が署名し、内閣総理大臣が連署することを必要とする。
第七五条（国務大臣の特権）
　国務大臣は、その存在中、内閣総理大臣の同意がなければ、訴追されない。ただし、訴追の権利は、これにより害されない。

第六章　司法

第七六条（裁判所と司法権）
① すべて司法権は、最高裁判所及び法律の定めるところにより設置する下級裁判所に属する。
② 特別裁判所は、設置することができない。行政機関は、終審として裁判を行うことができない。
③ 軍事に関する裁判を行うため、法律の定めるところにより、下級裁判所として、軍事裁判所を設置する。
④ すべて裁判官は、その良心に従い独立してその職

務を行い、この憲法及び法律にのみ拘束される。
第七七条（最高裁判所の規則制定権）
① 最高裁判所は、裁判に関する手続、弁護士、裁判所の内部規律及び司法事務処理に関する事項について、規則を定める権限を有する。
② 検察官、弁護士その他の裁判に関わる者は、最高裁判所の定める規定に従わなければならない。
③ 最高裁判所は、下級裁判所に関する規則を定める権限を、下級裁判所に委任することができる。
第七八条（裁判官の身分保障）
裁判官は、次条第三項に規定する場合及び心身の故障のために職務を執ることができないと裁判により決定された場合を除いては、公の弾劾によらなければ罷免されない。行政機関は、裁判官の懲戒処分を行うことができない。
第七九条（最高裁判所の裁判官）
① 最高裁判所は、その長たる裁判官及び法律の定める員数のその他の裁判官で構成し、最高裁判所の長たる裁判官以外の裁判官は、内閣が任命する。
② 最高裁判所の裁判官は、その任命後、法律の定めるところにより、国民の審査を受けなければならない。
③ 前項の審査において罷免すべきとされた裁判官は、罷免される。
④ 最高裁判所の裁判官は、法律の定める年齢に達した時に退官する。
⑤ 最高裁判所の裁判官は、すべて定期に相当額の報酬を受ける。この報酬は、在任中、やむを得ない事由により法律をもって行う場合であって、裁判官の職権行使の独立を害するおそれがないときを除き、減額することができない。
第八〇条（下級裁判所の裁判官）
① 下級裁判所の裁判官は、最高裁判所の指名した者の名簿によって、内閣が任命する。その裁判官は、任期を一〇年とし、再任されることができる。ただし、法律の定める年齢に達した時には退官する。
② 前条第五項の規定は、下級裁判所の裁判官の報酬について準用する。
第八一条（法令審査権と最高裁判所）
最高裁判所は、一切の法律、命令、規則又は処分が憲法に適合するかしないかを決定する権利を有する終審裁判所である。
第八二条（裁判の公開）
① 裁判の対審及び判決は、公開法廷で行う。
② 裁判所が、裁判官の全員一致で、公の秩序又は善良の風俗を害するおそれがあると決した場合には、対審は、公開しないで行うことができる。ただし、政治犯罪、出版に関する犯罪又は第三章で保障する国民の権利が問題となっている事件の対審は、常に公開しなければならない。

第七章　財政

第八三条（財政の基本原則）
① 国の財政を処理する権限は、国会の議決に基いて行使しなければならない。
② 財政の健全性の確保は、常に配慮されなければならない。
第八四条（租税法律主義）
租税を新たに課し、又は変更するには、法律の定めるところによることを必要とする。
第八五条（国費の支出及び国の債務負担）
国費を支出し、又は国が債務を負担するには、国会の議決に基づくことを必要とする。
第八六条（予算）
① 内閣は、毎会計年度の予算案を作成し、国会に提出して、その審議を受け、議決を経なければならない。
② 当該会計年度開始前に前項の議決がなかったときは、内閣は、法律の定めるところにより、同項の議決を経るまでの間、必要な支出をすることができる。
③ 前項の規定による支出については、内閣は、事後に国会の承諾を得なければならない。
第八七条（予備費）
① 予見し難い予算の不足に充てるため、国会の議決に基づいて予備費を設け、内閣の責任でこれを支出することができる。
② すべて予備費の支出については、内閣は、事後に国会の承諾を得なければならない。
第八八条（皇室財産及び皇室の費用）
すべて皇室財産は、国に属する。すべて皇室の費用は、予算案に計上して国会の議決を経なければならない。
第八九条（公の財産の支出及び利用の制限）
① 公金その他の公の財産は、第二〇条第三項の規定による制限を超えて、宗教的活動を行う組織又は団体の使用、便益若しくは維持のため、支出し、又はその利用に供してはならない。
② 公金その他の公の財産は、国若しくは公共団体の監督が及ばない慈善、教育若しくは博愛の事業に対して支出し、又はその利用に供してはならない。
第九〇条（決算の承認）
① 内閣は、国の収入支出の決算について、すべて毎年会計検査院の検査を受け、法律の定めるところにより、次の年度にその検査報告とともに国会に提出し、その承認を受けなければならない。
② 会計検査院の組織及び権限は、法律で定める。
第九一条（財政状況の報告）
内閣は、国会及び国民に対し、定期に、少なくとも毎年一回、国の財政状況について報告しなければならない。

第八章　地方自治

第九一条の二（地方自治の本旨）
① 地方自治は、住民の参画を基本とし、住民に身近

2 憲法史料

な行政を自主的、自立的かつ総合的に実施すること
を旨として行う。
② 住民は、その属する地方自治体の役務の提供をひ
としく受ける権利を有し、その負担を公正に分任す
る義務を負う。
第九一条の三（地方自治体の種類等）
① 地方自治体は、基礎地方自治体及びこれを包括し、
補完する広域地方自治体とする。
② 地方自治体の組織及び運営に関する基本的事項は、
地方自治の本旨に基づいて、法律で定める。
第九二条（国及び地方自治体の相互の協力）
　国及び地方自治体は、地方自治の本旨に基づき、適
切な役割分担を踏まえて、相互に協力しなければなら
ない。
第九三条（地方自治体の機関及び直接選挙）
① 地方自治体には、法律の定めるところにより、条
例その他重要事項を議決する機関として、議会を設
置する。
② 地方自治体の長、議会の議員及び法律の定めるそ
の他の公務員は、当該地方自治体の住民が、直接選
挙する。
第九四条（地方自治体の権能）
　地方自治体は、その事務を処理する権能を有し、法
律の範囲内で条例を制定することができる。
第九四条の二（地方自治体の財務及び国の財務措置）
① 地方自治体の経費は、その分担する役割及び責任
に応じ、条例の定めるところにより課する地方税の
ほか、当該地方自治体が自主的に使途を定めること
ができる財産をもってその財務に充てることを基本
とする。
② 国は、地方自治の本旨及び前項の趣旨に基づき、
地方自治体の行うべき役務の提供が確保されるよう、
法律の定めるところにより、必要な財政上の措置を
講ずる。
③ 第八三条第二項の規定、地方自治について準用す
る。
第九五条　削除
第九章　改正
第九六条
① この憲法の改正は、衆議院又は参議院の議員の発
議に基づき、各議院の総議員の過半数の賛成で国会
が議決し、国民に提案してその承認を経なければな
らない。この承認には、特別の国民投票において、
その過半数の賛成を必要とする。
② 憲法改正について前項の承認を経たときは、天皇
は、国民の名で、この憲法と一体であるものとして、
直ちに憲法改正を公布する。
第一〇章　最高法規
第九七条（基本的人権の意義）
　この憲法が日本国民に保障する基本的人権は、人類
の多年にわたる自由獲得の努力の成果であって、これ

らの権利は、過去幾多の試練に堪え、現在及び将来の
国民に対し侵すことのできない永久の権利として信託
されたものである。
第九八条（憲法の最高法規性等）
① この憲法は、国の最高法規であって、その条規に
反する法律、命令、詔勅及び国務に関するその他の
行為の全部又は一部は、その効力を有しない。
② 日本国が締結した条約及び確立された国際法規は、
これを誠実に遵守することを必要とする。
第九九条（憲法尊重擁護義務）
　天皇又は摂政及び国務大臣、国会議員、裁判官その
他の公務員は、この憲法を尊重し擁護する義務を負う。
　（注）新憲法草案の条文番号は、現段階では、参照
の便宜のため現行憲法とそろえた。
［自由民主党］

29 民主党憲法調査会「憲法提言」
2005年10月31日

1．未来志向の憲法を構想する
1．憲法論議の土台を明確にし、未来志向の新しい憲
法を構想する
　多くの国民は、日本国憲法が戦後の平和国家日本の確
立と持続に極めて大きな役割を果たすとともに、人権
意識や民主主義をこの国に深く根づかせる土台となっ
てきたことを認識している。これを踏まえ、私たちは、
日本国憲法の根本規範に基づいて築き上げてきたもの
に誇りを持ち、それを堅持しつつ、さらにそれらを強
化・発展させるために求められるのは何かという出発
点に立って議論を進めている。
　昨今、憲法論議が徐々に盛り上がってきている状況を、
私たちは歓迎している。その中でいま、求められてい
ることは、21世紀の新しい時代を迎えて、未来志向の
憲法構想を、勇気をもって打ち立てるということであ
る。それは、現在の日本国憲法が掲げる基本理念を踏
まえて、それらをいかに深化・発展させるかというこ
とであり、新たな時代にふさわしい「新しい国のかた
ち」を国民と共有することに他ならない。
2．新しい憲法の構成
　そもそも憲法とは、主権者である国民が、国家機構等
に公権力を委ねるとともに、その限界を設け、これを
みずからの監視下に置き、コントロールするための基
本ルールのことである。同時に、これからの憲法を考
えるに際しては、憲法のこうした固有の役割に加えて、
憲法それ自体が国民統合の価値を体現するものである
とともに、国際社会と共存し、平和国家としてのメッ
セージを率先して発信しなくてはならない。
　未来志向の憲法は、国家権力の恣意的行使や一方的な
暴力を抑制すること、あるいは国家権力からの自由を

確保することにとどまらず、これに加えて、国民の意思を表明し、世界に対して国のあり方を示す一種の「宣言」としての意味合いを強く持つものである。そしてその構成は、日本国民の「精神」あるいは「意志」を謳った部分と、人間の自立を支え、社会の安全を確保する国（中央政府及び地方政府）の活動を律する「枠組み」あるいは「ルール」を謳った部分の二つから構成される。

3．新しい憲法がめざす五つの基本目標
私たちは、こうした二つの性質を合わせ持つ新しい憲法は、以下の五つの基本目標を達成するものでなければならないと考えている。これはまた、民主党が五年間の憲法論議を通じて獲得し、共有した価値でもある。
① 自立と共生を基礎とする国民が、みずから参画し責任を負う新たな国民主権社会を構築すること。
② 世界人権宣言及び国際人権規約をはじめとする普遍的な人権保障を確立し、併せて、環境権、知る権利、生命倫理などの「新しい人権」を確立すること。
③ 日本からの世界に対するメッセージとしての「環境国家」への道を示すとともに、国際社会と協働する「平和創造国家」日本を再構築すること。
④ 活気に満ち主体性を持った国の統治機構の確立と、民の自立力と共同の力に基礎を置いた「分権国家」を創出すること。
⑤ 日本の伝統と文化の尊重とその可能性を追求し、併せて個人、家族、コミュニティ、地方自治体、国家、国際社会の適切な関係の樹立、すなわち重層的な共同体的価値意識の形成を促進すること。

4．憲法の「空洞化」を阻止し、「法の支配」を取り戻す
私たちは曖昧さのつきまとう憲法解釈が、国際社会の要請や時代の変化に鋭く反応する気概をこの国の人々から喪失させているのではないかという懸念を抱いている。その上、日本ではいま、既成事実をさらに積み重ねて憲法の「形骸化」を目論む動きがある。
とりわけ、今日われわれが目撃しているわが国の憲法の姿は、その時々の政権の恣意的解釈によって、憲法の運用が左右されているという現実である。同一の内閣においてすら、憲法解釈が平然と変更されて、いまや憲法の「空洞化」が叫ばれるほどになっている。いま最も必要なことは、この傾向に歯止めをかけて、憲法を鍛え直し、「法の支配」を取り戻すことである。

5．憲法を国民の手に取り戻すために
私たちは、当面する課題として、憲法改正手続法制・国民投票法制の整備にとりかからなくてはならない。しかも、国民に開かれた形で、これらの議論を進めていかなければならない。
未来志向の憲法を打ち立てる際には、国民の強い意志がそこに反映されなくてはならない。しかし、日本ではこれまで、憲法制定や改正において、日本国民の意思がそのまま反映される国民投票を一度も経験したことがない。私たちは、憲法を国民の手に取り戻すために、国民による直接的な意思の表明と選択が何よりも大事であることを強く受け止めている。

6．大いなる憲法論議のための「提言」をもって行動する
ここにとりまとめた「憲法提言」は、その大いなる国民的議論に資するための1つの素材を提供するものである。
憲法についてそれぞれの想いで意見を発露することは必要だが、それだけでは現実の憲法を変えることはできない。
多様な憲法論議を踏まえて何らかの改革を行おうとするならば、衆参各院において国会議員の3分2以上の合意を達成し、かつ国民多数の賛同を得るのでなければならない。政党や国会議員は、みずからの意見表明にとどまることなく、国会としてのコンセンサスと国民多数の賛同をどう取りつけていくのかに向けて真摯に努力していくことが求められている。
そもそも、憲法の姿を決定する権限を最終的に有しているのは、政党でも議会でもなく、国民である。今後はさらに、憲法を制定する当事者である国民の議論を大いに喚起していくことが重要である。民主党はその先頭に立って、国民との憲法対話を精力的に推し進めていく決意である。

2．国民主権が活きる新たな統治機構の創出のために

官主導の統治制度と決別して、民主導の新しい統治制度へ移行する。政府の統治機構については、「国民主権の徹底」と「権力分立の明確化」を基本に、（1）首相主導の政府運営の確立、（2）国民の付託を受けた国会の行政監視機能を拡充強化、（3）違憲審査機能の充実、を柱に検討しとりまとめた。とりわけ、行政監視院の設置や国政調査権の拡充など議会による行政監視機能の整備を通じて、「議会の復権」もしくは「国会の活性化」を可能とするための改革提案を行う。

1．首相（内閣総理大臣）主導の政府運営の実現
現行憲法では、第65条で「行政権は内閣に属する」となっており、かつ第66条第3項で内閣はその行使について「連帯して責任を負う」こととなっている。そのため、全会一致の閣議決定に権限行使が委ねられており、第66条第1項にいう「首長」としての内閣総理大臣のリーダーシップが強く制限されてきた。
首相（内閣総理大臣）主導の政府運営の確立のため、統一的な政策を決定し、様々な行政機関を指揮監督してその総合調整をはかる「執政権（executive power）」を内閣総理大臣に持たせ、執政権を有する首相（内閣総理大臣）が内閣を構成し、「行政権（administrative power）を統括することとする。
① 憲法第5章（「内閣」）における主体を「内閣総理大臣」とするとともに、第65条における「行政権」を「執政権」に切り替え、首長としての内閣総理大

2 憲法史料

臣の地位と行政を指揮監督する首相（内閣総理大臣）の権限を明確にする。
② 政治主導・内閣主導の政治を実現するため、内閣法や国家行政組織法など憲法附属法の見直しを行い、政治任用を柔軟なものにし、首相の行政組織権を明確なものにする。
③ 現行の政官癒着の構造を断ち切り、個々の議員と官僚の接触を禁止するなどの「政官関係のあり方」についてさらに検討し、その規定を明確にする。

2．議会の機能強化と政府・行政監視機能の充実

政府に対する国民のコントロール権限が十分に発揮されるよう、議会の「政府・行政監視機能」を大幅に拡充する必要がある。このため、議会を単なる法案審議の場とするのではなく、今日の複雑な行財政システムや対外関係を律することが可能な専門的情報管理とチェック権能を果たすための仕組みに拡充していく。さらに、現行の国政調査権をより活用できる仕組みを確立するとともに、二院制についても、決算・行政監視の充実など専門的・総合的な機能を兼ね備えた参議院制度の確立を目指すなどの見直しが必要である。ただし、この二院制の見直しに際しては、分権改革との関連や二大政党システムの確立と併せて検討されるべきである。

① 行政府の活動に関する評価機能をも併せ持った「行政監視院」を設置するなど、専門的な行政監視機構を整備する。政府から独立した第三者機関とするのか、議会の下に設置するのかについては、さらに検討を要する。
② 憲法上の規定があいまいなまま現在の行政府が所管しているいわゆる独立行政委員会については、その準司法的機関としての性格を踏まえ、内閣とは別の位置づけを明確にする。その上で、それらに対する議会による同意と監視の機能を整備する。
③ 国政調査権を少数でも行使可能なものにし、議会によるチェック機能を強化する。
④ 二院制を維持しつつ、その役割を明確にし、議会の活性化につなげる。例えば、予算は衆議院、決算と行政監視は参議院といった役割分担を明確にするとともに、各院の選挙制度についても再検討する。
⑤ 政党については、議会制民主主義を支える重要な役割を鑑み、憲法上に位置づけることを踏まえながら、必要な法整備をはかる。
⑥ 選挙制度については、政治家や政党の利害関係に左右されないよう、その基本的枠組みについて憲法上に規定を設ける。

3．違憲審査機能の強化及び憲法秩序維持機能の拡充

最高裁判所による違憲判断の事例が極めて少ないことから、わが国の司法の態度は自己抑制的であり、消極的すぎるとの批判を受けてきた。
司法消極主義の下で繰り返されてきた政府・内閣法制局の憲法解釈を許さず、憲法に対する国民の信頼を取り戻し、憲法秩序をより確かな形で維持するため、違憲立法審査を専門に行う憲法裁判所の設置を検討する。国家非常事態における首相（内閣総理大臣）の解散権の制限など、憲法秩序の下で政府の行動が制約されるよう、国家緊急権を憲法上明示しておくことも、重ねて議論を要する。

① 新たに憲法裁判所を設置するなど違憲審査機能の拡充をはかる。
② 行政訴訟法制の大胆な見直しを進めると同時に、憲法に幅広い国民の訴訟権を明示する。
③ 国家緊急権を憲法上明示し、非常事態においても、国民主権や基本的人権の尊重などが侵されることなく、その憲法秩序が確保されるよう、その仕組みを明確にしておく。

4．公会計、財政に関する諸規定の整備・導入

現行憲法では、公会計や財政処理に関する規定が明確ではなく、その責任もあいまいなまま放置されている。しかし、憲法の基本原理たる国民主権の本来の姿は、税の徴収と使用に対する国民監視がその根底にあり、この点を明確にすることは憲法の基本原理にもかかわる重要なことである。官僚や時々の政府の恣意的な財政支出や会計システムの利用を許さず、税に対する国民監視を強化する意味でも、先の「行政監視院」の設置と合わせて、公会計や財政責任に関する規定を明確にしておくことが重要である。また、中央銀行の位置づけについては、引き続き検討する。

① 責任の所在があいまいな現行の国の財政処理の権限については、国会の議決に基づいて、内閣総理大臣が行使することを明確にする。
② 内閣総理大臣は、国の財政状況、現在及び将来の国民に与える影響の予測について、国会への報告を義務付ける。また、予算については、複数年度にわたる財政計画を国会に報告し、承認を得る。
③ 会計検査院（または新たに設置された行政監視院等）の報告を受けた国会は内閣に対して勧告を行い、内閣はこの勧告に応じて必要な措置を講ずることを明記する。

5．国民投票制度の検討

現在、憲法改正に係る国民投票制度の在り方について、検討作業が進められているが、この制度自体は、直接民主主義に関わるものであり、より広汎な検討が必要とされるものである。こうした観点から、例えば、「主権の委譲」を伴う国際機構への参加や、重大な外交関係の変更などに関して、また特定地域の住民に特別の強い影響を及ぼす法制度の改革などに関して、国民投票制度の整備を行うことが必要である。

① 議会政治を補完するものとして、国民の意見を直接問う国民投票制度の拡充を検討する。

3．「人間の尊厳」の尊重と「共同の責務」の確立をめざして

1．まず、「人間の尊厳」を尊重する

人間は自然の一部であり、命があり、自由な主体性を持っているが故に尊厳がある。
「人間の尊厳」を尊重するとは、自然を守り、命あるものを守り、他者の自由な主体性をも守ることである。これを基礎として、現行憲法に明記されている人権保障を踏まえて、さらに新しい時代にふさわしいものへと進化させていく必要がある。
日本国憲法の根本規範の1つである基本的人権の尊重を、抽象的な権利の主張としてではなく、日本社会に暮らす一人ひとりの人間としての「尊厳」を具体的な権利の主張として受け止める必要がある。
とりわけ、「人間の尊厳」を破壊する暴力については、国家と個人の関係はともより、個人と個人の私的な関係においても、これを厳格に禁止すべきである。
また、「すべての人間は、生まれながらにして自由であり、かつ、尊厳と権利とについて平等である」との世界人権宣言第1条のこの規定の根底には、「人間の尊厳」(国連憲章前文)の尊重を人権保障のための第1原理として据える確乎たる思想がある。それは今日、国際人権保障体制との協力の下で達成されうるものであることを再確認する。
この普遍的な考えの上に立ち、特に、以下の人権に係る規定を置く。
(1) 生命倫理および生命に対する権利を明確にする。
人権保障の根本原理として「人間の尊厳は侵すことができない」という考えのもと、「生命に対する権利」を明確にする。
① 身体と精神に対する、本人の意思に反したさまざまな侵害を排除する権利である人体の統合の不可侵、人体とその一部の利用は、無償の提供によってのみ許されるという人体要素の無償原則、人体とその一部に関する情報の収集、保存、利用に対する個人のプライバシー保護を憲法上明確にする。
② 生殖医療及び遺伝子技術の濫用からの保護を明確にする。
③ 自らの生命や生活に関して、本人自身が決定できる自己決定権については、憲法上保障する権利の内容を検討し明確にすべきである。
(2) あらゆる暴力からの保護を明確にする。
現代社会における暴力は、配偶者間・親子間・子どもの折檻などのドメスティック・バイオレンスや、異性間におけるセクシャル・ハラスメント等あるいは国際的な人身売買など、その理由、形態は多様である。あらゆる「人間の尊厳」を破壊する個人的・社会的暴力を厳格に禁止する旨を明確にする。
(3) 犯罪被害者の人権を擁護する。
「人間の尊厳」の尊重の観点を踏まえ、何らかの表現で憲法に犯罪被害者の権利を明確にする。一方で、国家からの人身の自由を大前提とし、死刑制度廃止の是非についても検討をすべきである。
(4) 子どもの権利と子どもの発達を保障する。

子どもを独立した人格の担い手として認め、「人間の尊厳」の尊重の観点から、その権利を明記する。また、「人間の尊厳」の尊重の基盤としての「教育への権利」を明確にし、良好な家庭的環境で成長するための施策も含め「国及び地方公共団体並びに保護者、地域等の教育に関する責務ないし責任」を明確にする。
(5) 外国人の人権を保障する。
「人間の尊厳」の尊重はすべての人びとに保障されるとの観点に立ち、外国人の人権及び庇護権と難民の権利を憲法上明確にする。また、公的社会への参画の権利等について検討する。
(6) 信教の自由を確保し、政教分離の原則を厳格に維持する。
信教の自由を「人間の尊厳」の保障に係るものとして位置づけ、かつ宗教団体と政党との関係、公の機関と宗教的活動との関係などに関して政教分離の厳格な規定を設ける。
(7) あらゆる差別をなくす規定を検討する。
「差別」は「人間の尊厳」を侵害するものである故に、「差別」はしてはならない。
日本では、法律のレベルにおいても「差別」に対する厳格な規定をするものがあまりなく、このため人権保障が形骸化しているケースも少なくない。実質的な人権保障ができるよう、憲法上の規定のあり方を検討すべきである。
(8) 人権保障のための第三者機関を設置する。
人権侵害の状況に対する不断の監視と、人権の実現のためのサポートシステムとして独立性の高い国内人権保障機関の設置を憲法上明確にする。
2．「共同の責務」を果たす社会へ向かう
権利だけで社会は維持できないが、だからと言って、「義務」を強調することで社会の統合力が高まるわけでもない。「納税の義務」「法に従う義務」などが法的拘束力の有する「義務」として、一般に挙げられる。
しかし、環境保全の場合のような社会的広がりを持つ社会共通の切実な課題については、国、地方公共団体、企業その他の中間団体、および家族・コミュニティや個人の協力がなければ達成し得ないものである。
われわれは、これらの課題に挑戦するものとして、国民の義務という概念に代えて、「共同の責務」という考えを提示したいと考える。いま、地域(国)や世代の対立を超えて、人権あるいは環境についてこれを良好に維持する「責務」を「共同」で果たし、互いに権利を思いやりながら暮らしていける社会の実現を目指すものである。
それはまた、＜国家と個人の対立＞や＜社会と個人の対立＞を前提に個人の権利を位置づける考えに立つのではなく、国家と社会と個人の協力の総和が「人間の尊厳」
を保障することを改めて確認する。
(1) 環境優先の思想を宣言する。

2 憲法史料

より環境を重視するとの観点に立ち、憲法において「地球環境」保全及び「環境優先」の思想について言及することが望ましい。

（2）人権・環境の維持向上のための「共同の責務」を果たすことから始める。

自然環境の維持・向上は、個人の権利としては馴染みがたく、かつ個人や行政の義務だけでも果たし得ない。国・企業その他の中間団体並びに家族やコミュニティ及び国民の「責務」を同時に明確にする。

（3）現在生きる人の利害だけでなく、将来の人々に対する責務も果たす。

世代間の負担の公平を確保し、優れた自然や環境を将来世代へ引き継ぐことの責務を明らかにして、目先の利害に囚われることなく、「未来への責任」を果たしていくことを明確にする。

（4）公共のための財産権の制約を明確にする。

財産権の見直しを行い、土地資源や自然エネルギー資源、公共的な価値を認めて利用と処分についての制限を設ける。例えば、都市景観については、適正な制限の下に調和した土地利用がなされる必要がある。これによって、良好な共同資源の維持の責務を果たすことができるようにする。なお、憲法において、適正手続の明確化と判例において曖昧に用いられてきた「正当な補償の下に」という文言の明確化を行い、制約基準を明確にする。

（5）曖昧な「公共の福祉」を再定義する。

日本社会では、国際人権規約委員会が指摘している通り、「公共の福祉」概念が曖昧であり、それが人権制約にかかる恣意的解釈を許している。現行憲法に関して言えば、そもそも、自由権から財産権まで、質の異なる基本権について「公共の福祉」という同一の用語でもって何らかの制限を課そうとするところに無理があると思われる。個人の自由で自律的な人生選択にかかわる基底的な基本権とその他の基本権とを区分し、その区分に基づいて「公共の福祉」について再定義する必要がある。

すなわち、人権の制約原理としての「公共の福祉」概念については、人権相互の調整原理と、社会的価値の実現もしくは確保のための「公共の福祉」とを明確に区分して再検討する。内面的自由の確保を核とする自由権に対する制約は、これを人権相互の調整の必要のある範囲内でのことに限定し、より厳格な審査基準を設けて公権力による恣意性を一切排除する必要がある。これに対して、例えば、経済活動に関する権利のような社会的権利については、公共目的による「合理的な」制約を認めることも原理的に可能とすべきである。また特に、財産権に関連し、その財産の性質によっては「公共の福祉」に服すべき場合がより強く想定されるものについて、その制約原理や基準を憲法上明確にすることが必要である。

3．情報社会と価値意識の変化に対応する「新しい人権」を確立する

日本国憲法は人権に関する優れた規定を設けている。しかし、急激な社会変化や価値観の変容に伴い、憲法制定時には予想していなかった権利や利益を保障することの必要が指摘されるに至っている。21世紀の新たな時代に求められる「新しい権利」の構築と憲法上の位置づけについて整理すべきである。とりわけ、高度情報社会にともなう社会変動に対応するため、「人間の尊厳」の維持にとって不可欠な権利の確立が求められており、権利に関する創造的な思考に基づき、新たな提言を行う。

（1）国民の「知る権利」を位置づける。

国民の「知る権利」を憲法上の権利とし、行政機関や公共性を有する団体に対する情報アクセス権を明確にする。

（2）情報社会に対応するプライバシー権を確立する。

従来「プライバシーの権利」として扱われてきた権利問題も、伝統的なプライバシーの観点からでは捉えきれない新たな問題を提起している。とりわけ、自己情報保護の観点からの再整理を行い、その権利性を明確にする必要がある。

（3）情報社会におけるリテラシー（読み解く能力）を確保し、対話の権利を保障する。

人は誰でも、コミュニケーションの主体として尊重かつ保障され、他者との交信・協働が支援される権利を有するという意味の「対話する権利」なるものを組み立てる。

具体的に、現行の行政手続法との関連を踏まえて、行政に対する回答請求権を確立して、対話する権利を保障することなどを検討する。同時に、情報リテラシー問題の発生や生涯学習社会の到来に対応し、人間の潜在能力の開発を支援することを国の責務とする、「学習権」の概念を確立し、それを明確にする。

（4）勤労の権利を再定義し、国や社会の責務を明確にする。

価値観、ライフスタイルの多様化を受けて、「労働の権利」及び「職業選択の自由」の再定義を行う。とりわけ、個々人の職業選択の自由を具現化するための自由な労働市場の確保、職業訓練機会の保障などに関する国及び企業等の責務を明確にする。

また、報酬を得て行う労働ばかりでなく、無償労働（アンペイドワーク、ボランティア活動）への参加の保障を憲法上、明確にすべきである。

（5）知的財産権を憲法上明確にする。

高度情報化社会により情報の流通が多元化・複雑化している現在、新たな検討課題として、「知的財産権」を整備する必要がある。知的財産権には、著作上・芸術上の財産権のほか、広く特許権や商標権などを含む考えもある。こうした知的財産権も含めて憲法上、明確にしていくべきである。

4．国際人権保障の確立
今日、人権の実現と保障は「国際社会の共通の利益」と認識されており、日本における人権保障もまた、憲法とともに国際人権規範によって支えられている。国連憲章は「人権と基本的自由を尊重するよう助長すること」を国際連合の目的として掲げている。また、この目的の実現のために加盟国が国連と協力して共同及び個別の行動をとることを求めている。そして、そのもとに国連人権委員会を設置して、世界人権宣言を起草し、国際人権規約を作成した。日本における人権保障もこうした国際規範の発展とともに展開されている。未批准のまま放置することなく、国際条約に対応する国内措置を迅速に執ることを通じて、国際基準に見合った人権保障体制を確立する必要がある。
（1）「国際人権規範」の尊重を明確に謳う。
憲法の中の司法に関する項に、「国際人権法」等の尊重を明確にする。
（2）国際人権規範に対応する国内措置を義務づける。
憲法の最高法規及び条約に関する項に、国際条約の尊重・遵守義務に加えて、それに対応する「適切な国内措置」を講ずる義務を明確にする。

4．多様性に満ちた分権社会の実現に向けて
1．分権社会の創造に向けた基本的考え
現行憲法は、政治的民主化の一環として地方自治について4か条の原則的規定を定めた。しかし、その後も戦前と同様の機関委任事務制度が長く続いたことをはじめとして、自治体の組織・運営・財政の全般にわたって国の法律によるがんじがらめの統制が行われてきた。また、大半の地方自治体関係者もこれに甘んじてきたことや、中央政府が自らの事務や権限を一貫して肥大させ続けてきたことなどが、真の意味での地方自治の定着や自治の文化の形成を妨げてきた。これよって、中央集権と画一主義の弊害が強まり、いまや「分権改革」を求める声が国民世論ともなっている。
中央集権的な行政の形と政策展開は見直すべきである。地域自らの創意工夫が活かせる仕組みをつくり出し、中央政府を地域の多様な自治体活動をサポートするものにしていくべきである。また、地方に色々な補助金を配分することに多くの人材を投入することは改めるべきである。中央政府は、自治体の箸の上げ下げまで指示するような管理はやめて、中央政府でしかなしえない仕事に人材も財源も傾斜配分していくべきである。1985年に制定され、現在ではヨーロッパの30か国もの国が批准しているヨーロッパ自治憲章には、「公的部門が負うべき責務は、原則として、最も市民に身近な公共団体が優先的にこれを執行するものとする」という補完性の原理・近接の原理を謳っている。コミュニティでできないことを基礎自治体で、基礎自治体でできないことを広域自治体で、広域自治体でできないことを国で、という補完性の原理を憲法原則として採用し、中央政府（国）と地方政府（自治体）の関係を構想する。
2．「補完性の原理」に基づく分権型国家へと転換する
連邦制はとらず単一国家を前提とする。国と地方の役割分担を明確にし、中央政府は外交・安全保障、全国的な治安の維持、社会保障制度など国が本来果たすべき役割を重点的に担う一方、住民に身近な行政は優先的に基礎自治体に配分する。「補完性の原理」の考え方に基づき、国と基礎自治体、広域自治体の権限配分を憲法上明確にするとともに、基礎自治体ではなしえない業務や権限は、都道府県ないし道州に相当する広域自治体が担当する。国あるいは広域自治体による自治権侵害の司法的救済は、最終的には憲法裁判所が「補完性の原理」を裁判規範として審査するものとする。
3．自治体の立法権限を強化する
これまで、特にまちづくりや環境保全などの分野で、国の法令に対する自治体の「上乗せ・横出し条例」が認められるかどうかなど、条例制定権の限界がしばしば争われてきたところであるが、自治体の組織および運営に関する事項や、自治体が主体となって実施する事務については、当該自治体に専属的あるいは優先的な立法権限を憲法上保障する。中央政府は、自治体の専属的立法分野については立法権を持たず、自治体の優先的立法分野については大綱的な基準を定める立法のみ許される。
4．住民自治に根ざす多様な自治体のあり方を認める
自治体の組織・運営のあり方は自治体自身が決めるという地方自治の本旨に基づき、基礎自治体、広域自治体において、首長と議会が直接選挙で選ばれる二元代表制の採否を自治体が選択できる余地を憲法上認める。これまでの二元代表制だけでなく、議院内閣制あるいは「執行委員会制」「支配人制」など多様な組織形態の採用、住民投票制度の積極的活用なども可能となる。
5．財政自主権・課税自主権・新たな財政調整制度を確立する
地方自治体が自らの事務・事業を適切に遂行できるよう、その課税自主権・財政自治権を憲法上保障し、必要な財源を自らの責任と判断で確保できるようにする。課税自主権は、各自治体が自らにふさわしいと考える税目・税率の決定権を含む。自治体の財政的自立を支えるものとして、現在の地方交付税制度に代えて、新たな水平的財政調整制度を創設する。

5．より確かな安全保障の枠組みを形成するために
1．民主党の基本的考え
①憲法の根本規範としての平和主義を基調とする
そもそも日本国憲法は、国連憲章とそれに基づく集団安全保障体制を前提としている。そのうえで、日本は、憲法9条を介して、一国による武力の行使を原則禁止

した国連憲章の精神に照らし、徹底した平和主義を宣明している。

日本国は、国連の集団安全保障が十分に機能することを願い、その実現のために常に努力することを希求した。そして日本国憲法は、その精神において、「自衛権」の名のもとに武力を無制約に行使した歴史的反省に立ち、その自衛権の行使についても原理的に禁止するに等しい厳格な規定を設けている。

このため、自衛権の行使はもとより、国連が主導する集団安全保障活動への関与のあり方について、不断に強い議論に晒されてきた。しかし、どのような議論を経たにせよ、わが国の憲法が拠って立つ根本規範の重要な柱の一つである「平和主義」については、深く国民生活に根付いており、平和国家日本の形を国民及び海外に表明するものとして今後も引き継ぐべきである。「平和を享受する日本」から「平和を創り出す新しい日本」へ、すなわち「平和創造国家」へと大きく転換していくことが重要である。

②憲法の「空洞化」を許さず、より確かな平和主義の確立に向けて前進するため国際平和の確立と日本の平和主義の実現のために、いま、もっとも危険なことは歯止めのない解釈改憲による憲法の「空洞化」であり、国際社会との積極的な協調のための努力をあいまいにし続ける思想態度である。民主党は、その二つの弊害を繰り返してきたこれまでの内閣法制局を中心とする、辻褄合わせの憲法解釈にとらわれることなく、わが国のより確かな平和主義の道を確立し、国際社会にも広く貢献して、世界やアジア諸国から信頼される国づくりをめざす。

多角的かつ自由闊達な憲法論議を通じて、①「自衛権」に関する曖昧かつご都合主義的な憲法解釈を認めず、国連法の枠組みに対応したより厳格な「制約された自衛権」
を明確にし、②国際貢献のための枠組みをより確かなものとし、時の政府の恣意的な解釈による憲法運用に歯止めをかけて、わが国における憲法の定着に取り組んでいく。

併せて、今日の国際社会が求めている「人間の安全保障」についても、わが国の積極的な役割を明確にしていく。

2．わが国の安全保障に係る憲法上の四原則・二条件
以上の認識の下、いわゆる憲法九条問題について次の「四原則・二条件」を提示する。

（1）わが国の安全保障活動に関する四原則
①戦後日本が培ってきた平和主義の考えに徹する
日本国憲法の「平和主義」は、「主権在民（国民主権）」、「基本的人権の尊重」と並ぶ、憲法の根本規範である。今後の憲法論議に際しても、この基本精神を土台とし、わが国のことのみならず、国際社会の平和を脅かすものに対して、国連主導の国際活動と協調してこれに対処していく姿勢を貫く。

②国連憲章上の「制約された自衛権」について明確にする
先の戦争が「自衛権」の名の下で遂行されたという反省の上に立って、日本国憲法に「制約された自衛権」を明確にする。すなわち、国連憲章第51条に記された「自衛権」は、国連の集団安全保障活動が作動するまでの間の、緊急避難的な活動に限定されているものである。これは、戦後わが国が培った「専守防衛」の考えに重なるものである。これにより、政府の恣意的解釈による自衛権の行使を抑制し、国際法及び憲法の下の厳格な運用を確立していく。

③国連の集団安全保障活動を明確に位置づける
憲法に何らかの形で、国連が主導する集団安全保障活動への参加を位置づけ、曖昧で恣意的な解釈を排除し、明確な規定を設ける。これにより、国際連合における正統な意志決定に基づく安全保障活動とその他の活動を明確に区分し、後者に対しては日本国民の意志としてこれに参加しないことを明確にする。こうした姿勢に基づき、現状において国連集団安全保障活動の一環として展開されている国連多国籍軍の活動や国連平和維持活動（PKO）への参加を可能にする。それらは、その活動の範囲内においては集団安全保障活動としての武力の行使をも含むものであるが、その関与の程度については日本国が自主的に選択する。

④「民主的統制」（シビリアン・コントロール）の考えを明確にする
集団安全保障活動への参加や自衛権の行使にかかる指揮権の明確化をはかる。同時に、「民主的統制」に関する規定を設けて、緊急時における指揮権の発動手続や国会による承認手続など、軍事的組織に関するシビリアン・コントロール機能を確保する。

その従来の考え方は文民統制であったが、今日においては、国民の代表機関である「国会のチェック機能」を確実にすることが基本でなければならない。

（2）わが国において安全保障に係る原則を生かすための二つの条件
①武力の行使については最大限抑制的であること
新たに明記される「自衛権」についても、戦後日本が培ってきた「専守防衛」の考えに徹し、必要最小限の武力の行使にとどめることが基本でなければいけない。また、国連主導の集団安全保障活動への参加においても、武力の行使については強い抑制的姿勢の下に置かれるべきである。そのガイドラインについては、憲法附属法たる安全保障基本法等に明示される。

②憲法附属法として「安全保障基本法（仮称）」を定めること
広く「人間の安全保障」を含めてわが国の安全保障に関する基本姿勢を明らかにするとともに、民主的統制（シビリアン・コントロール）にかかる詳細規定や国連待機部隊等の具体的な組織整備にかかる規定および緊急事態に係る行動原則など、安全保障に関する基本

的規範を取り込んだ「基本法」を制定する必要がある。この基本法は憲法附属法としての性格を有するものとして位置づけられる。
[http://archive.dpj.or.jp/news/files/SG0065.pdf]

30 憲法改正手続法［国民投票法］
（抄）
日本国憲法の改正手続に関する法律
平成19〈2007〉年5月18日法律第51号
施行日：平成29〈2017〉年6月1日、
最終改正：平成28年12月2日

第一章　総則
（趣旨）
第一条　この法律は、日本国憲法第九十六条に定める日本国憲法の改正（以下「憲法改正」という。）について、国民の承認に係る投票（以下「国民投票」という。）に関する手続を定めるとともに、あわせて憲法改正の発議に係る手続の整備を行うものとする。

第二章　国民投票の実施
第一節　総則
（国民投票の期日）
第二条　国民投票は、国会が憲法改正を発議した日（国会法（昭和二十二年法律第七十九号）第六十八条の五第一項の規定により国会が日本国憲法第九十六条第一項に定める日本国憲法の改正の発議をし、国民に提案したものとされる日をいう。第百条の二において同じ。）から起算して六十日以後百八十日以内において、国会の議決した期日に行う。
2　内閣は、国会法第六十五条第一項の規定により国民投票の期日に係る議案の送付を受けたときは、速やかに、総務大臣を経由して、当該国民投票の期日を中央選挙管理会に通知しなければならない。
3　中央選挙管理会は、前項の通知があったときは、速やかに、国民投票の期日を官報で告示しなければならない。
（投票権）
第三条　日本国民で年齢満十八年以上の者は、国民投票の投票権を有する。
第四条　削除
第五条　削除
（国民投票を行う区域）
第六条　国民投票は、全都道府県の区域を通じて行う。
（投票区及び開票区）
第七条　公職選挙法（昭和二十五年法律第百号）第十七条及び第十八条の規定は、国民投票の投票区及び開票区について準用する。
（国民投票の執行に関する事務の管理）
第八条　国民投票の執行に関する事務は、この法律に特別の定めがある場合を除くほか、中央選挙管理会が管理する。
2　公職選挙法第五条の三から第五条の五までの規定は、国民投票の執行に関する事務について準用する。
（国民投票取締りの公正確保）
第九条　公職選挙法第七条の規定は、国民投票の取締りに関する規定の執行について準用する。
（特定地域に関する特例）
第十条　交通至難の島その他の地において、この法律の規定を適用し難い事項については、政令で特別の規定を設けることができる。

第二節　国民投票広報協議会及び国民投票に関する周知
（協議会）
第十一条　国民投票広報協議会（以下この節において「協議会」という。）については、国会法に定めるもののほか、この節の定めるところによる。
（協議会の組織）
第十二条　協議会の委員（以下この節において「委員」という。）は、協議会が存続する間、その任にあるものとする。
2　委員の員数は、憲法改正の発議がされた際衆議院議員であった者及び当該発議がされた際参議院議員であった者各十人とし、その予備員の員数は、当該発議がされた際衆議院議員であった者及び当該発議がされた際参議院議員であった者各十人とする。
3　委員は、各議院における各会派の所属議員数の比率により、各会派に割り当て選任する。ただし、各会派の所属議員数の比率により各会派に割り当て選任した場合には憲法改正の発議に係る議決において反対の表決を行った議員の所属する会派から委員が選任されないこととなるときは、各議院において、当該会派にも委員を割り当て選任するようできる限り配慮するものとする。
4　前項の規定は、予備員の選任について準用する。
5　委員に事故のある場合又は委員が欠けた場合は、憲法改正の発議がされた際にその者の属していた議院の議員であった予備員のうちから協議会の会長が指名する者が、その委員の職務を行う。
（会長の権限）
第十三条　協議会の会長は、協議会の議事を整理し、秩序を保持し、協議会を代表する。
（協議会の事務）
第十四条　協議会は、次に掲げる事務を行う。
一　国会の発議に係る日本国憲法の改正案（以下「憲法改正案」という。）及びその要旨並びに憲法改正案に係る新旧対照表その他参考となるべき事項に関する分かりやすい説明並びに憲法改正案を発議するに当たって出された賛成意見及び反対意見を掲載し

2 憲法史料

た国民投票公報の原稿の作成
二　第六十五条の憲法改正案の要旨の作成
三　第百六条及び第百七条の規定によりその権限に属する事務
四　前三号に掲げるもののほか憲法改正案の広報に関する事務
2　協議会が、前項第一号、第二号及び第四号の事務を行うに当たっては、憲法改正案及びその要旨並びに憲法改正案に係る新旧対照表その他参考となるべき事項に関する分かりやすい説明に関する記載等については客観的かつ中立的に行うとともに、憲法改正案に対する賛成意見及び反対意見の記載等については公正かつ平等に扱うものとする。
（協議会の議事）
第十五条　協議会は、憲法改正の発議がされた際衆議院議員であった委員及び当該発議がされた際参議院議員であった委員がそれぞれ七人以上出席しなければ、議事を開き議決することができない。
2　協議会の議事は、出席委員の三分の二以上の多数で決する。
（協議会事務局）
第十六条　協議会に事務局を置く。
2　事務局に参事その他の職員を置き、参事のうち一人を事務局長とする。
3　事務局長は、協議会の会長の監督を受けて、庶務を掌理し、他の職員を指揮監督する。
4　事務局長以外の職員は、上司の命を受けて、庶務に従事する。
5　事務局長その他の職員は、協議会の会長が両議院の議長の同意及び両議院の議院運営委員会の承認を得て、任免する。
6　前各項に定めるもののほか、事務局に関し必要な事項は、両議院の議長が協議して定める。
（両院議長協議決定への委任）
第十七条　この節に定めるもののほか、協議会に関する事項は、両議院の議長が協議して定める。
（国民投票公報の印刷及び配布）
第十八条　協議会は、第十四条第一項第一号の国民投票公報の原稿を作成したときは、これを国民投票の期日前三十日までに中央選挙管理会に送付しなければならない。
2　中央選挙管理会は、前項の国民投票公報の原稿の送付があったときは、速やかに、その写しを都道府県の選挙管理委員会に送付しなければならない。
3　都道府県の選挙管理委員会は、前項の国民投票公報の原稿の写しの送付があったときは、速やかに、国民投票公報を印刷しなければならない。この場合においては、当該写しを原文のまま印刷しなければならない。
4　公職選挙法第百七十条第一項本文及び第二項の規定は、国民投票公報の配布について準用する。この場合において、同条第一項中「当該選挙に用うべき選挙人名簿」とあるのは「投票人名簿」と、「選挙の期日前二日」とあるのは「国民投票の期日前十日」と、同条第二項中「選挙人」とあるのは「投票人」と読み替えるものとする。
（国民投票の方法等に関する周知等）
第十九条　総務大臣、中央選挙管理会、都道府県の選挙管理委員会及び市町村の選挙管理委員会は、国民投票に際し、国民投票の方法、この法律に規定する規制その他国民投票の手続に関し必要と認める事項を投票人に周知させなければならない。
2　中央選挙管理会は、国民投票の結果を国民に対して速やかに知らせるように努めなければならない。
3　投票人に対しては、特別の事情がない限り、国民投票の当日、その投票権を行使するために必要な時間を与えるよう措置されなければならない。

第三節　投票人名簿

（投票人名簿）
第二十条　市町村の選挙管理委員会は、国民投票が行われる場合においては、投票人名簿を調製しなければならない。
2　投票人名簿は、政令で定めるところにより、磁気ディスク（これに準ずる方法により一定の事項を確実に記録しておくことができる物を含む。以下同じ。）をもって調製することができる。
3　国民投票を行う場合において必要があるときは、投票人名簿の抄本（前項の規定により磁気ディスクをもって投票人名簿を調製している市町村の選挙管理委員会にあっては、当該投票人名簿に記録されている全部若しくは一部の事項又は当該事項を記載した書類。第三十二条において同じ。）を用いることができる。
4　投票人名簿の調製については、行政手続等における情報通信の技術の利用に関する法律（平成十四年法律第百五十一号）第六条の規定は、適用しない。
5　第一項の規定により調製された投票人名簿は、当該国民投票に限り、その効力を有する。
（投票人名簿の記載事項等）
第二十一条　投票人名簿には、投票人の氏名、住所、性別及び生年月日等の記載（前条第二項の規定により磁気ディスクをもって調製する投票人名簿にあっては、記録）をしなければならない。
2　投票人名簿は、市町村の区域を分けて数投票区を設けた場合には、その投票区ごとに編製しなければならない。
3　前二項に規定するもののほか、投票人名簿の様式その他必要な事項は、政令で定める。
（被登録資格等）
第二十二条　投票人名簿の登録は、国民投票の期日現在で年齢満十八年以上の日本国民で、次のいずれかに

該当するものについて行う。
一　国民投票の期日前五十日に当たる日（以下「登録基準日」という。）において、当該市町村の住民基本台帳に記録されている者
二　登録基準日の翌日から十四日以内に当該市町村の住民基本台帳に記録された者であって、登録基準日においていずれの市町村の住民基本台帳にも記録されていないもの（登録基準日後当該住民基本台帳に記録された日までの間に他の市町村の住民基本台帳に記録されたことがある者及び当該住民基本台帳に記録された日においていずれかの市町村の在外投票人名簿に登録されている者を除く。）

2　市町村の選挙管理委員会は、政令で定めるところにより、当該市町村の投票人名簿に登録される資格を有する者を調査し、その者を投票人名簿に登録するための整理をしておかなければならない。

（登録）
第二十三条　市町村の選挙管理委員会は、中央選挙管理会が定めるところにより、当該市町村の投票人名簿に登録される資格を有する者を投票人名簿に登録しなければならない。

（縦覧）
第二十四条　市町村の選挙管理委員会は、投票人名簿を調製したときは、中央選挙管理会が定める期間、市役所、町村役場又は当該市町村の選挙管理委員会が指定した場所において、前条の規定により投票人名簿に登録した者の氏名、住所及び生年月日を記載した書面を縦覧に供さなければならない。

2　市町村の選挙管理委員会は、縦覧開始の日前三日までに縦覧の場所を告示しなければならない。

（異議の申出）
第二十五条　投票人は、投票人名簿の登録に関し不服があるときは、前条第一項の規定により中央選挙管理会が定める期間内に、文書で当該市町村の選挙管理委員会に異議を申し出ることができる。

2　公職選挙法第二十四条第二項の規定は、前項の異議の申出について準用する。

3　行政不服審査法（平成二十六年法律第六十八号）第九条第四項、第十九条第二項（第三号及び第五号を除く。）、第二十三条、第二十四条、第二十七条、第三十一条（第五項を除く。）、第三十二条第一項及び第三項、第三十九条、第四十一条第一項及び第二項、第四十四条並びに第五十三条の規定は、第一項の異議の申出について準用する。この場合において、これらの規定（同法第四十四条の規定を除く。）中「審理員」とあるのは「審査庁」と、同法第九条第四項中「審査庁」とあるのは「日本国憲法の改正手続に関する法律第二十五条第一項の異議の申出を受けた選挙管理委員会（以下「審査庁」という。）」と、同法第二十四条第一項中「第四十五条第一項又は第四十九条第一項の規定に基づき、裁決で」とあるのは「決定で」と、同法第三十一条第二項中「審理関係人」とあるのは「異議申出人」と、同法第四十四条中「行政不服審査会等から諮問に対する答申を受けたとき（前条第一項の規定による諮問を要しない場合（同項第二号又は第三号に該当する場合を除く。）にあっては審理員意見書が提出されたとき、同項第二号又は第三号に該当する場合にあっては同項第二号又は第三号に規定する議を経たとき）」とあるのは「審理手続を終結したとき」と読み替えるものとする。

4　公職選挙法第二百十四条の規定は、第一項の異議の申出について準用する。

（訴訟）
第二十六条　公職選挙法第二十五条第一項から第三項までの規定は、投票人名簿の登録に関する訴訟について準用する。この場合において、同条第一項中「前条第二項」とあるのは、「日本国憲法の改正手続に関する法律第二十五条第二項において準用する前条第二項」と読み替えるものとする。

2　公職選挙法第二百十三条、第二百十四条及び第二百十九条第一項の規定は、前項において準用する同法第二十五条第一項及び第三項の訴訟について準用する。この場合において、同法第二百十九条第一項中「一の選挙の効力を争う数個の請求、第二百七条若しくは第二百八条の規定により一の選挙における当選の効力を争う数個の請求、第二百十条第二項の規定により公職の候補者であつた者の当選の効力を争う数個の請求、第二百十一条の規定により公職の候補者等であつた者の当選の効力若しくは立候補の資格を争う数個の請求又は選挙の効力を争う請求とその選挙における当選の効力に関し第二百七条若しくは第二百八条の規定によりこれを争う請求と」とあるのは、「一の縦覧に係る投票人名簿への登録又は投票人名簿からの抹消に関し争う数個の請求」と読み替えるものとする。

（補正登録）
第二十七条　市町村の選挙管理委員会は、第二十三条の規定により投票人名簿の登録をした日後国民投票の期日までの間に、当該登録の際に投票人名簿に登録される資格を有し、かつ、引き続きその資格を有する者が投票人名簿に登録されていないことを知った場合には、その者を直ちに投票人名簿に登録し、その旨を告示しなければならない。

（訂正等）
第二十八条　市町村の選挙管理委員会は、投票人名簿に登録されている者の記載内容（第二十条第二項の規定により磁気ディスクをもって調製する投票人名簿にあっては、記録内容）に変更があったこと又は誤りがあることを知った場合には、直ちにその記載（同項の規定により磁気ディスクをもって調製する投票人名簿にあっては、記録）の修正又は訂正をしなければなら

2 憲法史料

ない。
(登録の抹消)
第二十九条　市町村の選挙管理委員会は、当該市町村の投票人名簿に登録されている者について次の場合に該当するに至ったときは、これらの者を直ちに投票人名簿から抹消しなければならない。この場合において、第二号の場合に該当するときは、その旨を告示しなければならない。
一　死亡したこと又は日本の国籍を失ったことを知ったとき。
二　登録の際に登録されるべきでなかったことを知ったとき。
(通報及び調査の請求)
第三十条　公職選挙法第二十九条の規定は、投票人名簿に登録される資格の確認に関する通報及び投票人名簿の修正に関する調査の請求について準用する。
(投票人名簿の再調製)
第三十一条　公職選挙法第三十条の規定は、投票人名簿の再調製について準用する。
(投票人名簿の保存)
第三十二条　投票人名簿及びその抄本は、第百二十七条の規定による訴訟が裁判所に係属しなくなった日又は国民投票の期日から五年を経過した日のうちいずれか遅い日まで、市町村の選挙管理委員会において保存しなければならない。

第四節　在外投票人名簿
(在外投票人名簿)
第三十三条　市町村の選挙管理委員会は、国民投票が行われる場合においては、投票人名簿のほか、在外投票人名簿を調製しなければならない。
2　在外投票人名簿は、政令で定めるところにより、磁気ディスクをもって調製することができる。
3　国民投票を行う場合において必要があるときは、在外投票人名簿の抄本(前項の規定により磁気ディスクをもって在外投票人名簿を調製している市町村の選挙管理委員会にあっては、当該在外投票人名簿に記録されている全部若しくは一部の事項又は当該事項を記載した書類。第四十五条において同じ。)を用いることができる。
4　在外投票人名簿の調製については、行政手続等における情報通信の技術の利用に関する法律第六条の規定は、適用しない。
5　第一項の規定により調製された在外投票人名簿は、当該国民投票に限り、その効力を有する。
(在外投票人名簿の記載事項等)
第三十四条　在外投票人名簿には、投票人の氏名、最終住所(投票人が国外へ住所を移す直前に住民票に記載されていた住所をいう。以下同じ。)又は申請の時(第三十七条第一項第一号に掲げる者にあっては投票人が公職選挙法第三十条の五第一項の規定による申請書を同条第二項に規定する領事官又は同項に規定する総務省令・外務省令で定める者に提出した時をいい、第三十七条第一項第二号に掲げる者にあっては投票人が第三十六条第一項の規定による申請書を同条第二項に規定する領事官又は同項に規定する総務省令・外務省令で定める者に提出した時をいう。同条第一項及び第三項において同じ。)における本籍、性別及び生年月日等の記載(前条第二項の規定により磁気ディスクをもって調製する在外投票人名簿にあっては、記録)をしなければならない。
2　市町村の選挙管理委員会は、市町村の区域を分けて数投票区を設けた場合には、政令で定めるところにより、在外投票人名簿を編製する投票区(以下「指定在外投票区」という。)を指定しなければならない。
3　前二項に規定するもののほか、在外投票人名簿の様式その他必要な事項は、政令で定める。
(在外投票人名簿の被登録資格)
第三十五条　在外投票人名簿の登録は、国民投票の期日現在で年齢満十八年以上の日本国民で、次のいずれかに該当するものについて行う。
一　登録基準日において当該市町村の在外選挙人名簿(公職選挙法第四章の二の在外選挙人名簿をいう。次条第一項及び第四項並びに第三十七条第一項第一号において同じ。)に登録されている者(登録基準日においていずれかの市町村の住民基本台帳に記録されている者を除く。)
二　次条第一項の規定により在外投票人名簿の登録の申請をした者(当該申請に基づき在外投票人名簿の登録を行おうとする日においていずれかの市町村の投票人名簿に登録されている者を除く。)
(在外投票人名簿の登録の申請)
第三十六条　国民投票の期日現在で年齢満十八年以上の日本国民で、国外に住所を有する者(在外選挙人名簿に登録されている者を除く。)は、政令で定めるところにより、文書で、最終住所の所在地の市町村の選挙管理委員会(その者が、いずれの市町村の住民基本台帳にも記録されたことがない者である場合には、申請の時におけるその者の本籍地の市町村の選挙管理委員会)に在外投票人名簿の登録の申請をすることができる。
2　前項の規定による申請は、政令で定めるところにより、第二条第三項又は第百三十五条第五項の規定により中央選挙管理会が国民投票の期日を告示した日から登録基準日(登録基準日前十日に当たる日から登録基準日までの間に国内の市町村から国外へ転出(住民基本台帳法(昭和四十二年法律第八十一号)第二十四条に規定する転出をいう。)をした者にあっては、登録基準日後七日に当たる日)までの間に、前項の規定による申請書を、在外投票人名簿の登録の申請に関し当該申請をする者の住所を管轄

する領事官(領事官の職務を行う大使館若しくは公使館の長又はその事務を代理する者を含む。以下この節において同じ。)(当該領事官を経由して申請を行うことが著しく困難である地域として総務省令・外務省令で定める地域にあっては、総務省令・外務省令で定める者。以下この節において同じ。)に提出し、当該領事官を経由してしなければならない。

3 前項の場合において、領事官は、政令で定めるところにより、第一項の規定による申請書にその申請をした者の在外投票人名簿に登録される資格に関する意見を付して、直ちに、当該申請をした者の最終住所の所在地の市町村の選挙管理委員会(当該申請をした者が、いずれの市町村の住民基本台帳にも記録されたことがない者である場合には、申請の時におけるその者の本籍地の市町村の選挙管理委員会)に送付しなければならない。

4 登録基準日までの間に、公職選挙法第三十条の五第一項の規定による申請書を同条第二項に規定する領事官又は同項に規定する総務省令・外務省令で定める者に提出した者(登録基準日において同条第三項第二号に規定する三箇月を経過していない者及び在外選挙人名簿に登録されている者を除く。)については、当該申請を第一項の規定による申請とみなす。

(在外投票人名簿の登録)
第三十七条 市町村の選挙管理委員会は、次の各号に掲げる者が当該市町村の在外投票人名簿に登録される資格を有する者である場合には、中央選挙管理会が定めるところにより、当該各号に掲げる者を在外投票人名簿に登録しなければならない。
一 登録基準日において当該市町村の在外投票人名簿に登録されている者
二 前条第一項の規定による申請をした者
2 市町村の選挙管理委員会は、国民投票の期日前十五日に当たる日以後においては、前項の規定にかかわらず、登録を行わない。
3 市町村の選挙管理委員会は、第一項第二号に掲げる者について同項の規定による登録をしたときは、前条第三項の規定により同条第一項の規定による申請書を送付した領事官を経由して、同項の規定による申請をした者に、在外投票人名簿に登録されている者であることの証明書(以下「在外投票人証」という。)を交付しなければならない。ただし、同条第四項の規定により公職選挙法第三十条の五第一項の規定による申請を前条第一項の規定による申請とみなされた場合は、この限りでない。
4 前項本文の規定により交付された在外投票人証は、当該国民投票に限り、その効力を有する。

(在外投票人名簿に係る縦覧)
第三十八条 市町村の選挙管理委員会は、在外投票人名簿を調製したときは、中央選挙管理会が定める期間、市役所、町村役場又は当該市町村の選挙管理委員会が指定した場所において、前条第一項の規定により在外投票人名簿に登録した者の氏名、経由領事官(同項第一号に掲げる者にあってはその者に係る公職選挙法第三十条の五第一項の規定による申請書を同条第三項の規定により送付した領事官をいい、前条第一項第二号に掲げる者にあってはその者に係る第三十六条第一項の規定による申請書を同条第三項の規定により送付した領事官をいう。以下この項において同じ。)の名称、最終住所及び生年月日(当該在外投票人名簿に登録した者がいずれの市町村の住民基本台帳にも記録されたことがない者である場合には、その者の氏名、経由領事官の名称及び生年月日)を記載した書面を縦覧に供さなければならない。
2 市町村の選挙管理委員会は、縦覧開始の日前三日までに縦覧の場所を告示しなければならない。

(在外投票人名簿の登録に関する異議の申出)
第三十九条 投票人は、在外投票人名簿の登録に関し不服があるときは、前条第一項の規定により中央選挙管理会が定める期間内に、文書で当該市町村の選挙管理委員会に異議を申し出ることができる。
2 公職選挙法第二十四条第二項の規定は、前項の異議の申出について準用する。
3 行政不服審査法第九条第四項、第十九条第二項(第三号及び第五号を除く。)、第二十三条、第二十四条、第二十七条、第三十一条(第五項を除く。)、第三十二条第一項及び第三項、第三十九条、第四十一条第一項及び第二項、第四十四条並びに第五十三条の規定は、第一項の異議の申出について準用する。この場合において、これらの規定(同法第四十四条の規定を除く。)中「審理員」とあるのは「審査庁」と、同法第九条第四項中「審査庁」とあるのは「日本国憲法の改正手続に関する法律第三十九条第一項の異議の申出を受けた選挙管理委員会(以下「審査庁」という。)」と、同法第二十四条第一項中「第四十五条第一項又は第四十九条第一項の規定に基づき、裁決で」とあるのは「決定で」と、同法第三十一条第二項中「審理関係人」とあるのは「異議申出人」と、同法第四十四条中「行政不服審査会等から諮問に対する答申を受けたとき(前条第一項の規定による諮問を要しない場合(同項第二号又は第三号に該当する場合を除く。)にあっては審理員意見書が提出されたとき、同項第二号又は第三号に該当する場合にあっては同項第二号又は第三号に規定する議を経たとき)」とあるのは「審理手続を終結したとき」と読み替えるものとする。
4 公職選挙法第二百十四条の規定は、第一項の異議の申出について準用する。

(在外投票人名簿の登録に関する訴訟)
第四十条 公職選挙法第二十五条第一項から第三項までの規定は、在外投票人名簿の登録に関する訴訟につ

2 憲法史料

いて準用する。この場合において、同条第一項中「前条第二項」とあるのは「日本国憲法の改正手続に関する法律第三十九条第二項において準用する前条第二項」と、「七日」とあるのは「七日（政令で定める場合には、郵便又は民間事業者による信書の送達に関する法律（平成十四年法律第九十九号）第二条第六項に規定する一般信書便事業者、同条第九項に規定する特定信書便事業者若しくは同法第三条第四号に規定する外国信書便事業者による同法第二条第二項に規定する信書便による送付に要した日数を除く。）」と読み替えるものとする。

2 公職選挙法第二百三条、第二百四条及び第二百十九条第一項の規定は、前項において準用する同法第二十五条第一項及び第三項の訴訟について準用する。この場合において、同法第二百十九条第一項中「一の選挙の効力を争う数個の請求、第二百七条若しくは第二百八条の規定により一の選挙における当選の効力を争う数個の請求、第二百十条第二項の規定により公職の候補者であつた者の当選の効力を争う数個の請求、第二百十一条の規定により公職の候補者等であつた者の当選の効力若しくは立候補の資格を争う数個の請求又は選挙の効力を争う請求とその選挙における当選の効力に関し第二百七条若しくは第二百八条の規定によりこれを争う請求と」とあるのは、「一の縦覧に係る在外投票人名簿への登録又は在外投票人名簿からの抹消に関し争う数個の請求」と読み替えるものとする。

（在外投票人名簿の訂正等）
第四十一条 市町村の選挙管理委員会は、在外投票人名簿に登録されている者の記載内容（第三十三条第二項の規定により磁気ディスクをもつて調製する在外投票人名簿にあつては、記録内容）に変更があつたこと又は誤りがあることを知つた場合には、直ちにその記載（同項の規定により磁気ディスクをもつて調製する在外投票人名簿にあつては、記録）の修正又は訂正をしなければならない。

（在外投票人名簿の登録の抹消）
第四十二条 市町村の選挙管理委員会は、当該市町村の在外投票人名簿に登録されている者について次の場合に該当するに至つたときは、これらの者を直ちに在外投票人名簿から抹消しなければならない。この場合において、第二号に掲げる場合に該当するときは、その旨を告示しなければならない。
一 死亡したこと又は日本の国籍を失つたことを知つたとき。
二 登録の際に登録されるべきでなかつたことを知つたとき。

（在外投票人名簿の修正等に関する通知等）
第四十三条 市町村長は、その市町村に本籍を有する者で他の市町村の在外投票人名簿に登録されているもの（以下この項において「他市町村在外投票人名簿登録者」という。）について戸籍に関する届書、申請書その他の書類を受理し若しくは職権で戸籍の記載をした場合又は戸籍の附票の記載、消除若しくは記載の修正をした場合において、当該他の市町村の選挙管理委員会において在外投票人名簿の修正若しくは訂正をすべきこと又は当該他市町村在外投票人名簿登録者を在外投票人名簿から抹消すべきことを知つたときは、遅滞なく、その旨を当該他の市町村の選挙管理委員会に通知しなければならない。

2 公職選挙法第二十九条の規定は、在外投票人名簿に登録される資格の確認に関する通報及び在外投票人名簿の修正に関する調査の請求について準用する。

（在外投票人名簿の再調製）
第四十四条 公職選挙法第三十条の規定は、在外投票人名簿の再調製について準用する。

（在外投票人名簿の保存）
第四十五条 第三十二条の規定は、在外投票人名簿及びその抄本の保存について準用する。

（在外投票人名簿の登録に関する政令への委任）
第四十六条 第三十五条から前条までに規定するもののほか、在外投票人名簿の登録に関し必要な事項は、政令で定める。

第五節　投票及び開票

（一人一票）
第四十七条 投票は、国民投票に係る憲法改正案ごとに、一人一票に限る。

（投票管理者）
第四十八条 国民投票ごとに、投票管理者を置く。
2 投票管理者は、国民投票の投票権を有する者の中から市町村の選挙管理委員会の選任した者をもつて、これに充てる。
3 投票管理者は、投票に関する事務を担任する。
4 投票管理者は、国民投票の投票権を有しなくなつたときは、その職を失う。
5 市町村の選挙管理委員会は、市町村の区域を分けて数投票区を設けた場合には、政令で定めるところにより一以上の投票区を指定し、当該指定した投票区の投票管理者に、政令で定めるところにより、当該投票区以外の投票区に属する投票人がした第六十一条の規定による投票に関する事務のうち政令で定めるものを行わせることができる。

（投票立会人）
第四十九条 市町村の選挙管理委員会は、各投票区における投票人名簿に登録された者の中から、本人の承諾を得て、二人以上五人以下の投票立会人を選任し、国民投票の期日前三日までに、本人に通知しなければならない。
2 投票立会人で参会する者が投票所を開くべき時刻になつても二人に達しないとき又はその後二人に達しなくなつたときは、投票管理者は、その投票区に

おける投票人名簿に登録された者の中から二人に達するまでの投票立会人を選任し、直ちにこれを本人に通知し、投票に立ち会わせなければならない。
3　同一の政党その他の政治団体に属する者は、一の投票区において、二人以上を投票立会人に選任することができない。
4　投票立会人は、正当な理由がなければ、その職を辞することができない。
（投票所）
第五十条　投票所は、市役所、町村役場又は市町村の選挙管理委員会の指定した場所に設ける。
（投票所の開閉時間）
第五十一条　投票所は、午前七時に開き、午後八時に閉じる。ただし、市町村の選挙管理委員会は、投票人の投票の便宜のため必要があると認められる特別の事情のある場合又は投票人の投票に支障を来さないと認められる特別の事情のある場合に限り、投票所を開く時刻を二時間以内の範囲内において繰り上げ若しくは繰り下げ、又は投票所を閉じる時刻を四時間以内の範囲内において繰り上げることができる。
2　市町村の選挙管理委員会は、前項ただし書の場合においては、直ちにその旨を告示するとともに、これをその投票所の投票管理者に通知し、かつ、直ちにその旨を都道府県の選挙管理委員会に届け出なければならない。
（投票所の告示）
第五十二条　市町村の選挙管理委員会は、国民投票の期日から少なくとも五日前に、投票所を告示しなければならない。
2　天災その他避けることのできない事故により前項の規定により告示した投票所を変更したときは、国民投票の当日を除くほか、市町村の選挙管理委員会は、同項の規定にかかわらず、直ちにその旨を告示しなければならない。
（投票人名簿又は在外投票人名簿の登録と投票）
第五十三条　投票人名簿又は在外投票人名簿に登録されていない者は、投票をすることができない。ただし、投票人名簿に登録されるべき旨の決定書又は確定判決書を所持し、国民投票の当日投票所に至る者があるときは、投票管理者は、その者に投票をさせなければならない。
2　投票人名簿又は在外投票人名簿に登録された者であっても投票人名簿又は在外投票人名簿に登録されることができない者であるときは、投票をすることができない。
（投票権のない者の投票）
第五十四条　国民投票の当日（第六十条の規定による投票にあっては、当該投票の当日）、国民投票の投票権を有しない者は、投票をすることができない。
（投票所においての投票）
第五十五条　投票人は、国民投票の当日、自ら投票所に行き、投票をしなければならない。
2　投票人は、投票人名簿又はその抄本（当該投票人名簿が第二十条第二項の規定により磁気ディスクをもって調製されている場合には、当該投票人名簿に記録されている全部若しくは一部の事項又は当該事項を記載した書類。第六十九条及び第七十条において同じ。）の対照を経なければ、投票をすることができない。
（投票用紙の交付及び様式）
第五十六条　投票用紙は、国民投票の当日、投票所において投票人に交付しなければならない。
2　投票用紙には、賛成の文字及び反対の文字を印刷しなければならない。
3　投票用紙は、別記様式（第六十一条第一項、第二項及び第四項並びに第六十二条の規定による投票の場合にあっては、政令で定める様式）に準じて調製しなければならない。
（投票の記載事項及び投函かん）
第五十七条　投票人は、投票所において、憲法改正案に対し賛成するときは投票用紙に印刷された賛成の文字を囲んで〇の記号を自書し、憲法改正案に対し反対するときは投票用紙に印刷された反対の文字を囲んで〇の記号を自書し、これを投票箱に入れなければならない。
2　投票用紙には、投票人の氏名を記載してはならない。
（点字投票）
第五十八条　投票人は、点字による投票を行う場合においては、投票用紙に、憲法改正案に対し賛成するときは賛成と、憲法改正案に対し反対するときは反対と自書するものとする。
2　前項の場合においては、政令で定める点字は文字とみなし、投票用紙の様式その他必要な事項は、政令で定める。
（代理投票）
第五十九条　心身の故障その他の事由により、自ら〇の記号を記載することができない投票人は、第五十七条第一項、第六十三条第四項及び第五項並びに第八十二条の規定にかかわらず、投票管理者に申請し、代理投票をさせることができる。
2　前項の規定による申請があった場合においては、投票管理者は、投票立会人の意見を聴いて、投票所の事務に従事する者のうちから当該投票人の投票を補助すべき者二人を定め、その一人に投票の記載をする場所において投票用紙に当該投票人が指示する賛成の文字又は反対の文字を囲んで〇の記号を記載させ、他の一人をこれに立ち会わせなければならない。
3　前二項の場合において必要な事項は、政令で定める。
（期日前投票）

第六十条　国民投票の当日に次に掲げる事由のいずれかに該当すると見込まれる投票人の投票については、第五十五条第一項の規定にかかわらず、国民投票の期日前十四日に当たる日から国民投票の期日の前日までの間、期日前投票所において、行わせることができる。
一　職務若しくは業務又は総務省令で定める用務に従事すること。
二　用務（前号の総務省令で定めるものを除く。）又は事故のためその属する投票区の区域外に旅行又は滞在をすること。
三　疾病、負傷、妊娠、老衰若しくは身体の障害のため若しくは産褥じよくにあるため歩行が困難であること又は刑事施設、労役場、監置場、少年院、少年鑑別所若しくは婦人補導院に収容されていること。
四　交通至難の島その他の地で総務省令で定める地域に居住していること又は当該地域に滞在をすること。
五　その属する投票区のある市町村の区域外の住所に居住していること。
2　前項の場合においては、次の表の上欄に掲げる規定の適用については、これらの規定中同表の中欄に掲げる字句は、それぞれ同表の下欄に掲げる字句に読み替えるものとし、第四十八条第五項及び第七十一条の規定は、適用しない。

第四十九条第一項	各投票区における投票人名簿に登録された者	国民投票の投票権を有する者
	二人以上五人以下	二人
	三日	十五日
第四十九条第二項	投票所	期日前投票所
	その投票区における投票人名簿に登録された者	国民投票の投票権を有する者
第四十九条第三項	投票区において、二人以上	期日前投票所において、二人
第五十三条第一項	国民投票の当日投票所	第六十条第一項の規定による投票の日、期日前投票所
第五十六条第一項	国民投票の当日、投票所	第六十条第一項の規定による投票の日、期日前投票所
第五十七条第一項及び前条第二項	投票所	期日前投票所
	第七十四条	第六十条第三項において準用する第七十四条
第六十四条	投票所	期日前投票所
	最後	当該投票の日の最後
	投票所	期日前投票所
第六十七条第一項	閉鎖しなければ	閉鎖しなければならない。ただし、翌日において引き続き当該投票箱に投票用紙を入れさせる場合においては、その日の期日前投票所を開くべき時刻になったときは、投票管理者は、当該投票箱を開かなければ
第六十七条第二項	できない	できない。ただし、前項ただし書の規定により投票箱を開いた場合は、この限りでない
第六十九条	投票管理者が同時に開票管理者である場合を除くほか、投票管理者は、一人又は数人の投票立会人とともに、国民投票の当日を開票管理者	投票管理者は、期日前投票所において、当該期日前投票所を設ける期間の末日に（以下この条において「投票箱等」という。）を市町村の選挙管理委員会に送致し、当該投票箱等の送致を受けた市町村の選挙管理委員会は、国民投票の期日に、当該投票箱等を開票管理者

3　第五十条から第五十二条まで及び第七十二条から第七十四条までの規定は、期日前投票所について準用する。この場合において、次の表の上欄に掲げる規定中同表の中欄に掲げる字句は、それぞれ同表の下欄に掲げる字句に読み替えるものとする。

	市役所	国民投票の期日前十四日に当たる日から国民投票の期日の前

② 憲法史料〈30〉

第五十条		日までの間（二以上の期日前投票所を設ける場合にあっては、一の期日前投票所を除き、市町村の選挙管理委員会の指定した期間）、市役所
第五十一条第一項	午前七時	午前八時三十分
第五十一条第一項	投票人の投票の便宜のため必要があると認められる特別の事情のある場合又は投票人の投票に支障を来さないと認められる特別の事情のある場合に限り、投票所を開く時刻を二時間以内の範囲内において繰り上げ若しくは繰り下げ、又は投票所を閉じる時刻を四時間以内の範囲内において	二以上の期日前投票所を設ける場合にあっては、一の期日前投票所を除き、期日前投票所を開く時刻を繰り下げ、又は期日前投票所の閉じる時刻を
第五十一条第二項	通知し、かつ、直ちにその旨を都道府県の選挙管理委員会に届け出なければ	通知しなければ
第五十二条第一項	から少なくとも五日前に、投票所	前十四日に当たる日から少なくとも五日前に、期日前投票所の場所（二以上の期日前投票所を設ける場合にあっては、期日前投票所の場所及び当該期日前投票所を設ける期間）
第五十二条第二項	投票所	期日前投票所
第五十二条第二項	国民投票の当日を除くほか、市町村	市町村

4　第一項の場合において、投票録の作成の方法その他必要な事項は、政令で定める。
（不在者投票）
第六十一条　前条第一項の投票人の投票については、同項の規定によるほか、政令で定めるところにより、第五十三条第一項ただし書、第五十五条、第五十六条第一項、第五十七条第一項、第五十九条及び第六十三条の規定にかかわらず、不在者投票管理者の管理する投票を記載する場所において、投票用紙に投票の記載をし、これを封筒に入れて不在者投票管理者に提出する方法により行わせることができる。

2　投票人で身体に重度の障害があるもの（身体障害者福祉法（昭和二十四年法律第二百八十三号）第四条に規定する身体障害者、戦傷病者特別援護法（昭和三十八年法律第百六十八号）第二条第一項に規定する戦傷病者又は介護保険法（平成九年法律第百二十三号）第七条第三項に規定する要介護者であるもので、政令で定めるものをいう。）の投票については、前条第一項及び前項の規定によるほか、政令で定めるところにより、第五十三条第一項ただし書、第五十五条、第五十六条第一項、第五十七条第一項、第五十九条及び第六十三条の規定にかかわらず、その現在する場所において投票用紙に投票の記載をし、これを郵便又は民間事業者による信書の送達に関する法律（平成十四年法律第九十九号）第二条第六項に規定する一般信書便事業者、同条第九項に規定する特定信書便事業者若しくは同法第三条第四号に規定する外国信書便事業者による同法第二条第二項に規定する信書便（以下「郵便等」という。）により送付する方法により行わせることができる。

3　前項の投票人で同項に規定する方法により投票をしようとするもののうち自ら投票の記載をすることができないものとして政令で定めるものは、第八十二条の規定にかかわらず、政令で定めるところにより、あらかじめ市町村の選挙管理委員会の委員長に届け出た者（国民投票の投票権を有する者に限る。）をして投票に関する記載をさせることができる。

4　特定国外派遣組織に属する投票人で国外に滞在するもののうち国民投票の当日前条第一項第一号に掲げる事由に該当すると見込まれるものの投票については、同項及び第一項の規定によるほか、政令で定めるところにより、第五十三条第一項ただし書、第五十五条、第五十六条第一項、第五十七条第一項、第五十九条及び第六十三条の規定にかかわらず、国外にある不在者投票管理者の管理する投票を記載する場所において、投票用紙に投票の記載をし、これを封筒に入れて不在者投票管理者に提出する方法により行わせることができる。

5　前項の特定国外派遣組織とは、法律の規定に基づき国外に派遣される組織のうち次の各号のいずれにも該当する組織であって、当該組織において同項に規定する方法による投票が適正に実施されると認められるものとして政令で定めるものをいう。
一　当該組織の長が当該組織の運営について管理又は調整を行うための法令に基づく権限を有すること。
二　当該組織が国外の特定の施設又は区域に滞在して

2 憲法史料

いること。
6 特定国外派遣組織となる組織を国外に派遣することを定める法律の規定に基づき国外に派遣される投票人（特定国外派遣組織に属するものを除く。）で、現に特定国外派遣組織が滞在する施設又は区域に滞在しているものは、この法律の規定の適用については、当該特定国外派遣組織に属する投票人とみなす。
7 投票人で船舶安全法（昭和八年法律第十一号）にいう遠洋区域を航行区域とする船舶その他これに準ずるものとして総務省令で定める船舶に乗って本邦以外の区域を航海する船員（船員法（昭和二十二年法律第百号）第一条に規定する船員をいう。）であるもののうち国民投票の当日前条第一項第一号に掲げる事由に該当すると見込まれるものの投票については、同項及び第一項の規定によるほか、政令で定めるところにより、第五十三条第一項ただし書、第五十五条、第五十六条、第五十七条第一項、第五十九条及び第六十三条の規定にかかわらず、不在者投票管理者の管理する場所において、総務省令で定める投票送信用紙に投票の記載をし、これを総務省令で指定する市町村の選挙管理委員会の委員長にファクシミリ装置を用いて送信する方法により、行わせることができる。
8 国が行う南極地域における科学的調査の業務を行う組織（以下この項において「南極地域調査組織」という。）に属する投票人（南極地域調査組織に同行する投票人で当該南極地域調査組織の長の管理の下に南極地域における活動を行うものを含む。）で次の各号に掲げる施設又は船舶に滞在するもののうち国民投票の当日前条第一項第一号に掲げる事由に該当すると見込まれるものの投票については、同項及び第一項の規定によるほか、政令で定めるところにより、第五十三条第一項ただし書、第五十五条、第五十六条、第五十七条第一項、第五十九条及び第六十三条の規定にかかわらず、その滞在する次の各号に掲げる施設又は船舶の区分に応じ、それぞれ当該各号に定める場所において、総務省令で定める投票送信用紙に投票の記載をし、これを総務省令で指定する市町村の選挙管理委員会の委員長にファクシミリ装置を用いて送信する方法により、行わせることができる。
一 南極地域にある当該科学的調査の業務の用に供される施設で国が設置するもの　不在者投票管理者の管理する場所
二 本邦と前号に掲げる施設との間において南極地域調査組織を輸送する船舶で前項の総務省令で定めるもの　この項に規定する方法による投票を行うことについて不在者投票管理者が当該船舶の船長の許可を得た場所
9 不在者投票管理者は、市町村の選挙管理委員会が選定した者を投票に立ち会わせることその他の方法により、不在者投票の公正な実施の確保に努めなければならない。
（在外投票等）
第六十二条　在外投票人名簿に登録されている投票人の投票については、第六十条第一項及び前条第一項の規定によるほか、政令で定めるところにより、第五十五条、第五十六条第一項、第五十七条第一項、第五十九条及び次条の規定にかかわらず、次に掲げるいずれかの方法により行わせることができる。
一 国民投票の期日前十四日に当たる日から国民投票の期日前六日に当たる日（投票の送致に日数を要する地の在外公館であることその他特別の事情があると認められる場合には、あらかじめ総務大臣が外務大臣と協議して指定する日）までの間（あらかじめ総務大臣が外務大臣と協議して指定する日を除く。）に、自ら在外公館の長（総務大臣が外務大臣と協議して指定する在外公館の長を除く。以下この号において同じ。）の管理する投票を記載する場所に行き、在外投票人証又は在外選挙人証（公職選挙法第三十条の六第三項に規定する在外選挙人証をいう。以下同じ。）及び旅券その他の政令で定める文書を提示して、投票用紙に投票の記載をし、これを封筒に入れて在外公館の長に提出する方法
二 当該投票人の現在する場所において投票用紙に投票の記載をし、これを郵便等により送付する方法
2 在外投票人名簿に登録されている投票人の国内における投票については、第五十三条第一項ただし書中「投票人名簿」とあるのは「在外投票人名簿」と、「投票所」とあるのは「指定在外投票区の投票所」と、第五十五条第一項中「投票所」とあるのは「指定在外投票区の投票所」と、同条第二項中「、投票人名簿」とあるのは「、在外投票人証又は在外選挙人証を提示して、在外投票人名簿」と、「当該投票人名簿」とあるのは「当該在外投票人名簿」と、「第二十条第二項」とあるのは「第三十三条第二項」と、「書類。第六十九条及び第七十条において同じ。」とあるのは「書類」と、第六十条第一項中「期日前投票所」とあるのは「市町村の選挙管理委員会の指定した期日前投票所」と、「投票区」とあるのは「指定在外投票区」と、同条第二項の表第五十三条第一項の項中「第五十三条第一項」とあるのは「第六十二条第二項の規定により読み替えて適用される第五十三条第一項」と、「国民投票の当日投票所」とあるのは「国民投票の当日指定在外投票区の投票所」と、「期日前投票所」とあるのは「市町村の選挙管理委員会の指定した期日前投票所」とする。
3 在外投票人名簿に登録されている投票人の投票については、前条第二項から第八項までの規定は、適用しない。
（投票人の確認及び投票の拒否）

第六十三条　投票管理者は、投票をしようとする投票人が本人であるかどうかを確認することができないときは、その本人である旨を宣言させなければならない。その宣言をしない者は、投票をすることができない。
2　投票の拒否は、投票立会人の意見を聴き、投票管理者が決定しなければならない。
3　前項の決定を受けた投票人において不服があるときは、投票管理者は、仮に投票をさせなければならない。
4　前項の投票は、投票人をしてこれを封筒に入れて封をし、表面に自らその氏名を記載して投票箱に入れさせなければならない。
5　投票立会人において異議のある投票人についても、また前二項と同様とする。
（退出させられた者の投票）
第六十四条　第七十四条の規定により投票所外に退出させられた者は、最後になって投票をすることができる。ただし、投票管理者は、投票所の秩序を乱すおそれがないと認める場合においては、投票をさせることを妨げない。
（投票記載所における憲法改正案等の掲示）
第六十五条　市町村の選挙管理委員会は、国民投票の当日、投票所内の投票の記載をする場所その他適当な箇所に憲法改正案及びその要旨の掲示をしなければならない。ただし、憲法改正案及びその要旨の掲示が著しく困難である場合においては、当該投票所における国民投票公報の備付けをもって当該掲示に代えることができる。
2　市町村の選挙管理委員会は、国民投票の期日前十四日に当たる日から国民投票の期日の前日までの間、期日前投票所及び不在者投票管理者のうち政令で定めるものの管理する投票を記載する場所内の適当な箇所に、憲法改正案及びその要旨の掲示をしなければならない。ただし、憲法改正案及びその要旨の掲示が著しく困難である場合においては、当該期日前投票所又は投票を記載する場所における国民投票公報の備付けをもって当該掲示に代えることができる。
3　国民投票広報協議会は、前二項の憲法改正案の要旨を作成したときは、速やかに、これを中央選挙管理会に送付しなければならない。
4　中央選挙管理会は、前項の送付があったときは、速やかに、これを都道府県の選挙管理委員会を経由して、市町村の選挙管理委員会に送付しなければならない。
5　前各項に定めるもののほか、第一項又は第二項の掲示に関し必要な事項は、都道府県の選挙管理委員会が定める。
（投票の秘密保持）
第六十六条　何人も、投票人のした投票の内容を陳述する義務はない。
（投票箱の閉鎖）

第六十七条　投票所を閉じるべき時刻になったときは、投票管理者は、その旨を告げて、投票所の入口を閉鎖し、投票所にある投票人の投票の結了するのを待って、投票箱を閉鎖しなければならない。
2　何人も、投票箱の閉鎖後は、投票をすることができない。
（投票録の作成）
第六十八条　投票管理者は、投票録を作り、投票に関する次第を記載し、投票立会人とともに、これに署名しなければならない。
（投票箱等の送致）
第六十九条　投票管理者が同時に開票管理者である場合を除くほか、投票管理者は、一人又は数人の投票立会人とともに、国民投票の当日、その投票箱、投票録、投票人名簿又はその抄本及び在外投票人名簿又はその抄本（当該在外投票人名簿が第三十三条第二項の規定により磁気ディスクをもって調製されている場合には、当該在外投票人名簿に記録されている全部若しくは一部の事項又は当該事項を記載した書類。次条において同じ。）を開票管理者に送致しなければならない。
（繰上投票）
第七十条　島その他交通不便の地について、国民投票の期日に投票箱を送致することができない状況があると認めるときは、都道府県の選挙管理委員会は、適宜にその投票の期日を定め、開票の期日までにその投票箱、投票録、投票人名簿又はその抄本及び在外投票人名簿又はその抄本を送致させることができる。
（繰延投票）
第七十一条　天災その他避けることのできない事故により投票を行うことができないとき又は更に投票を行う必要があるときは、都道府県の選挙管理委員会は、更に期日を定めて投票を行わせなければならない。ただし、その期日は、都道府県の選挙管理委員会において、少なくとも五日前に告示しなければならない。
2　前項に規定する事由を生じた場合においては、市町村の選挙管理委員会は、国民投票分会長を経て都道府県の選挙管理委員会にその旨を届け出なければならない。
（投票所に出入し得る者）
第七十二条　投票人、投票所の事務に従事する者、投票所を監視する職権を有する者又は当該警察官でなければ、投票所に入ることができない。ただし、投票人の同伴する幼児その他の投票人とともに投票所に入ることについてやむを得ない事情がある者として投票管理者が認めたものについては、この限りでない。
（投票所の秩序保持のための処分の請求）
第七十三条　投票管理者は、投票所の秩序を保持し、必要があると認めるときは、当該警察官の処分を請求することができる。
（投票所における秩序保持）
第七十四条　投票所において演説討論をし、若しくは

2 憲法史料

喧けん騒にわたり、又は投票に関し協議若しくは勧誘をし、その他投票所の秩序を乱す者があるときは、投票管理者は、これを制止し、命に従わないときは投票所外に退出させることができる。
（開票管理者）
第七十五条　国民投票ごとに、開票管理者を置く。
2　開票管理者は、国民投票の投票権を有する者の中から市町村の選挙管理委員会の選任した者をもって、これに充てる。
3　開票管理者は、開票に関する事務を担任する。
4　開票管理者は、国民投票の投票権を有しなくなったときは、その職を失う。
（開票立会人）
第七十六条　政党等（第百六条第二項に規定する政党等をいう。第四項において同じ。）は、各開票区における投票人名簿に登録された者の中から、本人の承諾を得て、開票立会人となるべき者一人を定め、国民投票の期日前三日までに、市町村の選挙管理委員会に届け出ることができる。
2　前項の規定により届出のあった者が、十人を超えないときは直ちにその者をもって開票立会人とし、十人を超えるときは届出のあった者の中から市町村の選挙管理委員会がくじで定めた者十人をもって開票立会人としなければならない。
3　前項の規定によるくじを行うべき場所及び日時は、市町村の選挙管理委員会において、あらかじめ告示しなければならない。
4　第二項の規定による開票立会人が三人に達しないとき又は国民投票の期日の前日までに三人に達しなくなったときは市町村の選挙管理委員会において、開票立会人が国民投票の期日以後三人に達しなくなったとき又は開票立会人で参会する者が開票所を開くべき時刻になっても三人に達しないとき若しくはその後三人に達しなくなったときは開票管理者において、その開票区における投票人名簿に登録された者の中から三人に達するまでの開票立会人を選任し、直ちにこれを本人に通知し、開票に立ち会わせなければならない。ただし、同項の規定による開票立会人を届け出た政党等又は市町村の選挙管理委員会若しくは開票管理者の選任した開票立会人の属する政党等と同一の政党等に属する者を当該政党等の届出に係る開票立会人又は市町村の選挙管理委員会若しくは開票管理者の選任に係る開票立会人と通じて三人以上選任することができない。
5　開票立会人は、正当な理由がなければ、その職を辞することができない。
（開票所の設置）
第七十七条　開票所は、市役所、町村役場又は市町村の選挙管理委員会の指定した場所に設ける。
（開票の場所及び日時の告示）
第七十八条　市町村の選挙管理委員会は、あらかじめ開票の場所及び日時を告示しなければならない。
（開票日）
第七十九条　開票は、すべての投票箱の送致を受けた日又はその翌日に行う。
（開票）
第八十条　開票管理者は、開票立会人立会いの上、投票箱を開き、まず第六十三条第三項及び第五項の規定による投票を調査し、開票立会人の意見を聴き、その投票を受理するかどうかを決定しなければならない。
2　開票管理者は、開票立会人とともに、各投票所及び期日前投票所の投票を開票区ごとに混同して、投票を点検しなければならない。
3　開票管理者は、投票の点検を終わったときは、直ちにその結果を国民投票分会長に報告しなければならない。
（開票の場合の投票の効力の決定）
第八十一条　投票の効力は、開票立会人の意見を聴き、開票管理者が決定しなければならない。その決定に当たっては、次条第二号の規定にかかわらず、投票用紙に印刷された反対の文字を×の記号、二重線その他の記号を記載することにより抹消した投票は賛成の投票として、投票用紙に印刷された賛成の文字を×の記号、二重線その他の記号を記載することにより抹消した投票は反対の投票として、それぞれ有効とするほか、次条の規定に反しない限りにおいて、その投票した投票人の意思が明白であれば、その投票を有効とするようにしなければならない。
（無効投票）
第八十二条　次のいずれかに該当する投票は、無効とする。
一　所定の用紙を用いないもの
二　〇の記号以外の事項を記載したもの
三　〇の記号を自書しないもの
四　賛成の文字を囲んだ〇の記号及び反対の文字を囲んだ〇の記号をともに記載したもの
五　賛成の文字又は反対の文字のいずれを囲んで〇の記号を記載したかを確認し難いもの
（開票の参観）
第八十三条　投票人は、その開票所につき、開票の参観を求めることができる。
（開票録の作成）
第八十四条　開票管理者は、開票録を作り、開票に関する次第を記載し、開票立会人とともに、これに署名しなければならない。
（投票、投票録及び開票録の保存）
第八十五条　投票は、有効無効を区別し、投票録及び開票録と併せて、市町村の選挙管理委員会において、第百二十七条の規定による訴訟が裁判所に係属しなくなった日又は国民投票の期日から五年を経過した日のうちいずれか遅い日まで、保存しなければならない。
（一部無効による再投票の開票）

第八十六条　憲法改正案に係る国民投票の一部が無効となり再投票を行った場合の開票においては、その投票の効力を決定しなければならない。
（繰延開票）
第八十七条　第七十一条第一項本文及び第二項の規定は、開票について準用する。
（開票所の取締り）
第八十八条　第七十二条本文、第七十三条及び第七十四条の規定は、開票所の取締りについて準用する。

第六節　国民投票分会及び国民投票会
（国民投票分会長）
第八十九条　国民投票に際し、都道府県ごとに、国民投票分会長を置く。
2　国民投票分会長は、国民投票の投票権を有する者の中から都道府県の選挙管理委員会の選任した者をもって、これに充てる。
3　国民投票分会長は、国民投票分会に関する事務を担任する。
4　国民投票分会長は、国民投票の投票権を有しなくなったときは、その職を失う。
（国民投票分会立会人）
第九十条　第七十六条の規定は、国民投票分会立会人について準用する。この場合において、同条第一項中「各開票区における投票人名簿に登録された者」とあるのは「国民投票の投票権を有する者」と、「市町村の選挙管理委員会」とあるのは「国民投票分会長」と、同条第二項及び第三項中「市町村の選挙管理委員会」とあるのは「国民投票分会長」と、同条第四項中「又は国民投票の期日の前日までに三人に達しなくなったときは市町村の選挙管理委員会において、開票立会人が国民投票の期日以後に三人に達しなくなったとき」とあるのは「、国民投票分会の期日までに三人に達しなくなったとき」と、「開票所」とあるのは「国民投票分会」と、「開票管理者」とあるのは「、国民投票分会長」と、「その開票区における投票人名簿に登録された者」とあるのは「国民投票の投票権を有する者」と、「開票に」とあるのは「国民投票分会に」と、「市町村の選挙管理委員会若しくは開票管理者」とあるのは「国民投票分会長」と読み替えるものとする。
（国民投票分会の開催）
第九十一条　国民投票分会は、都道府県庁又は都道府県の選挙管理委員会の指定した場所で開く。
2　都道府県の選挙管理委員会は、あらかじめ国民投票分会の場所及び日時を告示しなければならない。
3　国民投票分会長は、都道府県の区域内におけるすべての開票管理者から第八十条第三項の規定による報告を受けた日又はその翌日に国民投票分会を開き、国民投票分会立会人立会いの上、その報告を調査しなければならない。
4　国民投票分会長は、憲法改正案に係る国民投票の一部が無効となり再投票を行った場合において第八十条第三項の規定による報告を受けたときは、前項の規定の例により、他の部分の報告とともに、更にこれを調査しなければならない。
（国民投票分会録の作成及び国民投票分会録その他関係書類の保存）
第九十二条　国民投票分会長は、国民投票分会録を作り、国民投票分会に関する次第を記載し、国民投票分会立会人とともに、これに署名しなければならない。
2　国民投票分会録は、第八十条第三項の規定による報告に関する書類と併せて、都道府県の選挙管理委員会において、第百二十七条の規定による訴訟が裁判所に係属しなくなった日又は国民投票の期日から五年を経過した日のうちいずれか遅い日まで、保存しなければならない。
（国民投票分会の結果の報告）
第九十三条　国民投票分会長は、第九十一条第三項及び第四項の規定による調査を終わったときは、国民投票分会録の写しを添えて、直ちにその結果を国民投票長に報告しなければならない。
（国民投票長）
第九十四条　国民投票に際し、国民投票長を置く。
2　国民投票長は、国民投票の投票権を有する者の中から中央選挙管理会の選任した者をもって、これに充てる。
3　国民投票長は、国民投票会に関する事務を担任する。
4　国民投票長は、国民投票の投票権を有しなくなったときは、その職を失う。
（国民投票会立会人）
第九十五条　第七十六条の規定は、国民投票会立会人について準用する。この場合において、同条第一項中「各開票区における投票人名簿に登録された者」とあるのは「国民投票の投票権を有する者」と、「市町村の選挙管理委員会」とあるのは「国民投票長」と、同条第二項及び第三項中「市町村の選挙管理委員会」とあるのは「国民投票長」と、同条第四項中「又は国民投票の期日の前日までに三人に達しなくなったときは市町村の選挙管理委員会において、開票立会人が国民投票の期日以後に三人に達しなくなったとき」とあるのは「、国民投票会の期日までに三人に達しなくなったとき」と、「開票所」とあるのは「国民投票会」と、「開票管理者」とあるのは「、国民投票長」と、「その開票区における投票人名簿に登録された者」とあるのは「国民投票の投票権を有する者」と、「開票に」とあるのは「国民投票会に」と、「市町村の選挙管理委員会若しくは開票管理者」とあるのは「国民投票長」と読み替えるものとする。
（国民投票会の開催）
第九十六条　国民投票会は、中央選挙管理会の指定した場所で開く。

2 憲法史料

2　中央選挙管理会は、あらかじめ国民投票会の場所及び日時を告示しなければならない。
3　国民投票長は、すべての国民投票分会長から第九十三条の規定による報告を受けた日又はその翌日に国民投票会を開き、国民投票会立会人立会いの上、その報告を調査しなければならない。
4　国民投票長は、憲法改正案に係る国民投票の一部が無効となり再投票を行った場合において第九十三条の規定による報告を受けたときは、前項の規定の例により、他の部分の報告とともに、更にこれを調査しなければならない。
（国民投票録の作成及び国民投票録その他関係書類の保存）
第九十七条　国民投票長は、国民投票録を作り、国民投票会に関する次第を記載し、国民投票会立会人とともに、これに署名しなければならない。
2　国民投票録は、第九十三条の規定による報告に関する書類と併せて、中央選挙管理会において、第百二十七条の規定による訴訟が裁判所に係属しなくなった日又は国民投票の期日から五年を経過した日のうちいずれか遅い日まで、保存しなければならない。
（国民投票の結果の報告及び告示等）
第九十八条　国民投票長は、第九十六条第三項及び第四項の規定による調査を終わったときは、国民投票録の写しを添えて、直ちにその結果を中央選挙管理会に報告しなければならない。
2　中央選挙管理会は、前項又は第百三十五条第六項後段の報告を受けたときは、直ちに憲法改正案に対する賛成の投票の数及び反対の投票の数、投票総数（憲法改正案に対する賛成の投票の数及び反対の投票の数を合計した数をいう。）並びに憲法改正案に対する賛成の投票の数が当該投票総数の二分の一を超える旨又は超えない旨を官報で告示するとともに、総務大臣を通じ内閣総理大臣に通知しなければならない。
3　内閣総理大臣は、前項の通知を受けたときは、直ちに同項に規定する事項を衆議院議長及び参議院議長に通知しなければならない。
（準用）
第九十九条　第七十一条第一項本文、第七十二条本文、第七十三条及び第七十四条並びに公職選挙法第八十二条の規定は、国民投票分会及び国民投票会について準用する。この場合において、第七十一条第一項本文中「都道府県の選挙管理委員会は」とあるのは、「国民投票分会に関しては都道府県の選挙管理委員会は、国民投票会に関しては中央選挙管理会は」と読み替えるものとする。

第七節　国民投票運動
（適用上の注意）

第百条　この節及び次節の規定の適用に当たっては、表現の自由、学問の自由及び政治活動の自由その他の日本国憲法の保障する国民の自由と権利を不当に侵害しないように留意しなければならない。
（公務員の政治的行為の制限に関する特例）
第百条の二　公務員（日本銀行の役員（日本銀行法（平成九年法律第八十九号）第二十六条第一項に規定する役員をいう。）を含み、第百二条各号に掲げる者を除く。以下この条において同じ。）は、公務員の政治的目的をもって行われる政治的行為又は積極的な政治運動若しくは政治活動その他の行為（以下この条において単に「政治的行為」という。）を禁止する他の法令の規定（以下この条において「政治的行為禁止規定」という。）にかかわらず、国会が憲法改正を発議した日から国民投票の期日までの間、国民投票運動（憲法改正案に対し賛成又は反対の投票をし又はしないよう勧誘する行為をいう。以下同じ。）及び憲法改正に関する意見の表明をすることができる。ただし、政治的行為禁止規定により禁止されている他の政治的行為を伴う場合は、この限りでない。
（投票事務関係者の国民投票運動の禁止）
第百一条　投票管理者、開票管理者、国民投票分会長及び国民投票長は、在職中、その関係区域内において、国民投票運動をすることができない。
2　第六十一条の規定による投票に関し、不在者投票管理者は、その者の業務上の地位を利用して国民投票運動をすることができない。
（特定公務員の国民投票運動の禁止）
第百二条　次に掲げる者は、在職中、国民投票運動をすることができない。
一　中央選挙管理会の委員及び中央選挙管理会の庶務に従事する総務省の職員並びに選挙管理委員会の委員及び職員
二　国民投票広報協議会事務局の職員
三　裁判官
四　検察官
五　国家公安委員会又は都道府県公安委員会若しくは方面公安委員会の委員
六　警察官
（公務員等及び教育者の地位利用による国民投票運動の禁止）
第百三条　国若しくは地方公共団体の公務員若しくは行政執行法人（独立行政法人通則法（平成十一年法律第百三号）第二条第四項に規定する行政執行法人をいう。第百十一条において同じ。）若しくは特定地方独立行政法人（地方独立行政法人法（平成十五年法律第百十八号）第二条第二項に規定する特定地方独立行政法人をいう。第百十一条において同じ。）の役員若しくは職員又は公職選挙法第百三十六条の二第一項第二号に規定する公庫の役職員は、その地位にあるために特に国民投票運動を効果的に行い得る影響力又は便益

を利用して、国民投票運動をすることができない。
2 教育者（学校教育法（昭和二十二年法律第二十六号）に規定する学校及び就学前の子どもに関する教育、保育等の総合的な提供の推進に関する法律（平成十八年法律第七十七号）に規定する幼保連携型認定こども園の長及び教員をいう。）は、学校の児童、生徒及び学生に対する教育上の地位にあるために特に国民投票運動を効果的に行い得る影響力又は便益を利用して、国民投票運動をすることができない。
（国民投票に関する放送についての留意）
第百四条　放送事業者（放送法（昭和二十五年法律第百三十二号）第二条第二十六号に規定する放送事業者をいい、日本放送協会及び放送大学学園（放送大学学園法（平成十四年法律第百五十六号）第三条に規定する放送大学学園をいう。第百六条第一項において同じ。）を除く。次条において同じ。）は、国民投票に関する放送については、放送法第四条第一項の規定の趣旨に留意するものとする。
（投票日前の国民投票運動のための広告放送の制限）
第百五条　何人も、国民投票の期日前十四日に当たる日から国民投票の期日までの間においては、次条の規定による場合を除くほか、放送事業者の放送設備を使用して、国民投票運動のための広告放送をし、又はさせることができない。
（国民投票広報協議会及び政党等による放送）
第百六条　国民投票広報協議会は、両議院の議長が協議して定めるところにより、日本放送協会及び基幹放送事業者（放送法第二条第二十三号に規定する基幹放送事業者をいい、日本放送協会及び放送大学学園を除く。第四項及び第八項において同じ。）のラジオ放送又はテレビジョン放送（同条第十六号に規定する中波放送又は同条第十八号に規定するテレビジョン放送をいう。）の放送設備により、憲法改正案の広報のための放送をするものとする。
2　前項の放送は、国民投票広報協議会が行う憲法改正案及びその要旨その他参考となるべき事項の広報並びに憲法改正案に対する賛成の政党等（一人以上の衆議院議員又は参議院議員が所属する政党その他の政治団体であって両議院の議長が協議して定めるところにより国民投票広報協議会に届け出たものをいう。以下この条及び次条において同じ。）及び反対の政党等が行う意見の広告からなるものとする。
3　第一項の放送において、国民投票広報協議会は、憲法改正案及びその要旨その他参考となるべき事項の広報を客観的かつ中立的に行うものとする。
4　第一項の放送において、政党等は、両議院の議長が協議して定めるところにより、憲法改正案に対する賛成又は反対の意見を無料で放送することができる。この場合において、日本放送協会及び基幹放送事業者は、政党等が録音し、又は録画した意見をそのまま放送しなければならない。
5　政党等は、両議院の議長が協議して定めるところにより、両議院の議長が協議して定める額の範囲内で、前項の意見の放送のための録音又は録画を無料ですることができる。
6　第一項の放送に関しては、憲法改正案に対する賛成の政党等及び反対の政党等の双方に対して同一の時間数及び同等の時間帯を与える等同等の利便を提供しなければならない。
7　第一項の放送において意見の放送をすることができる政党等は、両議院の議長が協議して定めるところにより、当該放送の一部を、その指名する団体に行わせることができる。
8　第一項の放送の回数及び日時は、国民投票広報協議会が日本放送協会及び当該放送を行う基幹放送事業者と協議の上、定める。
（国民投票広報協議会及び政党等による新聞広告）
第百七条　国民投票広報協議会は、両議院の議長が協議して定めるところにより、新聞に、憲法改正案の広報のための広告をするものとする。
2　前項の広告は、国民投票広報協議会が行う憲法改正案及びその要旨その他参考となるべき事項の広報並びに憲法改正案に対する賛成の政党等及び反対の政党等が行う意見の広告からなるものとする。
3　第一項の広告において、国民投票広報協議会は、憲法改正案及びその要旨その他参考となるべき事項の広報を客観的かつ中立的に行うものとする。
4　第一項の広告において、政党等は、両議院の議長が協議して定めるところにより、無料で、憲法改正案に対する賛成又は反対の意見の広告をすることができる。
5　第一項の広告に関しては、憲法改正案に対する賛成の政党等及び反対の政党等の双方に対して同一の寸法及び回数を与える等同等の利便を提供しなければならない。
6　第一項の広告において意見の広告をすることができる政党等は、両議院の議長が協議して定めるところにより、当該広告の一部を、その指名する団体に行わせることができる。
（公職選挙法による政治活動の規制との調整）
第百八条　公職選挙法第二百一条の五から第二百一条の九までの規定は、これらの条に掲げる選挙が行われる場合において、政党その他の政治活動を行う団体が、国民投票運動を行うことを妨げるものではない。

第八節　罰則
（組織的多数人買収及び利害誘導罪）
第百九条　国民投票に関し、次に掲げる行為をした者は、三年以下の懲役若しくは禁錮こ又は五十万円以下の罰金に処する。
一　組織により、多数の投票人に対し、憲法改正案に対する賛成又は反対の投票をし又はしないようその

2 憲法史料

旨を明示して勧誘して、その投票をし又はしないことの報酬として、金銭若しくは憲法改正案に対する賛成若しくは反対の投票をし若しくはしないことに影響を与えるに足りる物品その他の財産上の利益（多数の者に対する意見の表明の手段として通常用いられないものに限る。）若しくは公私の職務の供与をし、若しくはその供与の申込み若しくは約束をし、又は憲法改正案に対する賛成若しくは反対の投票をし若しくはしないことに影響を与えるに足りる供応接待をし、若しくはその申込み若しくは約束をしたとき。

二　組織により、多数の投票人に対し、憲法改正案に対する賛成又は反対の投票をし又はしないようその旨を明示して勧誘して、その投票をし又はしないことの報酬として、その者又はその者と関係のある社寺、学校、会社、組合、市町村等に対する用水、小作、債権、寄附その他特殊の直接利害関係を利用して憲法改正案に対する賛成又は反対の投票をし又はしないことに影響を与えるに足りる誘導をしたとき。

三　前二号に掲げる行為をさせる目的をもって国民投票運動をする者に対し金銭若しくは物品の交付をし、若しくはその交付の申込み若しくは約束をし、又は国民投票運動をする者がその交付を受け、その交付を要求し若しくはその申込みを承諾したとき。

（組織的多数人買収及び利害誘導罪の場合の没収）
第百十条　前条の場合において収受し、又は交付を受けた利益は、没収する。その全部又は一部を没収することができないときは、その価額を追徴する。

（職権濫用による国民投票の自由妨害罪）
第百十一条　国民投票に関し、国若しくは地方公共団体の公務員、行政執行法人若しくは特定地方独立行政法人の役員若しくは職員、中央選挙管理会の委員若しくは中央選挙管理会の庶務に従事する総務省の職員、選挙管理委員会の委員若しくは職員、国民投票広報協議会事務局の職員、投票管理者、開票管理者又は国民投票分会長若しくは国民投票長が故意にその職務の執行を怠り、又は正当な理由がなくて国民投票運動をする者に追随し、その居宅に立ち入る等その職権を濫用して国民投票の自由を妨害したときは、四年以下の禁錮に処する。

2　国若しくは地方公共団体の公務員、行政執行法人若しくは特定地方独立行政法人の役員若しくは職員、中央選挙管理会の委員若しくは中央選挙管理会の庶務に従事する総務省の職員、選挙管理委員会の委員若しくは職員、国民投票広報協議会事務局の職員、投票管理者、開票管理者又は国民投票分会長若しくは国民投票長が、投票人に対し、その投票しようとし、又は投票した内容の表示を求めたときは、六月以下の禁錮又は三十万円以下の罰金に処する。

（投票の秘密侵害罪）
第百十二条　中央選挙管理会の委員若しくは中央選挙管理会の庶務に従事する総務省の職員、選挙管理委員会の委員若しくは職員、投票管理者、開票管理者、国民投票分会長若しくは国民投票長、国民投票事務に関係のある国若しくは地方公共団体の公務員、立会人（第五十九条第二項の規定により投票を補助すべき者及び第六十一条第三項の規定により投票に関する記載をすべき者を含む。以下同じ。）又は監視者（投票所（第六十条第一項に規定する期日前投票所を含む。以下この節において同じ。）、開票所、国民投票分会場又は国民投票会場を監視する職権を有する者をいう。以下同じ。）が投票人の投票した内容を表示したときは、二年以下の禁錮又は三十万円以下の罰金に処する。その表示した事実が虚偽であるときも、また同様とする。

（投票干渉罪）
第百十三条　投票所又は開票所において、正当な理由がなくて、投票人の投票に干渉し、又は投票の内容を認知する方法を行った者は、一年以下の禁錮又は三十万円以下の罰金に処する。

2　法令の規定によらないで、投票箱を開き、又は投票箱の投票を取り出した者は、三年以下の懲役若しくは禁錮又は五十万円以下の罰金に処する。

（投票事務関係者、施設等に対する暴行罪、騒擾罪等）
第百十四条　投票管理者、開票管理者、国民投票分会長、国民投票長、立会人若しくは監視者に暴行若しくは脅迫を加え、投票所、開票所、国民投票分会場若しくは国民投票会場を騒擾じょうし、又は投票、投票箱その他関係書類（関係の電磁的記録媒体（電子的方式、磁気的方式その他人の知覚によっては認識することができない方式で作られる記録であって電子計算機による情報処理の用に供されるものに係る記録媒体をいう。）を含む。）を抑留し、損ない、若しくは奪取した者は、四年以下の懲役又は禁錮に処する。

（多衆の国民投票妨害罪）
第百十五条　多衆集合して前条の罪を犯した者は、次の区別に従って処断する。
一　首謀者は、一年以上七年以下の懲役又は禁錮に処する。
二　他人を指揮し、又は他人に率先して勢いを助けた者は、六月以上五年以下の懲役又は禁錮に処する。
三　付和随行した者は、二十万円以下の罰金又は科料に処する。

2　前項の罪を犯すため多衆集合し当該公務員から解散の命令を受けることが三回以上に及んでもなお解散しないときは、首謀者は、二年以下の禁錮に処し、その他の者は、二十万円以下の罰金又は科料に処する。

（投票所、開票所、国民投票分会場又は国民投票会場における凶器携帯罪）
第百十六条　銃砲、刀剣、こん棒その他人を殺傷するに足るべき物件を携帯して投票所、開票所、国民投票分会場又は国民投票会場に入った者は、三年以下の禁

錮又は五十万円以下の罰金に処する。
（携帯凶器の没収）
第百十七条　前条の罪を犯した場合においては、その携帯した物件を没収する。
（詐偽登録、虚偽宣言罪等）
第百十八条　詐偽の方法をもって投票人名簿又は在外投票人名簿に登録をさせた者は、六月以下の禁錮又は三十万円以下の罰金に処する。
2　投票人名簿に登録をさせる目的をもって住民基本台帳法第二十二条の規定による届出に関し虚偽の届出をすることによって投票人名簿に登録をさせた者も、前項と同様とする。
3　在外投票人名簿に登録させる目的をもって公職選挙法第三十条の五第一項の規定による申請に関し虚偽の申請をすることによって在外投票人名簿に登録をさせた者も、第一項と同様とする。
4　第六十三条第一項の場合において虚偽の宣言をした者は、二十万円以下の罰金に処する。
（詐偽投票及び投票偽造、増減罪）
第百十九条　投票人でない者が投票をしたときは、一年以下の禁錮又は三十万円以下の罰金に処する。
2　氏名を詐称し、その他詐偽の方法をもって投票し、又は投票しようとした者は、二年以下の禁錮又は三十万円以下の罰金に処する。
3　投票を偽造し、又はその数を増減した者は、三年以下の懲役若しくは禁錮又は五十万円以下の罰金に処する。
4　中央選挙管理会の委員若しくは中央選挙管理会の庶務に従事する総務省の職員、選挙管理委員会の委員若しくは職員、国民投票広報協議会事務局の職員、投票管理者、開票管理者、国民投票分会長若しくは国民投票長、国民投票事務に関係のある国若しくは地方公共団体の公務員、立会人又は監視者が前項の罪を犯したときは、五年以下の懲役若しくは禁錮又は五十万円以下の罰金に処する。
（代理投票等における記載義務違反）
第百二十条　第五十九条第二項の規定により賛成の文字又は反対の文字を囲んで○の記号を記載すべきものと定められた者が投票人の指示する賛成の文字又は反対の文字を囲んで○の記号を記載しなかったときは、二年以下の禁錮又は三十万円以下の罰金に処する。
2　第六十一条第三項の規定により投票に関する記載をすべき者が投票人の指示する賛成の文字又は反対の文字を囲んで○の記号を記載しなかったときは、二年以下の禁錮又は三十万円以下の罰金に処する。
3　前項に規定するもののほか、第六十一条第三項の規定により投票に関する記載をすべき者が、投票を無効とする目的をもって、投票に関する記載をせず、又は虚偽の記載をしたときも、前項と同様とする。
（立会人の義務を怠る罪）
第百二十一条　立会人が、正当な理由がなくてこの法律に規定する義務を欠くときは、二十万円以下の罰金に処する。
（国民投票運動の規制違反）
第百二十二条　第百一条又は第百二条の規定に違反して国民投票運動をした者は、六月以下の禁錮又は三十万円以下の罰金に処する。
（不在者投票の場合の罰則の適用）
第百二十三条　第六十一条第一項の規定による投票については、その投票を管理すべき者は投票管理者と、その投票を記載すべき場所は投票所と、その投票に立ち会うべき者は投票立会人と、投票人が指示する賛成の文字又は反対の文字を囲んで○の記号を記載すべきものと定められた者は第五十九条第二項の規定により賛成の文字又は反対の文字を囲んで○の記号を記載すべきものと定められた者とみなして、この節の規定を適用する。
2　第六十一条第二項の規定による投票については、投票人が投票の記載の準備に着手してから投票を記載した投票用紙を郵便等により送付するためにされる封入するまでの間における当該投票に関する行為を行う場所を投票所とみなして、第百十三条第一項の規定を適用する。
3　第六十一条第四項の規定による投票については、その投票を管理すべき者は投票管理者と、その投票を記載すべき場所は投票所と、その投票に立ち会うべき者は投票立会人と、投票人が指示する賛成の文字又は反対の文字を囲んで○の記号を記載すべきものと定められた者は第五十九条第二項の規定により賛成の文字又は反対の文字を囲んで○の記号を記載すべきものと定められた者とみなして、この節の規定を適用する。
4　第六十一条第七項の規定による投票については、船舶において投票を管理すべき者及び投票を受信すべき市町村の選挙管理委員会の委員長は投票管理者と、投票の記載をし、これを送信すべき場所及び投票を受信すべき場所は投票所と、投票を受信すべきファクシミリ装置は投票箱と、船舶において投票に立ち会うべき者は投票立会人と、投票人が指示する賛成の文字又は反対の文字を囲んで○の記号を記載すべきものと定められた者は第五十九条第二項の規定により賛成の文字又は反対の文字を囲んで○の記号を記載すべきものと定められた者とみなして、この節の規定を適用する。
5　第六十一条第八項の規定による投票については、同項の施設又は船舶において投票を管理すべき者及び投票を受信すべき市町村の選挙管理委員会の委員長は投票管理者と、投票の記載をし、これを送信すべき場所及び投票を受信すべき場所は投票所と、投票を受信すべきファクシミリ装置は投票箱と、同項の施設又は船舶において投票に立ち会うべき者は投票立会人と、投票人が指示する賛成の文字又は反対

の文字を囲んで〇の記号を記載すべきものと定められた者は第五十九条第二項の規定により賛成の文字又は反対の文字を囲んで〇の記号を記載すべきものと定められた者とみなして、この節の規定を適用する。
(在外投票の場合の罰則の適用)
第百二十四条　第三十六条第二項及び第三項に規定する在外投票人名簿の登録の申請の経由に係る事務、第六十二条第一項第一号に規定する在外投票に係る事務その他のこの法律及びこの法律に基づく命令により在外公館の長に属させられた事務に従事する在外公館の長及び職員並びに第三十六条第二項及び第三項に規定する在外投票人名簿の登録の申請の経由に係る事務に従事する者は、第百二条、第百十一条、第百十二条及び第百十九条第四項に規定する選挙管理委員会の職員とみなして、この節の規定を適用する。
2　第六十二条第一項第一号の規定による投票については、その投票を管理すべき在外公館の長は投票管理者(第百十四条に規定する投票管理者に限る。)と、その投票を記載すべき場所は投票所と、その投票に立ち会うべき者は投票立会人と、投票人が指示する賛成の文字又は反対の文字を囲んで〇の記号を記載すべきものと定められた者は第五十九条第二項の規定により賛成の文字又は反対の文字を囲んで〇の記号を記載すべきものと定められた者とみなして、この節の規定を適用する。
3　第六十二条第一項第二号の規定による投票については、投票人が投票の記載の準備に着手してから投票を記載した投票用紙を郵便等により送付するためこれを封入するまでの間における当該投票に関する行為を行う場所を投票所とみなして、第百十三条第一項の規定を適用する。
(国外犯)
第百二十五条　第百九条、第百十一条、第百十二条、第百十三条第一項、第百十四条から第百十六条まで、第百十九条から第百二十一条まで及び第百二十二条(第百一条第二項又は第百二条の規定に違反して国民投票運動をした者に係る部分に限る。)の罪は、刑法(明治四十年法律第四十五号)第三条の例に従う。

第三章　国民投票の効果

第百二十六条　国民投票において、憲法改正案に対する賛成の投票の数が第九十八条第二項に規定する投票総数の二分の一を超えた場合は、当該憲法改正について日本国憲法第九十六条第一項の国民の承認があったものとする。
2　内閣総理大臣は、第九十八条第二項の規定により、憲法改正案に対する賛成の投票の数が同項に規定する投票総数の二分の一を超える旨の通知を受けたときは、直ちに当該憲法改正の公布のための手続を執らなければならない。

第四章　国民投票無効の訴訟等
第一節　国民投票無効の訴訟
(国民投票無効の訴訟)
第百二十七条　国民投票に関し異議がある投票人は、中央選挙管理会を被告として、第九十八条第二項の規定による告示の日から三十日以内に、東京高等裁判所に訴訟を提起することができる。
(国民投票無効の判決)
第百二十八条　前条の規定による訴訟の提起があった場合において、次に掲げる事項があり、そのために憲法改正案に係る国民投票の結果(憲法改正案に対する賛成の投票の数が第九十八条第二項に規定する投票総数の二分の一を超えること又は超えないことをいう。第百三十五条において同じ。)に異動を及ぼすおそれがあるときは、裁判所は、その国民投票の全部又は一部の無効を判決しなければならない。
一　国民投票の管理執行に当たる機関が国民投票の管理執行につき遵守すべき手続に関する規定に違反したこと。
二　第百一条、第百二条、第百九条及び第百十一条から第百十三条までの規定について、多数の投票人が一般にその自由な判断による投票を妨げられたといえる重大な違反があったこと。
三　憲法改正案に対する賛成の投票の数又は反対の投票の数の確定に関する判断に誤りがあったこと。
2　前項第一号の国民投票の管理執行に当たる機関には、国民投票広報協議会を含まないものとする。
(国民投票無効の訴訟の処理)
第百二十九条　第百二十七条の規定による訴訟については、裁判所は、他の訴訟の順序にかかわらず速やかにその裁判をしなければならない。
2　当事者、代理人その他の第百二十七条の規定による訴訟に関与する者は、前項の趣旨を踏まえ、充実した審理を特に迅速に行うことができるよう、裁判所に協力しなければならない。
(国民投票無効の訴訟の提起と国民投票の効力)
第百三十条　第百二十七条の規定による訴訟の提起があっても、憲法改正案に係る国民投票の効力は、停止しない。
(国民投票無効の訴訟に対する訴訟法規の適用)
第百三十一条　第百二十七条の規定による訴訟については、行政事件訴訟法(昭和三十七年法律第百三十九号)第四十三条の規定にかかわらず、同法第十三条、第十九条から第二十一条まで、第二十五条から第二十九条まで、第三十一条及び第三十四条の規定は、準用せず、また、同法第十六条から第十八条までの規定は、第百二十七条の規定により憲法改正案に係る国民投票の無効を求める数個の請求に関してのみ準用する。
(国民投票無効の訴訟についての通知及び判決書謄本の送付)
第百三十二条　第百二十七条の規定による訴訟が提起

されたときは、裁判所の長は、その旨を、総務大臣及び中央選挙管理会に通知しなければならない。その訴訟が係属しなくなったときも、また同様とする。
2　第百二十七条の規定による訴訟につき判決が確定したときは、裁判所の長は、その判決書の謄本を、総務大臣及び中央選挙管理会並びに衆議院議長及び参議院議長に送付しなければならない。
（憲法改正の効果の発生の停止）
第百三十三条　憲法改正が無効とされることにより生ずる重大な支障を避けるため緊急の必要があるときは、裁判所は、申立てにより、決定をもって、憲法改正の効果の発生の全部又は一部の停止をするものとする。ただし、本案について理由がないとみえるときは、この限りでない。
2　前項の規定による憲法改正の効果の発生を停止する決定が確定したときは、憲法改正の効果の発生は、本案に係る判決が確定するまでの間、停止する。
3　第一項の決定は、第三者に対しても効力を有する。
4　第一項の決定の管轄裁判所は、本案の係属する裁判所とする。
5　第一項の決定は、疎明に基づいてする。
6　第一項の決定は、口頭弁論を経ないですることができる。ただし、あらかじめ、当事者の意見を聴かなければならない。
（国民投票無効の告示等）
第百三十四条　第百二十七条の規定による訴訟の結果憲法改正案に係る国民投票を無効とする判決が確定したとき又は前条第一項の規定による憲法改正の効果の発生を停止する決定が確定したとき若しくはその決定が効力を失ったときは、中央選挙管理会は、直ちにその旨を官報で告示するとともに、総務大臣を通じ内閣総理大臣に通知しなければならない。
2　内閣総理大臣は、前項の通知を受けたときは、直ちにこれを衆議院議長及び参議院議長に通知しなければならない。

第二節　再投票及び更正決定

第百三十五条　第百二十七条の規定による訴訟の結果、憲法改正案に係る国民投票の全部又は一部が無効となった場合（第六項の規定により憲法改正案に係る国民投票の結果を定める場合を除く。）においては、更に国民投票を行わなければならない。
2　第百二十七条の規定による訴訟を提起することができる期間又は同条の規定による訴訟が裁判所に係属している間は、前項の規定による国民投票を行うことができない。
3　第一項の規定による国民投票は、これを行うべき事由が生じた日から起算して六十日以後百八十日以内において、国会の議決した期日に行う。
4　内閣は、国会法第六十五条第一項の規定により国民投票の再投票の期日に係る議案の送付を受けたときは、速やかに、総務大臣を経由して、当該国民投票の再投票の期日を中央選挙管理会に通知しなければならない。
5　中央選挙管理会は、前項の通知があったときは、速やかに、国民投票の再投票の期日を官報で告示しなければならない。
6　第百二十七条の規定による訴訟の結果、憲法改正案に係る国民投票の全部又は一部が無効となった場合において、更に国民投票を行わないで当該憲法改正案に係る国民投票の結果を定めることができるときは、国民投票会を開き、これを定めなければならない。この場合においては、国民投票長は、国民投票録の写しを添えて、直ちにその憲法改正案に係る国民投票の結果を中央選挙管理会に報告しなければならない。

第五章　補則

（費用の国庫負担）
第百三十六条　国民投票に関する次に掲げる費用その他の国民投票に関する一切の費用は、国庫の負担とする。
一　投票人名簿及び在外投票人名簿の調製に要する費用（投票人名簿及び在外投票人名簿を調製するために必要な情報システムの構築及び維持管理に要する費用を含む。）
二　投票所及び期日前投票所に要する費用
三　開票所に要する費用
四　国民投票分会及び国民投票会に要する費用
五　投票所等における憲法改正案等の掲示に要する費用
六　憲法改正案の広報に要する費用
七　国民投票公報の印刷及び配布に要する費用
八　国民投票の方法に関する周知に要する費用
九　第百六条及び第百七条の規定による放送及び新聞広告に要する費用
十　不在者投票に要する費用
十一　在外投票に要する費用
（国の支出金の算定の基礎等）
第百三十七条　前条の負担に係る地方公共団体に対する支出金の額は、国民投票事務の円滑な執行を確保するため、地方公共団体が当該事務を行うために必要でかつ充分な金額を基礎として、これを算定しなければならない。
2　前項の支出金は、その支出金を財源とする経費の支出時期に遅れないように、これを支出しなければならない。
（行政手続法の適用除外）
第百三十八条　この法律の規定による処分その他公権力の行使に当たる行為については、行政手続法（平成五年法律第八十八号）第二章、第三章及び第四章の二の規定は、適用しない。

(審査請求の制限)
第百三十九条　この法律の規定による処分その他公権力の行使に当たる行為又はその不作為については、審査請求をすることができない。
(特別区等に対する適用)
第百四十条　この法律中市に関する規定は、特別区に適用する。
2　この法律の規定の適用については、政令で定めるところにより、地方自治法(昭和二十二年法律第六十七号)第二百五十二条の十九第一項の指定都市(以下「指定都市」という。)の区及び総合区は市と、指定都市の区及び総合区の選挙管理委員会及び選挙管理委員は市の選挙管理委員会及び選挙管理委員とみなす。
(国民投票に関する期日の国外における取扱い)
第百四十一条　この法律に規定する国民投票に関する期日の国外における取扱い(第六十一条第一項、第四項、第七項及び第八項の規定による投票に関するものを除く。)については、政令で定める。
(国民投票に関する届出等の時間)
第百四十二条　この法律又はこの法律に基づく命令の規定によって総務大臣、中央選挙管理会、選挙管理委員会、投票管理者、開票管理者、国民投票分会長、国民投票長等に対してする届出、請求、申出その他の行為は、午前八時三十分から午後五時までの間にしなければならない。ただし、次に掲げる行為は、当該市町村の選挙管理委員会の職員につき定められている執務時間内にしなければならない。
一　第三十条において準用する公職選挙法第二十九条第二項の規定による投票人名簿の修正に関する調査の請求
二　第四十三条第二項において準用する公職選挙法第二十九条第二項の規定による在外投票人名簿の修正に関する調査の請求
2　前項の規定にかかわらず、第六十一条第一項、第四項、第七項若しくは第八項の規定による投票に関し国外においてする行為、第六十二条第一項第一号の規定による投票又はこの法律若しくはこの法律に基づく命令の規定によって在外公館の長に対してする行為は、政令で定める時間内にしなければならない。
(不在者投票の時間)
第百四十三条　前条第一項の規定にかかわらず、第六十一条第一項、第四項、第七項又は第八項の規定による投票に関し不在者投票管理者等に対してする行為(国外においてするものを除く。次項において同じ。)のうち政令で定めるものは、午前八時三十分から午後八時(当該行為を行おうとする地の市町村の選挙管理委員会が地域の実情等を考慮して午後五時から午後八時までの間でこれと異なる時刻を定めている場合にあっては、当該定められている時刻)までの間にする

ことができる。
2　前条第一項の規定にかかわらず、第六十一条第一項、第四項、第七項又は第八項の規定による投票に関し不在者投票管理者等に対してする行為のうち政令で定めるものは、当該行為を行おうとする地の市町村の選挙管理委員会の職員につき定められている執務時間内にしなければならない。
(国民投票に関する届出等の期限)
第百四十四条　この法律又はこの法律に基づく命令の規定によって総務大臣、中央選挙管理会又は選挙管理委員会に対してする届出、請求、申出その他の行為(内閣総理大臣、選挙管理委員会等が総務大臣又は選挙管理委員会に対してする行為を含む。)の期限については、行政機関の休日に関する法律(昭和六十三年法律第九十一号)第二条本文及び地方自治法第四条の二第四項本文の規定は、適用しない。
(一部無効による再投票の特例)
第百四十五条　憲法改正案に係る国民投票の一部無効による再投票については、この法律に特別の規定があるものを除くほか、当該再投票の行われる区域等に応じて政令で特別の定めをすることができる。
(在外投票を行わせることができない場合の取扱い)
第百四十六条　第六十二条第一項第一号の規定による投票を同号に定める期間内に行わせることができないときは、更に投票を行わせることは、しないものとする。
(政令への委任)
第百四十七条　この法律に定めるもののほか、この法律の実施のための手続及び費用の負担その他その施行に関し必要な事項は、政令で定める。
(国民投票事務の委嘱)
第百四十八条　都道府県又は市町村の選挙管理委員会が、都道府県知事又は市町村長の承認を得て、当該都道府県又は市町村の補助機関たる職員に国民投票に関する事務を委嘱したときは、これらの職員は、忠実にその事務を執行しなければならない。
(投票人に関する記録の保護)
第百四十九条　市町村の委託を受けて行う投票人名簿又は在外投票人名簿に関する事務の処理に従事している者又は従事していた者は、その事務に関して知り得た事項をみだりに他人に知らせ、又は不当な目的に使用してはならない。
(事務の区分)
第百五十条　この法律の規定により地方公共団体が処理することとされている事務は、地方自治法第二条第九項第一号に規定する第一号法定受託事務とする。

附　則(抄)
(施行期日)
第一条　この法律は、公布の日から起算して三年を経過した日から施行する。ただし、第六章の規定(国会

法第十一章の二の次に一章を加える改正規定を除く。）並びに附則第四条、第六条及び第七条の規定は公布の日以後初めて召集される国会の召集の日から、附則第三条第一項、第十一条及び第十二条の規定は公布の日から施行する。
（在外投票人名簿の登録の申請等に関する特例）
第二条　政令で定める日前に住民基本台帳に記録されたことがある者であって、同日以後いずれの市町村の住民基本台帳にも記録されたことがないものに対するこの法律の適用については、第三十六条第一項中「最終住所の所在地の市町村の選挙管理委員会（その者が、いずれの市町村の住民基本台帳にも記録されたことがない者である場合には、申請の時におけるその者の本籍地の市町村の選挙管理委員会）」とあり、及び同条第三項中「当該申請をした者の最終住所の所在地の市町村の選挙管理委員会（当該申請をした者が、いずれの市町村の住民基本台帳にも記録されたことがない者である場合には、申請の時におけるその者の本籍地の市町村の選挙管理委員会」とあるのは「申請の時におけるその者の本籍地の市町村の選挙管理委員会」と、第三十八条第一項中「領事官をいう。以下この項において同じ。」とあるのは「領事官をいう」と、「、最終住所及び生年月日（当該在外投票人名簿に登録した者がいずれの市町村の住民基本台帳にも記録されたことがない者である場合には、その者の氏名、経由領事官の名称及び生年月日）」とあるのは「及び生年月日」とする。
2　当分の間、北方領土問題等の解決の促進のための特別措置に関する法律（昭和五十七年法律第八十五号）第十一条第一項に規定する北方地域に本籍を有する者に対するこの法律の適用については、第三十六条第一項中「申請の時におけるその者の本籍地の市町村」とあるのは「申請の時において北方領土問題等の解決の促進のための特別措置に関する法律（昭和五十七年法律第八十五号。以下「特別措置法」という。）第十一条第一項の規定により法務大臣が指名した者が長である市又は町」と、同条第三項中「申請の時におけるその者の本籍地の市町村」とあるのは「申請の時において特別措置法第十一条第一項の規定により法務大臣が指名した者が長である市又は町」と、第四十三条第一項中「市町村長は、その市町村に本籍を有する者で」とあるのは「特別措置法第十一条第一項の規定により法務大臣が指名した者は、同項に規定する北方地域に本籍を有する者で」と、前項の規定により読み替えて適用される第三十六条第一項及び第三項中「申請の時におけるその者の本籍地の市町村」とあるのは「申請の時において特別措置法第十一条第一項の規定により法務大臣が指名した者が長である市又は町」とする。
附　則　（略）
[http://elaws.e-gov.go.jp/search/elawsSearch/e1aws_search/lsg0500/detail?lawId=419AC1000000051&openerCode=1]

31　自由民主党「日本国憲法改正草案」
2012年4月27日決定　自由民主党憲法改正推進本部

（前文）
　日本国は、長い歴史と固有の文化を持ち、国民統合の象徴である天皇を戴く国家であって、国民主権の下、立法、行政及び司法の三権分立に基づいて統治される。
　我が国は、先の大戦による荒廃や幾多の大災害を乗り越えて発展し、今や国際社会において重要な地位を占めており、平和主義の下、諸外国との友好関係を増進し、世界の平和と繁栄に貢献する。
　日本国民は、国と郷土を誇りと気概を持って自ら守り、基本的人権を尊重するとともに、和を尊び、家族や社会全体が互いに助け合って国家を形成する。
　我らは、自由と規律を重んじ、美しい国土と自然環境を守りつつ、教育や科学技術を振興し、活力ある経済活動を通じて国を成長させる。
　日本国民は、良き伝統と我々の国家を末永く子孫に継承するため、ここに、この憲法を制定する。

第一章　天皇
（天皇）
第一条　天皇は、日本国の元首であり、日本国及び日本国民統合の象徴であって、その地位は、主権の存する日本国民の総意に基づく。
（皇位の継承）
第二条　皇位は、世襲のものであって、国会の議決した皇室典範の定めるところにより、これを継承する。
（国旗及び国歌）
第三条　国旗は日章旗とし、国歌は君が代とする。
2　日本国民は、国旗及び国歌を尊重しなければならない。
（元号）
第四条　元号は、法律の定めるところにより、皇位の継承があったときに制定する。
（天皇の権能）
第五条　天皇は、この憲法に定める国事に関する行為を行い、国政に関する権能を有しない。
［削除］
［削除］
（天皇の国事行為等）
第六条　天皇は、国民のために、国会の指名に基づいて内閣総理大臣を任命し、内閣の指名に基づいて最高裁判所の長である裁判官を任命する。
2　天皇は、国民のために、次に掲げる国事に関する

行為を行う。
一　憲法改正、法律、政令及び条約を公布すること。
二　国会を召集すること。
三　衆議院を解散すること。
四　衆議院議員の総選挙及び参議院議員の通常選挙の施行を公示すること。
五　国務大臣及び法律の定めるその他の国の公務員の任免を認証すること。
六　大赦、特赦、減刑、刑の執行の免除及び復権を認証すること。
七　栄典を授与すること。
八　全権委任状並びに大使及び公使の信任状並びに批准書及び法律の定めるその他の外交文書を認証すること。
九　外国の大使及び公使を接受すること。
十　儀式を行うこと。
3　天皇は、法律の定めるところにより、前二項の行為を委任することができる。
4　天皇の国事に関する全ての行為には、内閣の進言を必要とし、内閣がその責任を負う。ただし、衆議院の解散については、内閣総理大臣の進言による。
5　第一項及び第二項に掲げるもののほか、天皇は、国又は地方自治体その他の公共団体が主催する式典への出席その他の公的な行為を行う。
（摂政）
第七条　皇室典範の定めるところにより摂政を置くときは、摂政は、天皇の名で、その国事に関する行為を行う。
2　第五条及び前条第四項の規定は、摂政について準用する。
（皇室への財産の譲渡等の制限）
第八条　皇室に財産を譲り渡し、又は皇室が財産を譲り受け、若しくは賜与するには、法律で定める場合を除き、国会の承認を経なければならない。

第二章　安全保障
（平和主義）
第九条　日本国民は、正義と秩序を基調とする国際平和を誠実に希求し、国権の発動としての戦争を放棄し、武力による威嚇及び武力の行使は、国際紛争を解決する手段としては用いない。
2　前項の規定は、自衛権の発動を妨げるものではない。
（国防軍）
第九条の二　我が国の平和と独立並びに国及び国民の安全を確保するため、内閣総理大臣を最高指揮官とする国防軍を保持する。
2　国防軍は、前項の規定による任務を遂行する際は、法律の定めるところにより、国会の承認その他の統制に服する。
3　国防軍は、第一項に規定する任務を遂行するための活動のほか、法律の定めるところにより、国際社会の平和と安全を確保するために国際的に協調して行われる活動及び公の秩序を維持し、又は国民の生命若しくは自由を守るための活動を行うことができる。
4　前二項に定めるもののほか、国防軍の組織、統制及び機密の保持に関する事項は、法律で定める。
5　国防軍に属する軍人その他の公務員がその職務の実施に伴う罪又は国防軍の機密に関する罪を犯した場合の裁判を行うため、法律の定めるところにより、国防軍に審判所を置く。この場合においては、被告人が裁判所へ上訴する権利は、保障されなければならない。
（領土等の保全等）
第九条の三　国は、主権と独立を守るため、国民と協力して、領土、領海及び領空を保全し、その資源を確保しなければならない。

第三章　国民の権利及び義務
（日本国民）
第十条　日本国民の要件は、法律で定める。
（基本的人権の享有）
第十一条　国民は、全ての基本的人権を享有する。この憲法が国民に保障する基本的人権は、侵すことのできない永久の権利である。
（国民の責務）
第十二条　この憲法が国民に保障する自由及び権利は、国民の不断の努力により、保持されなければならない。国民は、これを濫用してはならず、自由及び権利には責任及び義務が伴うことを自覚し、常に公益及び公の秩序に反してはならない。
（人としての尊重等）
第十三条　全て国民は、人として尊重される。生命、自由及び幸福追求に対する国民の権利については、公益及び公の秩序に反しない限り、立法その他の国政の上で、最大限に尊重されなければならない。
（法の下の平等）
第十四条　全て国民は、法の下に平等であって、人種、信条、性別、障害の有無、社会的身分又は門地により、政治的、経済的又は社会的関係において、差別されない．
2　華族その他の貴族の制度は、認めない。
3　栄誉、勲章その他の栄典の授与は、現にこれを有し、又は将来これを受ける者の一代に限り、その効力を有する。
（公務員の選定及び罷免に関る権利等）
第十五条　公務員を選定し、及び罷免することは、主権の存する国民の権利である。
2　全て公務員は、全体の奉仕者であって、一部の奉仕者ではない。
3　公務員の選定を選挙により行う場合は、日本国籍を有する成年者による普通選挙の方法による。
4　選挙における投票の秘密は、侵されない。選挙人

は、その選択に関し、公的にも私的にも責任を問われない。
（請願をする権利）
第十六条　何人も、損害の救済、公務員の罷免、法律、命令又は規則の制定、廃止又は改正その他の事項に関し、平穏に請願をする権利を有する。
2　請願をした者は、そのためにいかなる差別待遇も受けない。
（国等に対する賠償請求権）
第十七条　何人も、公務員の不法行為により損害を受けたときは、法律の定めるところにより、国又は地方自治体その他の公共団体に、その賠償を求めることができる。
（身体の拘束及び苦役からの自由）
第十八条　何人も、その意に反すると否とにかかわらず、社会的又は経済的関係において身体を拘束されない。
2　何人も、犯罪による処罰の規合を除いては、その意に反する苦役に服させられない。
（思想及び良心の自由）
第十九条　思想及び良心の自由は、保障する。
（個人情報の不当取得の禁止等）
第十九条の二　何人も、個人に関する情報を不当に取得し、保有し、又は利用してはならない。
（信教の自由）
第二十条　信教の自由は、保障する。国は、いかなる宗教団体に対しても、特権を与えてはならない。
2　何人も、宗教上の行為、祝典、儀式又は行事に参加することを強制されない。
3　国及び地方自治体その他の公共団体は、特定の宗教のための教育その他の宗教的活動をしてはならない。ただし、社会的儀礼又は習俗的行為の範囲を超えないものについては、この限りでない。
（表現の自由）
第二十一条　集会、結社及び言論、出版その他一切の表現の自由は、保障する。
2　前項の規定にかかわらず、公益及び公の秩序を害することを目的とした活動を行い、並びにそれを目的として結社をすることは、認められない。
3　検閲は、してはならない。通信の秘密は、侵してはならない。
（国政上の行為に関する説明の責務）
第二十一条の二　国は、国政上の行為につき国民に説明する責務を負う。
（居住、移転及び職業選択等の自由等）
第二十二条　何人も、居住、移転及び職業選択の自由を有する。
2　全て国民は、外国に移住し、又は国籍を離脱する自由を有する。
（学問の自由）
第二十三条　学問の自由は、保障する。

（家族、婚姻等に関する基本原則）
第二十四条　家族は、社会の自然かつ基礎的な単位として、尊重される。家族は、互いに助け合わなければならない。
2　婚姻は、両性の合意に基づいて成立し、夫婦が同等の権利を有することを基本として、相互の協力により、維持されなければならない。
3　家族、扶養、後見、婚姻及び離婚、財産権、相続並びに親族に関するその他の事項に関しては、法律は、個人の尊厳と両性の本質的平等に立脚して、制定されなければならない。
（生存権等）
第二十五条　全て国民は、健康で文化的な最低限度の生活を営む権利を有する。
2　国は、国民生活のあらゆる側面において、社会福祉、社会保障及び公衆衛生の向上及び増進に努めなければならない。
（環境保全の責務）
第二十五条の二　国は、国民と協力して、国民が良好な環境を享受することができるようにその保全に努めなければならない。
（在外国民の保護）
第二十五条の三　国は、国外において緊急事態が生じたときは、在外国民の保護に努めなければならない。
（犯罪被害者への配慮）
第二十五条の四　国は、犯罪被害者及びその家族の人権及び処遇に配慮しなければならない。
（教育に関する権利及び義務等）
第二十六条　全て国民は、法律の定めるところにより、その能力に応じて、等しく教育を受ける権利を有する。
2　全て国民は、法律の定めるところにより、その保護する子に普通教育を受けさせる義務を負う。義務教育は、無償とする。
3　国は、教育が国の未来を切り拓く上で欠くことのできないものであることに鑑み、教育環境の整備に努めなければならない。
（勤労の権利及び義務等）
第二十七条　全て国民は、勤労の権利を有し、義務を負う。
2　賃金、就業時間、休息その他の勤労条件に関する基準は、法律で定める。
3　何人も、児童を酷使してはならない。
（勤労者の団結権等）
第二十八条　勤労者の団結する権利及び団体交渉その他の団体行動をする権利は、保障する。
2　公務員については、全体の奉仕者であることに鑑み、法律の定めるところにより、前項に規定する権利の全部又は一部を制限することができる。この場合においては、公務員の勤労条件を改善するため、必要な措置が講じられなければならない。

2 憲法史料

(財産権)
第二十九条　財産権は、保障する。
2　財産権の内容は、公益及び公の秩序に適合するように、法律で定める。この場合において、知的財産権については、国民の知的創造力の向上に資するように配慮しなければならない。
3　私有財産は、正当な補償の下に、公共のために用いることができる。
(納税の義務)
第三十条　国民は、法律の定めるところにより、納税の義務を負う。
(適正手続の保障)
第三十一条　何人も、法律の定める適正な手続によらなければ、その生命若しくは自由を奪われ、又はその他の刑罰を科せられない。
(裁判を受ける権利)
第三十二条　何人も、裁判所において裁判を受ける権利を有する。
(逮捕に関する手続の保障)
第三十三条　何人も、現行犯として逮捕される場合を除いては、裁判官が発し、かつ、理由となっている犯罪を明示する令状によらなければ、逮捕されない。
(抑留及び拘禁に関する手続の保障)
第三十四条　何人も、正当な理由がなく、若しくは理由を直ちに告げられることなく、又は直ちに弁護人に依頼する権利を与えられることなく、抑留され、又は拘禁されない。
2　拘禁された者は、拘禁の理由を直ちに本人及びその弁護人の出席する公開の法廷で示すことを求める権利を有する。
(住居等の不可侵)
第三十五条　何人も、正当な理由に基づいて発せられ、かつ、搜索する場所及び押収する物を明示する令状によらなければ、住居その他の場所、書類及び所持品について、侵入、搜索又は押収を受けない。ただし、第三十三条の規定により逮捕される場合は、この限りでない。
2　前項本文の規定による搜索又は押収は、裁判官が発する各別の令状によって行う。
(拷問及び残虐な刑罰の禁止)
第三十六条　公務員による拷問及び残虐な刑罰は、禁止する。
(刑事被告人の権利)
第三十七条　全て刑事事件においては、被告人は、公平な裁判所の迅速な公開裁判を受ける権利を有する。
2　被告人は、全ての証人に対して審問する機会を十分に与えられる権利及び公費で自己のために強制的手続により証人を求める権利を有する。
3　被告人は、いかなる場合にも、資格を有する弁護人を依頼することができる。被告人が自らこれを依頼することができないときは、国でこれを付する。

(刑事事件における自白等)
第三十八条　何人も、自己に不利益な供述を強要されない。
2　拷問、脅迫その他の強制による自白又は不当に長く抑留され、若しくは拘禁された後の自白は、証拠とすることができない。
3　何人も、自己に不利益な唯一の証拠が本人の自白である場合には、有罪とされない。
(遡及処罰等の禁止)
第三十九条　何人も、実行の時に違法ではなかった行為又は既に無罪とされた行為については、刑事上の責任を問われない。同一の犯罪については、重ねて刑事上の責任を問われない。
(刑事補償を求める権利)
第四十条　何人も、抑留され、又は拘禁された後、裁判の結果無罪となったときは、法律の定めるところにより、国にその補償を求めることができる。

第四章　国会

(国会と立法権)
第四十一条　国会は、国権の最高機関であって、国の唯一の立法機関である。
(両議院)
第四十二条　国会は、衆議院及び参議院の両議院で構成する。
(両議院の組織)
第四十三条　両議院は、全国民を代表する選挙された議員で組織する。
2　両議院の議員の定数は、法律で定める。
(議員及び選挙人の資格)
第四十四条　両議院の議員及びその選挙人の資格は、法律で定める。この場合においては、人種、信条、性別、障害の有無、社会的身分、門地、教育、財産又は収入によって差別してはならない。
(衆議院議員の任期)
第四十五条　衆議院議員の任期は、四年とする。ただし、衆議院が解散された場合には、その期間満了前に終了する。
(参議院議員の任期)
第四十六条　参議院議員の任期は、六年とし、三年ごとに議員の半数を改選する。
(選挙に関する事項)
第四十七条　選挙区、投票の方法その他両議院の議員の選挙に関する事項は、法律で定める。この場合においては、各選挙区は、人口を基本とし、行政区画、地勢等を総合的に勘案して定めなければならない。
(両議院議員兼職の禁止)
第四十八条　何人も、同時に両議院の議員となることはできない。
(議員の歳費)
第四十九条　両議院の議員は、法律の定めるところにより、国庫から相当額の歳費を受ける.

（議員の不逮捕特権）
第五十条　両議院の議員は、法律の定める場合を除いては、国会の会期中逮捕されず、会期前に逮捕された議員は、その議院の要求があるときは、会期中釈放しなければならない。
（議員の免責特権）
第五十一条　両議院の議員は、議院で行った演説、討論又は表決について、院外で責任を問われない。
（通常国会）
第五十二条　通常国会は、毎年一回召集される。
2　通常国会の会期は、法律で定める。
（臨時国会）
第五十三条　内閣は、臨時国会の召集を決定することができる。いずれかの議院の総議員の四分の一以上の要求があったときは、要求があった日から二十日以内に臨時国会が召集されなければならない。
（衆議院の解散と参議院議員の総選挙、特別国会及び参議院の緊急集会）
第五十四条　衆議院の解散は、内閣総理大臣が決定する。
2　衆議院が解散されたときは、解散の日から四十日以内に、衆議院議員の総選挙を行い、その選挙の日から三十日以内に、特別国会が召集されなければならない。
3　衆議院が解散されたときは、参議院は、同時に閉会となる。ただし、内閣は、国に緊急の必要があるときは、参議院の緊急集会を求めることができる。
4　前項ただし書の緊急集会において採られた措置は、臨時のものであって、次の国会開会の後十日以内に、衆議院の同意がない場合には、その効力を失う。
（議員の資格審査）
第五十五条　両議院は、各々その議員の資格に関し争いがあるときは、これについて審査し、議決する。ただし、議員の議席を失わせるには、出席議員の三分の二以上の多数による議決を必要とする。
（表決及び定足数）
第五十六条　両議院の議事は、この憲法に特別の定めのある場合を除いては、出席議員の過半数で決し、可否同数のときは、議長の決するところによる。
2　両議院の議決は、各々その総議員の三分の一以上の出席がなければすることができない。
（会議及び会議録の公開等）
第五十七条　両議院の会議は、公開しなければならない。ただし、出席議員の三分の二以上の多数で議決したときは、秘密会を開くことができる。
2　両議院は、各々その会議の記録を保存し、秘密会の記録の中で特に秘密を要すると認められるものを除き、これを公表し、かつ、一般に頒布しなければならない。
3　出席議員の五分の一以上の要求があるときは、各議員の表決を会議録に記載しなければならない。
（役員の選任並びに議院規則及び懲罰）
第五十八条　両議院は、各々その議長その他の役員を選任する。
2　両議院は、各々その会議その他の手続及び内部の規律に関する規則を定め、並びに院内の秩序を乱した議員を懲罰することができる。ただし、議員を除名するには、出席議員の三分の二以上の多数による議決を必要とする。
（法律案の議決及び衆議院の優越）
第五十九条　法律案は、この憲法に特別の定めのある場合を除いては、両議院で可決したとき法律となる。
2　衆議院で可決し、参議院でこれと異なった議決をした法律案は、衆議院で出席議員の三分の二以上の多数で再び可決したときは、法律となる。
3　前項の規定は、法律の定めるところにより、衆議院が両議院の協議会を開くことを求めることを妨げない。
4　参議院が、衆議院の可決した法律案を受け取った後、国会休会中の期間を除いて六十日以内に、議決しないときは、衆議院は、参議院がその法律案を否決したものとみなすことができる。
（予算案の議決等に関する衆議院の優越）
第六十条　予算案は、先に衆議院に提出しなければならない。
2　予算案について、参議院で衆議院と異なった議決をした場合において、法律の定めるところにより、両議院の協議会を開いても意見が一致しないとき、又は参議院が、衆議院の可決した予算案を受け取った後、国会休会中の期間を除いて三十日以内に、議決しないときは、衆議院の議決を国会の議決とする。
（条約の承認に関する衆議院の優越）
第六十一条　条約の締結に必要な国会の承認については、前条第二項の規定を準用する。
（議院の国政調査権）
第六十二条　両議院は、各々国政に関する調査を行い、これに関して、証人の出頭及び証言並びに記録の提出を要求することができる。
（内閣総理大臣等の議院出席の権利及び義務）
第六十三条　内閣総理大臣及びその他の国務大臣は、議案について発言するため両議院に出席することができる。
2　内閣総理大臣及びその他の国務大臣は、答弁又は説明のため議院から出席を求められたときは、出席しなければならない。ただし、職務の遂行上特に必要がある場合は、この限りでない。
（弾劾裁判所）
第六十四条　国会は、罷免の訴追を受けた裁判官を裁判するため、両議院の議員で組織する弾劾裁判所を設ける。
2　弾劾に関する事項は、法律で定める。
（政党）

2 憲法史料

第六十四条の二　国は、政党が議会制民主主義に不可欠の存在であることに鑑み、その活動の公正の確保及びその健全な発展に努めなければならない。
2　政党の政治活動の自由は、保障する。
3　前二項に定めるもののほか、政党に関する事項は、法律で定める。

第五章　内閣

（内閣と行政権）
第六十五条　行政権は、この憲法に特別の定めのある場合を除き、内閣に属する。
（内閣の構成及び国会に対する責任）
第六十六条　内閣は、法律の定めるところにより、その首長である内閣総理大臣及びその他の国務大臣で構成する。
2　内閣総理大臣及び全ての国務大臣は、現役の軍人であってはならない。
3　内閣は、行政権の行使について、国会に対し連帯して責任を負う。
（内閣総理大臣の指名及び衆議院の優越）
第六十七条　内閣総理大臣は、国会議員の中から国会が指名する。
2　国会は、他の全ての案件に先立って、内閣総理大臣の指名を行わなければならない。
3　衆議院と参議院とが異なった指名をした場合において、法律の定めるところにより、両議院の協議会を開いても意見が一致しないとき、又は衆議院が指名をした後、国会休会中の期間を除いて十日以内に、参議院が指名をしないときは、衆議院の指名を国会の指名とする。
（国務大臣の任免）
第六十八条　内閣総理大臣は、国務大臣を任命する。この場合においては、その過半数は、国会議員の中から任命しなければならない。
2　内閣総理大臣は、任意に国務大臣を罷免することができる。
（内閣の不信任と総辞職）
第六十九条　内閣は、衆議院が不信任の決議案を可決し、又は信任の決議案を否決したときは、十日以内に衆議院が解散されない限り、総辞職をしなければならない。
（内閣総理大臣が欠けたとき等の内閣の総辞職等）
第七十条　内閣総理大臣が欠けたとき、又は衆議院議員の総選挙の後に初めて国会の召集があったときは、内閣は、総辞職をしなければならない。
2　内閣総理大臣が欠けたとき、その他これに準ずる場合として法律で定めるときは、内閣総理大臣があらかじめ指定した国務大臣が、臨時に、その職務を行う。
（総辞職後の内閣）
第七十一条　前二条の場合には、内閣は、新たに内閣総理大臣が任命されるまでの間は、引き続き、その職務を行う。
（内閣総理大臣の職務）
第七十二条　内閣総理大臣は、行政各部を指揮監督し、その総合調整を行う。
2　内閣総理大臣は、内閣を代表して、議案を国会に提出し、並びに一般国務及び外交関係について国会に報告する。
3　内閣総理大臣は、最高指揮官として、国防軍を統括する。
（内閣の職務）
第七十三条　内閣は、他の一般行政事務のほか、次に掲げる事務を行う。
一　法律を誠実に執行し、国務を総理すること。
二　外交関係を処理すること。
三　条約を締結すること。ただし、事前に、やむを得ない場合は事後に、国会の承認を経ることを必要とする。
四　法律の定める基準に従い、国の公務員に関する事務をつかさどること。
五　予算案及び法律案を作成して国会に提出すること。
六　法律の規定に基づき、政令を制定すること。ただし、政令には、特にその法律の委任がある場合を除いては、義務を課し、又は権利を制限する規定を設けることができない。
七　大赦、特赦、減刑、刑の執行の免除及び復権を決定すること。
（法律及び政令への署名）
第七十四条　法律及び政令には、全て主任の国務大臣が署名し、内閣総理大臣が連署することを必要とする。
（国務大臣の不訴追特権）
第七十五条　国務大臣は、その在任中、内閣総理大臣の同意がなければ、公訴を提起されない。ただし、国務大臣でなくなった後に、公訴を提起することを妨げない。

第六章　司法

（裁判戸と司法権）
第七十六条　全て司法権は、最高裁判所及び法律の定めるところにより設置する下級裁判所に属する。
2　特別裁判所は、設置することができない。行政機関は、最終的な上訴審として裁判を行うことができない。
3　全て裁判官は、その良心に従い独立してその職権を行い、この憲法及び法律にのみ拘束される。
（最高裁判戸の規則制定権）
第七十七条　最高裁判所は、裁判に関する手続、弁護士、裁判所の内部規律及び司法事務処理に関する事項について、規則を定める権限を有する。
2　検察官、弁護士その他の裁判に関わる者は、最高裁判所の定める規則に従わなければならない。

3　最高裁判所は、下級裁判所に関する規則を定める権限を、下級裁判所に委任することができる。
（裁判官の身分保障）
第七十八条　裁判官は、次条第三項に規定する場合及び心身の故障のために職務を執ることができないと裁判により決定された場合を除いては、第六十四条第一項の規定による裁判によらなければ罷免されない。行政機関は、裁判官の懲戒処分を行うことができない。
（最高裁判所の裁判官）
第七十九条　最高裁判所は、その長である裁判官及び法律の定める員数のその他の裁判官で構成し、最高裁判所の長である裁判官以外の裁判官は、内閣が任命する。
2　最高裁判所の裁判官は、その任命後、法律の定めるところにより、国民の審査を受けなければならない。
3　前項の審査において罷免べきとされた裁判官は、罷免される。
〔削除〕
4　最高裁判所の裁判官は、法律の定める年齢に達した時に退任する。
5　最高裁判所の裁判官は、全て定期に相当額の報酬を受ける。この報酬は、在任中、分限又は懲戒による場合及び一般の公務員の例による場合を除き、減額できない。
（下級裁判所の裁判官）
第八十条　下級裁判所の裁判官は、最高裁判所の指名した者の名簿によって、内閣が任命する。その裁判官は、法律の定める任期を限って任命され、再任されることができる。ただし、法律の定める年齢に達した時には、退官する。
2　前条第五項の規定は、下級裁判所の裁判官の報酬について準用する。
（法令審査権と最高裁判所）
第八十一条　最高裁判所は、一切の法律、命令、規則又は処分が憲法に適合するかしないかを決定する権限を有する最終的な上訴審裁判所である。
（裁判の公開）
第八十二条　裁判の口頭弁論及び公判手続並びに判決は、公開の法廷で行う。
2　裁判所が、裁判官の全員一致で、公の秩序又は善良の風俗を害するおそれがあると決した場合には、口頭弁論及び公判手続は、公開しないで行うことができる。ただし、政治犯罪、出版に関する犯罪又は第三章で保障する国民の権利が問題となっている事件の口頭弁論及び公判手続は、常に公開しなければならない。

第七章　財政
（財政の基本原則）
第八十三条　国の財政を処理する権限は、国会の議決に基づいて行使しなければならない。
2　財政の健全性は、法律の定めるところにより、確保されなければならない。
（租税法律主義）
第八十四条　租税を新たに課し、又は変更するには、法律定めるところによることを必要とする。
（国費の支出及び国の債務負担）
第八十五条　国費を支出し、又は国が債務を負担するには、国会の議決に基づくことを必要とする。
（予算）
第八十六条　内閣は、毎会計年度の予算案を作成し、国会に提出して、その審議を受け、議決を経なければならない。
2　内閣は、毎会計年度中において、予算を補正するための予算案を提出することができる。
3　内閣は、当該会計年度開始前に第一項の議決を得られる見込みがないと認めるときは、暫定期間に係る予算案を提出しなければならない。
4　毎会計年度の予算は、法律の定めるところにより、国会の議決を経て、翌年度以降の年度においても支出することができる。
（予備費）
第八十七条　予し難い予算の不足に充てるため、国会の議決に基づいて予備費を設け、内閣の責任でこれを支出することができる。
2　全て予備費の支出については、内閣は、事後に国会の承諾を得なければならない。
（皇室財産及び皇室の費用）
第八十八条　全て皇室財産は、国に属する。全て皇室の費用は、予算に計上して国会の議決を経なければならない。
（公の財産の支出及び利用の制限）
第八十九条　公金その他の公の財産は、第二十条第三項ただし書に規定する場合を除き、宗教的活動を行う組織若しくは団体の使用、便益若しくは維持のため支出し、又はその利用に供してはならない。
2　公金その他の公の財産は、国若しくは地方自治体その他の公共団体の監督が及ばない慈善、教育若しくは博愛の事業に対して支出し、又はその利用に供してはならない。
（決算の承認等）
第九十条　内閣は、国の収入支出の決算について、全て毎年会計検査院の検査を受け、法律の定めるところにより、次の年度にその検査報告とともに両議院に提出し、その承認を受けなければならない。
2　会計検査院の組織及び権限は、法律で定める。
3　内閣は、第一項の検査報告の内容を予算案に反映させ、国会に対し、その結果について報告しなければならない。
（財政状況の報告）
第九十一条　内閣は、国会に対し、定期に、少なくと

も毎年一回、国の財政状況について報告しなければならない。

第八章　地方自治

（地方自治の本旨）

第九十二条　地方自治は、住民の参画を基本とし、住民に身近な行政を自主的、自立的かつ総合的に実施することを旨として行う。

2　住民は、その属する地方自治体の役務の提供を等しく受ける権利を有し、その負担を公平に分担する義務を負う。

（地方自治体の種類、国及び地方自治体の協力等）

第九十三条　地方自治体は、基礎地方自治体及びこれを包括する広域地方自治体とすることを基本とし、その種類は、法律で定める。

2　地方自治体の組織及び運営に関する基本的事項は、地方自治の本旨に基づいて、法律で定める。

3　国及び地方自治体は、法律の定める役割分担を踏まえ、協力しなければならない。地方自治体は、相互に協力しなければならない。

（地方自治体の議会及び公務員の直接選挙）

第九十四条　地方自治体には、法律の定めるところにより、条例その他重要事項を議決する機関として、議会を設置する。

2　地方自治体の長、議会の議員及び法律の定めるその他の公務員は、当該地方自治体の住民であって日本国籍を有する者が直接選挙する。

（地方自治体の権能）

第九十五条　地方自治体は、その事務を処理する権能を有し、法律の範囲内で条例を制定することができる。

（地方自治体の財政及び国の財政措置）

第九十六条　地方自治体の経費は、条例の定めるところにより課する地方税その他の自主的な財源をもって充てることを基本とする。

2　国は、地方自治体において、前項の自主的な財源だけでは地方自治体の行うべき役務の提供ができないときは、法律の定めるところにより、必要な財政上の措置を講じなければならない。

3　第八十三条第二項の規定は、地方自治について準用する。

（地方自治特別法）

第九十七条　特定の地方自治体の組織、運営若しくは権能について他の地方自治体と異なる定めをし、又は特定の地方自治体の住民にのみ義務を課し、権利を制限する特別法は、法律の定めるところにより、その地方自治体の住民の投票において有効投票の過半数の同意を得なければ、制定することができない。

第九章　緊急事態

（緊急事態の宣言）

第九十八条　内閣総理大臣は、我が国に対する外部からの武力攻撃、内乱等による社会秩序の混乱、地震等による大規模な自然災害その他の法律で定める緊急事態において、特に必要があると認めるときは、法律の定めるところにより、閣議にかけて、緊急事態の宣言を発することができる。

2　緊急事態の宣言は、法律の定めるところにより、事前又は事後に国会の承認を得なければならない。

3　内閣総理大臣は、前項の場合において不承認の議決があったとき、国会が緊急事態の宣言を解除すべき旨を議決したとき、又は事態の推移により当該宣言を継続する必要がないと認めるときは、法律の定めるところにより、閣議にかけて、当該宣言を速やかに解除しなければならない。また、百日を超えて緊急事態の宣言を継続しようとするときは、百日を超えるごとに、事前に国会の承認を得なければならない。

4　第二項及び前項後段の国会の承認については、第六十条第二項の規定を準用する。この場合において、同項中「三十日以内」とあるのは、「五日以内」と読み替えるものとする。

（緊急事態の宣言の効果）

第九十九条　緊急事態の宣言が発せられたときは、法律の定めるところにより、内閣は法律と同一の効力を有する政令を制定することができるほか、内閣総理大臣は財政上必要な支出その他の処分を行い、地方自治体の長に対して必要な指示をすることができる。

2　前項の政令の制定及び処分については、法律の定めるところにより、事後に国会の承認を得なければならない。

3　緊急事態の宣言が発せられた場合には、何人も、法律の定めるところにより、当該宣言に係る事態において国民の生命、身体及び財産を守るために行われる措置に関して発せられる国その他公の機関の指示に従わなければならない。この場合においても、第十四条、第十八条、第十九条、第二十一条その他の基本的人権に関する規定は、最大限に尊重されなければならない。

4　緊急事態の宣言が発せられた場合においては、法律の定めるところにより、その宣言が効力を有する期間、衆議院は解散されないものとし、両議院の議員の任期及びその選挙期日の特例を設けることができる。

第十章　改正

第百条　この憲法の改正は、衆議院又は参議院の議員の発議により、両議院のそれぞれの総議員の過半数の賛成で国会が議決し、国民に提案してその承認を得なければならない。この承認には、法律の定めるところにより行われる国民の投票において有効投票の過半数の賛成を必要とする。

2　憲法改正について前項の承認を経たときは、天皇は、直ちに憲法改正を公布する。

第十一章　最高法規

〔削除〕
（憲法の最高法規性等）
第百一条　この憲法は、国の最高法規であって、その条規に反する法律、命令、詔勅及び国務に関するその他の行為の全部又は一部は、その効力を有しない．
2　日本国が締結した条約及び確立された国際法規は、これを誠実に遵守することを必要とする．
（憲法尊重擁護義務）
第百二条　全て国民は、この憲法を尊重しなければならない．
2　国会議員、国務大臣、裁判官その他の公務員は、この憲法を擁護する義務を負う．

　　　附　則
（施行期日）
1　この憲法改正は、平成○年○月○日から施行する。ただし、次項の規定は、公布の日から施行する。
（施行に必要な準備行為）
2　この憲法改正を施行するために必要な法律の制定及び改廃その他この憲法改正を施行するために必要な準備行為は、この憲法改正の施行の日よりも前に行うことができる。
（適用区分等）
3　改正後の日本国憲法第七十九条第五項後段（改正後の第八十条第二項において準用する場合を含む。）の規定は、改正前の日本国憲法の規定により任命された最高裁判所の裁判官及び下級裁判所の裁判官の報酬についても適用する。
4　この憲法改正の施行の際現に在職する下級裁判所の裁判官については、その任期は改正前の日本国憲法第八十条第一項の規定による任期の残任期間とし、改正後の日本国憲法第八十条第一項の規定により再任されることができる。
5　改正後の日本国憲法第八十六条第一項、第二項及び第四項の規定はこの憲法改正の施行後に提出される予算案及び予算から、同条第三項の規定はこの憲法改正の施行後に提出される同条第一項の予算案に係る会計年度における暫定期間に係る予算案から、それぞれ適用し、この憲法改正の施行前に提出された予算及び当該予算に係る会計年度における暫定期間に係る予算については、なお従前の例による。
6　改正後の日本国憲法第九十条第一項及び第三項の規定は、この憲法改正の施行後に提出される決算から適用し、この憲法改正の施行前に提出された決算については、なお従前の例による。

〔http://constitution.jimin.jp/draft/〕

32　九条の会「『戦争する国』づくりに反対する国民の声を」
2013年10月7日

　日本国憲法はいま、大きな試練の時を迎えています。安倍首相は、「憲法改正は私の歴史的使命」と憲法の明文を変えることに強い執念をもやす一方で、歴代内閣のもとでは「許されない」とされてきた集団的自衛権行使に関する憲法解釈を転換し、「戦争する国」をめざして暴走を開始しているからです。
　日本が武力攻撃を受けていなくともアメリカといっしょに海外で戦争するという集団的自衛権の行使が、「必要最小限度の範囲」という政府の従来の「自衛権」解釈から大きく逸脱することは明白です。それどころか、日本やアメリカの「防衛」ではなく、日米同盟を「世界全体の安定と繁栄のための『公共財』」（防衛省「防衛力の在り方検討に関する中間報告」）とみなし、世界中のあらゆる地域・国への武力介入をめざす体制づくりです。
　この企ては、本来なら衆参両院の3分の2以上と国民投票における過半数の賛成がある憲法「改正」の手続きを経なければ許されない内容を、閣議決定だけで実現してしまうものです。そのため、長年にわたり集団的自衛権行使を違憲とする政府の憲法解釈を支えてきた内閣法制局長官の入れ替えまでおこないました。麻生副総理が学ぶべきと称賛したナチスがワイマール憲法を停止した手口そのものです。これは立憲主義を根本からつき崩すものであり、とうてい容認することはできません。
　それだけではありません。安倍内閣は、自衛隊を戦争する軍隊にするために、海外での武力行使に関する制約をすべて取り払い、「防衛計画の大綱」の再改定により、「海兵隊的機能」や「敵基地攻撃能力」など攻撃的性格をいちだんと強めようとしています。「戦争する国」づくりにも足を踏み入れようとしています。すでに安倍内閣は、防衛、外交に関する情報を国民から覆い隠し首相に強大な権限を集中する「特定秘密保護法案」や日本版NSC（国家安全保障会議）設置関連法案などを臨時国会に提出しようとしています。自民党が作成した「国家安全保障基本法案」では、「教育、科学技術、運輸、通信その他内政の各分野」でこれらの「安全保障」政策を優先させ、軍需産業の「保持・育成」をはかるとしているばかりでなく、こうした政策への協力を「国民の責務」と規定しています。これを許せば、憲法の条文には手をふれないまま自民党が昨年四月に発表した「日本国憲法改正草案」における第九条改悪の内容をほとんど実現してしまいます。
　さらには福島原発事故の無責任と棄民、原発技術輸出の問題、その他問題山積の現状があります。

2 憲法史料

戦前、日本国民はすべての抵抗手段を奪われ、ズルズルと侵略戦争の泥沼に巻き込まれていった苦い経験をもっています。しかし、いま日本国民は国政の最高決定権をもつ主権者であり、さらに侵略戦争の教訓を活かした世界にも誇るべき九条を含む日本国憲法をもっています。いまこそ日本国憲法を守るという一点で手をつなぎ、歴史の教訓に背を向ける安倍内閣を草の根からの世論で包囲し、この暴走を阻むための行動にたちあがりましょう。
［九条の会ニュース第176号（2013.10.8発行）〈アピール〉］

33 武器輸出三原則の見直し
(1) 防衛装備移転三原則（2014年4月1日）
(2) 同運用指針（2014年4月1日）

（1） 防衛装備移転三原則
平成26（2014）年4月1日国家安全保障会議決定、閣議決定

　政府は、これまで防衛装備の海外移転については、昭和42年の佐藤総理による国会答弁（以下「武器輸出三原則」という。）及び昭和51年の三木内閣の政府統一見解によって慎重に対処することを基本としてきた。このような方針は、我が国が平和国家としての道を歩む中で一定の役割を果たしてきたが、一方で、共産圏諸国向けの場合は武器の輸出は認めないとするなど時代にそぐわないものとなっていた。また、武器輸出三原則の対象地域以外の地域についても武器の輸出を慎むものとした結果、実質的には全ての地域に対して輸出を認めないこととなったため、政府は、これまで個別の必要性に応じて例外化措置を重ねてきた。
　我が国は、戦後一貫して平和国家としての道を歩んできた。専守防衛に徹し、他国に脅威を与えるような軍事大国とはならず、非核三原則を守るとの基本原則を堅持してきた。他方、現在、我が国を取り巻く安全保障環境が一層厳しさを増していることや我が国が複雑かつ重大な国家安全保障上の課題に直面していることに鑑みれば、国際協調主義の観点からも、より積極的な対応が不可欠となっている。我が国の平和と安全は我が国一国では確保できず、国際社会もまた、我が国がその国力にふさわしい形で一層積極的な役割を果たすことを期待している。これらを踏まえ、我が国は、今後の安全保障環境の下で、平和国家としての歩みを引き続き堅持し、また、国際政治経済の主要プレーヤーとして、国際協調主義に基づく積極的平和主義の立場から、我が国の安全及びアジア太平洋地域の平和と安定を実現しつつ、国際社会の平和と安定及び繁栄の確保にこれまで以上に積極的に寄与していくこととしている。
　こうした我が国が掲げる国家安全保障の基本理念を具体的政策として実現するとの観点から、「国家安全保障戦略について」（平成25年12月17日国家安全保障会議及び閣議決定）に基づき、防衛装備の海外移転に係るこれまでの政府の方針につき改めて検討を行い、これまでの方針が果たしてきた役割に十分配意した上で、新たな安全保障環境に適合するよう、これまでの例外化の経緯を踏まえ、包括的に整理し、明確な原則を定めることとした。
　防衛装備の適切な海外移転は、国際平和協力、国際緊急援助、人道支援及び国際テロ・海賊問題への対処や途上国の能力構築といった平和への貢献や国際的な協力（以下「平和貢献・国際協力」という。）の機動的かつ効果的な実施を通じた国際的な平和と安全の維持の一層積極的な推進に資するものであり、また、同盟国である米国及びそれ以外の諸国との安全保障・防衛分野における協力の強化に資するものである。さらに、防衛装備品の高性能化を実現しつつ、費用の高騰に対応するため、国際共同開発・生産が国際的な主流となっていることに鑑み、我が国の防衛生産・技術基盤の維持・強化、ひいては我が国の防衛力の向上に資するものである。
　他方、防衛装備の流通は、国際社会への安全保障上、社会上、経済上及び人道上の影響が大きいことから、各国政府が様々な観点を考慮しつつ責任ある形で防衛装備の移転を管理する必要性が認識されている。
　以上を踏まえ、我が国としては、国際連合憲章を遵守するとの平和国家としての基本理念及びこれまでの平和国家としての歩みを引き続き堅持しつつ、今後は次の三つの原則に基づき防衛装備の海外移転の管理を行うこととする。また、武器製造関連設備の海外移転については、これまでと同様、防衛装備に準じて取り扱うものとする。

1　移転を禁止する場合の明確化
　次に掲げる場合は、防衛装備の海外移転を認めないこととする。
① 当該移転が我が国の締結した条約その他の国際約束に基づく義務に違反する場合、
② 当該移転が国際連合安全保障理事会の決議に基づく義務に違反する場合、又は
③ 紛争当事国（武力攻撃が発生し、国際の平和及び安全を維持し又は回復するため、国際連合安全保障理事会がとっている措置の対象国をいう。）への移転となる場合

2　移転を認め得る場合の限定並びに厳格審査及び情報公開
　上記1以外の場合は、移転を認め得る場合を次の場合に限定し、透明性を確保しつつ、厳格審査を行う。具体的には、防衛装備の海外移転は、平和貢献・国際協力の積極的な推進に資する場合、同盟国たる米国を始め我が国との間で安全保障面での協力関係がある諸国（以下「同盟国等」という。）との国際共同開発・生産

の実施、同盟国等との安全保障・防衛分野における協力の強化並びに装備品の維持を含む自衛隊の活動及び邦人の安全確保の観点から我が国の安全保障に資する場合等に認め得るものとし、仕向先及び最終需要者の適切性並びに当該防衛装備の移転が我が国の安全保障上及ぼす懸念の程度を厳格に審査し、国際輸出管理レジームのガイドラインも踏まえ、輸出審査時点において利用可能な情報に基づいて、総合的に判断する。

また、我が国の安全保障の観点から、特に慎重な検討を要する重要な案件については、国家安全保障会議において審議するものとする。国家安全保障会議で審議された案件については、行政機関の保有する情報の公開に関する法律（平成11年法律第42号）を踏まえ、政府として情報の公開を図ることとする。

3 目的外使用及び第三国移転に係る適正管理の確保

上記2を満たす防衛装備の海外移転に際しては、適正管理が確保される場合に限定する。具体的には、原則として目的外使用及び第三国移転について我が国の事前同意を相手国政府に義務付けるものとする。ただし、平和貢献・国際協力の積極的な推進のため適切と判断される場合、部品等を融通し合う国際的なシステムに参加する場合、部品等をライセンス元に納入する場合等においては、仕向先の管理体制の確認をもって適正な管理を確保することも可能とする。

以上の方針の運用指針については、国家安全保障会議において決定し、その決定に従い、経済産業大臣は、外国為替及び外国貿易法（昭和24年法律第228号）の運用を適切に行う。

本原則において「防衛装備」とは、武器及び武器技術をいう。「武器」とは、輸出貿易管理令（昭和24年政令第378号）別表第1の1の項に掲げるもののうち、軍隊が使用するものであって、直接戦闘の用に供されるものをいい、「武器技術」とは、武器の設計、製造又は使用に係る技術をいう。

政府としては、国際協調主義に基づく積極的平和主義の立場から、国際社会の平和と安定のために積極的に寄与していく考えであり、防衛装備並びに機微な汎用品及び汎用技術の管理の分野において、武器貿易条約の早期発効及び国際輸出管理レジームの更なる強化に向けて、一層積極的に取り組んでいく考えである。

（2）防衛装備移転三原則の運用指針

平成26（2014）年4月1日国家安全保障会議決定

防衛装備移転三原則（平成26年4月1日閣議決定。以下「三原則」という。）に基づき、三原則の運用指針（以下「運用指針」という。）を次のとおり定める。
（注）用語の定義は三原則によるほか、6のとおりとする。

1 防衛装備の海外移転を認め得る案件

防衛装備の海外移転を認め得る案件は、次に掲げるものとする。
（1）平和貢献・国際協力の積極的な推進に資する海外移転として次に掲げるもの（平和貢献・国際協力の観点から積極的な意義がある場合に限る。）
ア　移転先が外国政府である場合
イ　移転先が国際連合若しくはその関連機関、国連決議に基づいて活動を行う機関、国際機関の要請に基づいて活動を行う機関又は活動が行われる地域の属する国の要請があってかつ国際連合の主要機関のいずれかの支持を受けた活動を行う機関である場合
（2）我が国の安全保障に資する海外移転として次に掲げるもの（我が国の安全保障の観点から積極的な意義がある場合に限る。）
ア　米国を始め我が国との間で安全保障面での協力関係がある諸国との国際共同開発・生産に関する海外移転
イ　米国を始め我が国との間で安全保障面での協力関係がある諸国との安全保障・防衛協力の強化に資する海外移転であって、次に掲げるもの
（ア）法律に基づき自衛隊が実施する物品又は役務の提供に含まれる防衛装備の海外移転
（イ）米国との相互技術交流の一環としての武器技術の提供
（ウ）米国からのライセンス生産品に係る部品や役務の提供、米軍への修理等の役務提供
（エ）我が国との間で安全保障面での協力関係がある国に対する救難、輸送、警戒、監視及び掃海に係る協力に関する防衛装備の海外移転
ウ　自衛隊を含む政府機関（以下「自衛隊等」という。）の活動（自衛隊等の活動に関する外国政府又は民間団体等の活動を含む。以下同じ。）又は邦人の安全確保のために必要な海外移転であって、次に掲げるもの
（ア）自衛隊等の活動に係る、装備品の一時的な輸出、購入した装備品の返送及び技術情報の提供（要修理品を良品と交換する場合を含む。）
（イ）公人警護又は公人の自己保存のための装備品の輸出
（ウ）危険地域で活動する邦人の自己保存のための装備品の輸出
（3）誤送品の返送、返送を前提とする見本品の輸出、海外政府機関の警察官により持ち込まれた装備品の再輸出等の我が国の安全保障上の観点から影響が極めて小さいと判断される場合の海外移転

2 海外移転の厳格審査の視点

個別案件の輸出許可に当たっては、1に掲げる防衛装備の海外移転を認め得る案件に該当するものについて、
・仕向先及び最終需要者の適切性

2 憲法史料

・当該防衛装備の海外移転が我が国の安全保障上及ぼす懸念の程度

の2つの視点を複合的に考慮して、移転の可否を厳格に審査するものとする。
具体的には、仕向先の適切性については、仕向国・地域が国際的な平和及び安全並びに我が国の安全保障にどのような影響を与えているか等を踏まえて検討し、最終需要者の適切性については、最終需要者による防衛装備の使用状況及び適正管理の確実性等を考慮して検討する。
また、安全保障上の懸念の程度については、移転される防衛装備の性質、技術的機微性、用途（目的）、数量、形態（完成品又は部品か、貨物又は技術かを含む。）並びに目的外使用及び第三国移転の可能性等を考慮して検討する。
なお、最終的な移転を認めるか否かについては、国際輸出管理レジームのガイドラインも踏まえ、移転時点において利用可能な情報に基づいて、上述の要素を含む視点から総合的に判断することとする。

3　適正管理の確保
防衛装備の海外移転に当たっては、海外移転後の適正な管理を確保するため、原則として目的外使用及び第三国移転について我が国の事前同意を相手国政府に義務付けることとする。ただし、次に掲げる場合には、仕向先の管理体制の確認をもって適正な管理を確保することも可能とする。
(1) 平和貢献・国際協力の積極的推進のため適切と判断される場合として、次のいずれかに該当する場合
　ア　緊急性・人道性が高い場合
　イ　移転先が国際連合若しくはその関連機関又は国連決議に基づいて活動を行う機関である場合
　ウ　国際入札の参加に必要となる技術情報又は試験品の提供を行う場合
　エ　金額が少額かつ数が少量で、安全保障上の懸念が小さいと考えられる場合
(2) 部品等を融通し合う国際的なシステムに参加する場合
(3) 部品等をライセンス元に納入する場合
(4) 我が国から移転する部品及び技術の、相手国への貢献が相当程度小さいと判断できる場合
(5) 自衛隊等の活動又は邦人の安全確保に必要な海外移転である場合
(6) 誤送品の返送、返送を前提とする見本品の輸出、貨物の仮陸揚げ等の我が国の安全保障上の観点から影響が極めて小さいと判断される場合

仕向先の管理体制の確認に当たっては、合理的である限りにおいて、政府又は移転する防衛装備の管理に責任を有する者等の誓約書等の文書による確認を実施することとする。そのほか、移転先の防衛装備の管理の実態、管理する組織の信頼性、移転先の国又は地域の輸出管理制度やその運用実態等についても、移転時点において利用可能な情報に基づいて確認するものとする。
なお、海外移転後の防衛装備が適切に管理されていないことが判明した場合、当該防衛装備を移転した者等に対する外国為替及び外国貿易法（昭和24年法律第228号。以下「外為法」という。）に基づく罰則の適用を含め、厳正に対処することとする。

4　審査に当たっての手続
(1) 国家安全保障会議での審議
防衛装備の海外移転に関し、次の場合は、国家安全保障会議で審議するものとする。イ又はウに該当する防衛装備の海外移転について外為法に基づく経済産業大臣の許可の可否を判断するに当たっては、当該審議を踏まえるものとする。
　ア　基本的な方針について検討するとき。
　イ　移転を認める条件の適用について特に慎重な検討を要するとき。
　ウ　仕向先等の適切性、安全保障上の懸念の程度等について特に慎重な検討を要するとき。
　エ　防衛装備の海外移転の状況について報告を行うとき。
(2) 国家安全保障会議幹事会での審議
防衛装備の海外移転に関し、次の場合には、国家安全保障会議幹事会で審議するものとする。イに該当する防衛装備の海外移転について外為法に基づく経済産業大臣の許可の可否を判断するに当たっては、当該審議を踏まえるものとする。
　ア　基本的な方針について検討するとき。
　イ　同様の類型について、過去に政府として海外移転を認め得るとの判断を行った実績がないとき。
　ウ　防衛装備の海外移転の状況について報告を行うとき。
(3) 関係省庁間での連携
防衛装備の海外移転の可否の判断においては、総合的な判断が必要であることを踏まえ、防衛装備の海外移転案件に係る調整、適正管理の在り方において、関係省庁が緊密に連携して対応することとし、各関係省庁の連絡窓口は、次のとおりとする。ただし、個別案件ごとの連絡窓口は必要に応じて別の部局とすることができるものとする。
　ア　内閣官房国家安全保障局
　イ　外務省総合外交政策局安全保障政策課
　ウ　経済産業省貿易経済協力局貿易管理部安全保障貿易管理課
　エ　防衛省防衛装備庁装備政策部国際装備課

5　定期的な報告及び情報の公開
(1) 定期的な報告
経済産業大臣は、防衛装備の海外移転の許可の状況につき、年次報告書を作成し、国家安全保障会議において報告の上、公表するものとする。

(2) 情報の公開
4 (1)の規定により国家安全保障会議で審議された案件については、行政機関の保有する情報の公開に関する法律（平成11年法律第42号）を踏まえ、政府として情報の公開を図ることとする。情報の公開に当たっては、従来個別に例外化措置を講じてきた場合に比べて透明性に欠けることのないよう留意する。
6 その他
(1) 定義
「国際共同開発・生産」とは、我が国の政府又は企業が参加する国際共同開発（国際共同研究を含む。以下同じ。）又は国際共同生産であって、以下のものを含む。
　ア　我が国政府と外国政府との間で行う国際共同開発
　イ　外国政府による防衛装備の開発への我が国企業の参画
　ウ　外国からのライセンス生産であって、我が国企業が外国企業と共同で行うもの
　エ　我が国の技術及び外国からの技術を用いて我が国企業が外国企業と共同で行う開発又は生産
　オ　部品等を融通し合う国際的なシステムへの参加
　カ　国際共同開発又は国際共同生産の実現可能性の調査のための技術情報又は試験品の提供
(2) これまでの武器輸出三原則等との整理
三原則は、これまでの武器輸出三原則等を整理しつつ新しく定められた原則であることから、今後の防衛装備の海外移転に当たっては三原則を踏まえて外為法に基づく審査を行うものとする。三原則の決定前に、武器輸出三原則等の下で講じられてきた例外化措置については、引き続き三原則の下で海外移転を認め得るものと整理して審査を行うこととする。
(3) 施行期日
この運用指針は、平成26年4月1日から施行する。
(4) 改正
三原則は外為法の運用基準であることを踏まえ、この運用指針の改正は、経済産業省が内閣官房、外務省及び防衛省と協議して案を作成し、国家安全保障会議で決定することにより行う。
　　附　則
この運用指針は、平成28年3月29日から施行する。
[https://www.kantei.go.jp/jp/kakugikettei/2014/__icsFiles/afieldfile/2014/04/01/20140401-1.pdf]

34 憲法改正手続法一部改正法
日本国憲法の改正手続に関する法律の一部を改正する法律
平成26（2014）年6月20日

日本国憲法の改正手続に関する法律（平成十九年法律第五十一号）の一部を次のように改正する。
第二条第一項中「いう」の下に「。第百条の二において同じ」を加える。
第百条の次に次の一条を加える。
（公務員の政治的行為の制限に関する特例）
第百条の二　公務員（日本銀行の役員（日本銀行法（平成九年法律第八十九号）第二十六条第一項に規定する役員をいう。）を含み、第六十二条各号に掲げる者を除く。以下この条において同じ。）は、公務員の政治的目的をもって行われる政治的行為又は積極的な政治運動若しくは政治活動その他の行為（以下この条において単に「政治的行為」という。）を禁止する他の法令の規定（以下この条において「政治的行為禁止規定」という。）にかかわらず、国会が憲法改正を発議した日から国民投票の期日までの間、国民投票運動（憲法改正案に対し賛成又は反対の投票をし又はしないよう勧誘する行為をいう。以下同じ。）及び憲法改正に関する意見の表明をすることができる。ただし、政治的行為禁止規定により禁止されている他の政治的行為を伴う場合は、この限りでない。
第百一条第一項中「憲法改正案に対し賛成又は反対の投票をし又はしないよう勧誘する行為（以下「国民投票運動」という。）」を「国民投票運動」に改める。
第百二条の見出し中「中央選挙管理会の委員等」を「特定公務員」に改め、同条中「中央選挙管理会の委員及び中央選挙管理会の庶務に従事する総務省の職員並びに選挙管理委員会の委員及び職員並びに国民投票広報協議会事務局の職員」を「次に掲げる者」に改め、同条に次の各号を加える。
一　中央選挙管理会の委員及び中央選挙管理会の庶務に従事する総務省の職員並びに選挙管理委員会の委員及び職員
二　国民投票広報協議会事務局の職員
三　裁判官
四　検察官
五　国家公安委員会又は都道府県公安委員会若しくは方面公安委員会の委員
六　警察官

附則第三条を次のように改める。
第三条　削除

附則第十一条及び第十二条を削る。

　　　附　則
（施行期日）
1　この法律は、公布の日から施行する。
（経過措置）
2　この法律の施行後四年を経過するまでの間にその期日がある国民投票（日本国憲法の改正手続に関す

② 憲法史料

る法律第一条に規定する国民投票をいう。）に係る同法第三条、第二十二条第一項、第三十五条及び第三十六条第一項の規定の適用については、これらの規定中「満十八年以上」とあるのは、「満二十年以上」とする。

（法制上の措置）
3　国は、この法律の施行後速やかに、年齢満十八年以上満二十年未満の者が国政選挙に参加することができること等となるよう、国民投票の投票権を有する者の年齢と選挙権を有する者の年齢との均衡等を勘案し、公職選挙法（昭和二十五年法律第百号）、民法（明治二十九年法律第八十九号）その他の法令の規定について検討を加え、必要な法制上の措置を講ずるものとする。

4　国は、この法律の施行後速やかに、公務員の政治的中立性及び公務の公正性を確保する等の観点から、国民投票運動に関し、組織により行われる勧誘運動、署名運動及び示威運動の公務員による企画、主宰及び指導並びにこれらに類する行為に対する規制の在り方について検討を加え、必要な法制上の措置を講ずるものとする。

（憲法改正問題についての国民投票制度に関する検討）
5　国は、この法律の施行後速やかに、憲法改正を要する問題及び憲法改正の対象となり得る問題についての国民投票制度に関し、その意義及び必要性について、日本国憲法の採用する間接民主制との整合性の確保その他の観点から更に検討を加え、必要な措置を講ずるものとする。

[http://www.soumu.go.jp/senkyo/kokumin_touhyou/common/pdf/kaisei_shinkyu.pdf]

35　安保法制閣議決定

「国の存立を全うし、国民を守るための切れ目のない安全保障法制の整備について」
平成26(2014)年7月1日　国家安全保障会議・閣議決定

我が国は、戦後一貫して日本国憲法の下で平和国家として歩んできた。専守防衛に徹し、他国に脅威を与えるような軍事大国とはならず、非核三原則を守るとの基本方針を堅持しつつ、国民のたゆみない努力により経済大国として栄え、安定して豊かな国民生活を築いてきた。また、我が国は、平和国家としての立場から、国際連合憲章を遵守しながら、国際社会や国際連合を始めとする国際機関と連携し、国際的な活動に積極的に寄与している。こうした我が国の平和国家としての歩みは、国際社会において高い評価と尊敬を勝ち得てきており、これをより確固たるものにしなければならない。

一方、日本国憲法の施行から67年となる今日までの間に、我が国を取り巻く安全保障環境は根本的に変容するとともに、更に変化し続け、我が国は複雑かつ重大な国家安全保障上の課題に直面している。国際連合憲章が理想として掲げたいわゆる正規の「国連軍」は実現のめどが立っていないことに加え、冷戦終結後の四半世紀だけをとっても、グローバルなパワーバランスの変化、技術革新の急速な進展、大量破壊兵器や弾道ミサイルの開発及び拡散、国際テロなどの脅威により、アジア太平洋地域において問題や緊張が生み出されるとともに、脅威が世界のどの地域において発生しても、我が国の安全保障に直接的な影響を及ぼし得る状況になっている。さらに、近年では、海洋、宇宙空間、サイバー空間に対する自由なアクセス及びその活用を妨げるリスクが拡散し深刻化している。もはや、どの国も一国のみで平和を守ることはできず、国際社会もまた、我が国がその国力にふさわしい形で一層積極的な役割を果たすことを期待している。

政府の最も重要な責務は、我が国の平和と安全を維持し、その存立を全うするとともに、国民の命を守ることである。我が国を取り巻く安全保障環境の変化に対応し、政府としての責務を果たすためには、まず、十分な体制をもって力強い外交を推進することにより、安定しかつ見通しがつきやすい国際環境を創出し、脅威の出現を未然に防ぐとともに、国際法にのっとって行動し、法の支配を重視することにより、紛争の平和的な解決を図らなければならない。

さらに、我が国自身の防衛力を適切に整備、維持、運用し、同盟国である米国との相互協力を強化するとともに、域内外のパートナーとの信頼及び協力関係を深めることが重要である。特に、我が国の安全及びアジア太平洋地域の平和と安定のために、日米安全保障体制の実効性を一層高め、日米同盟の抑止力を向上させることにより、武力紛争を未然に回避し、我が国に脅威が及ぶことを防止することが必要不可欠である。その上で、いかなる事態においても国民の命と平和な暮らしを断固として守り抜くとともに、国際協調主義に基づく「積極的平和主義」の下、国際社会の平和と安定にこれまで以上に積極的に貢献するためには、切れ目のない対応を可能とする国内法制を整備しなければならない。

5月15日に「安全保障の法的基盤の再構築に関する懇談会」から報告書が提出され、同日に安倍内閣総理大臣が記者会見で表明した基本的方向性に基づき、これまで与党において協議を重ね、政府としても検討を進めてきた。今般、与党協議の結果に基づき、政府として、以下の基本方針に従って、国民の命と平和な暮らしを守り抜くために必要な国内法制を速やかに整備することとする。

1　武力攻撃に至らない侵害への対処

(1) 我が国を取り巻く安全保障環境が厳しさを増していることを考慮すれば、純然たる平時でも有事でもない事態が生じやすく、これにより更に重大な事態に至りかねないリスクを有している。こうした武力攻撃に至らない侵害に際し、警察機関と自衛隊を含む関係機関が基本的な役割分担を前提として、より緊密に協力し、いかなる不法行為に対しても切れ目のない十分な対応を確保するための態勢を整備することが一層重要な課題となっている。
(2) 具体的には、こうした様々な不法行為に対処するため、警察や海上保安庁などの関係機関が、それぞれの任務と権限に応じて緊密に協力して対応するとの基本方針の下、各々の対応能力を向上させ、情報共有を含む連携を強化し、具体的な対応要領の検討や整備を行い、命令発出手続を迅速化するとともに、各種の演習や訓練を充実させるなど、各般の分野における必要な取組を一層強化することとする。
(3) このうち、手続の迅速化については、離島の周辺地域等において外部から武力攻撃に至らない侵害が発生し、近傍に警察力が存在しない場合や警察機関が直ちに対応できない場合（武装集団の所持する武器等のために対応できない場合を含む。）の対応において、治安出動や海上における警備行動を発令するための関連規定の適用関係についてあらかじめ十分に検討し、関係機関において共通の認識を確立しておくとともに、手続を経ている間に、不法行為による被害が拡大することがないよう、状況に応じた早期の下令や手続の迅速化のための方策について具体的に検討することとする。
(4) さらに、我が国の防衛に資する活動に現に従事する米軍部隊に対して攻撃が発生し、それが状況によっては武力攻撃にまで拡大していくような事態においても、自衛隊と米軍が緊密に連携して切れ目のない対応をすることが、我が国の安全の確保にとっても重要である。自衛隊と米軍部隊が連携して行う平素からの各種活動に際して、米軍部隊に対して武力攻撃に至らない侵害が発生した場合を想定し、自衛隊法第95条による武器等防護のための「武器の使用」の考え方を参考にしつつ、自衛隊と連携して我が国の防衛に資する活動（共同訓練を含む。）に現に従事している米軍部隊の武器等であれば、米国の要請又は同意があることを前提に、当該武器等を防護するための自衛隊法第95条によるものと同様の極めて受動的かつ限定的な必要最小限の「武器の使用」を自衛隊が行うことができるよう、法整備をすることとする。

2 国際社会の平和と安定への一層の貢献

(1) いわゆる後方支援と「武力の行使との一体化」
ア いわゆる後方支援と言われる支援活動それ自体は、「武力の行使」に当たらない活動である。例えば、国際の平和及び安全が脅かされ、国際社会が国際連合安全保障理事会決議に基づいて一致団結して対応するようなときに、我が国が当該決議に基づき正当な「武力の行使」を行う他国軍隊に対してこうした支援活動を行うことが必要な場合がある。一方、憲法第9条との関係で、我が国による支援活動については、他国の「武力の行使と一体化」することにより、我が国自身が憲法の下で認められない「武力の行使」を行ったとの法的評価を受けることがないよう、これまでの法律においては、活動の地域を「後方地域」や、いわゆる「非戦闘地域」に限定するなどの法律上の枠組みを設定し、「武力の行使との一体化」の問題が生じないようにしてきた。
イ こうした法律上の枠組みの下でも、自衛隊は、各種の支援活動を着実に積み重ね、我が国に対する期待と信頼は高まっている。安全保障環境が更に大きく変化する中で、国際協調主義に基づく「積極的平和主義」の立場から、国際社会の平和と安定のために、自衛隊が幅広い支援活動で十分に役割を果たすことができるようにすることが必要である。また、このような活動をこれまで以上に支障なくできるようにすることは、我が国の平和及び安全の確保の観点からも極めて重要である。
ウ 政府としては、いわゆる「武力の行使との一体化」論それ自体は前提とした上で、その議論の積み重ねを踏まえつつ、これまでの自衛隊の活動の実経験、国際連合の集団安全保障措置の実態等を勘案して、従来の「後方地域」あるいはいわゆる「非戦闘地域」といった自衛隊が活動する範囲をおよそ一体化の問題が生じない地域に一律に区切る枠組みではなく、他国が「現に戦闘行為を行っている現場」ではない場所で実施する補給、輸送などの我が国の支援活動については、当該他国の「武力の行使と一体化」するものではないという認識を基本とした以下の考え方に立って、我が国の安全の確保や国際社会の平和と安定のために活動する他国軍隊に対して、必要な支援活動を実施できるようにするための法整備を進めることとする。
　(ア) 我が国の支援対象となる他国軍隊が「現に戦闘行為を行っている現場」では、支援活動は実施しない。
　(イ) 仮に、状況変化により、我が国が支援活動を実施している場所が「現に戦闘行為を行っている現場」となる場合には、直ちにそこで実施している支援活動を休止又は中断する。
(2) 国際的な平和協力活動に伴う武器使用
ア 我が国は、これまで必要な法整備を行い、過去20年以上にわたり、国際的な平和協力活動を実施してきた。その中で、いわゆる「駆け付け警護」に伴う武器使用や「任務遂行のための武器使用」

については、これを「国家又は国家に準ずる組織」に対して行った場合には、憲法第9条が禁ずる「武力の行使」に該当するおそれがあることから、国際的な平和協力活動に従事する自衛官の武器使用権限はいわゆる自己保存型と武器等防護に限定してきた。
イ 我が国としては、国際協調主義に基づく「積極的平和主義」の立場から、国際社会の平和と安定のために一層取り組んでいく必要があり、そのために、国際連合平和維持活動（ＰＫＯ）などの国際的な平和協力活動に十分かつ積極的に参加できることが重要である。また、自国領域内に所在する外国人の保護は、国際法上、当該領域国の義務であるが、多くの日本人が海外で活躍し、テロなどの緊急事態に巻き込まれる可能性がある中で、当該領域国の受入れ同意がある場合には、武器使用を伴う在外邦人の救出についても対応できるようにする必要がある。
ウ 以上を踏まえ、我が国として、「国家又は国家に準ずる組織」が敵対するものとして登場しないことを確保した上で、国際連合平和維持活動などの「武力の行使」を伴わない国際的な平和協力活動におけるいわゆる「駆け付け警護」に伴う武器使用及び「任務遂行のための武器使用」のほか、領域国の同意に基づく邦人救出などの「武力の行使」を伴わない警察的な活動ができるよう、以下の考え方を基本として、法整備を進めることとする。
　（ア）国際連合平和維持活動等については、ＰＫＯ参加5原則の枠組みの下で、「当該活動が行われる地域の属する国の同意」及び「紛争当事者の当該活動が行われることについての同意」が必要とされており、受入れ同意をしている紛争当事者以外の「国家に準ずる組織」が敵対するものとして登場することは基本的にないと考えられる。このことは、過去20年以上にわたる我が国の国際連合平和維持活動等の経験からも裏付けられる。近年の国際連合平和維持活動において重要な任務と位置付けられている住民保護などの治安の維持を任務とする場合を含め、任務の遂行に際して、自己保存及び武器等防護を超える武器使用が見込まれる場合には、特に、その活動の性格上、紛争当事者の受入れ同意が安定的に維持されていることが必要である。
　（イ）自衛隊の部隊が、領域国政府の同意に基づき、当該領域国における邦人救出などの「武力の行使」を伴わない警察的な活動を行う場合には、領域国政府の同意が及ぶ範囲、すなわち、その領域において権力が維持されている範囲で活動することは当然であり、これは、その範囲においては「国家に準ずる組織」は存在していないということを意味する。
　（ウ）受入れ同意が安定的に維持されているかや領域国政府の同意が及ぶ範囲等については、国家安全保障会議における審議等に基づき、内閣として判断する。
　（エ）なお、これらの活動における武器使用については、警察比例の原則に類似した厳格な比例原則が働くという内在的制約がある。

3 憲法第9条の下で許容される自衛の措置
(1) 我が国を取り巻く安全保障環境の変化に対応し、いかなる事態においても国民の命と平和な暮らしを守り抜くためには、これまでの憲法解釈のままでは必ずしも十分な対応ができないおそれがあることから、いかなる解釈が適切か検討してきた。その際、政府の憲法解釈には論理的整合性と法的安定性が求められる。したがって、従来の政府見解における憲法第9条の解釈の基本的な論理の枠内で、国民の命と平和な暮らしを守り抜くための論理的な帰結を導く必要がある。
(2) 憲法第9条はその文言からすると、国際関係における「武力の行使」を一切禁じているように見えるが、憲法前文で確認している「国民の平和的生存権」や憲法13条が「生命、自由及び幸福追求に対する国民の権利」は国政の上で最大の尊重を必要とする旨定めている趣旨を踏まえて考えると、憲法第9条が、我が国が自国の平和と安全を維持し、その存立を全うするために必要な自衛の措置を採ることを禁じているとは到底解されない。一方、この自衛の措置は、あくまで外国の武力攻撃によって国民の生命、自由及び幸福追求の権利が根底から覆されるという急迫、不正の事態に対処し、国民のこれらの権利を守るためのやむを得ない措置として初めて容認されるものであり、そのための必要最小限度の「武力の行使」は許容される。これが、憲法第9条の下で例外的に許容される「武力の行使」について、従来から政府が一貫して表明してきた見解の根幹、いわば基本的な論理であり、昭和47年10月14日に参議院決算委員会に対し政府から提出された資料「集団的自衛権と憲法との関係」に明確に示されているところである。
　この基本的な論理は、憲法第9条の下では今後とも維持されなければならない。
(3) これまで政府は、この基本的な論理の下、「武力の行使」が許容されるのは、我が国に対する武力攻撃が発生した場合に限られると考えてきた。しかし、冒頭で述べたように、パワーバランスの変化や技術革新の急速な進展、大量破壊兵器などの脅威等により我が国を取り巻く安全保障環境が根本的に変容し、変化し続けている状況を踏まえれば、今後他国に対して発生する武力攻撃であったとしても、その目的、規模、様態等によっては、我が国の存立を脅かすこ

とも現実に起こり得る。
　我が国としては、紛争が生じた場合にはこれを平和的に解決するために最大限の外交努力を尽くすとともに、これまでの憲法解釈に基づいて整備されてきた既存の国内法令による対応や当該憲法解釈の枠内で可能な法整備などあらゆる必要な対応を採ることは当然であるが、それでもなお我が国の存立を全うし、国民を守るために万全を期す為に必要である。
　こうした問題意識の下に、現在の安全保障環境に照らして慎重に検討した結果、我が国に対する武力攻撃が発生した場合のみならず、我が国と密接な関係にある他国に対する武力攻撃が発生し、これにより我が国の存立が脅かされ、国民の生命、自由及び幸福追求の権利が根底から覆される明白な危険がある場合において、これを排除し、我が国の存立を全うし、国民を守るために他に適当な手段がないときに、必要最小限度の実力を行使することは、従来の政府見解の基本的な論理に基づく自衛のための措置として、憲法上許容されると考えるべきであると判断するに至った。
(4) 我が国による「武力の行使」が国際法を遵守して行われることは当然であるが、国際法上の根拠と憲法解釈は区別して理解する必要がある。
　憲法上許容される上記の「武力の行使」は、国際法上は、集団的自衛権が根拠となる場合がある。この「武力の行使」には、他国に対する武力攻撃が発生した場合を契機とするものが含まれるが、憲法上は、あくまでも我が国の存立を全うし、国民を守るため、すなわち、我が国を防衛するためのやむを得ない自衛の措置として初めて許容されるものである。
(5) また、憲法上「武力の行使」が許容されるのも、それが国民の命と平和な暮らしを守るためのものである以上、民主的統制の確保が求められることは当然である。政府としては、我が国ではなく他国に対して武力攻撃が発生した場合に、憲法上許容される「武力の行使」を行うために自衛隊に出動を命ずるに際しては、現行法令に規定する防衛出動に関する手続と同様、原則として事前に国会の承認を求めることを法案に明記することとする。

4　今後の国内法整備の進め方
　これらの活動を自衛隊が実施するに当たっては、国家安全保障会議における審議等に基づき、内閣として決定を行うこととする。こうした手続を含めて、実際に自衛隊が活動を実施できるようにするためには、根拠となる国内法が必要となる。政府として、以上述べた基本方針の下、国民の命と平和な暮らしを守り抜くために、あらゆる事態に切れ目のない対応を可能とする法案の作成作業を開始することとし、十分な検討を行い、準備ができ次第、国会に提出し、国会における御審議を頂くこととする。
[https://www.cas.go.jp/jp/gaiyou/jimu/pdf/anpohosei.pdf]

36 平和安全法制整備法
2015年〈平27〉9月19日成立（平27法律第76号）
我が国及び国際社会の平和及び安全の確保に資するための自衛隊法等の一部を改正する法律

整備法（一部改正を束ねたもの）〈略〉
　37 自衛隊法、38 PKO協力法、下線部参照。

安保法制関連法（タイトル一覧）
1．自衛隊法
2．国際平和協力法
　国際連合平和維持活動等に対する協力に関する法律
3．周辺事態安全確保法→重要影響事態安全確保法に変更
　重要影響事態に際して我が国の平和及び安全を確保するための措置に関する法律
4．船舶検査活動法
　重要影響事態等に際して実施する船舶検査活動に関する法律
5．事態対処法
　武力攻撃事態等及び存立危機事態における我が国の平和及び独立並びに国及び国民の安全の確保に関する法律
6．米軍行動関連措置法→米軍等行動関連措置法に変更
　武力攻撃事態等及び存立危機事態におけるアメリカ合衆国等の軍隊の行動に伴い我が国が実施する措置に関する法律
7．特定公共施設利用法
　武力攻撃事態等における特定公共施設等の利用に関する法律
8．海上輸送規制法
　武力攻撃事態及び存立危機事態における外国軍用品等の海上輸送の規制に関する法律
9．捕虜取扱い法
　武力攻撃事態及び存立危機事態における捕虜等の取扱いに関する法律
10．国家安全保障会議設置法

新規制定（1本）
国際平和支援法：国際平和共同対処事態に際して我が国が実施する諸外国の軍隊等に対する協力支援活動等に関する法律

2 憲法史料

37 自衛隊法（抄）
昭和29〈1954〉年6月9日法律第165号、
昭29・9・1施行
最終改正：平29法律42号

＊下線は36平和安全法制整備法による改正箇所［編者］

〔目次〕
第一章　総則（第一条—第六条）
第二章　指揮監督（第七条—第九条の二）
第三章　部隊
　第一節　陸上自衛隊の部隊の組織及び編成（第十条—第十四条）
　第二節　海上自衛隊の部隊の組織及び編成（第十五条—第十九条）
　第三節　航空自衛隊の部隊の組織及び編成（第二十条—第二十一条）
　第四節　共同の部隊（第二十一条の二）
　第五節　部隊編成の特例及び委任規定（第二十二条・第二十三条）
第四章　機関（第二十四条—第三十条）
第五章　隊員
　第一節　通則（第三十条の二—第三十四条）
　第二節　任免（第三十五条—第四十一条）
　第三節　分限、懲戒及び保障（第四十二条—第五十一条）
　第四節　服務（第五十二条—第六十五条）
　第五節　退職管理
　　第一款　離職後の就職に関する規制（第六十五条の二—第六十五条の四）
　　第二款　違反行為に関する調査等（第六十五条の五—第六十五条の九）
　　第三款　雑則（第六十五条の十一—第六十五条の十三）
　第六款　予備自衛官等
　　第一款　予備自衛官（第六十六条—第七十五条）
　　第二款　即応予備自衛官（第七十五条の二—第七十五条の八）
　　第三款　予備自衛官補（第七十五条の九—第七十五条の十三）
第六章　自衛隊の行動（第七十六条—第八十六条）
第七章　自衛隊の権限（第八十七条—第九十六条）
第八章　雑則（第九十七条—第百十七条の二）
第九章　罰則（第百十八条—第百二十六条）

第一章　総則
（この法律の目的）
第一条　この法律は、自衛隊の任務、自衛隊の部隊の組織及び編成、自衛隊の行動及び権限、隊員の身分取扱等を定めることを目的とする。
（定義）
第二条　この法律において「自衛隊」とは、防衛大臣、防衛副大臣、防衛大臣政務官、防衛大臣補佐官、防衛大臣政策参与及び防衛大臣秘書官並びに防衛省の事務次官及び防衛審議官並びに防衛省本省の内部部局、防衛大学校、防衛医科大学校、防衛会議、統合幕僚監部、情報本部、防衛監察本部、地方防衛局その他の機関（政令で定める合議制の機関並びに防衛省設置法（昭和二十九年法律第百六十四号）第四条第一項第二十四号又は第二十五号に掲げる事務をつかさどる部局及び職で政令で定めるものを除く。）並びに陸上自衛隊、海上自衛隊及び航空自衛隊並びに防衛装備庁（政令で定める合議制の機関を除く。）を含むものとする。

2　この法律において「陸上自衛隊」とは、陸上幕僚監部並びに統合幕僚長及び陸上幕僚長の監督を受ける部隊及び機関を含むものとする。

3　この法律において「海上自衛隊」とは、海上幕僚監部並びに統合幕僚長及び海上幕僚長の監督を受ける部隊及び機関を含むものとする。

4　この法律において「航空自衛隊」とは、航空幕僚監部並びに統合幕僚長及び航空幕僚長の監督を受ける部隊及び機関を含むものとする。

5　この法律（第九十四条の七第三号を除く。）において「隊員」とは、防衛省の職員で、防衛大臣、防衛副大臣、防衛大臣政務官、防衛大臣補佐官、防衛大臣政策参与、防衛大臣秘書官、第一項の政令で定める合議制の機関の委員、同項の政令で定める部局に勤務する職員及び同項の政令で定める職にある職員以外のものをいうものとする。

（自衛隊の任務）
第三条　自衛隊は、我が国の平和と独立を守り、国の安全を保つため、我が国を防衛することを主たる任務とし、必要に応じ、公共の秩序の維持に当たるものとする。

2　自衛隊は、前項に規定するもののほか、同項の主たる任務の遂行に支障を生じない限度において、かつ、武力による威嚇又は武力の行使に当たらない範囲において、次に掲げる活動であつて、別に法律で定めるところにより自衛隊が実施することとされるものを行うことを任務とする。
　一　我が国の平和及び安全に重要な影響を与える事態に対応して行う我が国の平和及び安全の確保に資する活動
　二　国際連合を中心とした国際平和のための取組への寄与その他の国際協力の推進を通じて我が国を含む国際社会の平和及び安全の維持に資する活動

3　陸上自衛隊は主として陸において、海上自衛隊は主として海において、航空自衛隊は主として空においてそれぞれ行動することを任務とする。

（自衛隊の旗）
第四条　内閣総理大臣は、政令で定めるところにより、自衛隊旗又は自衛艦旗を自衛隊の部隊又は自衛艦に交付する。

2　前項の自衛隊旗及び自衛艦旗の制式は、政令で定める。

第二章　指揮監督
（内閣総理大臣の指揮監督権）
第七条　内閣総理大臣は、内閣を代表して自衛隊の最

高の指揮監督権を有する。
(防衛大臣の指揮監督権)
第八条　防衛大臣は、この法律の定めるところに従い、自衛隊の隊務を統括する。ただし、陸上自衛隊、海上自衛隊又は航空自衛隊の部隊及び機関(以下「部隊等」という。)に対する防衛大臣の指揮監督は、次の各号に掲げる隊務の区分に応じ、当該各号に定める者を通じて行うものとする。
　一　統合幕僚監部の所掌事務に係る陸上自衛隊、海上自衛隊又は航空自衛隊の隊務　統合幕僚長
　二　陸上幕僚監部の所掌事務に係る陸上自衛隊の隊務　陸上幕僚長
　三　海上幕僚監部の所掌事務に係る海上自衛隊の隊務　海上幕僚長
　四　航空幕僚監部の所掌事務に係る航空自衛隊の隊務　航空幕僚長
(幕僚長の職務)
第九条　統合幕僚長、陸上幕僚長、海上幕僚長又は航空幕僚長(以下「幕僚長」という。)は、防衛大臣の指揮監督を受け、それぞれ前条各号に掲げる隊務及び統合自衛隊、陸上自衛隊、海上自衛隊又は航空自衛隊の隊員の服務を監督する。
２　幕僚長は、それぞれ前条各号に掲げる隊務に関し最高の専門的助言者として防衛大臣を補佐する。
３　幕僚長は、それぞれ、前条各号に掲げる隊務に関し、部隊等に対する防衛大臣の命令を執行する。
(統合幕僚長とその他の幕僚長との関係)
第九条の二　統合幕僚長は、前条に規定する職務を行うに当たり、部隊等の運用の円滑化を図る観点から、陸上幕僚長、海上幕僚長又は航空幕僚長に対し、それぞれ第八条第二号から第四号までに掲げる隊務に関し必要な措置をとらせることができる。

第六章　自衛隊の行動

(防衛出動)
第七十六条　内閣総理大臣は、次に掲げる事態に際して、我が国を防衛するため必要があると認める場合には、自衛隊の全部又は一部の出動を命ずることができる。この場合においては、<u>武力攻撃事態等及び存立危機事態における我が国の平和と独立並びに国及び国民の安全の確保に関する法律(平成十五年法律第七十九号)</u>第九条の定めるところにより、国会の承認を得なければならない。
　一　<u>我が国に対する外部からの武力攻撃が発生した事態又は我が国に対する外部からの武力攻撃が発生する明白な危険が切迫していると認められるに至つた事態</u>
　二　<u>我が国と密接な関係にある他国に対する武力攻撃が発生し、これにより我が国の存立が脅かされ、国民の生命、自由及び幸福追求の権利が根底から覆される明白な危険がある事態</u>
２　内閣総理大臣は、出動の必要がなくなつたときは、直ちに、自衛隊の撤収を命じなければならない。
(防衛出動待機命令)
第七十七条　防衛大臣は、事態が緊迫し、前条第一項の規定による防衛出動命令が発せられることが予測される場合において、これに対処するため必要があると認めるときは、内閣総理大臣の承認を得て、自衛隊の全部又は一部に対し出動待機命令を発することができる。
(防御施設構築の措置)
第七十七条の二　防衛大臣は、事態が緊迫し、第七十六条第一項(第一号に係る部分に限る。以下この条において同じ。)の規定による防衛出動命令が発せられることが予測される場合において、同項の規定により出動を命ぜられた自衛隊の部隊を展開させることが見込まれ、かつ、防備をあらかじめ強化しておく必要があると認める地域(以下「展開予定地域」という。)があるときは、内閣総理大臣の承認を得た上、その範囲を定めて、自衛隊の部隊等に当該展開予定地域内において陣地その他の防御のための施設(以下「防御施設」という。)を構築する措置を命ずることができる。
(防衛出動下令前の行動関連措置)
第七十七条の三　防衛大臣又はその委任を受けた者は、事態が緊迫し、第七十六条第一項の規定による防衛出動命令が発せられることが予測される場合において、<u>武力攻撃事態等及び存立危機事態におけるアメリカ合衆国等の軍隊の行動に伴い我が国が実施する措置に関する法律(平成十六年法律第百十三号)</u>の定めるところにより、行動関連措置としての物品の提供を実施することができる。
２　防衛大臣は、前項に規定する場合において、<u>武力攻撃事態等及び存立危機事態におけるアメリカ合衆国等の軍隊の行動に伴い我が国が実施する措置に関する法律</u>の定めるところにより、防衛省の機関及び部隊等に行動関連措置としての役務の提供を行わせることができる。
(国民保護等派遣)
第七十七条の四　防衛大臣は、都道府県知事から武力攻撃事態等における国民の保護のための措置に関する法律第十五条第一項の規定による要請を受けた場合において事態やむを得ないと認めるとき、又は事態対策本部長から同条第二項の規定による求めがあつたときは、内閣総理大臣の承認を得て、当該要請又は求めに係る国民の保護のための措置を実施するため、部隊等を派遣することができる。
２　防衛大臣は、都道府県知事から武力攻撃事態等における国民の保護のための措置に関する法律第百八十三条において準用する同法第十五条第一項の規定による要請を受けた場合において事態やむを得ないと認めるとき、又は緊急対処事態対策本部長から同法第百八十三条において準用する同法第十五条第二

② 憲法史料

項の規定による求めがあつたときは、内閣総理大臣の承認を得て、当該要請又は求めに係る緊急対処保護措置を実施するため、部隊等を派遣することができる。

（命令による治安出動）

第七十八条　内閣総理大臣は、間接侵略その他の緊急事態に際して、一般の警察力をもつては、治安を維持することができないと認められる場合には、自衛隊の全部又は一部の出動を命ずることができる。

2　内閣総理大臣は、前項の規定による出動を命じた場合には、出動を命じた日から二十日以内に国会に付議して、その承認を求めなければならない。ただし、国会が閉会中の場合又は衆議院が解散されている場合には、その後最初に召集される国会において、すみやかに、その承認を求めなければならない。

3　内閣総理大臣は、前項の場合において不承認の議決があつたとき、又は出動の必要がなくなつたときは、すみやかに、自衛隊の撤収を命じなければならない。

（治安出動待機命令）

第七十九条　防衛大臣は、事態が緊迫し、前条第一項の規定による治安出動命令が発せられることが予測される場合において、これに対処するため必要があると認めるときは、内閣総理大臣の承認を得て、自衛隊の全部又は一部に対し出動待機命令を発することができる。

2　前項の場合においては、防衛大臣は、国家公安委員会と緊密な連絡を保つものとする。

（治安出動下令前に行う情報収集）

第七十九条の二　防衛大臣は、事態が緊迫し第七十八条第一項の規定による治安出動命令が発せられること及び小銃、機関銃（機関けん銃を含む。）、砲、化学兵器、生物兵器その他その殺傷力がこれらに類する武器を所持した者による不法行為が行われることが予測される場合において、当該事態の状況の把握に資する情報の収集を行うため特別の必要があると認めるときは、国家公安委員会と協議の上、内閣総理大臣の承認を得て、武器を携行する自衛隊の部隊に当該者が所在すると見込まれる場所及びその近傍において当該情報の収集を行うことを命ずることができる。

（海上保安庁の統制）

第八十条　内閣総理大臣は、第七十六条第一項（第一号に係る部分に限る。）又は第七十八条第一項の規定による自衛隊の全部又は一部に対する出動命令があつた場合において、特別の必要があると認めるときは、海上保安庁の全部又は一部を防衛大臣の統制下に入れることができる。

2　内閣総理大臣は、前項の規定により海上保安庁の全部又は一部を防衛大臣の統制下に入れた場合には、政令で定めるところにより、防衛大臣にこれを指揮させるものとする。

3　内閣総理大臣は、第一項の規定による統制につき、その必要がなくなつたと認める場合には、すみやかに、これを解除しなければならない。

（要請による治安出動）

第八十一条　都道府県知事は、治安維持上重大な事態につきやむを得ない必要があると認める場合には、当該都道府県の都道府県公安委員会と協議の上、内閣総理大臣に対し、部隊等の出動を要請することができる。

2　内閣総理大臣は、前項の要請があり、事態やむを得ないと認める場合には、部隊等の出動を命ずることができる。

3　都道府県知事は、事態が収まり、部隊等の出動の必要がなくなつたと認める場合には、内閣総理大臣に対し、すみやかに、部隊等の撤収を要請しなければならない。

4　内閣総理大臣は、前項の要請があつた場合又は部隊等の出動の必要がなくなつたと認める場合には、すみやかに、部隊等の撤収を命じなければならない。

5　都道府県知事は、第一項の規定による要請をした場合には、事態が収つた後、すみやかに、その旨を当該都道府県の議会に報告しなければならない。

6　第一項及び第三項に規定する要請の手続は、政令で定める。

（自衛隊の施設等の警護出動）

第八十一条の二　内閣総理大臣は、本邦内にある次に掲げる施設又は施設及び区域において、政治上その他の主義主張に基づき、国家若しくは他人にこれを強要し、又は社会に不安若しくは恐怖を与える目的で多数の人を殺傷し、又は重要な施設その他の物を破壊する行為が行われるおそれがあり、かつ、その被害を防止するため特別の必要があると認める場合には、当該施設又は施設及び区域の警護のため部隊等の出動を命ずることができる。

一　自衛隊の施設

二　日本国とアメリカ合衆国との間の相互協力及び安全保障条約第六条に基づく施設及び区域並びに日本国における合衆国軍隊の地位に関する協定第二条第一項の施設及び区域（同協定第二十五条の合同委員会において自衛隊の部隊等が警護を行うこととされたものに限る。）

2　内閣総理大臣は、前項の規定により部隊等の出動を命ずる場合には、あらかじめ、関係都道府県知事の意見を聴くとともに、防衛大臣と国家公安委員会との間で協議をさせた上で、警護を行うべき施設又は施設及び区域並びに期間を指定しなければならない。

3　内閣総理大臣は、前項の期間内であつても、部隊等の出動の必要がなくなつたと認める場合には、速やかに、部隊等の撤収を命じなければならない。

(海上における警備行動)
第八十二条　防衛大臣は、海上における人命若しくは財産の保護又は治安の維持のため特別の必要がある場合には、内閣総理大臣の承認を得て、自衛隊の部隊に海上において必要な行動をとることを命ずることができる。
(海賊対処行動)
第八十二条の二　防衛大臣は、海賊行為の処罰及び海賊行為への対処に関する法律(平成二十一年法律第五十五号)の定めるところにより、自衛隊の部隊による海賊対処行動を行わせることができる。
(弾道ミサイル等に対する破壊措置)
第八十二条の三　防衛大臣は、弾道ミサイル等(弾道ミサイルその他の落下により人命又は財産に対する重大な被害が生じると認められる物体であつて航空機以外のものをいう。以下同じ。)が我が国に飛来するおそれがあり、その落下による我が国領域における人命又は財産に対する被害を防止するため必要があると認めるときは、内閣総理大臣の承認を得て、自衛隊の部隊に対し、我が国に向けて現に飛来する弾道ミサイル等を我が国領域又は公海(海洋法に関する国際連合条約に規定する排他的経済水域を含む。)の上空において破壊する措置をとるべき旨を命ずることができる。
2　防衛大臣は、前項に規定するおそれがなくなつたと認めるときは、内閣総理大臣の承認を得て、速やかに、同項の命令を解除しなければならない。
3　防衛大臣は、第一項の場合のほか、事態が急変し同項の内閣総理大臣の承認を得るいとまがなく我が国に向けて弾道ミサイル等が飛来する緊急の場合における我が国領域における人命又は財産に対する被害を防止するため、防衛大臣が作成し、内閣総理大臣の承認を受けた緊急対処要領に従い、あらかじめ、自衛隊の部隊に対し、同項の命令をすることができる。この場合において、防衛大臣は、その命令に係る措置をとるべき期間を定めるものとする。
4　前項の緊急対処要領の作成及び内閣総理大臣の承認に関し必要な事項は、政令で定める。
5　内閣総理大臣は、第一項又は第三項の規定による措置がとられたときは、その結果を、速やかに、国会に報告しなければならない。
(災害派遣)
第八十三条　都道府県知事その他政令で定める者は、天災地変その他の災害に際して、人命又は財産の保護のため必要があると認める場合には、部隊等の派遣を防衛大臣又はその指定する者に要請することができる。
2　防衛大臣又はその指定する者は、前項の要請があり、事態やむを得ないと認める場合には、部隊等を救援のため派遣することができる。ただし、天災地変その他の災害に際し、その事態に照らし特に緊急を要し、前項の要請を待ついとまがないと認められるときは、同項の要請を待たないで、部隊等を派遣することができる。
3　庁舎、営舎その他の防衛省の施設又はこれらの近傍に火災その他の災害が発生した場合においては、部隊等の長は、部隊等を派遣することができる。
4　第一項の要請の手続は、政令で定める。
5　第一項から第三項までの規定は、武力攻撃事態等における国民の保護のための措置に関する法律第二条第四項に規定する武力攻撃災害及び同法第百八十三条において準用する同法第十四条第一項に規定する緊急対処事態における災害については、適用しない。
(地震防災派遣)
第八十三条の二　防衛大臣は、大規模地震対策特別措置法(昭和五十三年法律第七十三号)第十一条第一項に規定する地震災害警戒本部長から同法第十三条第二項の規定による要請があつた場合には、部隊等を支援のため派遣することができる。
(原子力災害派遣)
第八十三条の三　防衛大臣は、原子力災害対策特別措置法(平成十一年法律第百五十六号)第十七条第一項に規定する原子力災害対策本部長から同法第二十条第四項の規定による要請があつた場合には、部隊等を支援のため派遣することができる。
(領空侵犯に対する措置)
第八十四条　防衛大臣は、外国の航空機が国際法規又は航空法(昭和二十七年法律第二百三十一号)その他の法令の規定に違反してわが国の領域の上空に侵入したときは、自衛隊の部隊に対し、これを着陸させ、又はわが国の領域の上空から退去させるため必要な措置を講じさせることができる。
(機雷等の除去)
第八十四条の二　海上自衛隊は、防衛大臣の命を受け、海上における機雷その他の爆発性の危険物の除去及びこれらの処理を行うものとする。
(在外邦人等の保護措置)
第八十四条の三　防衛大臣は、外務大臣から外国における緊急事態に際して生命又は身体に危害が加えられるおそれがある邦人の警護、救出その他の当該邦人の生命又は身体の保護のための措置(輸送を含む。以下「保護措置」という。)を行うことの依頼があつた場合において、外務大臣と協議し、次の各号のいずれにも該当すると認めるときは、内閣総理大臣の承認を得て、部隊等に当該保護措置を行わせることができる。
一　当該外国の領域の当該保護措置を行う場所において、当該外国の権限ある当局が現に公共の安全と秩序の維持に当たつており、かつ、戦闘行為(国際的な武力紛争の一環として行われる人を殺傷し又は物を破壊する行為をいう。第九十五条の

二第一項において同じ。）が行われることがないと認められること。
二　自衛隊が当該保護措置（武器の使用を含む。）を行うことについて、当該外国（国際連合の総会又は安全保障理事会の決議に従つて当該外国において施政を行う機関がある場合にあつては、当該機関）の同意があること。
三　予想される危険に対応して当該保護措置をできる限り円滑かつ安全に行うための部隊等と第一号に規定する当該外国の権限ある当局との間の連携及び協力が確保されると見込まれること。
2　内閣総理大臣は、前項の規定による外務大臣と防衛大臣の協議の結果を踏まえて、同項各号のいずれにも該当すると認める場合に限り、同項の承認をするものとする。
3　防衛大臣は、第一項の規定により保護措置を行わせる場合において、外務大臣から同項の緊急事態に際して生命又は身体に危害が加えられるおそれがある外国人として保護することを依頼された者その他の当該保護措置と併せて保護を行うことが適当と認められる者（第九十四条の五第一項において「その他の保護対象者」という。）の生命又は身体の保護のための措置を部隊等に行わせることができる。

（在外邦人等の輸送）
第八十四条の四　防衛大臣は、外務大臣から外国における災害、騒乱その他の緊急事態に際して生命又は身体の保護を要する邦人の輸送の依頼があつた場合において、当該輸送において予想される危険及びこれを避けるための方策について外務大臣と協議し、当該輸送を安全に実施することができると認めるときは、当該邦人の輸送を行うことができる。この場合において、防衛大臣は、外務大臣から当該緊急事態に際して生命若しくは身体の保護を要する外国人として同乗させることを依頼された者、当該外国との連絡調整その他の当該輸送の実施に伴い必要となる措置をとらせるため当該輸送の職務に従事する自衛官に同行させる必要があると認められる者又は当該邦人若しくは当該外国人の家族その他の関係者で当該邦人若しくは当該外国人に早期に面会させ、若しくは同行させることが適当であると認められる者を同乗させることができる。
2　前項の輸送は、第百条の五第二項の規定により保有する航空機により行うものとする。ただし、当該輸送に際して使用する空港施設の状況、当該輸送の対象となる邦人の数その他の事情によりこれによることが困難であると認められるときは、次に掲げる航空機又は船舶により行うことができる。
一　輸送の用に主として供するための航空機（第百条の五第二項の規定により保有するものを除く。）
二　前項の輸送に適する船舶
三　前号に掲げる船舶に搭載された回転翼航空機で第一号に掲げる航空機以外のもの（当該船舶と陸地との間の輸送に用いる場合におけるものに限る。）
3　第一項の輸送は、前項に規定する航空機又は船舶のほか、特に必要があると認められるときは、当該輸送に適する車両（当該輸送のために借り受けて使用するものを含む。第九十四条の六において同じ。）により行うことができる。

（後方支援活動等）
第八十四条の五　防衛大臣又はその委任を受けた者は、第三条第二項に規定する活動として、次の各号に掲げる法律の定めるところにより、それぞれ、当該各号に定める活動を実施することができる。
一　重要影響事態に際して我が国の平和及び安全を確保するための措置に関する法律（平成十一年法律第六十号）　後方支援活動としての物品の提供
二　重要影響事態等に際して実施する船舶検査活動に関する法律（平成十二年法律第百四十五号）　後方支援活動又は協力支援活動としての物品の提供
三　国際連合平和維持活動等に対する協力に関する法律（平成四年法律第七十九号）　大規模な災害に対処するアメリカ合衆国、オーストラリア又は英国の軍隊に対する物品の提供
四　国際平和共同対処事態に際して我が国が実施する諸外国の軍隊等に対する協力支援活動等に関する法律（平成二十七年法律第七十七号）　協力支援活動としての物品の提供
2　防衛大臣は、第三条第二項に規定する活動として、次の各号に掲げる法律の定めるところにより、それぞれ、当該各号に定める活動を行わせることができる。
一　重要影響事態に際して我が国の平和及び安全を確保するための措置に関する法律　防衛省の機関又は部隊等による後方支援活動としての役務の提供及び部隊等による捜索救助活動
二　重要影響事態等に際して実施する船舶検査活動に関する法律　部隊等による船舶検査活動及びその実施に伴う後方支援活動又は協力支援活動としての役務の提供
三　国際緊急援助隊の派遣に関する法律（昭和六十二年法律第九十三号）　部隊等又は隊員による国際緊急援助活動及び当該活動を行う人員又は当該活動に必要な物資の輸送
四　国際連合平和維持活動等に対する協力に関する法律　部隊等による国際平和協力業務、委託に基づく輸送及び大規模な災害に対処するアメリカ合衆国、オーストラリア又は英国の軍隊に対する役務の提供
五　国際平和共同対処事態に際して我が国が実施する諸外国の軍隊等に対する協力支援活動等に関す

る法律　部隊等による協力支援活動としての役務の提供及び部隊等による捜索救助活動
（防衛大臣と国家公安委員会との相互の連絡）
第八十五条　内閣総理大臣は、第七十八条第一項又は第八十一条第二項の規定による出動命令を発するに際しては、防衛大臣と国家公安委員会との相互の間に緊密な連絡を保たせるものとする。
（関係機関との連絡及び協力）
第八十六条　第七十六条第一項、第七十七条の二、第七十七条の四、第七十八条第一項、第八十一条第二項、第八十一条の二第一項、第八十二条の三第一項若しくは第三項、第八十三条第二項、第八十三条の二又は第八十三条の三の規定により部隊等が行動する場合には、当該部隊等及び当該部隊等に関係のある都道府県知事、市町村長、警察消防機関その他の国又は地方公共団体の機関は、相互に緊密に連絡し、及び協力するものとする。

第七章　自衛隊の権限

（武器の保有）
第八十七条　自衛隊は、その任務の遂行に必要な武器を保有することができる。
（防衛出動時の武力行使）
第八十八条　第七十六条第一項の規定により出動を命ぜられた自衛隊は、わが国を防衛するため、必要な武力を行使することができる。
2　前項の武力行使に際しては、国際の法規及び慣例によるべき場合にあつてはこれを遵守し、かつ、事態に応じ合理的に必要と判断される限度をこえてはならないものとする。
（治安出動時の権限）
第八十九条　警察官職務執行法（昭和二十三年法律第百三十六号）の規定は、第七十八条第一項又は第八十一条第二項の規定により出動を命ぜられた自衛隊の自衛官の職務の執行について準用する。この場合において、同法第四条第二項中「公安委員会」とあるのは、「防衛大臣の指定する者」と読み替えるものとする。
2　前項において準用する警察官職務執行法第七条の規定により自衛官が武器を使用するには、刑法（明治四十年法律第四十五号）第三十六条又は第三十七条に該当する場合を除き、当該部隊指揮官の命令によらなければならない。
第九十条　第七十八条第一項又は第八十一条第二項の規定により出動を命ぜられた自衛隊の自衛官は、前条の規定により武器を使用する場合のほか、次の各号の一に該当すると認める相当の理由があるときは、その事態に応じ合理的に必要と判断される限度で武器を使用することができる。
一　職務上警護する人、施設又は物件が暴行又は侵害を受け、又は受けようとする明白な危険があり、武器を使用するほか、他にこれを排除する適当な手段がない場合
二　多衆集合して暴行若しくは脅迫をし、又は暴行若しくは脅迫をしようとする明白な危険があり、武器を使用するほか、他にこれを鎮圧し、又は防止する適当な手段がない場合
三　前号に掲げる場合のほか、小銃、機関銃（機関けん銃を含む。）、砲、化学兵器、生物兵器その他その殺傷力がこれらに類する武器を所持し、又は所持していると疑うに足りる相当の理由のある者が暴行又は脅迫をし又はする高い蓋がい然性があり、武器を使用するほか、他にこれを鎮圧し、又は防止する適当な手段がない場合
2　前条第二項の規定は、前項の場合について準用する。
第九十一条　海上保安庁法（昭和二十三年法律第二十八号）第十六条、第十七条第一項及び第十八条の規定は、第七十八条第一項又は第八十一条第二項の規定により出動を命ぜられた海上自衛隊の三等海曹以上の自衛官の職務の執行について準用する。
2　海上保安庁法第二十条第二項の規定は、第七十八条第一項又は第八十一条第二項の規定により出動を命ぜられた海上自衛隊の自衛官の職務の執行について準用する。この場合において、同法第二十条第二項中「前項において準用する警察官職務執行法第七条」とあるのは「第八十九条第一項において準用する警察官職務執行法第七条及び前条第一項」と、「第十七条第一項」とあるのは「前項において準用する海上保安庁法第十七条第一項」と、「海上保安官又は海上保安官補の職務」とあるのは「第七十八条第一項又は第八十一条第二項の規定により出動を命ぜられた自衛隊の自衛官の職務」と、「海上保安庁長官」とあるのは「防衛大臣」と読み替えるものとする。
3　第八十九条第二項の規定は、前項において準用する海上保安庁法第二十条第二項の規定により海上自衛隊の自衛官が武器を使用する場合について準用する。
（警護出動時の権限）
第九十一条の二　警察官職務執行法第二条、第四条並びに第六条第一項、第三項及び第四項の規定は、警察官がその場にいない場合に限り、第八十一条の二第一項の規定により出動を命ぜられた部隊等の自衛官の職務の執行について準用する。この場合において、同法第四条第二項中「公安委員会」とあるのは、「防衛大臣の指定する者」と読み替えるものとする。
2　警察官職務執行法第五条及び第七条の規定は、第八十一条の二第一項の規定により出動を命ぜられた部隊等の自衛官の職務の執行について準用する。
3　前項において準用する警察官職務執行法第七条の規定により武器を使用する場合のほか、第八十一条の二第一項の規定により出動を命ぜられた部隊等の

② 憲法史料

自衛官は、職務上警護する施設が大規模な破壊に至るおそれのある侵害を受ける明白な危険があり、武器を使用するほか、他にこれを排除する適当な手段がないと認める相当の理由があるときは、その事態に応じ合理的に必要と判断される限度で武器を使用することができる。

4　第一項及び第二項において準用する警察官職務執行法の規定による権限並びに前項の権限は、第八十一条の二第二項の規定により指定された施設又は施設及び区域の警護のためやむを得ない必要があるときは、その必要な限度において、当該施設又は施設及び区域の外部においても行使することができる。

5　第八十九条第二項の規定は、第二項において準用する警察官職務執行法第七条又は第三項の規定により自衛官が武器を使用する場合について準用する。

（防衛出動時の公共の秩序の維持のための権限）

第九十二条　第七十六条第一項（第一号に係る部分に限る。以下この条において同じ。）の規定により出動を命ぜられた自衛隊は、第八十八条の規定により武力を行使するほか、必要に応じ、公共の秩序を維持するため行動することができる。

2　警察官職務執行法及び第九十条第一項の規定は、第七十六条第一項の規定により出動を命ぜられた自衛隊の自衛官が前項の規定により公共の秩序の維持のため行う職務の執行について、海上保安庁法第十六条、第十七条第一項及び第十八条の規定は、第七十六条第一項の規定により出動を命ぜられた海上自衛隊の三等海曹以上の自衛官が前項の規定により公共の秩序の維持のため行う職務の執行について、同法第二十条第二項の規定は、第七十六条第一項の規定により出動を命ぜられた海上自衛隊の自衛官が前項の規定により公共の秩序の維持のため行う職務の執行について準用する。この場合において、警察官職務執行法第四条第二項中「公安委員会」とあるのは「防衛大臣の指定する者」と、海上保安庁法第二十条第二項中「前項において準用する警察官職務執行法第七条」とあるのは「この項において準用する警察官職務執行法第七条及びこの法律第九十条第一項」と、「第十七条第一項」とあるのは「この項において準用する海上保安庁法第十七条第一項」と、「海上保安官又は海上保安官補の職務」とあるのは「第七十六条第一項（第一号に係る部分に限る。）の規定により出動を命ぜられた自衛隊の自衛官が公共の秩序の維持のため行う職務」と、「海上保安庁長官」とあるのは「防衛大臣」と読み替えるものとする。

3　第八十九条第二項の規定は、前項において準用する警察官職務執行法第七条又はこの法律第九十条第一項の規定により自衛官が武器を使用する場合及び前項において準用する海上保安庁法第二十条第二項の規定により海上自衛隊の自衛官が武器を使用する場合について準用する。

4　第七十六条第一項の規定により出動を命ぜられた自衛隊の自衛官のうち、第一項の規定により公共の秩序の維持のため行う職務に従事する者は、道路交通法（昭和三十五年法律第百五号）第百十四条の五及びこれに基づく命令の定めるところにより、同条に規定する措置をとることができる。

（防衛出動時の緊急通行）

第九十二条の二　第七十六条第一項（第一号に係る部分に限る。）の規定により出動を命ぜられた自衛隊の自衛官は、当該自衛隊の行動に係る地域内を緊急に移動する場合において、通行に支障がある場所を迂回するため必要があるときは、一般交通の用に供しない通路又は公共の用に供しない空地若しくは水面を通行することができる。この場合において、当該通行のために損害を受けた者から損失の補償の要求があるときは、政令で定めるところにより、その損失を補償するものとする。

（国民保護等派遣時の権限）

第九十二条の三　警察官職務執行法第四条、第五条並びに第六条第一項、第三項及び第四項の規定は、警察官がその場にいない場合に限り、第七十七条の四の規定により派遣を命ぜられた部隊等の自衛官の職務の執行について準用する。この場合において、同法第四条第二項中「公安委員会」とあるのは、「防衛大臣の指定する者」と読み替えるものとする。

2　警察官職務執行法第七条の規定は、警察官又は海上保安官若しくは海上保安官補がその場にいない場合に限り、第七十七条の四の規定により派遣を命ぜられた部隊等の自衛官の職務の執行について準用する。

3　第八十九条第二項の規定は、前項において準用する警察官職務執行法第七条の規定により自衛官が武器を使用する場合について準用する。

4　海上保安庁法第十六条の規定は、第七十七条の四の規定により派遣を命ぜられた海上自衛隊の三等海曹以上の自衛官の職務の執行について、同法第十八条の規定は、海上保安官がその場にいない場合に限り、第七十七条の四の規定により派遣を命ぜられた海上自衛隊の三等海曹以上の自衛官の職務の執行について準用する。

5　第七十七条の四の規定により派遣を命ぜられた部隊等の自衛官は、第一項において準用する警察官職務執行法第五条若しくは第二項において準用する同法第七条に規定する措置をとつたとき、又は前項において準用する海上保安庁法第十八条に規定する措置をとつたときは、直ちに、その旨を警察官又は海上保安官に通知しなければならない。

（展開予定地域内における武器の使用）

第九十二条の四　第七十七条の二の規定による措置の職務に従事する自衛官は、展開予定地域内において

当該職務を行うに際し、自己又は自己と共に当該職務に従事する隊員の生命又は身体の防護のためやむを得ない必要があると認める相当の理由がある場合には、その事態に応じ合理的に必要と判断される限度で武器を使用することができる。ただし、刑法第三十六条又は第三十七条に該当する場合のほか、人に危害を与えてはならない。
（治安出動下令前に行う情報収集の際の武器の使用）
第九十二条の五　第七十九条の二の規定による情報収集の職務に従事する自衛官は、当該職務を行うに際し、自己又は自己と共に当該職務に従事する隊員の生命又は身体の防護のためやむを得ない必要があると認める相当の理由がある場合には、その事態に応じ合理的に必要と判断される限度で武器を使用することができる。ただし、刑法第三十六条又は第三十七条に該当する場合のほか、人に危害を与えてはならない。
（海上における警備行動時の権限）
第九十三条　警察官職務執行法第七条の規定は、第八十二条の規定により行動を命ぜられた自衛隊の自衛官の職務の執行について準用する。
2　海上保安庁法第十六条、第十七条第一項及び第十八条の規定は、第八十二条の規定により行動を命ぜられた海上自衛隊の三等海曹以上の自衛官の職務の執行について準用する。
3　海上保安庁法第二十条第二項の規定は、第八十二条の規定により行動を命ぜられた海上自衛隊の自衛官の職務の執行について準用する。この場合において、同法第二十条第二項中「前項」とあるのは「第一項」と、「前項において準用する海上保安庁法第十七条第一項」と、「海上保安官又は海上保安官補の職務」とあるのは「第八十二条の規定により行動を命ぜられた自衛隊の自衛官の職務」と、「海上保安庁長官」とあるのは「防衛大臣」と読み替えるものとする。
4　第八十九条第二項の規定は、第一項において準用する警察官職務執行法第七条の規定により自衛官が武器を使用する場合及び前項において準用する海上保安庁法第二十条第二項の規定により海上自衛隊の自衛官が武器を使用する場合について準用する。
（海賊対処行動時の権限）
第九十三条の二　第八十二条の二に規定する海賊対処行動を命ぜられた自衛隊の自衛官は、海賊行為の処罰及び海賊行為への対処に関する法律の定めるところにより、同法の規定による権限を行使することができる。
（弾道ミサイル等に対する破壊措置のための武器の使用）
第九十三条の三　第八十二条の三第一項又は第三項の規定により措置を命ぜられた自衛隊の部隊は、弾道ミサイル等の破壊のため必要な武器を使用することができる。
（災害派遣時等の権限）
第九十四条　警察官職務執行法第四条並びに第六条第一項、第三項及び第四項の規定は、警察官がその場にいない場合に限り、第八十三条第二項、第八十三条の二又は第八十三条の三の規定により派遣を命ぜられた部隊等の自衛官の職務の執行について準用する。この場合において、同法第四条第二項中「公安委員会」とあるのは、「防衛大臣の指定する者」と読み替えるものとする。
2　海上保安庁法第十六条の規定は、第八十三条第二項、第八十三条の二又は第八十三条の三の規定により派遣を命ぜられた海上自衛隊の三等海曹以上の自衛官の職務の執行について準用する。
第九十四条の二　次に掲げる自衛官は、武力攻撃事態等における国民の保護のための措置に関する法律及びこれに基づく命令の定めるところにより、同法第二章第三節に規定する避難住民の誘導に関する措置、同法第四章第二節に規定する応急措置等及び同法第百五十五条に規定する交通の規制等に関する措置をとることができる。
一　第七十六条第一項（第一号に係る部分に限る。）の規定により出動を命ぜられた自衛隊の自衛官のうち、第九十二条第一項の規定により公共の秩序の維持のため行う職務に従事する者
二　第七十七条の四第一項の規定により派遣を命ぜられた部隊等の自衛官
三　第七十八条第一項又は第八十一条第二項の規定により出動を命ぜられた自衛隊の自衛官（武力攻撃事態等及び存立危機事態における我が国の平和と独立並びに国及び国民の安全の確保に関する法律第九条第一項に規定する対処基本方針において、同条第二項第三号に定める事項として内閣総理大臣が当該出動を命ずる旨が記載されている場合の当該出動に係る自衛官に限る。）
2　次に掲げる自衛官は、武力攻撃事態等における国民の保護のための措置に関する法律及びこれに基づく命令の定めるところにより、同法第八章に規定する緊急対処事態に対処するための措置をとることができる。
一　第七十七条の四第二項の規定により派遣を命ぜられた部隊等の自衛官
二　第七十八条第一項又は第八十一条第二項の規定により出動を命ぜられた自衛隊の自衛官（武力攻撃事態等及び存立危機事態における我が国の平和と独立並びに国及び国民の安全の確保に関する法律第二十二条第一項に規定する緊急対処事態において、武力攻撃事態等における国民の保護のための措置に関する法律第百八十三条において準用する同法第十四条第一項に規定する武力攻撃に準ずる攻撃に対処するため当該出動を命ぜられた場合

の当該出動に係る自衛官に限る。)
第九十四条の三　第八十三条第二項の規定により派遣を命ぜられた部隊等の自衛官は、災害対策基本法(昭和三十六年法律第二百二十三号)及びこれに基づく命令の定めるところにより、同法第五章第四節に規定する応急措置をとることができる。
2　原子力災害対策特別措置法第十五条第二項の規定による原子力緊急事態宣言があつた時から同条第四項の規定による原子力緊急事態解除宣言があるまでの間における前項の規定の適用については、同項中「災害対策基本法」とあるのは、「原子力災害対策特別措置法第二十八条第二項の規定により読み替えて適用される災害対策基本法」とする。
第九十四条の四　第八十三条の三の規定により派遣を命ぜられた部隊等の自衛官は、原子力災害対策特別措置法第二十八条第二項の規定により読み替えて適用される災害対策基本法及びこれに基づく命令の定めるところにより、同法第五章第四節に規定する応急措置をとることができる。
(在外邦人等の保護措置の際の権限)
第九十四条の五　第八十四条の三第一項の規定により外国の領域において保護措置を行う職務に従事する自衛官は、同項第一号及び第二号のいずれにも該当する場合であつて、その職務を行うに際し、自己若しくは当該保護措置の対象である邦人若しくはその他の保護対象者の生命若しくは身体の防護又はその職務を妨害する行為の排除のためやむを得ない必要があると認める相当の理由があるときは、その事態に応じ合理的に必要と判断される限度で武器を使用することができる。ただし、刑法第三十六条又は第三十七条に該当する場合のほか、人に危害を与えてはならない。
2　第八十九条第二項の規定は、前項の規定により自衛官が武器を使用する場合について準用する。
3　第一項に規定する自衛官は、第八十四条の三第一項第一号に該当しない場合であつても、その職務を行うに際し、自己若しくは自己と共に当該職務に従事する隊員又はその職務を行うに伴い自己の管理の下に入つた者の生命又は身体の防護のためやむを得ない必要があると認める相当の理由がある場合には、その事態に応じ合理的に必要と判断される限度で武器を使用することができる。ただし、刑法第三十六条又は第三十七条に該当する場合のほか、人に危害を与えてはならない。
(在外邦人等の輸送の際の権限)
第九十四条の六　第八十四条の四第一項の規定により外国の領域において同項の輸送の職務に従事する自衛官は、当該輸送に用いる航空機、船舶若しくは車両の所在する場所、輸送対象者(当該自衛官の管理の下に入つた当該輸送の対象である邦人又は同項後段の規定により同乗させる者をいう。以下この条において同じ。)を当該航空機、船舶若しくは車両まで誘導する経路、輸送対象者が当該航空機、船舶若しくは車両に乗り込むために待機している場所又は輸送経路の状況の確認その他の当該車両の所在する場所を離れて行う当該車両による輸送の実施に必要な業務が行われる場所においてその職務を行うに際し、自己若しくは自己と共に当該輸送の職務に従事する隊員又は輸送対象者その他その職務を行うに伴い自己の管理の下に入つた者の生命又は身体の防護のためやむを得ない必要があると認める相当の理由がある場合には、その事態に応じ合理的に必要と判断される限度で武器を使用することができる。ただし、刑法第三十六条又は第三十七条に該当する場合のほか、人に危害を与えてはならない。
(後方支援活動等の際の権限)
第九十四条の七　第三条第二項に規定する活動に従事する自衛官又はその実施を命ぜられた部隊等の自衛官であつて、次の各号に掲げるものは、それぞれ、当該各号に定める場合には、当該活動について定める法律の定めるところにより、武器を使用することができる。
一　第八十四条の五第二項第一号に規定する後方支援活動としての役務の提供又は捜索救助活動の実施を命ぜられた部隊等の自衛官　自己又は自己と共に現場に所在する他の隊員若しくは当該職務を行うに伴い自己の管理の下に入つた者若しくは自己と共にその宿営する宿営地(重要影響事態に際して我が国の平和及び安全を確保するための措置に関する法律第十一条第五項に規定する宿営地をいう。)に所在する者の生命又は身体を防護するためやむを得ない必要があると認める相当の理由がある場合
二　第八十四条の五第二項第二号に規定する船舶検査活動の実施を命ぜられた部隊等の自衛官　自己又は自己と共に現場に所在する他の隊員若しくは当該職務を行うに伴い自己の管理の下に入つた者の生命又は身体を防護するためやむを得ない必要があると認める相当の理由がある場合
三　第八十四条の五第二項第四号に規定する国際平和協力業務に従事する自衛官(次号及び第五号に掲げるものを除く。)　自己又は自己と共に現場に所在する他の隊員(第二条第五項に規定する隊員をいう。)、国際平和協力隊の隊員(国際連合平和維持活動等に対する協力に関する法律第十条に規定する協力隊の隊員をいう。)若しくは当該職務を行うに伴い自己の管理の下に入つた者若しくは自己と共にその宿営する宿営地(同法第二十五条第七項に規定する宿営地をいう。)に所在する者の生命又は身体を防護するためやむを得ない必要があると認める相当の理由がある場合
四　第八十四条の五第二項第四号に規定する国際平

和協力業務であつて国際連合平和維持活動等に対する協力に関する法律第三条第五号トに掲げるもの又はこれに類するものとして同号ナの政令で定めるものに従事する自衛官　前号に定める場合又はその業務を行うに際し、自己若しくは他人の生命、身体若しくは財産を防護し、若しくはその業務を妨害する行為を排除するためやむを得ない必要があると認める相当の理由がある場合
五　第八十四条の五第二項第四号に規定する国際平和協力業務であつて国際連合平和維持活動等に対する協力に関する法律第三条第五号ラに掲げるものに従事する自衛官　第三号に定める場合又はその業務を行うに際し、自己若しくはその保護しようとする活動関係者（同条第五号ラに規定する活動関係者をいう。）の生命若しくは身体を防護するためやむを得ない必要があると認める相当の理由がある場合
六　第八十四条の五第二項第五号に規定する協力支援活動としての役務の提供又は捜索救助活動の実施を命ぜられた部隊等の自衛官　自己又は自己と共に現場に所在する他の隊員若しくは当該職務を行うに伴い自己の管理の下に入つた者若しくは自己と共にその宿営する宿営地（国際平和共同対処事態に際して我が国が実施する諸外国の軍隊等に対する協力支援活動等に関する法律第十一条第五項に規定する宿営地をいう。）に所在する者の生命又は身体を防護するためやむを得ない必要があると認める相当の理由がある場合
（防衛出動時における海上輸送の規制のための権限）
第九十四条の八　第七十六条第一項の規定による出動を命ぜられた海上自衛隊の自衛官は、武力攻撃事態及び存立危機事態における外国軍用品等の海上輸送の規制に関する法律（平成十六年法律第百十六号）の定めるところにより、同法の規定による権限を行使することができる。
（捕虜等の取扱いの権限）
第九十四条の九　自衛官は、武力攻撃事態及び存立危機事態における捕虜等の取扱いに関する法律の定めるところにより、同法の規定による権限を行使することができる。
（自衛隊の武器等の防護のための武器の使用）
第九十五条　自衛官は、自衛隊の武器、弾薬、火薬、船舶、航空機、車両、有線電気通信設備、無線設備又は液体燃料（以下「武器等」という。）を職務上警護するに当たり、人又は武器等を防護するため必要であると認める相当の理由がある場合には、その事態に応じ合理的に必要と判断される限度で武器を使用することができる。ただし、刑法第三十六条又は第三十七条に該当する場合のほか、人に危害を与えてはならない。
（合衆国軍隊等の部隊の武器等の防護のための武器の使用）
第九十五条の二　自衛官は、アメリカ合衆国の軍隊その他の外国の軍隊その他これに類する組織（次項において「合衆国軍隊等」という。）の部隊であつて自衛隊と連携して我が国の防衛に資する活動（共同訓練を含み、現に戦闘行為が行われている現場で行われるものを除く。）に現に従事しているものの武器等を職務上警護するに当たり、人又は武器等を防護するため必要であると認める相当の理由がある場合には、その事態に応じ合理的に必要と判断される限度で武器を使用することができる。ただし、刑法第三十六条又は第三十七条に該当する場合のほか、人に危害を与えてはならない。
2　前項の警護は、合衆国軍隊等から要請があつた場合であつて、防衛大臣が必要と認めるときに限り、自衛官が行うものとする。
（自衛隊の施設の警護のための武器の使用）
第九十五条の三　自衛官は、本邦内にある自衛隊の施設であつて、自衛隊の武器等を保管し、収容し若しくは整備するための施設設備、営舎又は港湾若しくは飛行場に係る施設設備が所在するものを職務上警護するに当たり、当該職務を遂行するため又は自己若しくは他人を防護するため必要であると認める相当の理由がある場合には、当該施設内において、その事態に応じ合理的に必要と判断される限度で武器を使用することができる。ただし、刑法第三十六条又は第三十七条に該当する場合のほか、人に危害を与えてはならない。
（部内の秩序維持に専従する者の権限）
第九十六条　自衛官のうち、部内の秩序維持の職務に専従する者は、政令で定めるところにより、次の各号に掲げる犯罪については、政令で定めるものを除き、刑事訴訟法（昭和二十三年法律第百三十一号）の規定による司法警察職員として職務を行う。
一　自衛官並びに統合幕僚監部、陸上幕僚監部、海上幕僚監部、航空幕僚監部及び部隊等に所属する自衛官以外の隊員並びに学生、訓練招集に応じている予備自衛官及び即応予備自衛官並びに教育訓練招集に応じている予備自衛官補（以下この号において「自衛官等」という。）の犯した犯罪又は職務に従事中の自衛官等に対する犯罪その他自衛官等の職務に関し自衛官等以外の者の犯した犯罪
二　自衛隊の使用する船舶、庁舎、営舎その他の施設内における犯罪
三　自衛隊の所有し、又は使用する施設又は物に対する犯罪
2　前項の規定により司法警察職員として職務を行う自衛官のうち、三等陸曹、三等海曹又は三等空曹以上の者は司法警察員とし、その他の者は司法巡査とする。
3　警察官職務執行法第七条の規定は、第一項の自衛

2 憲法史料

官の職務の執行について準用する。
第八章　雑則
（国賓等の輸送）
第百条の五　防衛大臣は、国の機関から依頼があつた場合には、自衛隊の任務遂行に支障を生じない限度において、航空機による国賓、内閣総理大臣その他政令で定める者（次項において「国賓等」という。）の輸送を行うことができる。
2　自衛隊は、国賓等の輸送の用に主として供するための航空機を保有することができる。

（合衆国軍隊に対する物品又は役務の提供）
第百条の六　防衛大臣又はその委任を受けた者は、次に掲げる合衆国軍隊（アメリカ合衆国の軍隊をいう。以下この条及び次条において同じ。）から要請があつた場合には、自衛隊の任務遂行に支障を生じない限度において、当該合衆国軍隊に対し、自衛隊に属する物品の提供を実施することができる。

一　自衛隊及び合衆国軍隊の双方の参加を得て行われる訓練に参加する合衆国軍隊（重要影響事態に際して我が国の平和及び安全を確保するための措置に関する法律第三条第一項第一号に規定する合衆国軍隊等に該当する合衆国軍隊、武力攻撃事態等及び存立危機事態におけるアメリカ合衆国等の軍隊の行動に伴い我が国が実施する措置に関する法律第二条第六号に規定する特定合衆国軍隊、同条第七号に規定する外国軍隊に該当する合衆国軍隊及び国際平和共同対処事態に際して我が国が実施する諸外国の軍隊等に対する協力支援活動等に関する法律第三条第一項第一号に規定する諸外国の軍隊等に該当する合衆国軍隊を除く。次号から第四号まで及び第六号から第十一号までにおいて同じ。）
二　部隊等が第八十一条の二第一項第二号に掲げる施設及び区域に係る同項の警護を行う場合において、当該部隊等と共に当該施設及び区域内に所在して当該施設及び区域の警護を行う合衆国軍隊
三　自衛隊の部隊が第八十二条の二に規定する海賊対処行動を行う場合において、当該部隊と共に現場に所在して当該海賊対処行動と同種の活動を行う合衆国軍隊
四　自衛隊の部隊が第八十二条の三第一項又は第三項の規定により弾道ミサイル等を破壊する措置をとるため必要な行動をとる場合において、当該部隊と共に現場に所在して当該行動と同種の活動を行う合衆国軍隊
五　天災地変その他の災害に際して、政府の要請に基づき災害応急対策のための活動を行う合衆国軍隊であつて、第八十三条第二項又は第八十三条の三の規定により派遣された部隊と共に現場に所在するもの
六　自衛隊の部隊が第八十四条の二に規定する機雷その他の爆発性の危険物の除去及びこれらの処理を行う場合において、当該部隊と共に現場に所在してこれらの活動と同種の活動を行う合衆国軍隊
七　部隊等が第八十四条の三第一項に規定する外国における緊急事態に際して同項の保護措置を行う場合又は第八十四条の四第一項に規定する外国における緊急事態に際して同項の邦人の輸送を行う場合において、当該部隊等と共に現場に所在して当該保護措置又は当該輸送と同種の活動を行う合衆国軍隊
八　部隊等が第八十四条の五第二項第三号に規定する国際緊急援助活動又は当該活動を行う人員若しくは当該活動に必要な物資の輸送を行う場合において、同一の災害に対処するために当該部隊等と共に現場に所在してこれらの活動と同種の活動を行う合衆国軍隊
九　自衛隊の部隊が船舶又は航空機により外国の軍隊の動向に関する情報その他の我が国の防衛に資する情報の収集のための活動を行う場合において、当該部隊と共に現場に所在して当該活動と同種の活動を行う合衆国軍隊
十　前各号に掲げるもののほか、訓練、連絡調整その他の日常的な活動のため、航空機、船舶又は車両により本邦内にある自衛隊の施設に到着して一時的に滞在する合衆国軍隊
十一　第一号から第九号までに掲げるもののほか、訓練、連絡調整その他の日常的な活動のため、航空機、船舶又は車両により合衆国軍隊の施設に到着して一時的に滞在する部隊等と共に現場に所在し、訓練、連絡調整その他の日常的な活動を行う合衆国軍隊

2　防衛大臣は、前項各号に掲げる合衆国軍隊から要請があつた場合には、自衛隊の任務遂行に支障を生じない限度において、防衛省の機関又は部隊等に、当該合衆国軍隊に対する役務の提供を行わせることができる。
3　前二項の規定による自衛隊に属する物品の提供及び防衛省の機関又は部隊等による役務の提供として行う業務は、次の各号に掲げる合衆国軍隊の区分に応じ、当該各号に定めるものとする。
一　第一項第一号、第十号及び第十一号に掲げる合衆国軍隊　補給、輸送、修理若しくは整備、医療、通信、空港若しくは港湾に関する業務、基地に関する業務、宿泊、保管、施設の利用又は訓練に関する業務（これらの業務にそれぞれ附帯する業務を含む。）
二　第一項第二号から第九号までに掲げる合衆国軍隊　補給、輸送、修理若しくは整備、医療、通信、空港若しくは港湾に関する業務、基地に関する業務、宿泊、保管又は施設の利用（これらの業務にそれぞれ附帯する業務を含む。）

4　第一項に規定する物品の提供には、武器の提供は含まないものとする。
(合衆国軍隊に対する物品又は役務の提供に伴う手続)
第百条の七　この法律又は他の法律の規定により、合衆国軍隊に対し、防衛大臣又はその委任を受けた者が自衛隊に属する物品の提供を実施する場合及び防衛省の機関又は部隊等が役務の提供を実施する場合における決済その他の手続については、法律に別段の定めがある場合を除き、日本国の自衛隊とアメリカ合衆国軍隊との間における後方支援、物品又は役務の相互の提供に関する日本国政府とアメリカ合衆国政府との間の協定の定めるところによる。
［https://www.cas.go.jp/jp/gaiyou/jimu/housei_seibi.html］

38 国際連合平和維持活動等に対する協力に関する法律（PKO協力法）
（抄）
平成4〈1992〉年6月19日法律第79号、
平4・8・10施行
最終改正：平29法律42号

＊下線は36平和安全法制整備法による改正箇所〔編者〕

第一章　総則（第一条―第三条）
第二章　国際平和協力本部（第四条・第五条）
第三章　国際平和協力業務等
　第一節　国際平和協力業務（第六条―第二十六条）
　第二節　自衛官の国際連合への派遣（第二十七条―第二十九条）
第四章　物資協力（第三十条）
第五章　雑則（第三十一条―第三十四条）

第一章　総則
(目的)
第一条　この法律は、国際連合平和維持活動、国際連携平和安全活動、人道的な国際救援活動及び国際的な選挙監視活動に対し適切かつ迅速な協力を行うため、国際平和協力業務実施計画及び国際平和協力業務実施要領の策定手続、国際平和協力隊の設置等について定めることにより、国際平和協力業務の実施体制を整備するとともに、これらの活動に対する物資協力のための措置等を講じ、もって我が国が国際連合を中心とした国際平和のための努力に積極的に寄与することを目的とする。
(国際連合平和維持活動等に対する協力の基本原則)
第二条　政府は、この法律に基づく国際平和協力業務の実施、物資協力、これらについての国以外の者の協力等（以下「国際平和協力業務の実施等」という。）を適切に組み合わせるとともに、国際平和協力業務の実施等に携わる者の創意と知見を活用することにより、国際連合平和維持活動、国際連携平和安全活動、人道的な国際救援活動及び国際的な選挙監視活動に効果的に協力するものとする。
2　国際平和協力業務の実施等は、武力による威嚇又は武力の行使に当たるものであってはならない。
3　内閣総理大臣は、国際平和協力業務の実施等に当たり、国際平和協力業務実施計画に基づいて、内閣を代表して行政各部を指揮監督する。
4　関係行政機関の長は、前条の目的を達成するため、国際平和協力業務の実施等に関し、国際平和協力本部長に協力するものとする。
(定義)
第三条　この法律において、次の各号に掲げる用語の意義は、それぞれ当該各号に定めるところによる。
一　国際連合平和維持活動　国際連合の総会又は安全保障理事会が行う決議に基づき、武力紛争の当事者（以下「紛争当事者」という。）間の武力紛争の再発の防止に関する合意の遵守の確保、紛争による混乱に伴う切迫した暴力の脅威からの住民の保護、武力紛争の終了後に行われる民主的な手段による統治組織の設立及び再建の援助その他紛争に対処して国際の平和及び安全を維持することを目的として、国際連合の統括の下に行われる活動であって、国際連合事務総長（以下「事務総長」という。）の要請に基づき参加する二以上の国及び国際連合によって実施されるもののうち、次に掲げるものをいう。
　イ　武力紛争の停止及びこれを維持するとの紛争当事者間の合意があり、かつ、当該活動が行われる地域の属する国（当該国において国際連合の総会又は安全保障理事会が行う決議に従って施政を行う機関がある場合にあっては、当該機関。以下同じ。）及び紛争当事者の当該活動が行われることについての同意がある場合に、いずれの紛争当事者にも偏ることなく実施される活動
　ロ　武力紛争が終了して紛争当事者が当該活動が行われる地域に存在しなくなった場合において、当該活動が行われる地域の属する国の当該活動が行われることについての同意がある場合に実施される活動
　ハ　武力紛争がいまだ発生していない場合において、当該活動が行われる地域の属する国の当該活動が行われることについての同意がある場合に、武力紛争の発生を未然に防止することを主要な目的として、特定の立場に偏ることなく実施される活動
二　国際連携平和安全活動　国際連合の総会、安全保障理事会若しくは経済社会理事会が行う決議、別表第一に掲げる国際機関が行う要請又は当該活動が行われる地域の属する国の要請（国際連合憲

2 憲法史料

章第七条1に規定する国際連合の主要機関のいずれかの支持を受けたものに限る。）に基づき、紛争当事者間の武力紛争の再発の防止に関する合意の遵守の確保、紛争による混乱に伴う切迫した暴力の脅威からの住民の保護、武力紛争の終了後に行われる民主的な手段による統治組織の設立及び再建の援助その他その紛争に対処して国際の平和及び安全を維持することを目的として行われる活動であって、二以上の国の連携により実施されるもののうち、次に掲げるもの（国際連合平和維持活動として実施される活動を除く。）をいう。

イ　武力紛争の停止及びこれを維持するとの紛争当事者間の合意があり、かつ、当該活動が行われる地域の属する国及び紛争当事者の当該活動が行われることについての同意がある場合に、いずれの紛争当事者にも偏ることなく実施される活動

ロ　武力紛争が終了して紛争当事者が当該活動が行われる地域に存在しなくなった場合において、当該活動が行われる地域の属する国の当該活動が行われることについての同意がある場合に実施される活動

ハ　武力紛争がいまだ発生していない場合において、当該活動が行われる地域の属する国の当該活動が行われることについての同意がある場合に、武力紛争の発生を未然に防止することを主要な目的として、特定の立場に偏ることなく実施される活動

三　人道的な国際救援活動　国際連合の総会、安全保障理事会若しくは経済社会理事会が行う決議又は別表第二に掲げる国際機関が行う要請に基づき、国際の平和及び安全の維持を危うくするおそれのある紛争（以下単に「紛争」という。）によって被害を受け若しくは受けるおそれがある住民その他の者（以下「被災民」という。）の救援のために又は紛争によって生じた被害の復旧のために人道の精神に基づいて行われる活動であって、当該活動が行われる地域の属する国の当該活動が行われることについての同意があり、かつ、当該活動が行われる地域の属する国が紛争当事者である場合においては武力紛争の停止及びこれを維持するとの紛争当事者間の合意がある場合に、国際連合その他の国際機関又は国際連合加盟国その他の国（次号及び第六号において「国際連合等」という。）によって実施されるもの（国際連合平和維持活動として実施される活動及び国際連携平和安全活動として実施される活動を除く。）をいう。

四　国際的な選挙監視活動　国際連合の総会若しくは安全保障理事会が行う決議又は別表第三に掲げる国際機関が行う要請に基づき、紛争によって混乱を生じた地域において民主的な手段により統治組織を設立しその他その混乱を解消する過程で行われる選挙又は投票の公正な執行を確保するために行われる活動であって、当該活動が行われる地域の属する国の当該活動が行われることについての同意があり、かつ、当該活動が行われる地域の属する国が紛争当事者である場合においては武力紛争の停止及びこれを維持するとの紛争当事者間の合意がある場合に、国際連合等によって実施されるもの（国際連合平和維持活動として実施される活動及び国際連携平和安全活動として実施される活動を除く。）をいう。

五　国際平和協力業務　国際連合平和維持活動のために実施される業務で次に掲げるもの、国際連携平和安全活動のために実施される業務で次に掲げるもの、人道的な国際救援活動のために実施される業務で次のワからツまで、ナ及びラに掲げるもの並びに国際的な選挙監視活動のために実施される業務で次のチ及びナに掲げるもの（これらの業務にそれぞれ附帯する業務を含む。以下同じ。）であって、海外で行われるものをいう。

イ　武力紛争の停止の遵守状況の監視又は紛争当事者間で合意された軍隊の再配置若しくは撤退若しくは武装解除の履行の監視

ロ　緩衝地帯その他の武力紛争の発生の防止のために設けられた地域における駐留及び巡回

ハ　車両その他の運搬手段又は通行人による武器（武器の部品及び弾薬を含む。ニにおいて同じ。）の搬入又は搬出の有無の検査又は確認

ニ　放棄された武器の収集、保管又は処分

ホ　紛争当事者が行う停戦線その他これに類する境界線の設定の援助

ヘ　紛争当事者間の捕虜の交換の援助

ト　防護を必要とする住民、被災民その他の者の生命、身体及び財産に対する危害の防止及び抑止その他特定の区域の保安のための監視、駐留、巡回、検問及び警護

チ　議会の議員の選挙、住民投票その他これらに類する選挙若しくは投票の公正な執行の監視又はこれらの管理

リ　警察行政事務に関する助言若しくは指導又は警察行政事務の監視

ヌ　矯正行政事務に関する助言若しくは指導又は矯正行政事務の監視

ル　リ及びヌに掲げるもののほか、立法、行政（ヲに規定する組織に係るものを除く。）又は司法に関する事務に関する助言又は指導

ヲ　国の防衛に関する組織その他のイからトまで又はワからネまでに掲げるものと同種の業務を行う組織の設立又は再建を援助するための次に掲げる業務

(1)　イからトまで又はワからネまでに掲げる

ものと同種の業務に関する助言又は指導
　⑵　⑴に規定する業務の実施に必要な基礎的な知識及び技能を修得させるための教育訓練
ワ　医療（防疫上の措置を含む。）
カ　被災民の捜索若しくは救出又は帰還の援助
ヨ　被災民に対する食糧、衣料、医薬品その他の生活関連物資の配布
タ　被災民を収容するための施設又は設備の設置
レ　紛争によって被害を受けた施設又は設備であって被災民の生活上必要なものの復旧又は整備のための措置
ソ　紛争によって汚染その他の被害を受けた自然環境の復旧のための措置
ツ　イからソまでに掲げるもののほか、輸送、保管（備蓄を含む。）、通信、建設、機械器具の据付け、検査若しくは修理又は補給（武器の提供を行う補給を除く。）
ネ　国際連合平和維持活動又は国際連携平和安全活動を統括し、又は調整する組織において行うイからツまでに掲げる業務の実施に必要な企画及び立案並びに調整又は情報の収集整理
ナ　イからネまでに掲げる業務に類するものとして政令で定める業務
ラ　ヲからネまでに掲げる業務又はこれらの業務に類するものとしてナの政令で定める業務を行う場合であって、国際連合平和維持活動、国際連携平和安全活動若しくは人道的な国際救援活動に従事する者又はこれらの活動を支援する者（以下このラ及び第二十六条第二項において「活動関係者」という。）の生命又は身体に対する不測の侵害又は危難が生じ、又は生ずるおそれがある場合に、緊急の要請に対応して行う当該活動関係者の生命及び身体の保護
六　物資協力　次に掲げる活動を行っている国際連合等に対して、その活動に必要な物品を無償又は時価よりも低い対価で譲渡することをいう。
　イ　国際連合平和維持活動
　ロ　国際連携平和安全活動
　ハ　人道的な国際救援活動（別表第四に掲げる国際機関によって実施される場合にあっては、第三号に規定する決議若しくは要請又は合意が存在しない場合における同号に規定する活動を含むものとする。第三十条第一項及び第三項において同じ。）
　ニ　国際的な選挙監視活動
七　海外　我が国以外の領域（公海を含む。）をいう。
八　派遣先国　国際平和協力業務が行われる外国（公海を除く。）をいう。
九　関係行政機関　次に掲げる機関で政令で定めるものをいう。
　イ　内閣府並びに内閣府設置法（平成十一年法律第八十九号）第四十九条第一項及び第二項に規定する機関並びに国家行政組織法（昭和二十三年法律第百二十号）第三条第二項に規定する機関
　ロ　内閣府設置法第四十条及び第五十六条並びに国家行政組織法第八条の三に規定する特別の機関

第二章　国際平和協力本部

（設置及び所掌事務）
第四条　内閣府に、国際平和協力本部（以下「本部」という。）を置く。
2　本部は、次に掲げる事務をつかさどる。
一　国際平和協力業務実施計画（以下「実施計画」という。）の案の作成に関すること。
二　国際平和協力業務実施要領（以下「実施要領」という。）の作成又は変更に関すること。
三　前号の変更を適正に行うための、派遣先国において実施される必要のある国際平和協力業務の具体的内容を把握するための調査、実施した国際平和協力業務の効果の測定及び分析並びに派遣先国における国際連合の職員その他の者との連絡に関すること。
四　国際平和協力隊（以下「協力隊」という。）の運用に関すること。
五　国際平和協力業務の実施のための関係行政機関への要請、輸送の委託及び国以外の者に対する協力の要請に関すること。
六　物資協力に関すること。
七　国際平和協力業務の実施等に関する調査（第三号に掲げるものを除く。）及び知識の普及に関すること。
八　前各号に掲げるもののほか、法令の規定により本部に属させられた事務

（組織）
第五条　本部の長は、国際平和協力本部長（以下「本部長」という。）とし、内閣総理大臣をもって充てる。
2　本部長は、本部の事務を総括し、所部の職員を指揮監督する。
3　本部に、国際平和協力副本部長（次項において「副本部長」という。）を置き、内閣官房長官をもって充てる。
4　副本部長は、本部長の職務を助ける。
5　本部に、国際平和協力本部員（以下この条において「本部員」という。）を置く。
6　本部員は、内閣法（昭和二十二年法律第五号）第九条の規定によりあらかじめ指定された国務大臣、関係行政機関の長及び内閣府設置法第九条第一項に規定する特命担当大臣のうちから、内閣総理大臣が任命する。

7 本部員は、本部長に対し、本部の事務に関し意見を述べることができる。
8 本部に、政令で定めるところにより、実施計画ごとに、期間を定めて、自ら国際平和協力業務を行うとともに海外において前条第二項第三号に掲げる事務を行う組織として、協力隊を置くことができる。
9 本部に、本部の事務(協力隊の行うものを除く。)を処理させるため、事務局を置く。
10 事務局に、事務局長その他の職員を置く。
11 事務局長は、本部長の命を受け、局務を掌理する。
12 前各項に定めるもののほか、本部の組織に関し必要な事項は、政令で定める。

第三章 国際平和協力業務等
第一節 国際平和協力業務
(実施計画)

第六条 内閣総理大臣は、我が国として国際平和協力業務を実施することが適当であると認める場合であって、次に掲げる同意があるとき(国際連合平和維持活動又は国際連携平和安全活動のために実施する国際平和協力業務であって第三条第五号トに掲げるもの若しくはこれに類するものとして同号ナの政令で定めるもの又は同号ラに掲げるものを実施する場合にあっては、同条第一号イからハまで又は第二号イからハまでに規定する同意及び第一号又は第二号に掲げる同意が当該活動及び当該業務が行われる期間を通じて安定的に維持されると認められるときに限り、人道的な国際救援活動のために実施する国際平和協力業務であって同条第五号ラに掲げるものを実施する場合にあっては、同条第三号に規定する同意及び第三号に掲げる同意が当該活動及び当該業務が行われる期間を通じて安定的に維持され、並びに当該活動が行われる地域の属する国が紛争当事者であるときは、紛争当事者の当該活動及び当該業務が行われることについての同意があり、かつ、その同意が当該活動及び当該業務が行われる期間を通じて安定的に維持されると認められるときに限る。)は、国際平和協力業務を実施すること及び実施計画の案につき閣議の決定を求めなければならない。
一 国際連合平和維持活動のために実施する国際平和協力業務については、紛争当事者及び当該活動が行われる地域の属する国の当該業務の実施についての同意(第三条第一号ロ又はハに該当する活動にあっては、当該活動が行われる地域の属する国の当該業務の実施についての同意(同号ハに該当する活動にあっては、当該地域において当該業務の実施に支障となる明確な反対の意思を示す者がいない場合に限る。))
二 国際連携平和安全活動のために実施する国際平和協力業務については、紛争当事者及び当該活動が行われる地域の属する国の当該業務の実施についての同意(第三条第二号ロ又はハに該当する活動にあっては、当該活動が行われる地域の属する国の当該業務の実施についての同意(同号ハに該当する活動にあっては、当該地域において当該業務の実施に支障となる明確な反対の意思を示す者がいない場合に限る。))
三 人道的な国際救援活動のために実施する国際平和協力業務については、当該活動が行われる地域の属する国の当該業務の実施についての同意
四 国際的な選挙監視活動のために実施する国際平和協力業務については、当該活動が行われる地域の属する国の当該業務の実施についての同意
2 実施計画に定める事項は、次のとおりとする。
一 当該国際平和協力業務の実施に関する基本方針
二 協力隊の設置その他当該国際平和協力業務の実施に関する次に掲げる事項
 イ 実施すべき国際平和協力業務の種類及び内容
 ロ 派遣先国及び国際平和協力業務を行うべき期間
 ハ 協力隊の規模及び構成並びに装備
 ニ 海上保安庁の船舶又は航空機を用いて当該国際平和協力業務を行う場合における次に掲げる事項
  (1) 海上保安庁の船舶又は航空機を用いて行う国際平和協力業務の種類及び内容
  (2) 国際平和協力業務を行う海上保安庁の職員の規模及び構成並びに装備
 ホ 自衛隊の部隊等(自衛隊法(昭和二十九年法律第百六十五号)第八条に規定する部隊等をいう。以下同じ。)が当該国際平和協力業務を行う場合における次に掲げる事項
  (1) 自衛隊の部隊等が行う国際平和協力業務の種類及び内容
  (2) 国際平和協力業務を行う自衛隊の部隊等の規模及び構成並びに装備
 ヘ 第二十一条第一項の規定に基づき海上保安庁長官又は防衛大臣に委託することができる輸送の範囲
 ト 関係行政機関の協力に関する重要事項
 チ その他当該国際平和協力業務の実施に関する重要事項
3 外務大臣は、国際平和協力業務を実施することが適当であると認めるときは、内閣総理大臣に対し、第一項の閣議の決定を求めるよう要請することができる。
4 第二項第二号に掲げる装備は、第二条第二項及び第三条第一号から第四号までの規定の趣旨に照らし、この節の規定を実施するのに必要な範囲内で実施計画に定めるものとする。この場合において、国際連合平和維持活動のために実施する国際平和協力業務に係る装備は、事務総長が必要と認める限度で定めるものとする。

5 海上保安庁の船舶又は航空機を用いて行われる国際平和協力業務は、第三条第五号リ若しくはルに掲げる業務（海上保安庁法（昭和二十三年法律第二十八号）第五条に規定する事務に係るものに限る。）、同号ワからツまでに掲げる業務又はこれらの業務に類するものとして同号ナの政令で定める業務であって、同法第二十五条の趣旨に鑑み海上保安庁の船舶又は航空機を用いて行うことが適当であると認められるもののうちから、海上保安庁の任務遂行に支障を生じない限度において、実施計画に定めるものとする。

6 自衛隊の部隊等が行う国際平和協力業務は、第三条第五号イからトまでに掲げる業務、同号ヲからネまでに掲げる業務、これらの業務に類するものとして同号ナの政令で定める業務又は同号ラに掲げる業務であって自衛隊の部隊等が行うことが適当であると認められるもののうちから、自衛隊の主たる任務の遂行に支障を生じない限度において、実施計画に定めるものとする。

7 自衛隊の部隊等が行う国際連合平和維持活動又は国際連携平和安全活動のために実施される国際平和協力業務であって第三条第五号イからトまでに掲げるもの又はこれらの業務に類するものとして同号ナの政令で定めるものについては、内閣総理大臣は、当該国際平和協力業務に従事する自衛隊の部隊等の海外への派遣の開始前に、我が国として国際連合平和維持活動に参加し、又は他国と連携して国際連携平和安全活動を実施するに際しての基本的な五つの原則（第三条第一号及び第二号、本条第一項（第三号及び第四号を除く。）及び第十三項（第一号から第六号まで、第九号及び第十号に係る部分に限る。）、第八条第一項第六号及び第七号、第二十五条並びに第二十六条の規定の趣旨をいう。）及びこの法律の目的に照らし、当該国際平和協力業務を実施することにつき、実施計画を添えて国会の承認を得なければならない。ただし、国会が閉会中の場合又は衆議院が解散されている場合には、当該国際平和協力業務に従事する自衛隊の部隊等の海外への派遣の開始後最初に召集される国会において、遅滞なく、その承認を求めなければならない。

8 前項本文の規定により内閣総理大臣から国会の承認を求められた場合には、先議の議院にあっては内閣総理大臣が国会の承認を求めた後国会の休会中の期間を除いて七日以内に、後議の議院にあっては先議の議院から議案の送付があった後国会の休会中の期間を除いて七日以内に、それぞれ議決するよう努めなければならない。

9 政府は、第七項ただし書の場合において不承認の議決があったときは、遅滞なく、同項の国際平和協力業務を終了させなければならない。

10 第七項の国際平和協力業務については、同項の規定による国会の承認を得た日から二年を経過する日を超えて引き続きこれを行おうとするときは、内閣総理大臣は、当該日の三十日前の日から当該日までの間に、当該国際平和協力業務を引き続き行うことにつき、実施計画を添えて国会に付議して、その承認を求めなければならない。ただし、国会が閉会中の場合又は衆議院が解散されている場合には、その後最初に召集される国会においてその承認を求めなければならない。

11 政府は、前項の場合において不承認の議決があったときは、遅滞なく、第七項の国際平和協力業務を終了させなければならない。

12 前二項の規定は、国会の承認を得て第七項の国際平和協力業務を継続した後、更に二年を超えて当該国際平和協力業務を引き続き行おうとする場合について準用する。

13 内閣総理大臣は、実施計画の変更（第一号から第八号までに掲げる場合に行うべき国際平和協力業務に従事する者の海外への派遣の終了及び第九号から第十一号までに掲げる場合に行うべき当該各号に規定する業務の終了に係る変更を含む。次項において同じ。）をすることが必要であると認めるとき、又は適当であると認めるときは、実施計画の変更の案につき閣議の決定を求めなければならない。

一 国際連合平和維持活動（第三条第一号イに該当するものに限る。）のために実施する国際平和協力業務については、同号イに規定する合意若しくは同意若しくは第一項第一号に掲げる同意が存在しなくなったと認められる場合又は当該活動がいずれの紛争当事者にも偏ることなく実施されなくなったと認められる場合

二 国際連合平和維持活動（第三条第一号ロに該当するものに限る。）のために実施する国際平和協力業務については、同号ロに規定する同意若しくは第一項第一号に掲げる同意が存在しなくなったと認められる場合又は紛争当事者が当該活動が行われる地域に存在すると認められる場合

三 国際連合平和維持活動（第三条第一号ハに該当するものに限る。）のために実施する国際平和協力業務については、同号ハに規定する同意若しくは第一項第一号に掲げる同意が存在しなくなったと認められる場合、当該活動が特定の立場に偏ることなく実施されなくなったと認められる場合又は武力紛争の発生を防止することが困難となった場合

四 国際連携平和安全活動（第三条第二号イに該当するものに限る。）のために実施する国際平和協力業務については、同号イに規定する合意若しくは同意若しくは第一項第二号に掲げる同意が存在しなくなったと認められる場合又は当該活動がいずれの紛争当事者にも偏ることなく実施されなく

2 憲法史料

なったと認められる場合
五　国際連携平和安全活動（第三条第二号ロに該当するものに限る。）のために実施する国際平和協力業務については、同号ロに規定する同意若しくは第一項第二号に掲げる同意が存在しなくなったと認められる場合又は紛争当事者が当該活動が行われる地域に存在すると認められる場合
六　国際連携平和安全活動（第三条第二号ハに該当するものに限る。）のために実施する国際平和協力業務については、同号ハに規定する同意若しくは第一項第二号に掲げる同意が存在しなくなったと認められる場合、当該活動が特定の立場に偏ることなく実施されなくなったと認められる場合又は武力紛争の発生を防止することが困難となった場合
七　人道的な国際救援活動のために実施する国際平和協力業務については、第三条第三号に規定する同意若しくは合意又は第一項第三号に掲げる同意が存在しなくなったと認められる場合
八　国際的な選挙監視活動のために実施する国際平和協力業務については、第三条第四号に規定する同意若しくは合意又は第一項第四号に掲げる同意が存在しなくなったと認められる場合
九　国際連合平和維持活動のために実施する国際平和協力業務であって第三条第五号トに掲げるもの若しくはこれに類するものとして同号ナの政令で定めるもの又は同号ラに掲げるものについては、同条第一号イに規定する合意の遵守の状況その他の事情を勘案して、同号イからハまでに規定する同意又は第一項第一号に掲げる同意が当該活動及び当該業務が行われる期間を通じて安定的に維持されると認められなくなった場合
十　国際連携平和安全活動のために実施する国際平和協力業務であって第三条第五号トに掲げるもの若しくはこれに類するものとして同号ナの政令で定めるもの又は同号ラに掲げるものについては、同条第二号イに規定する合意の遵守の状況その他の事情を勘案して、同号イからハまでに規定する同意又は第一項第二号に掲げる同意が当該活動及び当該業務が行われる期間を通じて安定的に維持されると認められなくなった場合
十一　人道的な国際救援活動のために実施する国際平和協力業務であって第三条第五号ラに掲げるものについては、同条第三号に規定する合意がある場合におけるその遵守の状況その他の事情を勘案して、同号に規定する同意若しくは第一項第三号に掲げる同意又は当該活動が行われる地域の属する国が紛争当事者である場合における紛争当事者の当該活動若しくは当該業務が行われることについての同意が当該活動及び当該業務が行われる期間を通じて安定的に維持されなくなった場合

14　外務大臣は、実施計画の変更をすることが必要であると認めるとき、又は適当であると認めるときは、内閣総理大臣に対し、前項の閣議の決定を求めるよう要請することができる。

（国会に対する報告）
第七条　内閣総理大臣は、次の各号に掲げる場合には、それぞれ当該各号に規定する事項を、遅滞なく、国会に報告しなければならない。
一　実施計画の決定又は変更があったとき　当該決定又は変更に係る実施計画の内容
二　実施計画に定める国際平和協力業務が終了したとき　当該国際平和協力業務の実施の結果
三　実施計画に定める国際平和協力業務を行う期間に係る変更があったとき　当該変更前の期間における当該国際平和協力業務の実施の状況

（実施要領）
第八条　本部長は、実施計画に従い、国際平和協力業務を実施するため、次の第一号から第五号までに掲げる事項についての具体的内容及び第六号から第九号までに掲げる事項を定める実施要領を作成し、及び必要に応じこれを変更するものとする。
一　当該国際平和協力業務が行われるべき地域及び期間
二　前号に掲げる地域及び期間ごとの当該国際平和協力業務の種類及び内容
三　第一号に掲げる地域及び期間ごとの当該国際平和協力業務の実施の方法（当該国際平和協力業務に使用される装備に関する事項を含む。）
四　第一号に掲げる地域及び期間ごとの当該国際平和協力業務に従事すべき者に関する事項
五　派遣先国の関係当局及び住民との関係に関する事項
六　第六条第十三項第一号から第八号までに掲げる場合において国際平和協力業務に従事する者が行うべき国際平和協力業務の中断に関する事項
七　第六条第十三項第九号から第十一号までに掲げる場合において第三条第五号トに掲げる業務若しくはこれに類するものとして同号ナの政令で定める業務又は同号ラに掲げる業務に従事する者が行うべき当該業務の中断に関する事項
八　危険を回避するための国際平和協力業務の一時休止その他の協力隊の隊員の安全を確保するための措置に関する事項
九　その他本部長が当該国際平和協力業務の実施のために必要と認める事項
2　実施要領の作成及び変更は、国際連合平和維持活動として実施される国際平和協力業務に関しては、前項第六号及び第七号に掲げる事項に関し本部長が必要と認める場合を除き、事務総長又は派遣先国において事務総長の権限を行使する者が行う指図に適

合するように行うものとする。
3　本部長は、必要と認めるときは、その指定する協力隊の隊員に対し、実施要領の作成又は変更に関する権限の一部を委任することができる。
（国際平和協力業務等の実施）
第九条　協力隊は、実施計画及び実施要領に従い、国際平和協力業務を行う。
2　協力隊の隊員は、第二条第一項の規定の趣旨にかんがみ、第四条第二項第三号に掲げる事務に従事するに当たり、国際平和協力業務が行われる現地の状況の変化に応じ、同号の事務が適切に実施される上で有益であると思われる情報及び資料の収集に積極的に努めるものとする。
3　海上保安庁長官は、実施計画に定められた第六条第五項の国際平和協力業務について本部長から要請があった場合には、実施計画及び実施要領に従い、海上保安庁の船舶又は航空機の乗組員たる海上保安庁の職員に、当該船舶又は航空機を用いて国際平和協力業務を行わせることができる。
4　防衛大臣は、実施計画に定められた第六条第六項の国際平和協力業務について本部長から要請があった場合には、実施計画及び実施要領に従い、自衛隊の部隊等に国際平和協力業務を行わせることができる。
5　前二項の規定に基づいて国際平和協力業務が実施される場合には、第三項の海上保安庁の職員又は前項の自衛隊の部隊等に所属する自衛隊員（自衛隊法第二条第五項に規定する隊員をいう。以下同じ。）は、それぞれ、実施計画及び実施要領に従い、当該国際平和協力業務に従事するものとする。
6　協力隊は、外務大臣の指定する在外公館と密接に連絡を保つものとする。
7　外務大臣の指定する在外公館長は、外務大臣の命を受け、国際平和協力業務の実施のため必要な協力を行うものとする。
（隊員の安全の確保等）
第十条　本部長は、国際平和協力業務の実施に当たっては、その円滑かつ効果的な推進に努めるとともに、協力隊の隊員（以下「隊員」という。）の安全の確保に配慮しなければならない。
（隊員の任免）
第十一条　本部長は、隊員の任免を行う。
（隊員の採用）
第十二条　本部長は、第三条第五号ニ若しくはチからネまでに掲げる業務又はこれらの業務に類するものとして同号ナの政令で定める業務に係る国際平和協力業務に従事させるため、当該国際平和協力業務に従事することを志望する者のうちから、選考により、任期を定めて隊員を採用することができる。
2　本部長は、前項の規定による採用に当たり、関係行政機関若しくは地方公共団体又は民間の団体の協力を得て、広く人材の確保に努めるものとする。
（関係行政機関の職員の協力隊への派遣）
第十三条　本部長は、関係行政機関の長に対し、実施計画に従い、国際平和協力業務（第三条第五号ラに掲げる業務を除く。）であって協力隊が行うものを実施するため必要な技術、能力等を有する職員（国家公務員法（昭和二十二年法律第百二十号）第二条第三項各号（第十六号を除く。）に掲げる者を除く。）を協力隊に派遣するよう要請することができる。ただし、第三条第五号イからヘまで及びホからトまでに掲げる業務並びにこれらの業務に類するものとして同号ナの政令で定める業務に係る国際平和協力業務については自衛隊員以外の者の派遣を要請することはできず、同号チに掲げる業務及びこれに類するものとして同号ナの政令で定める業務に係る国際平和協力業務については自衛隊員の派遣を要請することはできない。
2　関係行政機関の長は、前項の規定による要請があったときは、その所掌事務に支障を生じない限度において、同項の職員に該当する職員を期間を定めて協力隊に派遣するものとする。
3　前項の規定により派遣された職員のうち自衛隊員以外の者は、従前の官職を保有したまま、同項の期間を任期として隊員に任用されるものとする。
4　第二項の規定により派遣された自衛隊員は、同項の期間を任期として隊員に任用されるものとし、隊員の身分及び自衛隊員の身分を併せ有することとなるものとする。
5　第三項の規定により従前の官職を保有したまま隊員に任用される者又は前項の規定により隊員の身分及び自衛隊員の身分を併せ有する者は、本部長の指揮監督の下に国際平和協力業務に従事する。
6　本部長は、第二項の規定に基づき防衛大臣により派遣された隊員（以下この条において「自衛隊派遣隊員」という。）についてその派遣の必要がなくなった場合その他政令で定める場合には、当該自衛隊派遣隊員の隊員としての身分を失わせるものとする。この場合には、当該自衛隊員は、自衛隊に復帰するものとする。
7　自衛隊派遣隊員は、自衛隊員の身分を失ったときは、同時に隊員の身分を失うものとする。
8　第四項の規定により隊員の身分及び自衛隊員の身分を併せ有することとなる者に対する給与等（第十七条に規定する国際平和協力手当以外の給与、災害補償及び退職手当並びに共済組合の制度をいう。）に関する法令の適用については、その者は、自衛隊のみに所属するものとみなす。
9　第四項から前項までに定めるもののほか、同項に規定する者の身分取扱いに関し必要な事項は、政令で定める。
第十四条　海上保安庁長官は、第九条第三項の規定に

2 憲法史料

基づき同項の海上保安庁の職員に国際平和協力業務を行わせるときは、当該職員を、期間を定めて協力隊に派遣するものとする。この場合において、派遣された海上保安庁の職員は、従前の官職を保有したまま当該期間を任期として隊員に任用されるものとし、隊員として第四条第二項第三号に掲げる事務に従事する。

2　防衛大臣は、第九条第四項の規定に基づき自衛隊の部隊等に国際平和協力業務を行わせるときは、当該自衛隊の部隊等に所属する自衛隊員を、期間を定めて協力隊に派遣するものとする。この場合において、派遣された自衛隊員は、当該期間を任期として隊員に任用され、自衛隊員の身分及び隊員の身分を併せ有することとなるものとし、隊員として第四条第二項第三号に掲げる事務に従事する。

3　前項に定めるもののほか、同項の規定により自衛隊員の身分及び隊員の身分を併せ有することとなる者の身分取扱いについては、前条第六項から第九項までの規定を準用する。

（国家公務員法の適用除外）

第十五条　第十二条第一項の規定により採用される隊員については、隊員になる前に、国家公務員法第百三条第一項に規定する営利企業（以下この条において「営利企業」という。）を営むことを目的とする団体の役員、顧問若しくは評議員（以下この条において「役員等」という。）の職に就き、若しくは自ら営利企業を営み、又は報酬を得て、営利企業以外の事業の団体の役員等の職に就き、若しくは事業に従事し、若しくは事務を行っていた場合においても、同項及び同法第百四条の規定は、適用しない。

（研修）

第十六条　隊員は、本部長の定めるところにより行われる国際平和協力業務の適切かつ効果的な実施のための研修を受けなければならない。

（国際平和協力手当）

第十七条　国際平和協力業務に従事する者には、国際平和協力業務が行われる派遣先国の勤務環境及び国際平和協力業務の特質に鑑み、国際平和協力手当を支給することができる。

2　前項の国際平和協力手当に関し必要な事項は、政令で定める。

3　内閣総理大臣は、前項の政令の制定又は改廃に際しては、人事院の意見を聴かなければならない。

（服制等）

第十八条　隊員の服制は、政令で定める。

2　隊員には、政令で定めるところにより、その職務遂行上必要な被服を支給し、又は貸与することができる。

（国際平和協力業務に従事する者の総数の上限）

第十九条　国際平和協力業務に従事する者の総数は、二千人を超えないものとする。

（隊員の定員）

第二十条　隊員の定員は、実施計画に従って行われる国際平和協力業務の実施に必要な定員で個々の協力隊ごとに政令で定めるものとする。

（輸送の委託）

第二十一条　本部長は、実施計画に基づき、海上保安庁長官又は防衛大臣に対し、第三条第五号カに規定する国際平和協力業務の実施のための船舶若しくは航空機による被災民の輸送又は同号ワからソまでに規定する国際平和協力業務の実施のための船舶若しくは航空機による物品の輸送（派遣先国の国内の地域間及び一の派遣先国と隣接する他の派遣先国との間で行われる被災民の輸送又は物品の輸送を除く。）を委託することができる。

2　海上保安庁長官は、前項の規定による委託があった場合には、海上保安庁の任務遂行に支障を生じない限度において、当該委託を受け、及びこれを実施することができる。

3　防衛大臣は、第一項の規定による委託があった場合には、自衛隊の主たる任務の遂行に支障を生じない限度において、当該委託を受け、及びこれを実施することができる。

（関係行政機関の協力）

第二十二条　本部長は、協力隊が行う国際平和協力業務を実施するため必要があると認めるときは、関係行政機関の長に対し、その所管に属する物品の管理換えその他の協力を要請することができる。

2　関係行政機関の長は、前項の規定による要請があったときは、その所掌事務に支障を生じない限度において、同項の協力を行うものとする。

（小型武器の保有及び貸与）

第二十三条　本部は、隊員の安全保持のために必要な政令で定める種類の小型武器を保有することができる。

第二十四条　本部長は、第九条第一項の規定により協力隊が派遣先国において行う国際平和協力業務（第三条第五号チに掲げる業務及びこれに類するものとして同号ナの政令で定める業務を除く。）に隊員を従事させるに当たり、現地の治安の状況等を勘案して特に必要と認める場合には、当該隊員が派遣先国に滞在する間、前条の小型武器であって第六条第二項第二号ハ及び第四項の規定により実施計画に定める装備であるものを当該隊員に貸与することができる。

2　小型武器を管理する責任を有する者として本部の職員のうちから本部長により指定された者は、前項の規定により隊員に貸与するため、小型武器を保管することができる。

3　小型武器の貸与の基準、管理等に関し必要な事項は、政令で定める。

（武器の使用）

第二十五条　前条第一項の規定により小型武器の貸与を受け、派遣先国において国際平和協力業務に従事する隊員は、自己又は自己と共に現場に所在する他の隊員若しくはその職務を行うに伴い自己の管理の下に入った者の生命又は身体を防護するためやむを得ない必要があると認める相当の理由がある場合には、その事態に応じ合理的に必要と判断される限度で、当該小型武器を使用することができる。

2　第九条第五項の規定により派遣先国において国際平和協力業務に従事する海上保安官又は海上保安官補（以下この条において「海上保安官等」という。）は、自己又は自己と共に現場に所在する他の海上保安庁の職員、隊員若しくはその職務を行うに伴い自己の管理の下に入った者の生命又は身体を防護するためやむを得ない必要があると認める相当の理由がある場合には、その事態に応じ合理的に必要と判断される限度で、第六条第二項第二号ニ(2)及び第四項の規定により実施計画に定める装備である第二十三条の政令で定める種類の小型武器で、当該海上保安官等が携帯するものを使用することができる。

3　第九条第五項の規定により派遣先国において国際平和協力業務に従事する自衛官は、自己又は自己と共に現場に所在する他の自衛隊員、隊員若しくはその職務を行うに伴い自己の管理の下に入った者の生命又は身体を防護するためやむを得ない必要があると認める相当の理由がある場合には、その事態に応じ合理的に必要と判断される限度で、第六条第二項第二号ホ(2)及び第四項の規定により実施計画に定める装備である武器を使用することができる。

4　前二項の規定による小型武器又は武器の使用は、当該現場に上官が在るときは、その命令によらなければならない。ただし、生命又は身体に対する侵害又は危難が切迫し、その命令を受けるいとまがないときは、この限りでない。

5　第二項又は第三項の場合において、当該現場に在る上官は、統制を欠いた小型武器又は武器の使用によりかえって生命若しくは身体に対する危険又は事態の混乱を招くこととなることを未然に防止し、当該小型武器又は武器の使用がこれらの規定及び次項の規定に従いその目的の範囲内において適正に行われることを確保する見地から必要な命令をするものとする。

6　第一項から第三項までの規定による小型武器又は武器の使用に際しては、刑法（明治四十年法律第四十五号）第三十六条又は第三十七条の規定に該当する場合を除いては、人に危害を与えてはならない。

7　第九条第五項の規定により派遣先国において国際平和協力業務に従事する自衛官は、その宿営する宿営地（宿営のために使用する区域であって、囲障が設置されることにより他と区別されるものをいう。以下この項において同じ。）であって当該国際平和協力業務に係る国際連合平和維持活動、国際連携平和安全活動又は人道的な国際救援活動に従事する外国の軍隊の部隊の要員が共に宿営するものに対する攻撃があったときは、当該宿営地に所在する者の生命又は身体を防護するための措置をとる当該要員と共同して、第三項の規定による武器の使用をすることができる。この場合において、同項から第五項までの規定の適用については、第三項中「現場に所在する他の自衛隊員、隊員若しくはその職務を行うに伴い自己の管理の下に入った者」とあるのは「その宿営する宿営地（第七項に規定する宿営地をいう。次項及び第五項において同じ。）に所在する者」と、「その事態」とあるのは「第七項に規定する外国の軍隊の部隊の要員による措置の状況をも踏まえ、その事態」と、第四項及び第五項中「現場」とあるのは「宿営地」とする。

8　海上保安庁法第二十条の規定は、第九条第五項の規定により派遣先国において国際平和協力業務に従事する海上保安官等については、適用しない。

9　自衛隊法第九十六条第三項の規定は、第九条第五項の規定により派遣先国において国際平和協力業務に従事する自衛官については、自衛隊員以外の者の犯した犯罪に関しては適用しない。

10　第一項の規定は第八条第一項第六号に規定する国際平和協力業務の中断（以下この項において「業務の中断」という。）がある場合における当該国際平和協力業務に係る隊員について、第二項及び第八項の規定は業務の中断がある場合における当該国際平和協力業務に係る海上保安官等について、第三項、第七項及び前項の規定は業務の中断がある場合における当該国際平和協力業務に係る自衛官について、第四項及び第五項の規定はこの項において準用する第二項の規定及びこの項において準用する第三項（第七項の規定により読み替えて適用する場合を含む。）の規定による小型武器又は武器の使用について、第六項の規定はこの項において準用する第一項及び第二項の規定並びにこの項において準用する第三項（第七項の規定により読み替えて適用する場合を含む。）の規定による小型武器又は武器の使用について、それぞれ準用する。

第二十六条　前条第三項（同条第七項の規定により読み替えて適用する場合を含む。）に規定するもののほか、第九条第五項の規定により派遣先国において国際平和協力業務であって第三条第五号トに掲げるもの又はこれに類するものとして同号ナの政令で定めるものに従事する自衛官は、その業務を行うに際し、自己若しくは他人の生命、身体若しくは財産を防護し、又はその業務を妨害する行為を排除するためやむを得ない必要があると認める相当の理由がある場合には、その事態に応じ合理的に必要と判断される限度で、第六条第二項第二号ホ(2)及び第四項

2 憲法史料

の規定により実施計画に定める装備である武器を使用することができる。
2 　前条第三項（同条第七項の規定により読み替えて適用する場合を含む。）に規定するもののほか、第九条第五項の規定により派遣先国において国際平和協力業務であって第三条第五号ラに掲げるものに従事する自衛官は、その業務を行うに際し、自己又はその保護しようとする活動関係者の生命又は身体を防護するためやむを得ない必要があると認める相当の理由がある場合には、その事態に応じ合理的に必要と判断される限度で、第六条第二項第二号ホ⑵及び第四項の規定により実施計画に定める装備である武器を使用することができる。
3 　前二項の規定による武器の使用に際しては、刑法第三十六条又は第三十七条の規定に該当する場合を除いては、人に危害を与えてはならない。
4 　自衛隊法第八十九条第二項の規定は、第一項又は第二項の規定により自衛官が武器を使用する場合について準用する。

第二節　自衛官の国際連合への派遣
（自衛官の派遣）
第二十七条　防衛大臣は、国際連合の要請に応じ、国際連合の業務であって、国際連合平和維持活動に参加する自衛隊の部隊等又は外国の軍隊の部隊により実施される業務の統括に関するものに従事させるため、内閣総理大臣の同意を得て、自衛官を派遣することができる。
2 　内閣総理大臣は、前項の規定により派遣される自衛官が従事することとなる業務に係る国際連合平和維持活動が行われることについての第三条第一号イからハまでに規定する同意が当該派遣の期間を通じて安定的に維持されると認められ、かつ、当該派遣を中断する事情が生ずる見込みがないと認められる場合に限り、当該派遣について同項の同意をするものとする。
3 　防衛大臣は、第一項の規定により自衛官を派遣する場合には、当該自衛官の同意を得なければならない。
（身分及び処遇）
第二十八条　前条第一項の規定により派遣された自衛官の身分及び処遇については、国際機関等に派遣される防衛省の職員の処遇等に関する法律（平成七年法律第百二十二号）第三条から第十四条までの規定を準用する。
（小型武器の無償貸付け）
第二十九条　防衛大臣又はその委任を受けた者は、第二十七条第一項の規定により派遣された自衛官の活動の用に供するため、国際連合から小型武器の無償貸付けを求める旨の申出があった場合において、当該活動の円滑な実施に必要であると認めるときは、当該申出に係る小型武器を国際連合に対し無償で貸し付けることができる。

第四章　物資協力
第三十条　政府は、国際連合平和維持活動、国際連携平和安全活動、人道的な国際救援活動又は国際的な選挙監視活動に協力するため適当と認めるときは、物資協力を行うことができる。
2 　内閣総理大臣は、物資協力につき閣議の決定を求めなければならない。
3 　外務大臣は、国際連合平和維持活動、国際連携平和安全活動、人道的な国際救援活動又は国際的な選挙監視活動に協力するため適当と認めるときは、内閣総理大臣に対し、物資協力につき閣議の決定を求めるよう要請することができる。
4 　本部長は、物資協力のため必要があると認めるときは、関係行政機関の長に対し、その所管に属する物品の管理換えを要請することができる。
5 　関係行政機関の長は、前項の規定による要請があったときは、その所掌事務に支障を生じない限度において、その所管に属する物品の管理換えを行うものとする。

第五章　雑則
（民間の協力等）
第三十一条　本部長は、第三章第一節の規定による措置によっては国際平和協力業務を十分に実施することができないと認めるとき、又は物資協力に関し必要があると認めるときは、関係行政機関の長の協力を得て、物品の譲渡若しくは貸付け又は役務の提供について国以外の者に協力を求めることができる。
2 　政府は、前項の規定により協力を求められた国以外の者に対し適正な対価を支払うとともに、その者が当該協力により損失を受けた場合には、その損失に関し、必要な財政上の措置を講ずるものとする。
（請求権の放棄）
第三十二条　政府は、国際連合平和維持活動、国際連携平和安全活動、人道的な国際救援活動又は国際的な選挙監視活動に参加するに際して、国際連合若しくは別表第一から別表第三までに掲げる国際機関又はこれらの活動に参加する国際連合加盟国その他の国（以下この条において「活動参加国等」という。）から、これらの活動に起因する損害についての請求権を相互に放棄することを約することを求められた場合において、我が国がこれらの活動に参加する上でこれに応じることが必要と認めるときは、これらの活動に起因する損害についての活動参加国等及びその要員に対する我が国の請求権を放棄することを約することができる。
（大規模な災害に対処する合衆国軍隊等に対する物品又は役務の提供）
第三十三条　防衛大臣又はその委任を受けた者は、防衛大臣が自衛隊の部隊等に第九条第四項の規定に基づき国際平和協力業務を行わせる場合又は第二十一

条第一項の規定による委託に基づく輸送を実施させる場合において、これらの活動を実施する自衛隊の部隊等と共に当該活動が行われる地域に所在して、次に掲げる活動であって当該国際平和協力業務又は当該輸送に係る国際連合平和維持活動、国際連携平和安全活動又は人道的な国際救援活動を補完し、又は支援すると認められるものを行うアメリカ合衆国、オーストラリア又は英国の軍隊（以下この条において「合衆国軍隊等」という。）から、当該地域において講ずべき応急の措置に必要な物品の提供に係る要請があったときは、当該国際平和協力業務又は当該輸送の実施に支障を生じない限度において、当該合衆国軍隊等に対し、自衛隊に属する物品の提供を実施することができる。

一　派遣先国において発生し、又は正に発生しようとしている大規模な災害に係る救助活動、医療活動（防疫活動を含む。）その他の災害応急対策及び災害復旧のための活動

二　前号に掲げる活動を行う人員又は当該活動に必要な機材その他の物資の輸送

2　防衛大臣は、合衆国軍隊等から、前項の地域において講ずべき応急の措置に必要な役務の提供に係る要請があった場合には、当該国際平和協力業務又は当該輸送の実施に支障を生じない限度において、当該自衛隊の部隊等に、当該合衆国軍隊等に対する役務の提供を行わせることができる。

[https://www.cas.go.jp/jp/gaiyou/jimu/housei_seibi.html]

39　国際平和支援法

平成27〈2015〉年9月30日法律第77号、平28・3・29施行

国際平和共同対処事態に際して我が国が実施する諸外国の軍隊等に対する協力支援活動等に関する法律

第一章　総則

（目的）

第一条　この法律は、国際社会の平和及び安全を脅かす事態であって、その脅威を除去するために国際社会が国際連合憲章の目的に従い共同して対処する活動を行い、かつ、我が国が国際社会の一員としてこれに主体的かつ積極的に寄与する必要があるもの（以下「国際平和共同対処事態」という。）に際し、当該活動を行う諸外国の軍隊等に対する協力支援活動等を行うことにより、国際社会の平和及び安全の確保に資することを目的とする。

（基本原則）

第二条　政府は、国際平和共同対処事態に際し、この法律に基づく協力支援活動若しくは捜索救助活動又は重要影響事態等に際して実施する船舶検査活動に関する法律（平成十二年法律第百四十五号）第二条に規定する船舶検査活動（国際平和共同対処事態に際して実施するものに限る。第四条第二項第五号において単に「船舶検査活動」という。）（以下「対応措置」という。）を適切かつ迅速に実施することにより、国際社会の平和及び安全の確保に資するものとする。

2　対応措置の実施は、武力による威嚇又は武力の行使に当たるものであってはならない。

3　協力支援活動及び捜索救助活動は、現に戦闘行為（国際的な武力紛争の一環として行われる人を殺傷し又は物を破壊する行為をいう。以下同じ。）が行われている現場では実施しないものとする。ただし、第八条第六項の規定により行われる捜索救助活動については、この限りでない。

4　外国の領域における対応措置については、当該対応措置が行われることについて当該外国（国際連合の総会又は安全保障理事会の決議に従って当該外国において施政を行う機関がある場合にあっては、当該機関）の同意がある場合に限り実施するものとする。

5　内閣総理大臣は、対応措置の実施に当たり、第四条第一項に規定する基本計画に基づいて、内閣を代表して行政各部を指揮監督する。

6　関係行政機関の長は、前条の目的を達成するため、対応措置の実施に関し、防衛大臣に協力するものとする。

（定義等）

第三条　この法律において、次の各号に掲げる用語の意義は、それぞれ当該各号に定めるところによる。

一　諸外国の軍隊等　国際社会の平和及び安全を脅かす事態に関し、次のいずれかの国際連合の総会又は安全保障理事会の決議が存在する場合において、当該事態に対処するための活動を行う外国の軍隊その他これに類する組織（国際連合平和維持活動等に対する協力に関する法律（平成四年法律第七十九号）第三条第一号に規定する国際連合平和維持活動、同条第二号に規定する国際連携平和安全活動又は同条第三号に規定する人道的な国際救援活動を行うもの及び重要影響事態に際して我が国の平和及び安全を確保するための措置に関する法律（平成十一年法律第六十号）第三条第一項第一号に規定する合衆国軍隊等を除く。）をいう。

イ　当該外国が当該活動を行うことを決定し、要請し、勧告し、又は認める決議

ロ　イに掲げるもののほか、当該事態が平和に対する脅威又は平和の破壊であるとの認識を示すとともに、当該事態に関連して国際連合加盟国の取組を求める決議

二　協力支援活動　諸外国の軍隊等に対する物品及び役務の提供であって、我が国が実施するものをいう。
三　捜索救助活動　諸外国の軍隊等の活動に際して行われた戦闘行為によって遭難した戦闘参加者について、その捜索又は救助を行う活動（救助した者の輸送を含む。）であって、我が国が実施するものをいう。
2　協力支援活動として行う自衛隊に属する物品の提供及び自衛隊による役務の提供（次項後段に規定するものを除く。）は、別表第一に掲げるものとする。
3　捜索救助活動は、自衛隊の部隊等（自衛隊法（昭和二十九年法律第百六十五号）第八条に規定する部隊等をいう。以下同じ。）が実施するものとする。この場合において、捜索救助活動を行う自衛隊の部隊等において、その実施に伴い、当該活動に相当する活動を行う諸外国の軍隊等の部隊に対して協力支援活動として行う自衛隊に属する物品の提供及び自衛隊による役務の提供は、別表第二に掲げるものとする。

第二章　対応措置等
（基本計画）
第四条　内閣総理大臣は、国際平和共同対処事態に際し、対応措置のいずれかを実施することが必要であると認めるときは、当該対応措置を実施すること及び当該対応措置に関する基本計画（以下「基本計画」という。）の案につき閣議の決定を求めなければならない。
2　基本計画に定める事項は、次のとおりとする。
一　国際平和共同対処事態に関する次に掲げる事項
　イ　事態の経緯並びに国際社会の平和及び安全に与える影響
　ロ　国際社会の取組の状況
　ハ　我が国が対応措置を実施することが必要であると認められる理由
二　前号に掲げるもののほか、対応措置の実施に関する基本的な方針
三　前条第二項の協力支援活動を実施する場合における次に掲げる事項
　イ　当該協力支援活動に係る基本的事項
　ロ　当該協力支援活動の種類及び内容
　ハ　当該協力支援活動を実施する区域の範囲及び当該区域の指定に関する事項
　ニ　当該協力支援活動を自衛隊が外国の領域で実施する場合には、当該協力支援活動を外国の領域で実施する自衛隊の部隊等の規模及び構成並びに装備並びに派遣期間
　ホ　自衛隊がその事務又は事業の用に供し又は供していた物品以外の物品を調達して諸外国の軍隊等に無償又は時価よりも低い対価で譲渡する場合には、その実施に係る重要事項
　ヘ　その他当該協力支援活動の実施に関する重要事項
四　捜索救助活動を実施する場合における次に掲げる事項
　イ　当該捜索救助活動に係る基本的事項
　ロ　当該捜索救助活動を実施する区域の範囲及び当該区域の指定に関する事項
　ハ　当該捜索救助活動の実施に伴う前条第三項後段の協力支援活動の実施に関する重要事項（当該協力支援活動を実施する区域の範囲及び当該区域の指定に関する事項を含む。）
　ニ　当該捜索救助活動又はその実施に伴う前条第三項後段の協力支援活動を自衛隊が外国の領域で実施する場合には、これらの活動を外国の領域で実施する自衛隊の部隊等の規模及び構成並びに装備並びに派遣期間
　ホ　その他当該捜索救助活動の実施に関する重要事項
五　船舶検査活動を実施する場合における重要影響事態等に際して実施する船舶検査活動に関する法律第四条第二項に規定する事項
六　対応措置の実施のための関係行政機関の連絡調整に関する事項
3　協力支援活動又は捜索救助活動を外国の領域で実施する場合には、当該外国（第二条第四項に規定する機関がある場合にあっては、当該機関）と協議して、実施する区域の範囲を定めるものとする。
4　第一項及び前項の規定は、基本計画の変更について準用する。
（国会への報告）
第五条　内閣総理大臣は、次に掲げる事項を、遅滞なく、国会に報告しなければならない。
一　基本計画の決定又は変更があったときは、その内容
二　基本計画に定める対応措置が終了したときは、その結果
（国会の承認）
第六条　内閣総理大臣は、対応措置の実施前に、当該対応措置を実施することにつき、基本計画を添えて国会の承認を得なければならない。
2　前項の規定により内閣総理大臣から国会の承認を求められた場合には、先議の議院にあっては内閣総理大臣が国会の承認を求めた後国会の休会中の期間を除いて七日以内に、後議の議院にあっては先議の議院から議案の送付があった後国会の休会中の期間を除いて七日以内に、それぞれ議決するよう努めなければならない。
3　内閣総理大臣は、対応措置について、第一項の規定による国会の承認を得た日から二年を経過する日を超えて引き続き当該対応措置を行おうとするときは、当該日の三十日前の日から当該日までの間に、

当該対応措置を引き続き行うことにつき、基本計画及びその時までに行った対応措置の内容を記載した報告書を添えて国会に付議して、その承認を求めなければならない。ただし、国会が閉会中の場合又は衆議院が解散されている場合には、その後最初に召集される国会においてその承認を求めなければならない。
4　政府は、前項の場合において不承認の議決があったときは、遅滞なく、当該対応措置を終了させなければならない。
5　前二項の規定は、国会の承認を得て対応措置を継続した後、更に二年を超えて当該対応措置を引き続き行おうとする場合について準用する。
（協力支援活動の実施）
第七条　防衛大臣又はその委任を受けた者は、基本計画に従い、第三条第二項の協力支援活動としての自衛隊に属する物品の提供を実施するものとする。
2　防衛大臣は、基本計画に従い、第三条第二項の協力支援活動としての自衛隊による役務の提供について、実施要項を定め、これについて内閣総理大臣の承認を得て、自衛隊の部隊等にその実施を命ずるものとする。
3　防衛大臣は、前項の実施要項において、実施される必要のある役務の提供の具体的内容を考慮し、自衛隊の部隊等がこれを円滑かつ安全に実施することができるように当該協力支援活動を実施する区域（以下この条において「実施区域」という。）を指定するものとする。
4　防衛大臣は、実施区域の全部又は一部において、自衛隊の部隊等が第三条第二項の協力支援活動を円滑かつ安全に実施することが困難であると認める場合又は外国の領域で実施する当該協力支援活動についての第二条第四項の同意が存在しなくなったと認める場合には、速やかに、その指定を変更し、又はそこで実施されている活動の中断を命じなければならない。
5　第三条第二項の協力支援活動のうち我が国の領域外におけるものの実施を命ぜられた自衛隊の部隊等の長又はその指定する者は、当該協力支援活動を実施している場所若しくはその近傍において戦闘行為が行われるに至った場合若しくは付近の状況等に照らして戦闘行為が行われることが予測される場合又は当該協力支援活動の安全を確保するため必要と認める場合には、当該協力支援活動の実施を一時休止し又は避難するなどして危険を回避しつつ、前項の規定による措置を待つものとする。
6　第二項の規定は、同項の実施要項の変更（第四項の規定により実施区域を縮小する変更を除く。）について準用する。
（捜索救助活動の実施等）
第八条　防衛大臣は、基本計画に従い、捜索救助活動について、実施要項を定め、これについて内閣総理大臣の承認を得て、自衛隊の部隊等にその実施を命ずるものとする。
2　防衛大臣は、前項の実施要項において、実施される必要のある捜索救助活動の具体的内容を考慮し、自衛隊の部隊等がこれを円滑かつ安全に実施することができるように当該捜索救助活動を実施する区域（以下この条において「実施区域」という。）を指定するものとする。
3　捜索救助活動を実施する場合において、戦闘参加者以外の遭難者が在るときは、これを救助するものとする。
4　前条第四項の規定は、実施区域の指定の変更及び活動の中断について準用する。
5　前条第五項の規定は、我が国の領域外における捜索救助活動の実施を命ぜられた自衛隊の部隊等の長又はその指定する者について準用する。この場合において、同項中「前項」とあるのは、「次条第四項において準用する前項」と読み替えるものとする。
6　前項において準用する前条第五項の規定にかかわらず、既に遭難者が発見され、自衛隊の部隊等がその救助を開始しているときは、当該部隊等の安全が確保される限り、当該遭難者に係る捜索救助活動を継続することができる。
7　第一項の規定は、同項の実施要項の変更（第四項において準用する前条第四項の規定により実施区域を縮小する変更を除く。）について準用する。
8　前条の規定は、捜索救助活動の実施に伴う第三条第三項後段の協力支援活動について準用する。
（自衛隊の部隊等の安全の確保）
第九条　防衛大臣は、対応措置の実施に当たっては、その円滑かつ効果的な推進に努めるとともに、自衛隊の部隊等の安全の確保に配慮しなければならない。
（関係行政機関の協力）
第十条　防衛大臣は、対応措置を実施するため必要があると認めるときは、関係行政機関の長に対し、その所管に属する物品の管理換その他の協力を要請することができる。
2　関係行政機関の長は、前項の規定による要請があったときは、その所掌事務に支障を生じない限度において、同項の協力を行うものとする。
（武器の使用）
第十一条　第七条第二項（第八条第八項において準用する場合を含む。第五項及び第六項において同じ。）の規定により協力支援活動としての自衛隊の役務の提供の実施を命ぜられ、又は第八条第一項の規定により捜索救助活動の実施を命ぜられた自衛隊の部隊等の自衛官は、自己又は自己と共に現場に所在する他の自衛隊員（自衛隊法第二条第五項に規定する隊員をいう。第六項において同じ。）若しくはその職務を行うに伴い自己の管理の下に入った者の生命又

は身体の防護のためやむを得ない必要があると認める相当の理由がある場合には、その事態に応じ合理的に必要と判断される限度で武器（自衛隊が外国の領域で当該協力支援活動又は当該捜索救助活動を実施している場合については、第四条第二項第三号ニ又は第四号ニの規定により基本計画に定める装備に該当するものに限る。以下この条において同じ。）を使用することができる。

2　前項の規定による武器の使用は、当該現場に上官が在るときは、その命令によらなければならない。ただし、生命又は身体に対する侵害又は危難が切迫し、その命令を受けるいとまがないときは、この限りでない。

3　第一項の場合において、当該現場に在る上官は、統制を欠いた武器の使用によりかえって生命若しくは身体に対する危険又は事態の混乱を招くこととなることを未然に防止し、当該武器の使用が同項及び次項の規定に従いその目的の範囲内において適正に行われることを確保する見地から必要な命令をするものとする。

4　第一項の規定による武器の使用に際しては、刑法（明治四十年法律第四十五号）第三十六条又は第三十七条の規定に該当する場合を除いては、人に危害を与えてはならない。

5　第七条第二項の規定により協力支援活動としての自衛隊の役務の提供の実施を命ぜられ、又は第八条第一項の規定により捜索救助活動の実施を命ぜられた自衛隊の部隊等の自衛官は、外国の領域に設けられた当該部隊等の宿営する宿営地（宿営のために使用する区域であって、囲障が設置されることにより他と区別されるものをいう。以下この項において同じ。）であって諸外国の軍隊等の要員が共に宿営するものに対する攻撃があった場合において、当該宿営地以外にその近傍に自衛隊の部隊等の安全を確保することができる場所がないときは、当該宿営地に所在する者の生命又は身体を防護するための措置をとる当該要員と共同して、第一項の規定による武器の使用をすることができる。この場合において、同項から第三項まで及び次項の規定の適用については、第一項中「現場に所在する他の自衛隊員（自衛隊法第二条第五項に規定する隊員をいう。第六項において同じ。）若しくはその職務を行うに伴い自己の管理の下に入った者」とあるのは「その宿営する宿営地（第五項に規定する宿営地をいう。次項及び第三項において同じ。）に所在する者」と、「その事態」とあるのは「第五項に規定する諸外国の軍隊等の要員による措置の状況をも踏まえ、その事態」と、第二項及び第三項中「現場」とあるのは「宿営地」と、次項中「自衛隊員」とあるのは「自衛隊員（同法第二条第五項に規定する隊員をいう。）」とする。

6　自衛隊法第九十六条第三項の規定は、第七条第二項の規定により協力支援活動としての自衛隊の役務の提供（我が国の領域外におけるものに限る。）の実施を命ぜられ、又は第八条第一項の規定により捜索救助活動（我が国の領域外におけるものに限る。）の実施を命ぜられた自衛隊の部隊等の自衛官については、自衛隊員以外の者の犯した犯罪に関しては適用しない。

第三章　雑則
（物品の譲渡及び無償貸付け）

第十二条　防衛大臣又はその委任を受けた者は、協力支援活動の実施に当たって、自衛隊に属する物品（武器を除く。）につき、協力支援活動の対象となる諸外国の軍隊等から第三条第一項第一号に規定する活動（以下「事態対処活動」という。）の用に供するため当該物品の譲渡又は無償貸付けを求める旨の申出があった場合において、当該事態対処活動の円滑な実施に必要であると認めるときは、その所掌事務に支障を生じない限度において、当該申出に係る物品を当該諸外国の軍隊等に対し無償若しくは時価よりも低い対価で譲渡し、又は無償で貸し付けることができる。

（国以外の者による協力等）

第十三条　防衛大臣は、前章の規定による措置のみによっては対応措置を十分に実施することができないと認めるときは、関係行政機関の長の協力を得て、物品の譲渡若しくは貸付け又は役務の提供について国以外の者に協力を依頼することができる。

2　政府は、前項の規定により協力を依頼された国以外の者に対し適正な対価を支払うとともに、その者が当該協力により損失を受けた場合には、その損失に関し、必要な財政上の措置を講ずるものとする。

（請求権の放棄）

第十四条　政府は、自衛隊が協力支援活動又は捜索救助活動（以下この条において「協力支援活動等」という。）を実施するに際して、諸外国の軍隊等の属する外国から、当該諸外国の軍隊等の行う事態対処活動又は協力支援活動等に起因する損害についての請求権を相互に放棄することを約することを求められた場合において、これに応じることが相互の連携を確保しながらそれぞれの活動を円滑に実施する上で必要と認めるときは、事態対処活動に起因する損害についての当該外国及びその要員に対する我が国の請求権を放棄することを約することができる。

（政令への委任）

第十五条　この法律に定めるもののほか、この法律の実施のための手続その他この法律の施行に関し必要な事項は、政令で定める。

　　　附　則

この法律は、我が国及び国際社会の平和及び安全の確保に資するための自衛隊法等の一部を改正する法律（平成二十七年法律第　　号）の施行の日から

施行する。

別表第一（第三条関係）

種類	内容
補給	給水、給油、食事の提供並びにこれらに類する物品及び役務の提供
輸送	人員及び物品の輸送、輸送用資材の提供並びにこれらに類する物品及び役務の提供
修理及び整備	修理及び整備、修理及び整備用機器並びに部品及び構成品の提供並びにこれらに類する物品及び役務の提供
医療	傷病者に対する医療、衛生機具の提供並びにこれらに類する物品及び役務の提供
通信	通信設備の利用、通信機器の提供並びにこれらに類する物品及び役務の提供
空港及び港湾業務	航空機の離発着及び船舶の出入港に対する支援、積卸作業並びにこれらに類する物品及び役務の提供
基地業務	廃棄物の収集及び処理、給電並びにこれらに類する物品及び役務の提供
宿泊	宿泊設備の利用、寝具の提供並びにこれらに類する物品及び役務の提供
保管	倉庫における一時保管、保管容器の提供並びにこれらに類する物品及び役務の提供
施設の利用	土地又は建物の一時的な利用並びにこれらに類する物品及び役務の提供
訓練業務	訓練に必要な指導員の派遣、訓練用器材の提供並びにこれらに類する物品及び役務の提供
建設	建築物の建設、建設機械及び建設資材の提供並びにこれらに類する物品及び役務の提供

備考　物品の提供には、武器の提供を含まないものとする。

別表第二（第三条関係）

種類	内容
補給	給水、給油、食事の提供並びにこれらに類する物品及び役務の提供
輸送	人員及び物品の輸送、輸送用資材の提供並びにこれらに類する物品及び役務の提供
修理及び整備	修理及び整備、修理及び整備用機器並びに部品及び構成品の提供並びにこれらに類する物品及び役務の提供
医療	傷病者に対する医療、衛生機具の提供並びにこれらに類する物品及び役務の提供
通信	通信設備の利用、通信機器の提供並びにこれらに類する物品及び役務の提供
宿泊	宿泊設備の利用、寝具の提供並びにこれらに類する物品及び役務の提供
消毒	消毒、消毒機具の提供並びにこれらに類する物品及び役務の提供

備考　物品の提供には、武器の提供を含まないものとする。

　　理　由
　国際社会の平和及び安全を脅かす事態であって、その脅威を除去するために国際社会が国際連合憲章の目的に従い共同して対処する活動を行い、かつ、我が国が国際社会の一員としてこれに主体的かつ積極的に寄与する必要があるものに関し、当該活動を行う諸外国の軍隊等に対する協力支援活動等を行うことにより、国際社会の平和及び安全の確保に資することができるようにする必要がある。これが、この法律案を提出する理由である。
[https://www.cas.go.jp/jp/gaiyou/jimu/housei_seibi.html]

40　天皇の退位等に関する皇室典範特例法
2017〈平29〉年6月9日成立、同6月16日公布

（趣旨）
第一条　この法律は、天皇陛下が、昭和六十四年一月七日の御即位以来二十八年を超える長期にわたり、国事行為のほか、全国各地への御訪問、被災地のお見舞いをはじめとする象徴としての公的な御活動に精励してこられた中、八十三歳と御高齢になられ、今後これらの御活動を天皇として自ら続けられることが困難となることを深く案じておられること、これに対し、国民は、御高齢に至るまでこれらの御活動に精励されている天皇陛下を深く敬愛し、この天皇陛下のお気持ちを理解し、これに共感しているこ

2 憲法史料

と、さらに、皇嗣である皇太子殿下は、五十七歳となられ、これまで国事行為の臨時代行等の御公務に長期にわたり精勤されておられることという現下の状況に鑑み、皇室典範（昭和二十二年法律第三号）第四条の規定の特例として、天皇陛下の退位及び皇嗣の即位を実現するとともに、天皇陛下の退位後の地位その他の退位に伴い必要となる事項を定めるものとする。
（天皇の退位及び皇嗣の即位）
第二条　天皇は、この法律の施行の日限り、退位し、皇嗣が、直ちに即位する。
（上皇）
第三条　前条の規定により退位した天皇は、上皇とする。
2　上皇の敬称は、陛下とする。
3　上皇の身分に関する事項の登録、喪儀及び陵墓については、天皇の例による。
4　上皇に関しては、前二項に規定する事項を除き、皇室典範（第二条、第二十八条第二項及び第三項並びに第三十条第二項を除く。）に定める事項については、皇族の例による。
（上皇后）
第四条　上皇の后は、上皇后とする。
2　上皇后に関しては、皇室典範に定める事項については、皇太后の例による。
（皇位継承後の皇嗣）
第五条　第二条の規定による皇位の継承に伴い皇嗣となった皇族に関しては、皇室典範に定める事項については、皇太子の例による。
　　　附　則
（施行期日）
第一条　この法律は、公布の日から起算して三年を超えない範囲内において政令で定める日から施行する。ただし、第一条並びに次項、次条、附則第八条及び附則第九条の規定は公布の日から、附則第十条及び第十一条の規定はこの法律の施行の日の翌日から施行する。
2　前項の政令を定めるに当たっては、内閣総理大臣は、あらかじめ、皇室会議の意見を聴かなければならない。
（この法律の失効）
第二条　この法律は、この法律の施行の日以前に皇室典範第四条の規定による皇位の継承があったときは、その効力を失う。
（皇室典範の一部改正）
第三条　皇室典範の一部を次のように改正する。
附則に次の一項を加える。
この法律の特例として天皇の退位について定める天皇の退位等に関する皇室典範特例法（平成二十九年法律第六十三号）は、この法律と一体を成すものである。

（上皇に関する他の法令の適用）
第四条　上皇に関しては、次に掲げる事項については、天皇の例による。
　一　刑法（明治四十年法律第四十五号）第二編第三十四章の罪に係る告訴及び検察審査会法（昭和二十三年法律第百四十七号）の規定による検察審査員の職務
　二　前号に掲げる事項のほか、皇室経済法（昭和二十二年法律第四号）その他の政令で定める法令に定める事項
2　上皇に関しては、前項に規定する事項のほか、警察法（昭和二十九年法律第百六十二号）その他の政令で定める法令に定める事項については、皇族の例による。
3　上皇の御所は、国会議事堂、内閣総理大臣官邸その他の国の重要な施設等、外国公館等及び原子力事業所の周辺地域の上空における小型無人機等の飛行の禁止に関する法律（平成二十八年法律第九号）の規定の適用については、同法第二条第一項第一号ホに掲げる施設とみなす。
（上皇后に関する他の法令の適用）
第五条　上皇后に関しては、次に掲げる事項については、皇太后の例による。
　一　刑法第二編第三十四章の罪に係る告訴及び検察審査会法の規定による検察審査員の職務
　二　前号に掲げる事項のほか、皇室経済法その他の政令で定める法令に定める事項
（皇位継承後の皇嗣に関する皇室経済法等の適用）
第六条　第二条の規定による皇位の継承に伴い皇嗣となった皇族に対しては、皇室経済法第六条第三項第一号の規定にかかわらず、同条第一項の皇族費のうち年額によるものとして、同項の定額の三倍に相当する額の金額を毎年支出するものとする。この場合において、皇室経済法施行法（昭和二十二年法律第百十三号）第十条の規定の適用については、同条第一項中「第四項」とあるのは、「第四項並びに天皇の退位等に関する皇室典範特例法（平成二十九年法律第六十三号）附則第六条第一項前段」とする。
2　附則第四条第三項の規定は、第二条の規定による皇位の継承に伴い皇嗣となった皇族の御在所について準用する。
（贈与税の非課税等）
第七条　第二条の規定により皇位の継承があった場合において皇室経済法第七条の規定により皇位とともに皇嗣が受けた物については、贈与税を課さない。
2　前項の規定により贈与税を課さないこととされた物については、相続税法（昭和二十五年法律第七十三号）第十九条第一項の規定は、適用しない。
（意見公募手続等の適用除外）
第八条　次に掲げる政令を定める行為については、行政手続法（平成五年法律第八十八号）第六章の規定

162

は、適用しない。
一　第二条の規定による皇位の継承に伴う元号法（昭和五十四年法律第四十三号）第一項の規定に基づく政令
二　附則第四条第一項第二号及び第二項、附則第五条第二号並びに次条の規定に基づく政令
　（政令への委任）
第九条　この法律に定めるもののほか、この法律の施行に関し必要な事項は、政令で定める。
　（国民の祝日に関する法律の一部改正）
第十条　国民の祝日に関する法律（昭和二十三年法律第百七十八号）の一部を次のように改正する。
　第二条中「春分の日　春　　分　　日　自然をたたえ、生物をいつくしむ。」を「天皇誕生日春分の日二月二十三日　天皇の誕生日を祝う。春　　分　　日　自然をたたえ、生物をいつくしむ。」に改め、「天皇誕生日　十二月二十三日　天皇の誕生日を祝う。」を削る。
　（宮内庁法の一部改正）
第十一条　宮内庁法（昭和二十二年法律第七十号）の一部を次のように改正する。
　附則を附則第一条とし、同条の次に次の二条を加える。
第二条　宮内庁は、第二条各号に掲げる事務のほか、上皇に関する事務をつかさどる。この場合において、内閣府設置法第四条第三項第五十七号の規定の適用については、同号中「第二条」とあるのは、「第二条及び附則第二条第一項前段」とする。
2　第三条第一項の規定にかかわらず、宮内庁に、前項前段の所掌事務を遂行するため、上皇職を置く。
3　上皇職に、上皇侍従長及び上皇侍従次長一人を置く。
4　上皇侍従長の任免は、天皇が認証する。
5　上皇侍従長は、上皇の側近に奉仕し、命を受け、上皇職の事務を掌理する。
6　上皇侍従次長は、命を受け、上皇侍従長を助け、上皇職の事務を整理する。
7　第三条第三項及び第十五条第四項の規定は、上皇職について準用する。
8　上皇侍従長及び上皇侍従次長は、国家公務員法（昭和二十二年法律第百二十号）第二条に規定する特別職とする。この場合において、特別職の職員の給与に関する法律（昭和二十四年法律第二百五十二号。以下この項及び次条第六項において「特別職給与法」という。）及び行政機関の職員の定員に関する法律（昭和四十四年法律第三十三号。以下この項及び次条第六項において「定員法」という。）の規定の適用については、特別職給与法第一条第四十二号中「侍従長」とあるのは「侍従長、上皇侍従長」と、同条第七十三号中「の者」とあるのは「の者及び上皇侍従次長」と、特別職給与法別表第一中「式部官長」とあるのは「上皇侍従長及び式部官長」と、定員法第一条第二項第二号中「侍従長」とあるのは「侍従長、上皇侍従長」と、「及び侍従次長」とあるのは「、侍従次長及び上皇侍従次長」とする。
第三条　第三条第一項の規定にかかわらず、宮内庁に、天皇の退位等に関する皇室典範特例法（平成二十九年法律第六十三号）第二条の規定による皇位の継承に伴い皇嗣となつた皇族に関する事務を遂行するため、皇嗣職を置く。
2　皇嗣職に、皇嗣職大夫を置く。
3　皇嗣職大夫は、命を受け、皇嗣職の事務を掌理する。
4　第三条第三項及び第十五条第四項の規定は、皇嗣職について準用する。
5　第一項の規定により皇嗣職が置かれている間は、東宮職を置かないものとする。
6　皇嗣職大夫は、国家公務員法第二条に規定する特別職とする。この場合において、特別職給与法及び定員法の規定の適用については、特別職給与法第一条第四十二号及び別表第一並びに定員法第一条第二項第二号中「東宮大夫」とあるのは、「皇嗣職大夫」とする。
　　　理　由
　皇室典範第四条の規定の特例として、天皇陛下の退位及び皇嗣の即位を実現するとともに、天皇陛下の退位後の地位その他の退位に伴い必要となる事項について所要の措置を講ずる必要がある。これが、この法律案を提出する理由である。
〔https://www.cas.go.jp/jp/gaiyou/jimu/housei_seibi.html〕

2 憲法史料

日本国憲法　1946〈昭21〉年11月3日公布、1947〈昭22〉年5月3日施行

〔目　次〕
前　文
　第1章　天　皇（第1条―第8条）
　第2章　戦争の放棄（第9条）
　第3章　国民の権利及び義務（第10条―第40条）
　第4章　国　会（第41条―第64条）
　第5章　内　閣（第65条―第75条）
　第6章　司　法（第76条―第82条）
　第7章　財　政（第83条―第91条）
　第8章　地方自治（第92条―第95条）
　第9章　改　正（第96条）
　第10章　最高法規（第97条―第99条）
　第11章　補　則（第100条―第103条）

〔前　文〕
　日本国民は、正当に選挙された国会における代表者を通じて行動し、われらとわれらの子孫のために、諸国民との協和による成果と、わが国全土にわたつて自由のもたらす恵沢を確保し、政府の行為によつて再び戦争の惨禍が起ることのないやうにすることを決意し、ここに主権が国民に存することを宣言し、この憲法を確定する。そもそも国政は、国民の厳粛な信託によるものであつて、その権威は国民に由来し、その権力は国民の代表者がこれを行使し、その福利は国民がこれを享受する。これは人類普遍の原理であり、この憲法は、かかる原理に基くものである。われらは、これに反する一切の憲法、法令及び詔勅を排除する。
　日本国民は、恒久の平和を念願し、人間相互の関係を支配する崇高な理想を深く自覚するのであつて、平和を愛する諸国民の公正と信義に信頼して、われらの安全と生存を保持しようと決意した。われらは、平和を維持し、専制と隷従、圧迫と偏狭を地上から永遠に除去しようと努めてゐる国際社会において、名誉ある地位を占めたいと思ふ。われらは、全世界の国民が、ひとしく恐怖と欠乏から免かれ、平和のうちに生存する権利を有することを確認する。
　われらは、いづれの国家も、自国のことのみに専念して他国を無視してはならないのであつて、政治道徳の法則は、普遍的なものであり、この法則に従ふことは、自国の主権を維持し、他国と対等関係に立たうとする各国の責務であると信ずる。
　日本国民は、国家の名誉にかけ、全力をあげてこの崇高な理想と目的を達成することを誓ふ。

第1章　天　皇
第1条〔天皇の地位・国民主権〕 天皇は、日本国の象徴であり日本国民統合の象徴であつて、この地位は、主権の存する日本国民の総意に基く。
第2条〔皇位の世襲と継承〕 皇位は、世襲のものであつて、国会の議決した皇室典範の定めるところにより、これを継承する。
第3条〔天皇の国事行為に対する内閣の助言・承認〕 天皇の国事に関するすべての行為には、内閣の助言と承認を必要とし、内閣が、その責任を負ふ。
第4条〔天皇の権能の限界、天皇の国事行為の委任〕
　①天皇は、この憲法の定める国事に関する行為のみを行ひ、国政に関する権能を有しない。
　②天皇は、法律の定めるところにより、その国事に関する行為を委任することができる。
第5条〔摂政〕 皇室典範の定めるところにより摂政を置くときは、摂政は、天皇の名でその国事に関する行為を行ふ。この場合には、前条第1項の規定を準用する。
第6条〔天皇の任命権〕 ①天皇は、国会の指名に基いて、内閣総理大臣を任命する。
　②天皇は、内閣の指名に基いて、最高裁判所の長たる裁判官を任命する。
第7条〔天皇の国事行為〕 天皇は、内閣の助言と承認により、国民のために、左の国事に関する行為を行ふ。
　1 憲法改正、法律、政令及び条約を公布すること。
　2 国会を召集すること。
　3 衆議院を解散すること。
　4 国会議員の総選挙の施行を公示すること。
　5 国務大臣及び法律の定めるその他の官吏の任免並びに全権委任状及び大使及び公使の信任状を認証すること。
　6 大赦、特赦、減刑、刑の執行の免除及び復権を認証すること。
　7 栄典を授与すること。
　8 批准書及び法律の定めるその他の外交文書を認証すること。
　9 外国の大使及び公使を接受すること。
　10 儀式を行ふこと。
第8条〔皇室の財産授受〕 皇室に財産を譲り渡し、又は皇室が、財産を譲り受け、若しくは賜与することは、国会の議決に基かなければならない。

第2章　戦争の放棄
第9条〔戦争の放棄、戦力及び交戦権の否認〕 ①日本国民は、正義と秩序を基調とする国際平和を誠実に希求し、国権の発動たる戦争と、武力による威嚇又は武力の行使は、国際紛争を解決する手段としては、永久にこれを放棄する。
　②前項の目的を達するため、陸海空軍その他の戦力

は、これを保持しない。国の交戦権は、これを認めない。

第3章　国民の権利及び義務

第10条〔国民の要件〕日本国民たる要件は、法律でこれを定める。

第11条〔基本的人権の享有と不可侵〕国民は、すべての基本的人権の享有を妨げられない。この憲法が国民に保障する基本的人権は、侵すことのできない永久の権利として、現在及び将来の国民に与へられる。

第12条〔自由及び権利の保持の責任と濫用の禁止〕この憲法が国民に保障する自由及び権利は、国民の不断の努力によつて、これを保持しなければならない。又、国民は、これを濫用してはならないのであつて、常に公共の福祉のためにこれを利用する責任を負ふ。

第13条〔個人の尊重・幸福追求権・公共の福祉〕すべて国民は、個人として尊重される。生命、自由及び幸福追求に対する国民の権利については、公共の福祉に反しない限り、立法その他の国政の上で、最大の尊重を必要とする。

第14条〔法の下の平等、貴族制度の禁止、栄典の限界〕①すべて国民は、法の下に平等であつて、人種、信条、性別、社会的身分又は門地により、政治的、経済的又は社会的関係において、差別されない。
②華族その他の貴族の制度は、これを認めない。
③栄誉、勲章その他の栄典の授与は、いかなる特権も伴はない。栄典の授与は、現にこれを有し、又は将来これを受ける者の一代に限り、その効力を有する。

第15条〔公務員の選定罷免権、全体の奉仕者性、普通選挙・秘密投票の保障〕①公務員を選定し、及びこれを罷免することは、国民固有の権利である。
②すべて公務員は、全体の奉仕者であつて、一部の奉仕者ではない。
③公務員の選挙については、成年者による普通選挙を保障する。
④すべて選挙における投票の秘密は、これを侵してはならない。選挙人は、その選択に関し公的にも私的にも責任を問はれない。

第16条〔請願権〕何人も、損害の救済、公務員の罷免、法律、命令又は規則の制定、廃止又は改正その他の事項に関し、平穏に請願する権利を有し、何人も、かかる請願をしたためにいかなる差別待遇も受けない。

第17条〔国及び公共団体の賠償責任〕何人も、公務員の不法行為により、損害を受けたときは、法律の定めるところにより、国又は公共団体に、その賠償を求めることができる。

第18条〔奴隷的拘束及び苦役からの自由〕何人も、いかなる奴隷的拘束も受けない。又、犯罪に因る処罰の場合を除いては、その意に反する苦役に服させられない。

第19条〔思想及び良心の自由〕思想及び良心の自由は、これを侵してはならない。

第20条〔信教の自由、政教分離〕①信教の自由は、何人に対してもこれを保障する。いかなる宗教団体も、国から特権を受け、又は政治上の権力を行使してはならない。
②何人も、宗教上の行為、祝典、儀式又は行事に参加することを強制されない。
③国及びその機関は、宗教教育その他いかなる宗教的活動もしてはならない。

第21条〔集会・結社・表現の自由、検閲の禁止、通信の秘密〕①集会、結社及び言論、出版その他一切の表現の自由は、これを保障する。
②検閲は、これをしてはならない。通信の秘密は、これを侵してはならない。

第22条〔居住・移転・職業選択の自由、外国移住・国籍離脱の自由〕①何人も、公共の福祉に反しない限り、居住、移転及び職業選択の自由を有する。
②何人も、外国に移住し、又は国籍を離脱する自由を侵されない。

第23条〔学問の自由〕学問の自由は、これを保障する。

第24条〔家族生活における個人の尊厳と両性の平等〕①婚姻は、両性の合意のみに基いて成立し、夫婦が同等の権利を有することを基本として、相互の協力により、維持されなければならない。
②配偶者の選択、財産権、相続、住居の選定、離婚並びに婚姻及び家族に関するその他の事項に関しては、法律は、個人の尊厳と両性の本質的平等に立脚して、制定されなければならない。

第25条〔生存権、国の社会福祉及び社会保障等の向上及び増進の努力義務〕①すべて国民は、健康で文化的な最低限度の生活を営む権利を有する。
②国は、すべての生活部面について、社会福祉、社会保障及び公衆衛生の向上及び増進に努めなければならない。

第26条〔教育を受ける権利、教育の義務〕①すべて国民は、法律の定めるところにより、その能力に応じて、ひとしく教育を受ける権利を有する。
②すべて国民は、法律の定めるところにより、その保護する子女に普通教育を受けさせる義務を負ふ。義務教育は、これを無償とする。

第27条〔勤労の権利及び義務、勤労条件の基準、児童酷使の禁止〕①すべて国民は、勤労の権利を有し、義務を負ふ。
②賃金、就業時間、休息その他の勤労条件に関する基準は、法律でこれを定める。

③児童は、これを酷使してはならない。

第28条〔労働基本権〕勤労者の団結する権利及び団体交渉その他の団体行動をする権利は、これを保障する。

第29条〔財産権〕①財産権は、これを侵してはならない。

②財産権の内容は、公共の福祉に適合するやうに、法律でこれを定める。

③私有財産は、正当な補償の下に、これを公共のために用ひることができる。

第30条〔納税の義務〕国民は、法律の定めるところにより、納税の義務を負ふ。

第31条〔法定手続の保障〕何人も、法律の定める手続によらなければ、その生命若しくは自由を奪はれ、又はその他の刑罰を科せられない。

第32条〔裁判を受ける権利〕何人も、裁判所において裁判を受ける権利を奪はれない。

第33条〔逮捕の要件〕何人も、現行犯として逮捕される場合を除いては、権限を有する司法官憲が発し、且つ理由となつてゐる犯罪を明示する令状によらなければ、逮捕されない。

第34条〔抑留・拘禁の要件、不当拘禁の禁止〕何人も、理由を直ちに告げられ、且つ、直ちに弁護人に依頼する権利を与へられなければ、抑留又は拘禁されない。又、何人も、正当な理由がなければ、拘禁されず、要求があれば、その理由は、直ちに本人及びその弁護人の出席する公開の法廷で示されなければならない。

第35条〔住居の不可侵、捜索・押収の要件〕

①何人も、その住居、書類及び所持品について、侵入、捜索及び押収を受けることのない権利は、第33条の場合を除いては、正当な理由に基いて発せられ、且つ捜索する場所及び押収する物を明示する令状がなければ、侵されない。

②捜索又は押収は、権限を有する司法官憲が発する各別の令状により、これを行ふ。

第36条〔拷問及び残虐な刑罰の禁止〕公務員による拷問及び残虐な刑罰は、絶対にこれを禁ずる。

第37条〔刑事被告人の諸権利〕①すべて刑事事件においては、被告人は、公平な裁判所の迅速な公開裁判を受ける権利を有する。

②刑事被告人は、すべての証人に対して審問する機会を充分に与へられ、又、公費で自己のために強制的手続により証人を求める権利を有する。

③刑事被告人は、いかなる場合にも、資格を有する弁護人を依頼することができる。被告人が自らこれを依頼することができないときは、国でこれを附する。

第38条〔不利益な供述強要の禁止、自白の証拠能力〕

①何人も、自己に不利益な供述を強要されない。

②強制、拷問若しくは脅迫による自白又は不当に長く抑留若しくは拘禁された後の自白は、これを証拠とすることができない。

③何人も、自己に不利益な唯一の証拠が本人の自白である場合には、有罪とされ、又は刑罰を科せられない。

第39条〔遡及処罰の禁止・一事不再理〕何人も、実行の時に適法であつた行為又は既に無罪とされた行為については、刑事上の責任を問はれない。又、同一の犯罪について、重ねて刑事上の責任を問はれない。

第40条〔刑事補償〕何人も、抑留又は拘禁された後、無罪の裁判を受けたときは、法律の定めるところにより、国にその補償を求めることができる。

第4章 国会

第41条〔国会の地位・立法権〕国会は、国権の最高機関であつて、国の唯一の立法機関である。

第42条〔両院制〕国会は、衆議院及び参議院の両議院でこれを構成する。

第43条〔両議院の組織〕①両議院は、全国民を代表する選挙された議員でこれを組織する。

②両議院の議員の定数は、法律でこれを定める。

第44条〔議員及び選挙人の資格〕両議院の議員及びその選挙人の資格は、法律でこれを定める。但し、人種、信条、性別、社会的身分、門地、教育、財産又は収入によつて差別してはならない。

第45条〔衆議院議員の任期〕衆議院議員の任期は、4年とする。但し、衆議院解散の場合には、その期間満了前に終了する。

第46条〔参議院議員の任期〕参議院議員の任期は、6年とし、3年ごとに議員の半数を改選する。

第47条〔選挙に関する事項の法定〕選挙区、投票の方法その他両議院の議員の選挙に関する事項は、法律でこれを定める。

第48条〔両議院議員兼職の禁止〕何人も、同時に両議院の議員たることはできない。

第49条〔議員の歳費〕両議院の議員は、法律の定めるところにより、国庫から相当額の歳費を受ける。

第50条〔議員の不逮捕特権〕両議院の議員は、法律の定める場合を除いては、国会の会期中逮捕されず、会期前に逮捕された議員は、その議院の要求があれば、会期中これを釈放しなければならない。

第51条〔議員の免責特権〕両議院の議員は、議院で行つた演説、討論又は表決について、院外で責任を問はれない。

第52条〔常会〕国会の常会は、毎年1回これを召集する。

第53条〔臨時会〕内閣は、国会の臨時会の召集を決定することができる。いづれかの議院の総議員の4分の1以上の要求があれば、内閣は、その召集を決

定しなければならない。

第54条〔衆議院の解散と特別会、参議院の緊急集会〕
①衆議院が解散されたときは、解散の日から40日以内に、衆議院議員の総選挙を行ひ、その選挙の日から30日以内に、国会を召集しなければならない。
②衆議院が解散されたときは、参議院は、同時に閉会となる。但し、内閣は、国に緊急の必要があるときは、参議院の緊急集会を求めることができる。
③前項但書の緊急集会において採られた措置は、臨時のものであつて、次の国会開会の後10日以内に、衆議院の同意がない場合には、その効力を失ふ。

第55条〔議員の資格争訟〕両議院は、各々その議員の資格に関する争訟を裁判する。但し、議員の議席を失はせるには、出席議員の3分の2以上の多数による議決を必要とする。

第56条〔定足数、表決数〕①両議院は、各々その総議員の3分の1以上の出席がなければ、議事を開き議決することができない。
②両議院の議事は、この憲法に特別の定のある場合を除いては、出席議員の過半数でこれを決し、可否同数のときは、議長の決するところによる。

第57条〔会議の公開と秘密会、会議録の公開、表決の会議録への記載〕①両議院の会議は、公開とする。但し、出席議員の3分の2以上の多数で議決したときは、秘密会を開くことができる。
②両議院は、各々その会議の記録を保存し、秘密会の記録の中で特に秘密を要すると認められるもの以外は、これを公表し、且つ一般に頒布しなければならない。
③出席議員の5分の1以上の要求があれば、各議員の表決は、これを会議録に記載しなければならない。

第58条〔役員の選任、議院規則・懲罰〕①両議院は、各々その議長その他の役員を選任する。
②両議院は、各々その会議その他の手続及び内部の規律に関する規則を定め、又、院内の秩序をみだした議員を懲罰することができる。但し、議員を除名するには、出席議員の3分の2以上の多数による議決を必要とする。

第59条〔法律案の議決、衆議院の優越〕①法律案は、この憲法に特別の定のある場合を除いては、両議院で可決したとき法律となる。
②衆議院で可決し、参議院でこれと異なつた議決をした法律案は、衆議院で出席議員の3分の2以上の多数で再び可決したときは、法律となる。
③前項の規定は、法律の定めるところにより、衆議院が、両議院の協議会を開くことを求めることを妨げない。
④参議院が、衆議院の可決した法律案を受け取つた後、国会休会中の期間を除いて60日以内に、議決しないときは、衆議院は、参議院がその法律案を否決したものとみなすことができる。

第60条〔衆議院の予算先議と優越〕①予算は、さきに衆議院に提出しなければならない。
②予算について、参議院で衆議院と異なつた議決をした場合に、法律の定めるところにより、両議院の協議会を開いても意見が一致しないとき、又は参議院が、衆議院の可決した予算を受け取つた後、国会休会中の期間を除いて30日以内に、議決しないときは、衆議院の議決を国会の議決とする。

第61条〔条約の承認と衆議院の優越〕条約の締結に必要な国会の承認については、前条第2項の規定を準用する。

第62条〔議院の国政調査権〕両議院は、各々国政に関する調査を行ひ、これに関して、証人の出頭及び証言並びに記録の提出を要求することができる。

第63条〔国務大臣の議院出席の権利及び義務〕内閣総理大臣その他の国務大臣は、両議院の一に議席を有すると有しないとにかかはらず、何時でも議案について発言するため議院に出席することができる。又、答弁又は説明のため出席を求められたときは、出席しなければならない。

第64条〔弾劾裁判所〕①国会は、罷免の訴追を受けた裁判官を裁判するため、両議院の議員で組織する弾劾裁判所を設ける。
②弾劾に関する事項は、法律でこれを定める。

第5章　内　閣

第65条〔行政権と内閣〕行政権は、内閣に属する。

第66条〔内閣の組織、文民資格、連帯責任〕①内閣は、法律の定めるところにより、その首長たる内閣総理大臣及びその他の国務大臣でこれを組織する。
②内閣総理大臣その他の国務大臣は、文民でなければならない。
③内閣は、行政権の行使について、国会に対し連帯して責任を負ふ。

第67条〔内閣総理大臣の指名、衆議院の優越〕①内閣総理大臣は、国会議員の中から国会の議決で、これを指名する。この指名は、他のすべての案件に先だつて、これを行ふ。
②衆議院と参議院とが異なつた指名の議決をした場合に、法律の定めるところにより、両議院の協議会を開いても意見が一致しないとき、又は衆議院が指名の議決をした後、国会休会中の期間を除いて10日以内に、参議院が、指名の議決をしないときは、衆議院の議決を国会の議決とする。

第68条〔国務大臣の任命及び罷免〕①内閣総理大臣は、国務大臣を任命する。但し、その過半数は、国会議員の中から選ばれなければならない。
②内閣総理大臣は、任意に国務大臣を罷免することができる。

第69条〔衆議院の内閣不信任と解散又は内閣総

2 憲法史料

辞職〕内閣は、衆議院で不信任の決議案を可決し、又は信任の決議案を否決したときは、10日以内に衆議院が解散されない限り、総辞職をしなければならない。

第70条〔内閣総理大臣の欠缺又は総選挙と内閣総辞職〕内閣総理大臣が欠けたとき、又は衆議院議員総選挙の後に初めて国会の召集があつたときは、内閣は、総辞職をしなければならない。

第71条〔総辞職後の内閣による職務執行〕前2条の場合には、内閣は、あらたに内閣総理大臣が任命されるまで引き続きその職務を行ふ。

第72条〔内閣総理大臣の職務〕内閣総理大臣は、内閣を代表して議案を国会に提出し、一般国務及び外交関係について国会に報告し、並びに行政各部を指揮監督する。

第73条〔内閣の職権〕内閣は、他の一般行政事務の外、左の事務を行ふ。
1 法律を誠実に執行し、国務を総理すること。
2 外交関係を処理すること。
3 条約を締結すること。但し、事前に、時宜によつては事後に、国会の承認を経ることを必要とする。
4 法律の定める基準に従ひ、官吏に関する事務を掌理すること。
5 予算を作成して国会に提出すること。
6 この憲法及び法律の規定を実施するために、政令を制定すること。但し、政令には、特にその法律の委任がある場合を除いては、罰則を設けることができない。
7 大赦、特赦、減刑、刑の執行の免除及び復権を決定すること。

第74条〔法律・政令の署名・連署〕法律及び政令には、すべて主任の国務大臣が署名し、内閣総理大臣が連署することを必要とする。

第75条〔国務大臣の訴追〕国務大臣は、その在任中、内閣総理大臣の同意がなければ、訴追されない。但し、これがため、訴追の権利は、害されない。

第6章　司　法

第76条〔司法権・裁判所、特別裁判所の禁止、裁判官の独立〕①すべて司法権は、最高裁判所及び法律の定めるところにより設置する下級裁判所に属する。
②特別裁判所は、これを設置することができない。行政機関は、終審として裁判を行ふことができない。
③すべて裁判官は、その良心に従ひ独立してその職権を行ひ、この憲法及び法律にのみ拘束される。

第77条〔最高裁判所の規則制定権〕①最高裁判所は、訴訟に関する手続、弁護士、裁判所の内部規律及び司法事務処理に関する事項について、規則を定める権限を有する。
②検察官は、最高裁判所の定める規則に従はなければならない。
③最高裁判所は、下級裁判所に関する規則を定める権限を、下級裁判所に委任することができる。

第78条〔裁判官の身分保障〕裁判官は、裁判により、心身の故障のために職務を執ることができないと決定された場合を除いては、公の弾劾によらなければ罷免されない。裁判官の懲戒処分は、行政機関がこれを行ふことはできない。

第79条〔最高裁判所の構成、国民審査、定年、報酬〕①最高裁判所は、その長たる裁判官及び法律の定める員数のその他の裁判官でこれを構成し、その長たる裁判官以外の裁判官は、内閣でこれを任命する。
②最高裁判所の裁判官の任命は、その任命後初めて行はれる衆議院議員総選挙の際国民の審査に付し、その後10年を経過した後初めて行はれる衆議院議員総選挙の際更に審査に付し、その後も同様とする。
③前項の場合において、投票者の多数が裁判官の罷免を可とするときは、その裁判官は、罷免される。
④審査に関する事項は、法律でこれを定める。
⑤最高裁判所の裁判官は、法律の定める年齢に達した時に退官する。
⑥最高裁判所の裁判官は、すべて定期に相当額の報酬を受ける。この報酬は、在任中、これを減額することができない。

第80条〔下級裁判所の裁判官・任期・定年、報酬〕①下級裁判所の裁判官は、最高裁判所の指名した者の名簿によつて、内閣でこれを任命する。その裁判官は、任期を10年とし、再任されることができる。但し、法律の定める年齢に達した時には退官する。
②下級裁判所の裁判官は、すべて定期に相当額の報酬を受ける。この報酬は、在任中、これを減額することができない。

第81条〔違憲審査制〕最高裁判所は、一切の法律、命令、規則又は処分が憲法に適合するかしないかを決定する権限を有する終審裁判所である。

第82条〔裁判の公開〕①裁判の対審及び判決は、公開法廷でこれを行ふ。
②裁判所が、裁判官の全員一致で、公の秩序又は善良の風俗を害する虞があると決した場合には、対審は、公開しないでこれを行ふことができる。但し、政治犯罪、出版に関する犯罪又はこの憲法第3章で保障する国民の権利が問題となつてゐる事件の対審は、常にこれを公開しなければならない。

第7章　財　政

第83条〔財政処理の基本原則〕国の財政を処理する権限は、国会の議決に基いて、これを行使しなければならない。

第84条〔租税法律主義〕あらたに租税を課し、又は

現行の租税を変更するには、法律又は法律の定める条件によることを必要とする。

第85条〔国費の支出及び国の債務負担〕 国費を支出し、又は国が債務を負担するには、国会の議決に基くことを必要とする。

第86条〔予算の作成と議決〕 内閣は、毎会計年度の予算を作成し、国会に提出して、その審議を受け議決を経なければならない。

第87条〔予備費〕 ①予見し難い予算の不足に充てるため、国会の議決に基いて予備費を設け、内閣の責任でこれを支出することができる。
　②すべて予備費の支出については、内閣は、事後に国会の承諾を得なければならない。

第88条〔皇室財産・皇室費用〕 すべて皇室財産は、国に属する。すべて皇室の費用は、予算に計上して国会の議決を経なければならない。

第89条〔公の財産の支出・利用提供の制限〕 公金その他の公の財産は、宗教上の組織若しくは団体の使用、便益若しくは維持のため、又は公の支配に属しない慈善、教育若しくは博愛の事業に対し、これを支出し、又はその利用に供してはならない。

第90条〔決算検査、会計検査院〕 ①国の収入支出の決算は、すべて毎年会計検査院がこれを検査し、内閣は、次の年度に、その検査報告とともに、これを国会に提出しなければならない。
　②会計検査院の組織及び権限は、法律でこれを定める。

第91条〔財政状況の報告〕 内閣は、国会及び国民に対し、定期に、少くとも毎年1回、国の財政状況について報告しなければならない。

第8章　地方自治

第92条〔地方自治の基本原則〕 地方公共団体の組織及び運営に関する事項は、地方自治の本旨に基いて、法律でこれを定める。

第93条〔地方公共団体の議会の設置、長・議員等の直接選挙〕 ①地方公共団体には、法律の定めるところにより、その議事機関として議会を設置する。
　②地方公共団体の長、その議会の議員及び法律の定めるその他の吏員は、その地方公共団体の住民が、直接これを選挙する。

第94条〔地方公共団体の権能、条例制定権〕 地方公共団体は、その財産を管理し、事務を処理し、及び行政を執行する権能を有し、法律の範囲内で条例を制定することができる。

第95条〔特別法の住民投票〕 一の地方公共団体のみに適用される特別法は、法律の定めるところにより、その地方公共団体の住民の投票においてその過半数の同意を得なければ、国会は、これを制定することができない。

第9章　改　正

第96条〔憲法改正の手続、その公布〕 ①この憲法の改正は、各議院の総議員の3分の2以上の賛成で、国会が、これを発議し、国民に提案してその承認を経なければならない。この承認には、特別の国民投票又は国会の定める選挙の際行はれる投票において、その過半数の賛成を必要とする。
　②憲法改正について前項の承認を経たときは、天皇は、国民の名で、この憲法と一体を成すものとして、直ちにこれを公布する。

第10章　最高法規

第97条〔基本的人権の本質〕 この憲法が日本国民に保障する基本的人権は、人類の多年にわたる自由獲得の努力の成果であつて、これらの
権利は、過去幾多の試錬に堪へ、現在及び将来の国民に対し、侵すことのできない永久の権利として信託されたものである。

第98条〔憲法の最高法規性、条約及び国際法規の遵守〕 ①この憲法は、国の最高法規であつて、その条規に反する法律、命令、詔勅及び国務に関するその他の行為の全部又は一部は、その効力を有しない。
　②日本国が締結した条約及び確立された国際法規は、これを誠実に遵守することを必要とする。

第99条〔憲法尊重擁護の義務〕 天皇又は摂政及び国務大臣、国会議員、裁判官その他の公務員は、この憲法を尊重し擁護する義務を負ふ。

第11章　補　則

第100条〔施行期日、施行の準備〕 ①この憲法は、公布の日から起算して6箇月を経過した日から、これを施行する。
　②この憲法を施行するために必要な法律の制定、参議院議員の選挙及び国会召集の手続並びにこの憲法を施行するために必要な準備手続は、前項の期日よりも前に、これを行ふことができる。

第101条〔経過規定—参議院未成立の間の国会〕 この憲法施行の際、参議院がまだ成立してゐないときは、その成立するまでの間、衆議院は、国会としての権限を行ふ。

第102条〔経過規定—第1期の参議院の任期〕 この憲法による第1期の参議院議員のうち、その半数の者の任期は、これを3年とする。その議員は、法律の定めるところにより、これを定める。

第103条〔経過規定—憲法施行の際の公務員の地位〕 この憲法施行の際現に在職する国務大臣、衆議院議員及び裁判官並びにその他の公務員で、その地位に相応する地位がこの憲法で認められてゐる者は、法律で特別の定をした場合を除いては、この憲法施行のため、当然にはその地位を失ふことはない。但し、この憲法によつて、後任者が選挙又は任命されたときは、当然その地位を失ふ。

(出典:『法学六法』信山社)

憲法関連
3 重要判例解説

[3] 憲法関連 重要判例解説

I 1940年代 ［1947〈昭22〉-1949〈昭24〉年］

1 死刑合憲判決
最大判1948〈昭23〉.3.12刑集2巻3号191頁

1940年代後半は、敗戦後の社会不安や占領下の混沌とした社会経済状況を背景に重大犯罪事件が相次いだ。本件尊属殺人死体遺棄事件では、一審は無期懲役、控訴審（広島高裁）は死刑判決であったため、憲法36条が禁止する「残虐な刑罰」にあたるとして上告した。最高裁多数意見は、「生命は尊貴である。一人の生命は、全地球よりも重い。死刑は、まさにあらゆる刑罰のうちでもっとも冷厳な刑罰であり、またやむを得ざるに出ずる究極の刑罰である。」と指摘しつつ、死刑の執行方法が、火あぶり、はりつけなど「その時代と環境とにおいて人道上の見地から一般に残虐性を有するものと認められる場合」には残虐な刑罰になると解する反面、現行の絞首刑による死刑は残虐刑に該当しないとした。

2 メーデー事件（不敬罪）判決
最大判1948〈昭23〉.5.26刑集2巻6号529頁

旧憲法下では、神勅天皇制のもとで旧刑法に「皇室に対する罪」が規定され、天皇や皇族に対して危害を加えたり不敬の行為をしたものを厳しく罰していた。その保護法益は、天皇制を基調とする国家体制そのものであった。1945年8月のポツダム宣言受諾によってこの体制が崩壊した後は不敬罪の規定も失効したと考えられたため、メーデー事件訴訟で争点となった。被告は、1946年5月の「食糧メーデー」の際、「詔書（ヒロヒト曰く）国体はゴジされたぞ 朕はタラフク食ってるぞ ナンジ人民 飢えて死ね ギョメイギョジ」というプラカードをもって行進したため不敬罪で起訴された。同年11月2日の東京地裁判決は、ポツダム宣言受諾により天皇の特殊的地位は完全に変革したため不敬罪は適用できないとし、名誉毀損罪を適用して懲役8月を宣告した。しかし新憲法公布後、不敬罪について大赦令が出されたため、検察側が大赦後は免訴にすべきであるとして控訴したところ、控訴審判決（東京高判1947〈昭22〉.6.28）は、「不敬罪は名誉毀損罪の特別罪としてなお存続している」と解したうえで大赦の効力を認め免訴とした。被告人は無罪を主張して上告したが、最高裁判決は、実体審理に入らず、原審の免訴判決を支持して上告を棄却した（最大判1948〈昭23〉.5.26）。反対意見のなかには不敬罪の消滅を理由に無罪としたものもあった。その後、1947年10月の刑法改正で不敬罪は廃止された。

II 1950年代 ［1950〈昭25〉-1959〈昭34〉年］

3 レッド・パージ事件
最大決1952〈昭27〉.4.2民集6巻4号387頁

朝鮮戦争による占領軍の占領政策の変更を背景に、1950年7月18日付マッカーサー書簡の指令に基づいて共産党中央委員等が公職追放されたのに続いて、1万2000人をこえる労働者が、共産党員やその同調者であるという理由で政府機関や報道機関、民間企業などからパージ（解雇・追放）された。これらの一連の事件がレッドパージ事件と総称された。形式的には民間企業等の責任でなされた解雇がほとんどであったため、国家権力が特定の思想を理由に不利益取扱いを行ったことの立証が困難であり、法的には憲法19条違反の問題として救済されることはなかった。この事件に関する多くの訴訟で、最高裁判決は、(a) マッカーサー書簡に基づく占領軍の指令を超憲法的法規と捉えて日本の法令の適用が排除される結果、解雇を有効とするもの（最大決1952〈昭27〉.4.2民集6巻4号387頁、最大決1960〈昭35〉.4.18民集14巻6号905頁など）、(b) 企業内の破壊的言動を理由とする有効な解雇であるとするもの（最三判1955〈昭30〉.11.22民集9巻12号1793頁）、など種々の理由づけによって、いずれも思想信条による差別の問題として捉えることなく事件を処理した。

4 警察予備隊違憲訴訟
最大判1952〈昭27〉.10.8民集6巻9号783頁

第二次大戦後、東西冷戦の傾向が広がるなかで1950年6月に朝鮮戦争が勃発した。直後に、マッ

3 憲法関連 重要判例解説 Ⅱ 1950年代〈～7〉

カーサー連合国軍総司令官から吉田首相にあてた書簡で「National Police Reserve」の創設が指示され（1950年7月）、治安維持を目的とする警察予備隊が警察予備隊令によって創設された。これに対して、1952年7月、日本社会党の鈴木茂三郎が、国を被告として、警察予備隊令に基づく警察予備隊設置行為が憲法第9条に違反するとして、違憲確認訴訟を最高裁判所に直接提訴した。最高裁は、日本の違憲審査制は司法権の範囲内で行使されるものであり、原告の主張するように「具体的事件を離れて抽象的に法律命令等の合憲性を判断する権限を有するとの見解には、憲法上及び法令上何らの根拠も存しない」と指摘し、全員一致で訴えを不適法として却下した。警察予備隊の違憲性や憲法9条との関係については触れなかったが、この判決は、憲法81条の違憲審査権の性格として付随的違憲審査権のみを認め、抽象的違憲審査権は憲法に反すると解する学説と同じ立場をとったと解されてきた。もっとも「抽象的違憲審査制を法律で付与することを憲法81条が禁止しているとは明示していない」（百選Ⅱ193、佐々木雅寿執筆）ことも指摘されている。

5 皇居前広場事件
最大判1953〈昭28〉.12.23民集7巻13号1561頁

本件は、日本国憲法施行後初めて、公共施設における集会の自由の在り方が問題となった事件である。1952年のメーデー集会に使用するため皇居外苑の使用許可申請がなされたところ、厚生大臣により不許可処分が下された。一審東京地裁判決（1952〈昭27〉.4.28行集3巻3号634頁）は、この処分は憲法21条に違反すると判断したが、二審東京高裁判決（1952〈昭27〉.11.15行集3巻11号2366頁）は訴えの利益が喪失したとして控訴を棄却した。最高裁も同様の理由で上告を棄却したが、「念のため」と付記して実体判断を示し、膨大な人数と長時間の使用によって公園が損壊を受け、一般国民の利用も阻害されるとして合憲と解した。しかし、その前提として、「公共福祉用財産の利用の拒否は、……公共の用に供せられる目的に副うものである限り、管理権者の単なる自由裁量に属するものではなく、管理権者は、当該公共福祉用財産の種類に応じ、また、その規模、施設を勘案し、その公共福祉用財産としての使命を十分達成せしめるよう適正にその管理権を行使すべきであり、若しその行使を誤り、国民の利用を妨げるにおいては、違法たるを免れない」と判示した。このように、管理権は自由裁量ではなく、適正に行使しなければならないという原則は、その後の泉佐野市市民会館事件や上尾市福祉会館事件でも確認されている（本書66、70参照）。

6 新潟県公安条例事件
最大判1954〈昭29〉.11.24刑集8巻11号1866頁

戦前は治安警察法によってデモ規制が行われていたが、日本国憲法下では地方公共団体の公安条例で規制することが多くなり、1950年代以降、デモ行進に対する許可制の合憲性が、多くの訴訟で争われた。新潟県の公安条例事件において、最高裁は、一般的な許可制を定めて集団行動を事前に抑制することは許されないが、「合理的かつ明確な基準のもとで許可制をとること」および「公共の安全に対し明らかな差迫った危険を及ぼすことが予見されるとき」は許可しない旨を定めることは許されるとして、条件付許可制や禁止の届出制を合憲とした。その後、東京都公安条例事件では、本最高裁判決の論理をもとに、東京地裁で違憲判断が示されたが、最高裁では合憲判決が下された（本書11、樋口他・憲法判例を読みなおす115頁以下参照）。

7 謝罪広告事件
最大判1956〈昭31〉.7.4民集10巻7号785頁

衆議院議員選挙に際して別の候補者の名誉を毀損したとして、裁判所から民法723条により謝罪広告を命ずる判決を受けた候補者が、謝罪の強制は思想・良心の自由の保障に反するとして争った事件である。謝罪広告は「右放送及記事は真相に相違しており、貴下の名誉を傷け御迷惑をおかけいたしました。ここに陳謝の意を表します」という内容であったが、最高裁は「単に事態の真相を告白し陳謝の意を表するに止まる程度」と解し、

3 憲法関連 重要判例解説

これを強制しても合憲であるとした。ここでは、「屈辱的若しくは苦役的労苦を科し、……倫理的な意思、良心の自由を侵害するすることを要求するものとは解せられないし、また民法723条にいわゆる適切な処分」であると述べた、これに対して、藤田八郎裁判官の反対意見では、「人の本心に反して……心にもない陳謝の念」を発露させるがごときことは、憲法19条の保障する良心の外的自由の侵犯であると指摘した。近年の学説では、憲法21条の消極的表現の自由（沈黙の自由）と捉える見解が主張されている（百選Ⅰ36参照）。

8 チャタレー事件
最大判1957〈昭32〉.3.13刑集11巻3号997頁

D・H・ロレンスの『チャタレー夫人の恋人』の翻訳者（伊藤整）と出版社社長が、露骨な性的描写記述を知りつつ翻訳出版したとして刑法175条（わいせつ文書頒布罪）違反の容疑で起訴された事件。一審（東京地判1952〈昭27〉.1.18判時105号7頁）は出版社社長のみ有罪、二審（東京高判1952〈昭27〉.12.10高刑集5巻13号2429頁）は両名とも有罪（罰金各25万円、10万円）となり、最高裁は原判決を支持した。判旨では、「わいせつ文書」とは、いたずらに性欲を興奮又は刺激せしめる、普通人の正常な性的羞恥心を害する、善良な性的道義観念に反するという「わいせつの三要素」といわれる定義を与えたうえで、刑法175条は、性的秩序を守り、性道徳を維持するという公共の福祉のための制限であり合憲であると判示した。この判決については、三基準の不明確性に加えて、わいせつ性の判断基準の主観性や安易な「公共の福祉」論の援用について、学説から批判が提示された（その後、「悪徳の栄え」事件で芸術性との関係が問われた）（本書21参照）。

9 砂川事件
最大判1959〈昭34〉.12.16刑集13巻13号3225頁

1954年7月、東京調達局が東京都下（現・立川市）砂川町の米国駐留軍基地の測量を行った際、反対派のデモ隊の一部が米軍基地内に立ち入った行為が、日米安保条約3条に基づく行政協定に伴う刑事特別法2条に反するとして起訴された。被告人らは、日米安保条約に基づく米軍駐留が憲法前文と9条に違反すると主張したところ、一審東京地裁（伊達秋雄裁判長）は、日米安保条約は違憲であるとして被告人を無罪とする判決を下した（1959〈昭34〉.3.30下刑集1巻3号776頁）。理由は、（ⅰ）合衆国軍隊の駐留によって、自国と直接関係のない武力紛争の渦中に巻き込まれるおそれが絶無ではなく、それは憲法の精神に反する、（ⅱ）米国軍隊の駐留を許容していることは、指揮権の有無等にかかわらず、9条によって禁止されている戦力の保持に該当するといわざるをえない、ということであった。

これに対して、検察側が最高裁に跳躍上告を行い、最高裁は異例の速さで審理して原審破棄差戻の判決を下した（1959年12月16日）。判旨は、（ⅰ）「憲法9条は、わが国がその平和と安全を維持するために他国に安全保障を求めることを、何ら禁ずるものではない」、（ⅱ）9条で保持を禁じられている戦力とは「わが国がその主体となってこれに指揮権、管理権を行使し得る戦力」をいい、「外国の軍隊は、たとえそれがわが国に駐留するとしても、ここでいう戦力には該当しない」、（ⅲ）日米安保条約のような「主権国としてのわが国の存立の基礎に極めて重大な関係をもつ高度の政治性を有する」問題は、「一見極めて明白に違憲無効であると認められない限りは、裁判所の司法審査の範囲外のもの」である、として「〔米軍の駐留は〕憲法9条、98条2項および前文の趣旨に適合こそすれ、これらの条章に反して違憲無効であることが一見極めて明白であるとは、到底認められない」とした。この最高裁判決後、差戻審の一審から上告審まで継続され、事件から9年後の最高裁決定（最二決1963〈昭38〉.12.25判時359号12頁）によって被告人らの有罪が確定した。

Ⅲ 1960年代 [1960（昭35）-1969（昭44）年]

10 苫米地事件
最大判1960〈昭35〉.6.8刑集14巻7号1209頁

1952（昭和27）年8月28日、第3次吉田内閣は、

③ 憲法関連 重要判例解説 Ⅲ 1960年代〈～⑫〉

召集された第14回国会を突然解散した（いわゆる抜き打ち解散）。当時、衆議院議員であった苫米地議員は、この解散が（憲法69条の内閣不信任案に対する対抗措置としてではなく）憲法7条に基づいて行われたことが憲法違反で、内閣の助言と承認が適切に行われてないことを理由に任期満了までの歳費支払を要求する訴訟を提起した。一審東京地裁判決（1963〈昭28〉.1.19行集4巻10号2540頁）は、憲法上に解散の効力に関する規定がなく政治的裁量に委ねられているとしつつ、適法な閣議決定がなかったとして解散を違憲・無効として請求を認容した。控訴審（東京高裁1954〈昭29〉.9.22行集5巻9号2181頁）は、助言と承認はあったとして一審判決を取り消して請求棄却した後。最高裁は、上告棄却した。

最高裁判決では、憲法7条を根拠に行われた衆議院解散については「裁判所の審査権の外にあり、その判断は主権者たる国民に対して政治的責任を負うところの政府、国会等の政治部門の判断に委され、最終的には国民の政治判断に委ねられているものと解すべきである。この司法権に対する制約は、結局、三権分立の原理に由来し、……特定の明文による規定はないけれども、司法権の憲法上の本質に内在する制約と理解すべき」と判示して「解散を憲法条無効とすることはできない」とした。本件では、砂川事件判決の後に、純粋な統治行為論（国家統治の基本に関する高度に政治性のある国家行為で、事柄の性質上、司法審査の対象から除外される行為）が用いられたと解された（本書⑨参照）。

⑪ 東京都公安条例事件
最大判1960〈昭35〉.7.20刑集14巻9号1243頁

東京都公安条例事件は、1958年に東京都公安委員会の許可なく警察官職務執行法改正反対等のための集会と集団行進を指導したとして東京都公安条例違反で4人が起訴された事件である。一審東京地裁は、前記新潟県公安条例事件最高裁判決で示された原則に従って無罪判決を下したが、控訴後東京高裁から最高裁に移送され、最高裁は地裁判決を破棄し差戻した。本件では「道路その他公共の場所で集会若しくは集団行進を行おうとするとき、又は場所のいかんを問わず集団示威運動を行おうとするときは、東京都公安委員会の許可を受けなければならない」とする一般的許可制の採用が問題となった。最高裁は、まず集団行動の特性について「内外からの刺激、せん動等によってきわめて容易に動員され得る性質のもの」で、「時に昂奮、激昂の渦中に巻きこまれ、甚だしい場合には一瞬にして暴徒と化し、勢いの赴くところ実力によって法と秩序を蹂躙し、集団行動の指揮者はもちろん警察力を以てしても如何ともし得ないような事態に発展する危険が存在すること、群衆心理の法則と現実の経験に徴して明らかである」という集団行動暴徒論の認識を示した。そのうえで、「公共の安寧を保持する上に直接危険を及ぼすと明らかに認められる場合の外は、これを許可しなければならない」という規定（3条）によって「不許可の場合が厳格に制限されている」ので、「実質において届出制と異なるところがない」と解して許可制の合憲性を認めた（最大判1960〈昭35〉.7.20刑集14巻9号1243頁）。

この判決は、届出制と許可制の区別や不許可の際の救済手段の問題等に関して学説から強い批判を浴び、学説も許可制を違憲とするものが有力となって許可推定条項（許可を与えない旨の意思表示をしないときは許可があったものとして行動できると定める規定）の存在を重視するようになった。その後の最高裁でも、徳島条例事件判決では、東京都公安条例判決のような集団行動暴徒論はとらなくなった。本来の集団行動の自由からすると届出制が原則であり、許可制をとる場合も実質的には届出制といえるもので不許可の際の裁判による救済手続も整備されていることが必要であろう（本書⑥参照）。

⑫ 第三者所有物没収事件
最大判1962〈昭37〉.11.28刑集16巻11号1593頁

貨物の密輸入の容疑により博多沖海上で逮捕された被告人に対して一・二審で有罪判決が下され、付加刑として、関税法118条1項に基づいて密輸した貨物の没収が命じられた。貨物には被告人以外の第三者が所有する貨物が含まれていたことから、被告人は第三者の権利を援用し、所有者であ

3 憲法関連 重要判例解説

る第三者に対して事前に財産権を主張する機会を与えずに没収することは憲法29条1項に違反するとして上告した。

最高裁は破棄自判し、「関税法118条1項の規定による没収について……所有物を没収する場合において、その没収に関して当該所有者に対して、何ら告知、弁護、防禦の機会を与えることなく、その所有権を奪うことは、著しく不合理であって、憲法の容認しないところである」として、その機会を与えなかった没収手続が憲法31条・29条に違反するとした。この判決については、被告人が第三者没収について違憲主張の適格を持つことを認めただけでなく、関税法118条1項を合憲としつつ適用違憲ないし処分違憲と解する見解が主流となった点も注目された。

13 加持祈禱事件
最大判1963〈昭38〉.5.15刑集17巻4号302頁

真言宗の僧侶が加持祈禱を依頼されて護摩壇に線香をたき線香護摩による祈禱を行った際、「ど狸出ろ」等と言いつつ、障害のある被害者（18歳）の背中を殴るなどの行為を約3時間にわたって行った。これにより全身に熱傷、皮下出血を負わせ、二次性ショックならびに疲労により、祈禱開始の約4時間後に急性心臓麻痺で死亡させた。一審では、傷害致死罪で懲役2年（執行猶予3年）に処せられた被告人が、宗教者としての正当業務行為であることを主張して控訴したところ、控訴審も一審を指示した。そこで、信教の自由は絶対的であること等を主張して上告したところ、最高裁は、「他人の生命・身体等に危害を及ぼす違法な有形力の行使に当たるものであり、これにより被害者を死に至らしめたものである以上、……著しく反社会的なものであることは否定しえないところであって、憲法20条1項の信教の自由の保障の限界を逸脱したものというほかはない」として上告を棄却した。

本件は信教の自由の内在的制約についての先例であるが、その後、オウム真理教解散命令事件において、宗教法人解散命令の合憲性が争われた（本書68参照）。

14 ポポロ事件
最大判1963〈昭38〉.5.22刑集17巻4号370頁

ポポロ事件は、東京大学の学生団体であるポポロ劇団の松川事件を題材とした一般公演に本富士警察署の署員が公安調査の目的で潜入した際、学生がこれに暴行を加えて起訴された1952年の事件である。一審（東京地判1954〈昭29〉.5.11判時26号3頁）・控訴審（東京高判1956〈昭31〉.5.8高刑集9巻5号425頁）判決はともに、大学の自治という法益と警察官の個人的法益との比較衡量により前者を優越させて学生を無罪にしたのに対して、最高裁は破棄差戻の判決を下した（差戻審では1973年に最高裁で有罪が確定し、事件後21年を経て訴訟が終結した）。

最高裁は、憲法23条は大学が学術の中心であることから、とくに大学における学問研究・教授の自由を保障するものと解し、「学生の集会が真に学問的な研究またはその結果の発表のためのものでなく、実社会の政治的社会的活動に当る行為をする場合には、大学の有する特別の学問の自由と自治は享有しない」と判示した。このような判旨については、大学の自治の理解や真の学問研究と社会的政治的活動の区別論に対して、学説から批判が寄せられた。

15 奈良県ため池条例事件
最大判1963〈昭38〉.6.26刑集17巻5号521頁

奈良県のため池条例（昭和29年制定）が定めるため池堤とうの土地利用制限によって耕作が禁じられ起訴された被告人らが、本条例が憲法29条に違反すると主張した。一審（葛城簡裁判決）は本条例を合憲として罰金刑を科したが、控訴審（大阪高判1961〈昭36.7.13〉）は損失補償を規定しない本条例を違憲として無罪としたため、上告した。最高裁は、災害防止の観点から「社会生活上、已むを得ない」とし、29条3項の損失補償は必要ないとして破棄差戻しした。

なお、別件の河川附近地制限令による砂利採取の制限違反被告事件では、最大判1968〈昭43〉.11.27刑集22巻12号1402頁は、「河川管理上の支障ある事態の発生を事前に防止するため」であ

ることから「特別に財産上の犠牲を強いるものとはいえない」とし、「別途、直接憲法29条3項を根拠にして、保障請求をする余地が全くないわけではない」とした。

16 「宴のあと」事件
東京地判1964〈昭39〉. 9 .28下民集15巻9号2317頁

元外務大臣で衆議院議員のXが、料亭の女将であるその妻との私生活をモデルとしたY(ペンネーム三島由紀夫)の小説「宴のあと」の出版中止を申し入れたが聞き入れられなかったため、Yおよび出版社を相手どり、プライバシーの侵害を理由として謝罪広告と慰謝料を請求して提訴した事件である。東京地裁は、(プライバシーの尊重が)「単に倫理的に要請されるにとどまらず、不法な侵害に対しては法的救済が与えられるまでに高められた人格的な利益であると考えるのが正当であり……これを一つの権利と呼ぶことを妨げるものではない」。さらに「いわゆるプライバシー権は私生活をみだりに公開されないという法的保障ないし権利として理解されるから、その侵害に対しては侵害行為の差し止めや精神的苦痛による損害賠償請求権が認められるべき」であるとして、(私法上の)プライバシー権の侵害を認め、Xに対する80万円の損害賠償の支払を命じた(後に和解が成立)。

本件後、「エロス+虐殺」事件の高裁決定(東京高決1970〈昭45〉. 4 .13高民集23巻2号172頁)等でも「プライバシー権」が認められたが、最高裁では前科照会事件(最三判1981〈昭56〉. 4 .14.民集35巻3号620頁)伊藤補足意見、早稲田大学江沢民講演会事件(本書82参照)等でプライバシー侵害を明示的に認めたものの、(憲法上の)「プライバシー権」の語を用いているに至っていない。

17 全逓東京中郵事件判決
最大判1966〈昭41〉.10.26刑集20巻8号901頁

1958年の春季闘争に際して、全逓信労組役員である被告Xらが、東京中央郵便局の職員に対して勤務時間内の職場集会への参加を呼びかけ、郵便法79条1項の郵便物不取扱罪を教唆した罪で起訴された。一審の東京地裁判決(1962〈昭37〉. 5 .30下刑集4巻5・6号485頁)は、公共企業体職員の正当な争議行為についての刑事制裁からの解放という視点にたって、労働組合の正当な行為について刑法35条の違法性阻却を認める労働組合法1条2項を適用し、被告人を無罪とした。公共の福祉による制限を理由として安易に刑事制裁を認定してきた従来の判例に比して、この東京地裁判決は重要な意味をもった。しかし、二審東京高裁判決はこれを覆して破棄差戻の判決を下し(1963〈昭38〉.11.27刑集20巻8号1012頁)、最二判1963〈昭38〉年3月15日にならって、公労法17条への労組法1条2項の適用を認めなかった。

これに対して、最高裁大法廷判決(1966〈昭41〉年10月26日)は、公務員・公共企業体等職員の労働基本権を重視して刑事罰を抑える立場から、労働基本権制限が許されるための基準として次の四点を示した。(ⅰ)制限は合理性の認められる必要最小限度にとどめること、(ⅱ)公共性が強く、その停廃が国民生活に重大な障害をもたらすおそれのある職務について、必要やむをえない場合についてのみ制限が考慮されること、(ⅲ)制限違反に課される不利益は必要な限度をこえず、刑事制裁は必要やむをえない場合に限ること、(ⅳ)制限に見合う代償措置を講ずること、である。最高裁判決は、刑罰の謙抑主義の見地から、公共企業体等の職員について労働基本権の制約を限定し、刑事罰からの解放について具体的な理論を提示した点で画期的な判決となった(都教組事件判決<本書20判決>の後、全農林警職法判決によって刑罰謙抑主義についての見解が変更された<本書29参照>)。

18 恵庭事件
札幌地判1967〈昭42〉. 3 .29下刑集9巻3号359頁

北海道千歳郡恵庭町にある陸上自衛隊の演習場付近で酪農業を営む野崎兄弟は、爆音等による乳牛の被害に対する補償も認められず、演習の事前

3 憲法関連 重要判例解説

連絡などの紳士協定も守られなかったことに抗議して自衛隊演習本部と射撃陣地を連絡する電話線を数カ所切断した。この行為が、自衛隊法121条の「防衛の用に供する物を損壊」する行為にあたるとして野崎兄弟が起訴され、被告人は自衛隊と自衛隊法の違憲を主張した。

札幌地裁の憲法判断が期待されたが、1967〈昭42〉年3月29日の判決（下刑集9巻3号359頁）は、通信線が自衛隊法121条の「防衛の用に供する物」にあたらないとして被告人を無罪にした。構成要件に該当しない以上自衛隊の違憲性について判断を行う必要がないのみならず、判断すべきではないとして憲法判断を回避したことについて議論を呼んだ（不利益上訴が認められないことから訴訟は終了したが、自衛隊の合憲性をめぐる争点は、長沼ナイキ基地訴訟等に引き継がれた）（本書46参照）。

19 朝日訴訟
最大判1967〈昭42〉.5.24民集21巻5号1043頁

社会保障の拡充を憲法25条の実現という形で求めた最初の重要な事例が、朝日訴訟である。1942年から十数年間、肺結核のため国立岡山療養所に入所していた原告（朝日茂）は、単身・無収入のため、生活保護法による医療扶助と生活扶助（月額600円の日用品費）を受けてきた。1956年に実兄から月額1500円の仕送りが実現されると、福祉事務所は生活扶助を打ち切って1500円から日用品費600円分を控除した月額900円を医療費の一部として自己負担させる旨の保護変更決定をした。この決定に対する不服申立が却下されたため、原告は、日用品費月額600円という保護基準およびそれに基づく保護変更決定と不服申立却下の裁定は、憲法25条の理念に基づく生活保護法8条2項、3条、5条に違反して違法であるとして、1957年に提訴した。一審では、憲法25条の「健康で文化的な最低限度の生活」の水準にかかわる問題が争点となり、東京地裁判決は不服申立却下裁定を取り消した（東京地判1960〈昭35〉.10.19行集11巻10号2921頁）。この判決後、日用品費の支給基準は600円から705円、1035円に改訂されて47％も増加された。ところが控訴審判決（東京高判1963〈昭38〉.11.4

行集14巻11号1963頁）は、具体的に日用品額を検討して月額670円程度という基準額を算出し、「一割程度の不足をもって本件保護基準を当・不当というにとどまらず確定的に違法と断定するには早計である」として原判決を取り消した。上告後、1964年に原告が死去し養子夫婦が訴訟承継を主張した。そこで最高裁は、生活保護受給権は一身専属の権利であり「裁決の取消訴訟は被保護者の死亡によって当然終了する」として訴えを却下した。そのうえで「念のため」とする判断を付加し、その後の判例理論に重大な影響を与えた。

本件上告審判決は、具体的権利性は生活保護法によって生じるとして憲法25条の具体的権利性を否定し、厚生大臣の保護基準は合目的的な裁量に委ねられるとした。ただし、著しく低い基準を設定し、あるいは法律によって与えられた裁量権の限界をこえた場合に、違法行為として司法審査の対象になると判断し、憲法25条の規範的意味をきわめて狭い範囲に限定した（本書45参照）。

20 都教組事件判決
最大判1969〈昭44〉.4.2刑集23巻5号305頁

1958年の勤務評定反対闘争の際、東京都教職員組合員に対して一斉休暇闘争を指示して約2万4000人に有給休暇届を提出させたことが地方公務員法61条4号のあおり行為等に該当するとして組合幹部らが起訴された。一審の東京地裁判決（1962〈昭37〉.4.18下刑集4巻3・4号303頁）は、地公法37条を合憲とし、本件の統一行動を同条に規定する同盟罷業として認めた。そして、被告人らの行為は争議行為に通常随伴して行われる行為と認められるから、被告人を地方公務員法61条4号の争議行為遂行の煽動を行った者と認めることはできないと判示して被告人らを全員無罪とした。控訴審では東京高裁判決（1965〈昭40〉.11.16高刑集18巻7号742頁）は全員有罪とした。

最高裁1969〈昭44〉年4月2日大法廷判決は、「〔地方公務員の一切の争議行為を禁止し、あおり行為等をすべて処罰することは〕公務員の労働基本権を保障した憲法の趣旨に反し、必要やむをえない限度をこえて争議行為を禁止し、かつ、必要最小限度にとどめなければならないとの要請を無

視し、その限度をこえて刑罰の対象としているものとして、これらの規定は、いずれも、違憲の疑を免れない」とした。ただし、結論的には「法律の規定は、可能なかぎり、憲法の精神にそくし、これと調和しうるよう、合理的に解釈されるべきものであ〔る〕」として、いわゆる合憲的限定解釈論の立場をとった。そのうえで、地方公務員の争議行為が地公法37条1項の禁止する行為に該当しかつ違法性が強い場合で、さらに、あおり行為自体にも強い違法性がある場合にのみ刑事罰の対象とすべきである、としていわゆる「二重のしぼり」をかけ、「争議行為に通常随伴して行われる行為のごときは、処罰の対象とされるべきものではない」とした。このように、最高裁は、違法性相対論・可罰的違法性論・刑罰謙抑主義の立場から刑事罰の制裁を極力限定する方向で解決したが、全農林警職法事件判決では（裁判官人事の結果）判例が変更された（本書㉙参照）。

21 「悪徳の栄え」事件
最大判1969〈昭44〉.10.15刑集23巻10号1239頁

マルキ・ド・サドの「悪徳の栄え」の翻訳者と出版社社長が、刑法175条違反で起訴された事件である。一審東京地裁は、チャタレー事件判決のわいせつ性の判断基準に照らして無罪判決を下したが（東京地判1962〈昭37〉.10.16判時318号3頁）が控訴審の東京高裁判決はこれを破棄して有罪とし（東京高判1963〈昭38〉.11.21判時366号13頁）、最高裁も高裁判決を支持した。

最高裁の多数意見は、チャタレー判決を踏襲しつつ、わいせつ性は文書全体との関連で判断すべきだとしたのに対して、5人の裁判官の少数意見のなかには、芸術性や思想性の高い文書については、わいせつ性は相対的に軽減され、刑法175条の「わいせつ文書」にはあたらないという「相対的わいせつ概念」を唱えた田中二郎裁判官の反対意見などが存在した。

その後の最高裁判決では、1980年の「四畳半襖の下張事件」判決（本書㊵）においてより詳細な判断基準を提示し、2008〈平8〉年のメイプルソープ事件判決において、芸術性によってわいせつ性が阻却されるとする判断をするなど、展開が認められる）。

22 博多駅テレビフィルム提出命令事件
最大決1969〈昭44〉.11.26刑集23巻11号1490頁

1968年1月の米原子力空母エンタープライズの佐世保寄港反対闘争に参加した学生と機動隊員とが博多駅付近で衝突し、機動隊側に過剰警備があったとして公務員の職権濫用罪等で告発されたが、検察が不起訴としたため付審判請求がなされた。一審福岡地裁は、付審判請求事件の審理のため、テレビ放送会社に対して、取材したテレビフィルムの提出を命じたが、放送会社四社は報道の自由を侵害するとして、取り消しを求めて福岡高裁に抗告した。福岡高裁が報道機関の不利益は少ない等の理由で抗告棄却の決定をしたため（福岡高決1969〈昭44.9.20判時569号23頁〉）、最高裁に特別抗告が行われた。

最高裁は、報道の自由が21条の保障のもとにあり、「取材の自由も、憲法21条の精神に照らし、十分尊重に値いする」としたうえで、公正な裁判の実現のために「取材の自由がある程度の制約を蒙ることとなってもやむを得ない」とし、本件フィルムが「証拠上きわめて重要な価値」をもち、すでに放映ずみのものを含むこと等を理由に、提出命令を合憲として、全員一致で抗告を棄却した。本最高裁決定は、取材の自由を認めたほか、「知る権利」の語を用いて報道の自由の意義を説いたことに加え、比較衡量の手法を採用したこと（取材の自由に対して公正な裁判の確保という利益を優先させた）においても、注目された。

23 京都府学連事件
最大判1969〈昭44〉.12.24刑集23巻12号1625頁

デモ行進に参加した学生Xが、写真撮影した警察官に抗議し傷害を加えて公務執行妨害・傷害罪で起訴された事件である。一審で有罪とされ、控訴審で控訴棄却された後、本件写真撮影は憲法13条の保障するプライバシーの権利の一つである肖像権の侵害にあたるとして上告した。最高裁判

決は、「個人の私生活上の自由の一つとして、何人も、その承認なしに、みだりにその容ぼう・姿態を撮影されない自由を有する。……これを肖像権と称するかどうかは別として、少なくとも、警察官が、正当な理由もないのに、個人の容ぼう等を撮影することは、憲法13条の趣旨に反し、許されない。……しかしながら、右自由も、……公共の福祉のため必要のある場合には相当の制限を受けることは同条の規定に照らして明らかである」として上告を棄却した。

Ⅳ 1970年代　[1970〈昭45〉-1979〈昭54〉年]

24 八幡製鉄献金事件
最大判1970〈昭45〉.6.24民集24巻6号625頁

　八幡製鉄株式会社の株主Xが、同社が1960年に自由民主党に政治資金を寄付したことについて、同社の取締役Yらの責任を追及したところ、一審（東京地判1963〈昭38〉.4.5下民集14巻4号657頁）は、Xの主張を容認した。控訴審（東京高判1966〈昭41〉.1.31高民集19巻1号7頁）は、社会的存在としての会社の社会的有用行為には政党への献金も含まれる、として原判決を取り消した。最高裁は、「憲法第3章に定める国民の権利および義務の各条項は、性質上可能なかぎり、内国の法人にも適用されるものと解すべきであるから、会社は、自然人たる国民と同様、国や政党の特定の政策を支持、推進または反対するなどの政治的行為をなす自由を有する」と解して政治資金の寄付の自由を含む政治活動の自由を広く認め、株主の訴えを斥けた。最高裁は、可能な限り内国の法人にも憲法第3章の保障を適用すべきであると判断したが、この判示が傍論に留まるほか、「法人の人権」論について学説から批判がある。

25 川崎民商事件
最大判1972〈昭47〉.11.22刑集26巻9号554頁

　旧所得税法上の質問検査権に基づく調査を拒否して起訴された被告人（川崎市の民主商工会会員）が、質問検査が令状主義（35条）や黙秘権の保障（38条）に反すると主張した事件である。一審横浜地裁、二審東京高裁判決ともに有罪判決を下したため、上告した。最高裁は、「当該手続が刑事責任追及を目的とするものではないとの理由のみで、その手続における一切の強制が当然に右規定による保障の枠外にあると判断することは相当ではない」と述べて憲法35条・38条が行政手続にも適用される余地があることを原則的に認めた。こうして、裁判官が発する礼状を一般的要件にしなくても違憲でないと判断した。他方で、憲法38条の保障は「刑事責任追及のための資料の取得収集に直接結びつく作用を一般的に有する手続」には等しく及ぶものと解するのを相当としたが、本件の質問検査は、刑事責任の追及を目的とする手続ではなく強制の度合が低いこと等を理由に、違憲ではないと判示した（本書61参照）。

26 小売市場許可制判決
最大判1972〈昭47〉.11.22刑集26巻9号586頁

　小売商業調整特別措置法3条1項は、小売市場開設を都道府県知事の許可に委ねており、大阪府では、小売市場許可基準内規を作成して、府知事の許可基準として、700メートルの距離制限を定めた。市場経営等を業とする法人が大阪府知事の許可なく、店舗を建設して貸し付けたことから起訴された。一審（東大阪簡裁）は罰金刑を科し、控訴審は控訴棄却したため、距離制限が憲法22条1項に違反するとして上告した。

　最高裁大法廷判決は上告を棄却したが、その際、憲法22条違反の論点に関して、まず、「個人の経済活動の自由に関する限り、個人の精神的自由等に関する場合と異なって、右社会経済政策の実施の一手段として、これに一定の合理的規制措置を講ずることは、もともと、憲法が予定し、かつ、許容するところ」として、いわゆる「二重の基準」論を採用した。ついで、経済的自由権の規制について、消極的・警察的目的に出た規制と積極的・政策的目的に出た規制の二つに区別するいわゆる「積極規制・消極規制二分論（規制目的二分論）」を採用した。ここでは、前者には通常の「合理性の基準」よりも厳しい「厳格な合理性の基準」を適用し、後者には緩やかな「合理性の基

準」を適用して立法裁量を広く認めるという異なる基準が明らかにされた。そのうえで、判決は、この事件の規制が、過当競争による小売商の共倒れから小売商を保護するという積極的・政策的目的の規制であると判断して、立法裁量を尊重し、これを合憲と判断した。これに対して、同じく二分論を採用しつつ、薬局開設の距離制限を消極的・警察的規制と解して厳しい審査基準を適用し、違憲判断を導いたのが1975年の薬事法違憲判決である（本書33参照）。

27 高田事件
最大判1972〈昭47〉.12.20刑集26巻10号631頁

昭和27年に名古屋市内でおこった一連の公安事件（高田事件）の上告審において、昭和29年から44年まで15年にわたって審理が中断するなど著しい遅延が認められた。一審（名古屋地判1969〈昭44〉9.18．判時570号18頁）は、迅速な裁判を保障した憲法37条1項は刑事被告人の具体的権利をも保障しているとして免訴としたが、控訴審（名古屋高判1970〈昭45〉.7.16判時602号45頁）は、破棄差戻した。最高裁は、破棄自判して、一審を支持し、免訴とした。最高裁判決は、審理の著しい遅延の結果、被告人の権利が害せられたと認められる異常な事態が生じた場合には、37条によって審理を打ち切るという非常救済手段が許されるとして、免訴の言い渡しが相当であるとした。本判決では、「諸般の状況を総合的に判断」して、被告人が権利放棄してないことと、迅速な裁判の保障を受ける被告人の諸利益が実質的に侵害されているという2要件が満たされたときに、37条1項に反する「異常な事態」発生したと解した。

28 尊属殺重罰規定判決
最大判1973〈昭48〉.4.4．刑集27巻3号265頁

1907（明治40）年に制定された刑法200条は、通常の殺人罪（199条）について「死刑又ハ無期若クハ3年以上ノ懲役」を定めたのに対して、尊属殺については「自己又ハ配偶者ノ直系尊属ヲ殺シタル者ハ死刑又ハ無期懲役ニ処ス」として刑を著しく重くしていた。また、205条2項も、自己又は配偶者の直系尊属に対する傷害致死罪について「無期又ハ3年以上ノ懲役」と定め、一般の傷害致死罪より重く罰していた。これらの規定は、尊属の殺傷を「大罪」とする儒教的な家族道徳観に基づいて制定されたもので、憲法14条の平等原則に反するか否かが争われた。

本件1967年の尊属殺人被告事件は、14歳で実父に姦淫され、その後15年間にわたって夫婦同然の関係を強いられて5人（内2人は死亡）の子まで産んだ被告人が、職場の同僚との正常な結婚を望んだところ、父に監禁・暴行されたため、思いあまって酩酊中の父を絞殺したという事例である。被告人は刑法200条の尊属殺人罪で起訴されたが、一審宇都宮地裁1969〈昭44〉年5月29日判決（判タ237号262頁）は、この規定が違憲無効であると判断し適用を排除（刑を免除）した。控訴審判決（東京高判1970〈昭45〉.5.12判時619号93頁）が、刑法200条を合憲としたのち、最高裁1973〈昭48〉年4月4日大法廷判決はこれを違憲と判断して、被告に2年6カ月の懲役、執行猶予3年の刑を言い渡した。判旨は、(i)尊属に対する尊重報恩は社会生活上の基本的道義であり尊属殺の重罰自体は憲法14条1項に反しない、(ii)刑罰加重の程度如何によっては不合理な差別となり、尊属殺の法定刑はあまりにも厳しいゆえに違憲であるとした。この最高裁多数意見の立場は、尊属殺の刑の加重についての立法目的を合憲、目的達成の手段を違憲とした点で「目的合憲論（手段違憲論）」と呼ばれる。これに対して、6人の裁判官が、尊属殺の刑の加重自体（立法目的）とその程度（目的達成手段）がともに違憲であるとして「目的違憲論」の立場をとった。本判決で違憲判決が確定した後、1995年の刑法の口語化による改正の際に、尊属殺・尊属傷害致死重罰規定は削除された。

29 全農林警職法事件
最大判1973〈昭48〉.4.25刑集27巻4号547頁

国家公務員である全農林労働組合の役員が、1958年、警察官職務執行法改正法案に反対する農林省職員の組合員に対して、職場大会のために職場離脱を慫慂したとして国家公務員法98条5項・

110条1項17号に従って起訴されたのが、全農林警職法事件である。一審の東京地裁判決（1963〈昭38〉．4．19下刑集5巻3・4号363頁）は、全逓東京中郵事件一審判決や都教組事件一審判決と同様に強度の違法性がないとして無罪とした。しかし二審の東京高裁判決（1968〈昭43〉．9．30高刑集21巻5号365頁）は、あおり行為等を一審判決のように限定せず、さらに本件の争議行為を「政治スト」と認定することで有罪の判断を下した。これに対して、最高裁は、有罪の判断をし、上告を棄却した。ここでは、同法が公務員の争議行為を禁止するのは、国民全体の共同利益の見地からやむをえないとしてその刑事制裁を認め、あおり等の行為について3年以下の懲役または10万円以下の罰金に処することを定める同法110条1項17号も憲法違反ではないとした。その際、都教組事件最高裁判決のような「不明確な限定解釈」をいさめ、「二重のしぼり」論を排して、違法性一元論の立場から刑事罰を容認するとともに、公務員の勤務条件が国会で決定されるという議会制民主主義の原理（勤務条件法定主義）をもちだしてこれに対する争議行為を否認した。また、本件の争議行為を政治目的のための「政治スト」と認定し、これを禁止することは憲法21条に反するものではないとした（本書17、20参照）。

30 三菱樹脂事件

最大判1973〈昭48〉．12．12民集27巻11号1536頁

東北大学卒業後3ヶ月の試用期間を付して採用された原告が、大学時代の学生運動経験等を入社試験時に申告しなかったことを理由に解雇されたのに対して、地位保全の仮処分を申請して容認された後、解雇権の濫用を理由に地位保全確認および賃金支払いを求めて本案訴訟を提起した事件である。一審判決（東京地判1967〈昭42〉．7．17労民18巻4号766頁）と二審判決（東京高判1968〈昭43〉．6．12労民19巻3号791頁）は、憲法19条の思想信条の自由を重視して原告の主張を認めたのに対して、最高裁は破棄差戻した（その後、高裁での審理中に和解が成立して原告は職場に復帰した）。最高裁判決の判旨は、「〔憲法19条・14条は〕もっぱら国または公共団体と個人との関係を規律

するものであり、私人相互の関係を直接規律することを予定するものではない」としつつ、「私的支配関係においては……立法措置によってその是正を図ることが可能であるし、また、場合によっては、私的自治に対する一般的制限規定である民法1条、90条や不法行為に関する諸規定等の適切な運用によって、一面で私的自治の原則を尊重しながら、他面で社会的許容性の限度を超える侵害に対し基本的な自由や平等の利益を保護し、その間の適切な調整を図る方途も存する」と述べて、間接適用説ともとれる立場を示唆した（ただし原則は不適用説といえる）。

しかし、判旨は、一方で憲法14条・19条の適用を排除しつつ、他方では憲法22条・29条を根拠として企業者の経済活動の自由、契約締結の自由を広く認め、「企業者が雇傭の自由を有し、思想、信条を理由として雇入れを拒んでもこれを目して違法とすることはできない」と判断して思想調査や申告を求めることまでも合法とした。これに対して憲法学説から批判が生じた。この判決が入社試験時の思想調査等を正当化したことは重要であり、企業社会のなかでの思想信条の自由や労働権の侵害という実態がさらに問題となる。

31 昭和女子大事件

最三判1974〈昭49〉．7．19民集28巻5号790頁

大学内で署名集めをし、政治団体等に加入したことが、大学の「生活要録」の規定（署名運動には学生課への届け出が必要、補導部の許可なく学外の団体に加入できない等）に違反するとして退学処分をうけた学生が、学生たる地位の確認を求めた訴訟である。一審（東京地判1963〈昭38〉11.20）は、私立大学は学生の思想に対して寛容であることが法律上要求されている」等として学生の請求を認容した。控訴審は（東京高判1967〈昭42〉4.10行集18巻4号389頁）、本件退学処分が「社会観念上著しく不当であり、裁量権の範囲を超えるものとは解しがたい」として原判決を取り消したため上告した。最高裁判決は、三菱樹脂事件最高裁判決を踏襲して、憲法19条、21条、23条等の自由権の基本権規定が「私人相互間の関係について当然に適用ないし類推適用されるものでな

い」とし、「実社会の政治的社会的活動にあたる行為を理由として退学処分を行うことが、直ちに学生の学問の自由及び教育を受ける権利を侵害し公序良俗に違反するものではない（ポポロ事件判決、本書14）と判断した。こうして私立大学側の裁量を優先して処分を有効と判示した（人権規定の私人間効力につき、本書41参照）。

32 猿払事件判決
最大判1974〈昭49〉．11．6刑集28巻9号393頁

猿払事件は、1967年衆議院選挙の際に、北海道宗谷郡猿払村の郵便局員（郵政事務官）が、同地区の労働組合協議会事務局長として日本社会党を支持する目的で、勤務時間外に、職務を利用する意図なく、友人の候補者の選挙用ポスター6枚を掲示し、184枚の掲示を他に依頼して配付した行為が、国家公務員法102条、人事院規則14-7（6項13号）違反とされた事件である。被告人は罰金5000円の略式命令をうけ正式裁判を請求したところ、一審旭川地裁（1968〈昭43〉．3．25下刑集10巻3号293頁）は、労働組合活動の一環として行われた行為を罰する同法110条1項19号は、「行為に対する制裁としては相当性を欠き、合理的にして必要最小限の域を超えて」おり、当該行為に「適用される限度において、同号が憲法21条及び31条に違反する」として無罪判決を下した。二審の札幌高裁判決も一審の判断を支持した（1969〈昭44〉．6．24判時560号30頁）が、最高裁は、原判決を破棄自判し被告人を有罪とした。判旨は、公務員の政治的中立性を損なうおそれのある公務員の政治的行為を禁止することは合理的で必要やむをえない程度である限り憲法で許容されると解し、規制目的（行政の中立的運用と、それに対する国民の信頼の確保）と規制手段との間には合理的関連性があるとした。このように「合理的で必要やむを得ない限度かどうか」を、（ⅰ）禁止の目的、（ⅱ）目的と禁止される政治的行為との関連性、（ⅲ）禁止によって得られる利益と禁止によって失われる利益との均衡という3要素で判断する基準（いわゆる「猿払3基準」）の妥当性をめぐって、憲法学界で議論があった。その後、2012〈平24〉年12月7日の堀越事件最高裁判決ではこの論証方法が採用されず無罪が認定されたことから、実質的な判例変更があったかどうかが問題となった（本書97参照）。

33 薬事法事件
最大判1975〈昭50〉．4．30民集29巻4号572頁

薬局開設の条件として既存の薬局から約100メートルの距離制限を設けた広島県条例の合憲性が問題となった事例であるが、その背景には、薬の乱売・廉売が社会問題化して1963年に薬事法が改正され、薬局の適正配置規制（距離制限）が採用されたという事情がある。原告（スーパーマーケット）は、薬事法改正直前に販売許可申請し、受理された後、法改正の翌年に不許可処分とされたため、憲法22条違反を主張した。一審判決（広島地判1967〈昭42〉．4．17行集18巻4号501頁）は憲法判断を避けて薬局開設不許可処分を取り消したが、二審の広島高裁判決（1968〈昭43〉．7．30行集19巻7号1346頁）は、前記公衆浴場判決を踏襲して距離制限を合憲とした。

これに対して、最高裁大法廷は、原判決を破棄し、裁判官の全員一致で違憲判決を下した。判旨は、「二重の基準」論と積極目的・消極目的規制二分論の手法を採用したうえで薬事法の距離制限が立法化されたときの状況（立法事実）を検討し、この制限が「国民の生命及び健康に対する危険の防止という消極的、警察的目的のための規制措置」であるとした。そのうえで、規制手段の合理性を「厳格な合理性の基準」によって審査した結果、その目的を達するために必要かつ合理的な規制とはいえない、として憲法22条1項違反とした。その際、判旨は、規制目的を達するための手段について、より緩やかな制限方法では足りないことが十分に立証されなかったと認定し、より緩やかな規制手段で同じ目的を達成することができる場合にはその規制手段を違憲とする「LRAの基準」を採用したようにみえた。もっとも、最高裁は、消極的・警察的目的規制について厳格な違憲審査基準を適用して違憲判断を導いたことで、積極的・政策的目的規制の場合より強く経済活動の自由・営業の自由を保障したことになり、積極的な違憲審査への姿勢が営業の自由確保の場面であっ

たことに注目しておかなければならない。その後、学説ではドイツ連邦憲法裁判所判決との関係が指摘され、読み直しが行われた（百選Ⅰ97［石川健治執筆］参照）。

34 徳島市公安条例事件
最大判1975〈昭50〉. 9 .10刑集29巻 8 号489頁

　徳島市では「集団行進及び集団示威運動に関する条例」（公安条例）を制定してデモ行進について公安委員会への届出制を定め、交通秩序維持の遵守義務違反者に対する罰則を科していた。1968年に徳島市内の集団示威行進に参加して道交法違反及び公安条例違反で起訴された本件では、条例の「交通秩序の維持に反する行為をするようにせん動」等の文言が明確性を欠くとして憲法31条の罪刑法定主義等に反するか否かが争われた。一審（徳島地判1972〈昭47〉4 .20は、公安条例が定める「交通秩序を維持すること」という許可条件は不明確であり違憲と判断し、道交法違反の点でのみ有罪とした。控訴審（高松高判1973〈昭48〉2 .19）も一審判決を支持したため、上告したところ、最高裁は、「交通秩序を維持すること」という条例上の許可条件が、文言は「抽象的で立法措置として著しく妥当を欠く」ものであっても、「通常の判断能力を有する一般人の理解において、具体的場合に当該行為がその適用を受けるものかどうかの判断を可能ならしめる基準が読みとれない」場合でないかぎり違憲ではないとした。
　さらに、通常の判断能力を有する一般人であれば、経験上、蛇行進・渦巻行進・座り込みや道路一杯を占拠するいわゆるフランスデモなどの行為が、「殊更な交通秩序の阻害をもたらすような行為にあたる」ことは容易に判断できるから、秩序遵守についての基準を読みとることができ、憲法31条に違反するものとはいえない、として合憲判決を下した（本書6、11参照）。

35 衆議院議員定数訴訟
最大判1976〈昭51〉. 4 .14民集30巻 3 号223頁

　1950年の公職選挙法など戦後初期の選挙法では、中選挙区制のもとで各選挙区の人口に基づいて定数が配分され、議員一人当たり人口の最大格差（較差）は衆議院ではおおむね 1 対 2 未満、参議院では 1 対2.6程度にとどまっていた。ところが、その後人口の都市集中などの変動によって選挙区間で議員定数と人口との関係に不均衡が生じ、議員定数不均衡をめぐって1962年以降数多くの選挙無効請求訴訟が提起された。最初の1964〈昭39〉年 2 月 5 日最高裁大法廷判決（民集18巻 2 号270頁）では、参議院の定数不均衡について「立法政策の当否の問題」として違憲問題を生じるとは認められないとしたが、衆議院議員定数に関する1976〈昭51〉年 4 月14日最高裁大法廷判決で最大格差 1 対4.99の不均衡について、初めて違憲判断が下された。
　本判決は、選挙権の平等原則が憲法上の要請であることを承認し選挙権の平等には投票価値の平等が含まれることを明らかにして違憲としたが、他方では、行政訴訟法上の「事情判決」という法理を援用して、当該選挙は有効とした。違憲判断基準については、①「諸般の要素をしんしゃくしてもなお、一般に合理性を有するものとは考えられない程度」をこえ、さらに②「合理的期間内における是正」が行われない場合に限って違憲となる、という二つを示したが、具体的基準は明確ではなかった。また、②の合理的期間論についても具体的な基準は示されず、1985年 7 .17判決は定数是正後 8 年半（施行後 7 年）を違憲とし、1983年、1993年判決は、それぞれ 5 年（施行後 3 年半）と 3 年 7 カ月経過した事例について合憲判断を下した。その後、小選挙区比例代表制の導入によって衆議院小選挙区の投票価値の平等問題は（定数不均衡問題ではなく）「一人別枠制の問題」として議論された（本書92、98参照）。

36 旭川学テ事件（学テ訴訟）
最大判1976〈昭51〉. 5 .21刑集30巻 5 号615頁

　教育の自由や教育権の所在についての論争は、教科書裁判（第一次・第二次家永訴訟）のなかで展開されたが（本書63参照）、最高裁が基本的立場を示したのは、旭川学力テスト（学テ）訴訟1976年判決である。この事件は1961年に実施され

た中学校の全国一斉学力テストを実力で阻止しようとした教師らが公務執行妨害罪に問われたもので、一審判決（旭川地判1966〈昭41〉．5．25下刑集8巻5号757頁）および二審判決（札幌高判1968〈昭43〉．6．26下刑集10巻6号598頁）は、いずれも学力テストを強行したことが違法であるとして、教師の公務執行妨害罪の成立を否定した（建造物侵入罪等は認めて被告らに懲役・罰金刑等言い渡した）。これに対して双方が上告したところ、最高裁判決は、手続上・実質上ともに学力テストが合法であったことを認め、従来の教育内容決定権をめぐる二つの対立する見解（「国家の教育権」説と「国民の教育権」説）のいずれも「極端かつ一方的であり、そのいずれも全面的に採用することはできない」と判示した。

本判決では、教師の教育の自由について、憲法の保障する学問の自由は、知識の伝達と能力の開発を主とする普通教育の場においても認められ、教授の内容や方法についてある程度自由な裁量が認められなければならないという意味において「一定の範囲における教授の自由が保障されるべきことを肯定できないではない」とした。ここでは、学問の自由が教授の自由を含むことを明言しただけでなく、憲法23条を根拠に初等中等教育機関における教師の教授の自由を一定の範囲ながら認めたことで、「国民の教育権」説に近い立場を示した。反面、普通教育においては児童生徒に教授内容を批判する能力がなく、教師が児童生徒に対して強い影響力・支配力を有することや、教育の機会均等をはかるうえで全国的に一定の水準を確保すべき強い要請があることなどを理由として、大学と異なり普通教育における教師には完全な教授の自由が認められない、と判断した。また、国は「必要かつ相当と認められる範囲において、教育内容についてもこれを決定する権能を有する」として国家に教育内容の決定権を認めたことで、従来の「国家の教育権」説の立場を踏襲した。そこで、両説を折衷した形の結論を提示したことから、本判決は「玉虫色の判決」と呼ばれた。

37 津地鎮祭事件

最大判1977〈昭52〉．7．13民集31巻4号533頁

1965年に三重県津市が市体育館の建設にあたって神式の地鎮祭を挙行し、それに公金を支出したことが憲法20条、89条に反するとして住民が地方自治法242条の2に基づいて損害補塡を求めて出訴した事件である。一審判決（津地判1967〈昭42〉．3．16行集18巻3号246頁）は地鎮祭を習俗的行事と解して請求を棄却したが、二審判決（名古屋高判1971〈昭46〉．5．14行集22巻5号680頁）は、習俗的行事と宗教的行事との区別の三基準（（ⅰ）主宰者が宗教家か、（ⅱ）順序作法が宗教界で定められたものか、（ⅲ）一般人に違和感なく受容される程度に普遍的か）に照らして、神式地鎮祭が宗教的行事にあたるとして違憲判決を下した。

最高裁は二審の上告人敗訴部分を破棄自判し、住民側の請求を棄却した。判旨は、「政教分離原則はいわゆる制度的保障の規定であって・・・国家と宗教との分離を制度として保障することにより、間接的に信教の自由の保障を確保しようとするものである。」「政教分離規定の保障の対象となる国家と宗教との分離にもおのずから一定の限界がある」として分離を緩やかにに解した。さらに、目的・効果基準を示して憲法20条3項により禁止される「宗教的活動」とは、宗教とのかかわり合いがわが国の社会的・文化的諸条件に照らし信教の自由の保障という制度の根本目的との関係で相当とされる限度をこえるもの、すなわち「当該行為の目的が宗教的意義をもち、その効果が宗教に対する援助、助長、促進又は圧迫、干渉等になるような行為」に限られるとして、神式地鎮祭はその目的も世俗的で、効果も神道を援助、助長し、または、他の宗教に圧迫、干渉を加えるものでないから、宗教的行事とはいえず、政教分離原則に反しないとした。しかし、最高裁長官（藤林裁判官）を含む5人の裁判官の反対意見は、政教分離を厳格に解して神官という宗教家が神式の作法によって行った儀式は宗教的活動にあたり違憲であると判断した（本書53、73、91参照）。

3 憲法関連 重要判例解説

38 外務省機密漏洩事件
最一決1978〈昭53〉．5．31刑集32巻3号457頁

1971年6月に調印された沖縄返還協定に関する密約の存在を裏付ける外務省の極秘電文を毎日新聞記者が外務省女性事務官から入手し、社会党議員に渡したことで秘密漏洩事件として問題になった。当該事務官は国家公務員法100条1項の守秘義務違反、新聞記者は同法111条の秘密漏示そそのかし罪違反で起訴され、一審東京地裁（1974〈昭49〉．1．31判時732号12頁）は、「そそのかし」にあたる取材行為も違法性が阻却される場合があるとして新聞記者を無罪としたが、控訴審判決（東京高判1976〈昭51〉．7．20高刑集29巻3号429頁）は、同条項に合憲限定解釈を加えて有罪とした。

最高裁は、取材の手段・方法が法秩序全体の精神に照らし相当なものではない（取材対象者と肉体関係をもつなど「人格の尊厳を著しく蹂躙した」取材行為であった）ため正当な業務行為とはいえず違法であるとした。

39 マクリーン事件
最大判1978〈昭53〉．10．4民集32巻7号1223頁

マクリーン事件は、米国国籍を有する外国語教師Xが、1年間の在留期間の更新時に120日間の出国準備期間の更新を許可され、さらに1年間の在留期間の更新を申請したところ、不許可とされた事件である。不許可の理由がXの無断転職と政治活動であったため、Xは不許可処分取消を請求した。一審判決（東京地判1973〈昭48〉．3．27行集24巻3号187頁）はXの主張を認めて不許可処分を取り消したが、二審判決（東京高判1975〈昭50〉．9．25行集26巻9号1055頁）は、法務大臣の裁量権の範囲内であるとして一審判決を破棄したためXは上告した。

最高裁は「憲法第3章の諸規定による基本的人権の保障は、権利の性質上日本国民のみをその対象としていると解されるものを除き、わが国に在留する外国人に対しても等しく及ぶと解すべきであり、政治活動の自由についてもわが国の政治的意思決定又はその実施に影響を及ぼす活動等外国人の地位にかんがみこれを認めることが相当でないと解されるものを除き、その保障が及ぶものと解するのが、相当である。しかし、……外国人は在留の権利ないし引き続き在留することを要求しうる権利を保障されているものではなく」、在留の許否は国の裁量に委ねられる、として上告を棄却した。これにより、憲法第3章の権利を外国人に保障する基準について、権利性質説が通説・判例上で確立された。

V 1980年代 [1980（昭55）-1989（昭64、平成元）年]

40 「四畳半襖の下張」事件
最二判1980〈昭55〉．11．28刑集34巻6号433頁

永井荷風作といわれる戯作を1972年に雑誌に掲載した作家野坂昭如が刑法175条違反で起訴された。一審（東京地判1976〈昭51〉．4．27判時812号22頁）はチャタレー判決の基準を踏襲してわいせつ性を認定し、二審も刑法175条の合憲を認めた。二審判決（東京高判1979〈昭54〉．3．20判時918号17頁）は、わいせつ性の判断基準を具体的に示し、外的事実の存在、文書全体の効果、社会通念上の評価等に基づく文書全体の検討の必要を強調した。最高裁判決は、性描写の程度や文書全体に占める比重、文書に表現された思想等との関連性、文書の構成・展開、芸術性・思想性等による性的刺激の減少・緩和等の要素（6項目）を「総合的に判断」し、「その時代の健全な社会通念」を基準として、チャタレイ事件判決以来の「わいせつ概念の3要件」（本書8参照）に照らして判断することを示したうえで、本件文書が刑法175条の「わいせつ文書」にあたるとした原審を正当であるとした。

なお、本判決後のビニール本事件判決（最三判1983〈昭58〉．3．8刑集37巻2号15頁）では、伊藤裁判官の補足意見が、わいせつ概念の判断に際して春画や春本等のいわゆるハード・コア・ポルノと準ハード・コア・ポルノを区別し、前者は、社会的価値を欠いているか、法的に評価できる価値をほとんどもつものではないことから、「憲法21条1項の保護の範囲外にあり、これに法的規制を加えることがあっても、表現の自由に関する憲法的保障の問題は生じない」と判断したことで注目された。

さらに、本判決から28年後の（最三判2008〈平20〉. 2 .19民集62巻 2 号445頁）のメイプルソープ事件判決では、写真家の芸術性の高さから刑法175条の「わいせつ文書」に当たらないとするなど、時代や社会通念によって判断が異なることが示されており、最高裁における判例理論の展開が認められる（本書[21]参照）。

[41] 日産自動車定年差別訴訟
最三判1981〈昭56〉. 3 .24民集35巻 2 号300頁

日産自動車株式会社の女子従業員 X（合併前の A 社に入社）が、男子55歳、女子50歳の定年制を定める同社の就業規則に従って1969年に満50歳の時点で定年退職を命じられたため地位保全の申請を行ったところ、一審・二審とも、この男女別定年制の合理性を認めて申請を斥けた。ところが、同社の前身 A 社を相手どり X らが雇用関係の確認を求めて提起していた本訴の一審（東京地判1973〈昭48〉. 3 .23判時698号36頁）は、このような男女別定年制が民法90条に違反して無効であるとして雇用契約の存在を確認した。控訴審（東京高判1979〈昭54〉. 3 .12判時918号24頁）判決も、不合理な性差別の禁止は民法90条の公序の内容をなすとして、定年制を公序良俗違反とした。

最高裁も上告を棄却した。判旨は、「少なくとも60歳前後までは、男女とも通常の職務であれば企業経営上要求される職務遂行能力に欠けるところはな（い）」とし、「上告会社の就業規則中女子の定年年齢を男子より低く定めた部分は……性別のみによる不合理な差別を定めたものとして民法90条の規定により無効である」と判示して間接適用説の立場を明らかにした（本書[31]参照）。

[42] 「板まんだら」事件
最三判1981〈昭56〉. 4 . 7 民集35巻 3 号443頁

創価学会に対して行った正本堂建立のための寄付金の返還を創価学会の会員が求めた訴訟で、正本堂に安置する本尊である「板まんだら」が偽物であること等が理由とされた。一審（東京地判1975〈昭50〉10. 6 判時802号92頁）は、裁判所が法令を適用して終局的に解決できる事柄ではない、という理由で訴えを却下した。控訴審（東京高判1976〈昭51〉. 3 .30判時809号27頁）は裁判所に審判権がないとはいえないとして一審判決を取り消した。最高裁は、破棄自判して訴えを却下した。その理由として、「裁判所がその固有の権限に基づいて審判することができる対象は、裁判所法 3 条にいう『法律上の争訟』、すなわち当事者間の具体的な権利義務ないし法律関係の存否に関する紛争であって、かつ、法令の適用により終局的に解決することができるものに限られる」ことを確認したうえで、「本件訴訟は、具体的な権利義務ないし法律関係に関する紛争の形式をとっており、その結果信仰の対象の価値又は宗教上の教義に関する判断は請求の当否を決するについての前提問題であるにとどまるものとされてはいるが、本件訴訟の帰すうを左右する必要不可欠のものと認められ……ることからすれば、結局本件訴訟は、その実質において法令の適用による終局的な解決の不可能なものであって、裁判所法 3 条にいう法律上の争訟にあたらない」と判断した。

[43] 戸別訪問禁止違憲訴訟
最三判1981〈昭56〉. 7 .21刑集35巻 5 号568頁

1925年に最初に男子普通選挙が施行されたとき、選挙の公務性が強調され、不正選挙を防止するために、厳しい選挙運動規制が定められた。その後1945年の衆議院選挙法改正時に選挙の自由化・取締規定の簡素化がはかられたが、戸別訪問全面禁止規定は削除されず維持されてきた。これに対して、最高裁の1950〈昭25〉年 9 月27日大法廷判決（刑集 4 巻 9 号1799頁）や文書頒布規制に関する1955〈昭30〉年 3 月30日大法廷判決（刑集 9 巻 3 号635頁）は、憲法21条の表現の自由も「公共の福祉」によって制約され、戸別訪問は選挙の公正を害するとして、これを合憲と判断した。

1969〈昭44〉年 4 月23日大法廷判決（刑集23巻 4 号235頁）以降の一連の判決では、戸別訪問の弊害論——（ⅰ）不正行為温床論、（ⅱ）情実論、（ⅲ）無用競争激化論・煩瑣論、（ⅳ）迷惑論——が展開された。戸別訪問禁止を違憲とする下級審判決が続き、控訴審（広島高松江支判1980〈昭55〉

.4.28判時964号134頁)でも違憲判決が出されたが、その上告審判決である1981〈昭56〉年6月15日第二小法廷判決（刑集35巻4号205頁）は、猿払事件判決の基準を採用し、規制目的と規制手段との合理的関連性を問題として合憲とした。

1974年の立川市議会議員選挙時の公職選挙法138条1項（戸別訪問禁止）、129条1項（事前運動禁止）等の違反事件で起訴され一・二審で有罪となった事件の上告審判決（最三判1981〈昭56〉.7.21刑集35巻5号568頁）は、上記公選法の諸規定が憲法前文、15条、21条、14条に違反しないことは判例の趣旨に徴して明らかであるとして上告棄却した。ここでは、伊藤補足意見のなかで、憲法47条による広い立法裁量を根拠とする理論や、選挙の公正を確保するためのルールに従って運動することが原則であるとして広い立法裁量を導く「選挙のルール＝立法裁量」論など、新しい合憲性の根拠づけが試みられた（最三判1982〈昭57〉.3.23刑集36巻3号339頁および最三判1984〈昭59〉.2.21刑集38巻3号387頁の各伊藤補足意見を参照）。

44 大阪空港公害訴訟
最大判1981〈昭56〉.12.16民集35巻10号1369頁

大阪空港付近では、ジェット機の騒音・排気ガス・煤煙・振動等によって生活環境が破壊され、住民に多数の被害が生じたため、1971年に豊中市らの住民264人が、空港設備管理者である国を相手どって、午後9時から翌朝7時までの空港使用の禁止や損害賠償を求めて、民事訴訟を提訴した。一審の大阪地裁判決（1974〈昭49〉.2.27判時729号3頁）は、被告の管理行為の違法性と責任を肯定して午後10時から翌朝7時までの空港使用の禁止を認めた。また、過去の非財産的損害について賠償金支払いを命じた。その際、判旨は「〔個人の生命、自由、名誉その他人間としての生活上の利益など〕個人の利益は、それ自体法的保護に値するものであって、これを財産権と対比して人格権と呼称することができ……人格権に基づく差止請求ができるものと解するのが相当である」として人格権に基づく差止請求を認めた。控訴審の1975〈昭50〉年11月27日大阪高裁判決（判時797号36頁）は、過去の損害賠償額を増額し、将来分についても部分的に容認したうえ、差止請求についても午後9時から10時までの空港使用禁止を認容し、原審の内容を進めた。人格権の理論的根拠についても、「学説による体系化、類型化をまたなくてはこれを裁判上採用しえない」とする被告の主張を斥け、人格権を承認した。

ところが、上告審1981〈昭56〉年12月16日の最高裁大法廷判決は、過去の損害の賠償のみを認め、差止請求を却下して門前払いにした。判旨は、「右被上告人らの前記のような請求は、事理の当然として、不可避的に航空行政権の行使の取消変更ないしその発動を求める請求を包含することとな〔り〕……いわゆる狭義の民事訴訟の手続により一定の時間帯につき本件空港を航空機の離着陸に使用させることの差止めを求める請求にかかる部分は、不適法」とした。また、「行政訴訟の方法により何らかの請求をすることができるかどうかはともかくとして」と述べて行政訴訟による救済を示唆したが、現実には行政訴訟での提訴や原告住民の立証は困難であり、この判決は事実上、環境権訴訟における差止請求の道を閉ざしたものといえる。この点では、団藤裁判官の反対意見が、「本件のような差止請求について、およそ裁判所の救済を求める途をふさいでしまうことに対しては、……憲法32条の精神からいっても疑問」であるとし「〔訴訟の〕適法性をなるべく肯定する方向にむかって、解釈上、できるだけの考慮をするのが本来ではないか」と論じたことが注目される。

45 堀木訴訟
最大判1982〈昭57〉.7.7民集36巻7号1235頁

内縁の夫と離別後、独力で次男を養育してきた全盲の原告（堀木フミ子）は、障害福祉年金を受給していたが、1970年兵庫県知事に対して児童扶養手当の受給資格の認定を請求したところ、児童扶養手当法（1973年改正前のもの）4条3項3号の併給禁止規定に該当するとして請求を却下された。さらに異議申立も却下されたため、右の併給禁止規定が憲法14条、25条、13条に違反して無効であるとして、請求却下処分の取消を求めて出訴した。一審の神戸地裁判決（1972〈昭47〉.9.20行

集23巻8・9号711頁）は、原告の憲法14条違反の主張を認容し、児童扶養手当認定請求却下の処分を取り消した。判決は、併給禁止が「公的年金を受けることができる地位にある者を然らざる者との間において差別している」として憲法14条違反と断定したため、一審判決後の1973年に併給を認める法改正が実現した。

二審の大阪高裁判決（1975〈昭50〉.11.10行集26巻10・11号1268頁）は、憲法25条2項は国の積極的防貧政策、1項は事後的・補足的且つ個別的な救貧政策を行う責務を宣言したものと解して25条1項2項峻別論を採用した（本件児童扶養手当は2項の防貧政策に関するもので立法府の裁量に委ねられるため違憲問題は生じないとした）。この1項2項区分論は、最高裁判例や通説では受け入れられず、最高裁は上告を棄却して上告人（原告）を敗訴とした。

判旨は、「健康で文化的な最低限度の生活」は「きわめて抽象的・相対的な概念」であり、その具体的な立法措置の選択決定は立法府の広い裁量にゆだねられているため、著しく合理性を欠き明らかに裁量の逸脱・濫用と見ざるをえないような場合を除き、裁判所が審査判断をするのに適しない事柄である、として司法審査の範囲を限定した。

46 長沼ナイキ基地訴訟
最一判1982〈昭57〉.9.9民集36巻9号1679頁

第三次防衛計画に基づき北海道夕張郡長沼町に航空自衛隊のナイキ基地を建設するため、防衛庁の申請により農林大臣が保安林の指定解除処分を行った。これに対して、地元住民らが、憲法9条違反の自衛隊基地建設のための保安林指定解除処分は森林法26条2項の「公益上の理由」を欠き違法であるとして、処分取消を求めて提訴したところ、一審の札幌地裁判決（福島重雄裁判長）は、自衛隊の違憲性を認めて処分を違法とし処分を取消した（1973〈昭48〉.9.7判時712号24頁）。判旨は、（ⅰ）保安林制度の目的は、地域住民の「平和的生存権」を保障しようとしていると解され、本件ナイキ基地は原告らの平和的生存権を侵害する危険性があるので、原告らの訴えの利益は認められる。（ⅱ）自衛隊の憲法適合性を司法審査の対象から除外すべき理由はなく、憲法9条2項で「一切の『戦力』を保持しないとされる以上、軍隊、その他の戦力による自衛戦争、制裁戦争も事実上おこなうことが不可能となった」ことからすると、自衛隊は9条で保持を禁じられた「陸海空軍」に該当して違憲である、とし、9条解釈における9条2項全面放棄説を採用して初めて自衛隊の違憲性を明言した。

これに対して、二審札幌高裁判決（1976〈昭51〉.8.5行集27巻8号1175頁）は、防衛庁の代替設備により洪水の危険性等の具体的な訴えの利益がなくなったとして原判決を破棄し訴えを却下した。

上告審判決も、控訴審と同様、代替施設の完備によって原告らの訴えの利益がなくなったとして、上告を棄却したため、14年間争われた訴訟は、最高裁が自衛隊の合憲性や平和的生存権について触れないまま終了した。

47 税関検査事件
最大判1984〈昭59〉.12.12民集38巻12号1308頁

輸入品が関税定率法21条1項3号の輸入禁制品にあたる旨の通知を受けたため、異議申し出をしたところ棄却されたため、異議申出棄却決定取消訴訟が提起された。一審（札幌地判1980〈昭55〉.3.25判時961号29頁）は本件通知と決定は憲法21条が禁止する検閲に当たるとして決定を取り消した。控訴審（札幌高判1982〈昭57〉.7.19判時1051号57頁）は、旧憲法下の検閲とは異なっており現憲法21条2項の検閲には当たらないとして一審判決を取り消したため上告された。

最高裁では、憲法21条2項の「検閲」とは「行政権が主体となって、思想内容等の表現物を対象とし、その全部又は一部の発表の禁止を目的として、対象とされる一定の表現物につき網羅的一般的に、発表前にその内容を審査した上、不適当と認めるものの発表を禁止すること」であると定義し、この検閲禁止は絶対的なものであるとして狭義説の立場を示した。そのうえで税関検査は「検閲」にあたらないとした。さらに、本件では関税定率法21条1項3号（旧）「風俗を害すべき書籍、図画」にいう「風俗」の明確性が争われたが、最

高裁判決は、表現の自由の規制立法について限定解釈が許されるのは、一般国民の理解において当該表現物が規制の対象になるかどうかの判断を可能にする基準が規定から読みとれる場合に限られるとし、本件では不明確のゆえに違憲無効とはいえないとした（4人の裁判官の反対意見がある）。

48 衆議院議員定数訴訟
最大判1985〈昭60〉.7.17民集39巻5号1100頁

1983年12月実施の総選挙において、議員一人当たりの有権者数の最大較差が1対4.40であった。広島・東京・大阪・札幌の選挙人らが多くの訴訟を提起し、違憲・違憲状態判決が示されたが、そのうち、本件は、広島高裁が本件定数配分規定を違憲としつつ、「事情判決の法理」によって選挙を有効として請求した判決（1984〈昭59〉.9.28判時1134号27頁）に対する上告審である。最高裁は、1976〈昭51〉年4月14日判決（本書35）が示した違憲判断基準（①「諸般の要素をしんしゃくしてもなお、一般に合理性を有するものとは考えられない程度」をこえ、②「合理的期間内における是正」が行われない場合に限って違憲となる）という二つを示して、本件の定数不均衡を違憲と判断した。とくに合理の期間について、本年判決は、定数是正後8年半（施行後7年）を違憲としたが、具体的基準は明らかではない（1983年、1993年判決は、それぞれ5年（施行後3年半）と3年7カ月経過した事例について合憲判断を下した）。本判決多数意見も判例に従って「事情判決の法理」を援用して選挙自体を有効としたが、少数意見のなかでは、将来効判決や無効判決が示唆された。

49 在宅投票制廃止違憲訴訟
最一判1985〈昭60〉.11.21民集39巻7号1512頁

1950年4月15日に制定された公職選挙法は「疾病、負傷、もしくは身体障害のため、または産褥にあるため歩行が著しく困難な選挙人」に対する在宅投票制を採用し、郵便投票のほか同居の親族による投票の提出を認めていた。ところが、同年4月の地方選挙で在宅投票制が悪用されて多数の選挙違反があったため、1952年に在宅投票制が廃止された。これに対して、雪おろし作業中に屋根から転落して寝たきりとなった原告が8回の選挙で選挙権行使ができなかったことに対する慰謝料計80万円の支払いを求めて国家賠償請求訴訟を提起した。一審札幌地裁小樽支部判決（1974〈昭49〉.12.9判時762号8頁）は、選挙権を「国民主権の表現として、国民の最も重要な基本的権利」と解し、その権利の実質的侵害が問題となる場合には「より制限的でない他の選びうる手段」（LRA）の基準によるとして、厳格な審査基準を提示して在宅投票制廃止について違憲性を認定した（その後1975年の公職選挙法改正によって一部の重度身体障害者について在宅投票制が復活した）。二審の札幌高裁判決（1978〈昭53〉.5.24高民集31巻2号3頁）は、選挙権の保障には投票機会の保障も含むとしつつも、在宅投票制廃止後の立法不作為について国会議員の故意・過失を認めず、原判決を取り消した。最高裁判決は、下級審の争点についての実体的判断を避け、憲法47条の立法裁量論を前提として立法不作為への国家賠償法1条の適用を否定した。

この訴訟で一審判決が投票機会をも選挙権の内容に含めたうえで、在宅投票制廃止による投票機会の剥奪を明確に「選挙権そのものの実質的権利侵害」として捉えたことは、選挙権の性格についての従来の通説（二元説）の立場をこえ、権利説の立場を示したものとして注目される。さらに憲法47条を根拠とした広範な立法裁量を前提とする「明白の原則」を否定してLRAの基準を採用したことは選挙訴訟のなかでは画期的な意味をもつといえる。反面、本最高裁判決は、きわめて例外的な場合でない限り国家賠償法上違法の評価を受けないとした点に問題が残った。しかしその後、在外国民の選挙権に関する2005〈平17〉年9月14日大法廷判決によって国家賠償請求が認められた（本書84参照）。

50 北方ジャーナル事件
最大判1986〈昭61〉.6.11民集40巻4号872頁

1979年の北海道知事選立候補予定者を攻撃する目的の記事が発売予定誌に掲載されたことに対し

て、被害者が名誉権侵害の予防として出版活動の禁止等を求める仮処分申請を札幌地裁に行ったとこR、同日、無審尋で仮処分決定が認められた。これに対して仮処分と申請が違法であるとして損害賠償請求訴訟が提起され、一審札幌地裁（1980〈昭55〉．7．16民集40巻4号908頁）も、二審札幌高裁（1981〈昭56〉．3．26民集40巻4号921頁）もこれを棄却した。このため、北方ジャーナル側が、仮処分は憲法21条に反するとして上告した。最高裁は、仮処分による事前差止は「検閲」にはあたらないとしたうえで、原則的には事前差止は許されないが「表現内容が真実でなく、又はそれが専ら公益を図る目的のものでないことが明白であって、かつ、被害者が重大にして著しく回復困難な損害を被る虞があるときは、……例外的に事前差止めが許される」と判示した。

51 森林法判決
最大判1987〈昭62〉．4．22民集41巻3号408頁

森林法186条（昭和62年法律48号による改正前）が「森林の共有者は、民法256条第1項の規定にかかわらず、その共有に係る森林の分割を請求することができない。ただし、各共有者の持分の価額に従いその過半数をもって分割の請求をすることを妨げない」と定めて、持分が過半数に達しない場合の分割請求を認めないことの合憲性が争われた。2分の1の持分の共有者からの違憲の主張に対して、一審静岡地裁判決（1978〈昭53〉.10.31民集41巻3号444頁）は、森林経営の零細化防止という「国家の政策的視点」にたつ分割禁止目的を重視して合憲とし、損害賠償の一部の請求だけを認容（分割請求その他の請求は棄却）した。

二審東京高裁判決（1984〈昭59〉．4．25民集41巻3号469頁）が双方の控訴を棄却後、最高裁大法廷判決は、原判決中上告人敗訴の部分について破棄差戻した。多数意見は、立法目的について、森林経営の安定をはかる森林法186条の目的は公共の福祉に合致しないことが明らかであるとはいえないが、目的達成手段については、森林の共有者間の権利義務についての規制は、この目的と合理的関連性があるとはいえない（持分2分の1以下の所有者の分割請求権を否定したこととの間には、

合理的関連性がない）として森林法186条を憲法29条2項に違反し無効であると判断した。

判旨は、従来の積極・消極目的二分論を採用しなかった（従来の積極的規制にあたるとして合憲判断を示したのは、香川裁判官の反対意見のみであった）点で特徴をもっていたため、学説上も議論が続いた。

52 サンケイ新聞意見広告事件
最二判1987〈昭62〉．4．24民集41巻3号490頁

自民党がサンケイ新聞に掲載した意見広告が共産党の名誉を毀損したとして、共産党Xが同じスペースの反論文を無料かつ無修正で掲載することを、産経新聞社Yに要求したところYが拒絶した事件である。Xは、反論文掲載を求める仮処分を東京地裁に申請したところ名誉毀損が成立しないことを理由に却下されたため、反論文無料掲載を求めて本案訴訟を提起した。一審（東京地判1977〈昭52〉．7．13判時857号30頁）も、二審（東京高判1980〈昭55〉．9．30判時981号43頁）も請求を棄却したため上告した。最高裁は、私人間では「憲法21条の規定から直接に、……反論文掲載の請求権が他方の当事者に生じるものではない」とし、「新聞を発行・販売する者にとっては……紙面を割かなければならなくなる等の負担を強いられるのであって、これらの負担が、批判的な記事、ことに公的事項に関する批判的な記事の掲載をちゅうちょさせ、憲法の保障する表現の自由を間接的に侵す危険につながるおそれも多分に存する。……このように、反論権の制度は、民主主義社会においてきわめて重要な意味をもつ新聞等の表現の自由に重大な影響を及ぼすものであり、……不法行為が成立する場合……は別論として、……具体的な成文法の根拠がないのに、……反論文掲載請求権をたやすく認めることはできない」と指摘して反論権の成立を否定した。

53 自衛官合祀訴訟
最大判1988〈昭63〉．6．1民集42巻5号277頁

殉職した自衛官を社団法人隊友会山口県支部連

合会と自衛隊山口県地方連絡部（地連）が共同して山口県護国神社に合祀申請した行為に対して、これを拒んでいたクリスチャンの妻が政教分離原則や宗教的人格利益が侵害されたとして提訴した事件である。一審山口地裁判決（1979〈昭54〉．3．22判時921号44頁）は、合祀申請行為を隊友会と地連の共同行為と認め、神社の宗教を助長・促進する宗教的活動にあたり、かつ、配偶者の死に関する妻の宗教上の人格権を侵害する違法な行為であると判断した。二審広島高裁判決（1982〈昭57〉．6．1判時1046号3頁）も、国に対する請求については原審判決を維持したが、隊友会については被告適格がないとして請求を却下した。

最高裁は、国に100万円の支払いを命じた一・二審を破棄して原告の全面敗訴とした。判旨はまず、合祀申請が隊友会の単独行為であると認定し、「本件合祀申請に至る過程において、……地連職員の行為は、……国又はその機関として特定の宗教への関心を呼び起こし、あるいはこれを援助、助長、促進し、又は他の宗教に圧迫、干渉を加えるような効果をもつものと一般人から評価される行為とは認め難い」として憲法20条3項の宗教的活動にあたらないとして政教分離原則違反の点を否定した。そのうえで「原審が宗教上の人格権であるとする静謐な宗教的環境の下で信仰生活を送るべき利益なるものは、これを直ちに法的利益として認めることができない性質のものである」として宗教的人格権を否定した。伊藤反対意見は、宗教上の心の静穏の要求も法的利益であるとし、少数者保護の視点が必要であることを指摘したが、多数意見は、護国神社の宗教的活動を保護する視点から宗教的寛容を説いた。

54 麹町中学内申書事件
最二判1988〈昭63〉．7．15判時1287号65頁

麹町中学校の生徒が高校進学を希望したが、内申書の記載が理由で受験した全日制高校のすべての入試で不合格になったとして、国家賠償請求を提起した事件である。その内容は、「校内において麹町中全共闘を名乗り、機関紙『砦』を発行した。学校文化祭の際、粉砕を叫んで他校の生徒とともに校内に乱入し、ビラまきを行った。大学生ML派の集会に参加している」などであった。これについて一審東京地裁判決（1979〈昭54〉．3．28判時921号18頁）は、内申書の分類評定が「非合理的もしくは違法な理由もしくは基準に基づいて」なされたもので、学習権を不当に侵害する違法なものであるとして慰謝料請求を認めた。二審東京高裁判決（1982〈昭57〉．5．19判時1041号24頁）は、これを覆して慰謝料請求を斥けた。最高裁も、「いずれの記載も、上告人の思想、信条そのものを記載したものでないことは明らかであり、右の記載に係る外部的行為によっては上告人の思想、信条を了知し得るものではない」として憲法19条違反の主張を斥けて上告を棄却した。

55 法廷メモ採取事件（レペタ訴訟）
最大判1989〈平元〉．3．8民集43巻2号89頁

法廷でメモを取ることを裁判長に申請したが許可されなかった傍聴人（アメリカ人弁護士レペタ）が憲法21条や国際人権規約等に反するとして損害賠償を求めた訴訟で、一審東京地裁判決（1987〈昭62〉．2．12判時1222号28頁）は、メモ行為は憲法上当然には保障されていないとして請求を棄却した。二審東京高裁（1987〈昭62〉．12.25判時1262号30頁）も訴訟の公正かつ円滑な運営という利益を重視して控訴棄却した。

最高裁も上告は棄却したものの、メモを取る自由は憲法21条の精神に照らして尊重されるべきであり、公正かつ円滑な訴訟の運営を妨げるという特段の事情のないかぎり、故なく妨げられてはならない、と判示した。学説では、法廷でメモを取ることは「知る権利」の行使であるとして表現の自由に属するという見解が有力である。

56 百里基地訴訟
最三判1989〈平元〉．6．20民集43巻6号385頁

航空自衛隊基地の建設予定地である茨城県東茨城郡小川町百里ヶ原の土地を基地反対派のYに売却した住民Xは、所有権移転登記（一部は仮登記）をした後、契約を解除して防衛庁との間に売買契約を結んだ。Xと国がYに対して所有権

移転登記抹消等の訴えを提起したため、Y側は憲法違反の自衛隊基地建設を目的とする契約は無効であると主張した。一審の水戸地裁（1977〈昭52〉．2．17判時842号22頁）は、Xと防衛庁の売買契約を有効とする判決を下したが、自衛隊の合憲性については、自衛隊は一見明白に侵略的であるとはいえないので、統治行為として司法審査の範囲外にあり、違憲無効と断ずることはできないとした。二審東京高裁（1981〈昭56〉．7．7判時1004号3頁）は、売買契約をめぐる一審の事実認定を支持し、自衛隊基地建設のための土地取得行為は公序良俗違反ではないとして、控訴を棄却した。

最高裁は、憲法98条1項の「国務に関するその他の行為」には私法的行為は含まれないという立場にたって、国が行う私法的行為については憲法9条の直接適用をうけず民法90条の公序良俗の一部を形成していると解し、当該行為が反社会的行為であるとする「社会の一般的な観念」は成立していないとして、上告を棄却した。

57 岐阜県青少年保護育成条例事件

最三判1989〈平元〉．9．19刑集43巻8号785頁

岐阜県青少年保護育成条例は、「著しく性的感情を刺激し、又は著しく残忍性を助長するため、青少年の健全な育成を阻害するおそれがある」図書や、ポルノ写真・刊行物を知事が「有害図書」として指定し、それを青少年に販売・配布・貸付するために自動販売機に収納することを禁止し、違反行為に罰金を科すことを定めていた。この条例違反で起訴され、一審・二審で有罪とされたXが憲法21条、31条違反を主張して上告した。

最高裁は、条例を合憲とした。判旨は「検閲」にあたらず、青少年に対する関係はもとより、成人に対する関係でも、青少年の健全な育成という目的を達するための「必要やむを得ない制約」で21条1項に反しないとした。学説では、「有害図書」と青少年非行化との関係を前提的に承認して表現の自由の制約を正当化した点に批判が多い。

58 記帳所事件（天皇の民事裁判権訴訟）

最二判1989〈平元〉．11.20民集43巻10号1160頁

昭和天皇が重病の床にあった1988年秋以降、国民の間に歌舞音曲を謹むいわゆる「自粛ムード」が広がり、各地で病気快癒を願う記帳が行われた。このような状況下で、同年9月23日から翌年1月6日まで、千葉県知事が天皇の病気快癒を願う県民の記帳所を公費で設置したことに対して、住民から知事に対して損害賠償請求訴訟が提起され、あわせて天皇の不当利得の返還を相続人たる現天皇に対して請求する民事訴訟が提起された。一審の千葉地裁判決（1989〈平元〉．5.24民集43巻10号1166頁）は、公人としての天皇の行為に対する責任は内閣が負うため、「天皇に対しては民事裁判権がない」と解釈し、訴えを不適法として却下した。二審東京高裁判決（1989〈平元〉．7.19民集43巻10号1167頁）は、天皇に民事裁判権が及ぶとすることは天皇の憲法上の地位にそぐわない、と判断して訴えを却下した。

最高裁判決は、「天皇は日本国の象徴であり日本国民統合の象徴であることにかんがみ、天皇には民事裁判権が及ばないものと解するのが相当である」として上告を棄却した。このように、判例では天皇の私的行為について民事裁判権が否定されたことに対して、学説から疑義が提示された。憲法上は天皇の国事行為については内閣がかわって責任を負い、公的行為についても責任の所在が明確にされているところからすれば、私的行為について法的責任をまったく負わないとする解釈は国民主権や法の下の平等を原則とする憲法下で認められないと解されること、また、神権天皇制を認めた旧憲法下でさえ天皇の御料について民事裁判権が及ぶと解されていたことからしても、日本国憲法下の天皇についてこれをまったく否定することはできないと解されるためである。

Ⅵ 1990年代　[1990(平2)-1999(平12)年]

59 伝習館事件判決
最一判1990〈平2〉.1.18民集44巻1号1頁

　文部省の学習指導要領に定められた内容を逸脱し、所定の教科書を使用しなかった高校教師3人が福岡県教育委員会から懲戒免職処分をうけたことで、教師の教育の自由について争われた事件である。一審の福岡地裁判決（1978〈昭53〉.7.28判時900号3頁）は、学習指導要領は法的拘束力をもつが、目標・内容は訓示規定であってただちに法的拘束力をもつとは解されないとして2人について免職処分の執行停止を命じた。

　控訴審判決（福岡高判1983〈昭58〉.12.24行集34巻12号2242頁）は、学テ訴訟最高裁判決をうけて、「国および教師の一方にのみ普通教育の内容および方法を決定する権能があるとするのは相当でなく」国も必要かつ合理的な範囲に限って教育内容と方法についての基準を設定しうると判断しつつ、裁量権の逸脱を認めて2人についての懲戒処分を取り消した。しかし最高裁判決は、原審を破棄して一審判決を取り消し、教師の教育の自由にも制約があるとして、教師の行為は教師の裁量の範囲を逸脱しているため懲戒処分が妥当であるとした。学習指導要領の法的性格についても、法規としての性質を有するとした原審は正当であるとしてその法的拘束力を承認した形となった。

60 TBSビデオテープ差押事件
最二決1990〈平2〉.7.9刑集44巻5号421頁

　1990年に東京放送（TBS）が放送したドキュメンタリー番組「潜入ヤクザ24時」を発端として暴力団員が逮捕・起訴された。警視庁では捜査の必要から差押許可状を得て未編集テープ29巻を押収したのに対して、TBSは報道・取材の自由に重大な支障をきたすとして準抗告を申し立てたところ、東京地裁がこれを棄却したため、特別抗告に及んだ。

　最高裁は、博多駅事件決定を踏襲して「取材の自由も、憲法21条の趣旨に照らし十分尊重されるべきもの」として捜査の必要性と報道の自由侵害の程度等を比較衡量すべきであるとしつつ、「事情を総合すると、本件差押は、適性迅速な捜査の遂行のためやむを得ないものであり、申立人の受ける不利益は、受忍すべきものというべきである」と述べて、本件のビデオテープの差押・押収を認めて抗告を棄却した。

61 成田新法事件
最大判1992〈平4〉.7.1民集46巻5号437頁

　1988年に制定された新東京国際空港の安全確保に関する緊急措置法（いわゆる成田新法）に基づいて発せられた運輸大臣の工作物等使用禁止命令の取消を求めた事件である。一・二審で請求が棄却された後、最高裁は、一部破棄自判、一部棄却の判決を下した。

　最高裁判決は、「憲法31条の定める法定手続の保障は、直接には刑事手続に関するものであるが、行政手続については、それが刑事手続でないとの理由のみで、そのすべてが当然に同条による保障の枠外にあると判断することは相当ではない」としつつ、「事前の告知、弁解、防禦の機会を与えるかどうかは、行政処分により制限を受ける権利利益の内容、性質、制限の程度、行政処分により達成しようとする公益の内容、程度、緊急性等を総合較量して決定されるべきものであって、常に必ずそのような機会を与えることを必要とするものではない」と述べ、限定つきで31条の行政手続への「適用」ないし準用を認めた。現実には、1997年に行政手続法（平成5年法律88号）が制定され、不利益処分について聴聞および弁明の機会の付与が明示的に保障された。

62 箕面忠魂碑訴訟
最三判1993〈平5〉.2.16民集47巻3号1687頁

　戦前、軍国主義の発揚のために各地に国家神道の一施設として建立された忠魂碑に対する地方自治体の補助金支出等が問題になった一連の訴訟である。まず、大阪府箕面市が、小学校増改築のために遺族会所有の忠魂碑を公費で移転・再建し、市有地を遺族会に無償貸与したことに対して、政

教分離原則に反するとして住民訴訟が提起された。一審大阪地裁判決（1982〈昭57〉. 3 .24判時1036号20頁）は、忠魂碑は宗教的施設であり、目的・効果基準に照らして違憲であると判示して請求を一部認容した。また、遺族会主宰の慰霊祭に教育長らが出席したことが政教分離に違反するか否かが問題になった別の慰霊祭訴訟の一審大阪地裁判決（1983〈昭58〉. 3 . 1 行集34巻 3 号358頁）では、参列は私的行為であって参列した時間分の給与は不当利得として返還する義務を負うと判断されたが、二審大阪高裁判決（1987〈昭62〉. 7 .16行集38巻 6 ・ 7 号561頁）ではこの判断は全面的に覆された。最高裁も、忠魂碑は宗教的施設ではなく、遺族会も20条 3 項等の宗教団体ではないうえに、慰霊祭参列行為も社会的儀礼行為であって同条の宗教的活動にあたらないとして二審を支持して決着した。ここでは相対的分離説、制度的保障説を基礎に目的・効果基準が適用されたが、結論として地方公務員が慰霊祭に出席して玉串奉呈等の行為をすることを安易に社会的儀礼とみなしたことには疑問も提示されている。

63 教科書裁判（第一次家永訴訟）
最三判1993〈平 5 〉. 3 .16民集47巻 5 号3483頁

歴史学者の家永三郎東京教育大学教授（当時）が執筆した高校用教科書『新日本史』について、1963年に 5 訂版が検定不合格処分をうけ、1964年には300項目の修正意見つきで条件付合格とされた。そこで家永教授は、この検定を違憲・違法として1965年に国を相手どって国家賠償請求訴訟（第一次家永訴訟）を、ついで67年に文部大臣を相手どって不合格処分取消請求訴訟を提起した（第二次家永訴訟）。

判決は、最初に第二次訴訟一審判決（杉本判決・東京地判1970〈昭45〉. 7 .17行集21巻 7 号別冊 1 頁）がだされ、「国民の教育権」説を前提に、当該教科書検定が「教科書執筆者としての思想（学問的見解）内容を事前に審査するものというべきであるから、憲法21条 2 項の禁止する検閲に該当し、同時に……記述内容の当否に介入するものであるから、教育基本法10条に違反する」と判示して原告が勝訴した。次に、第一次訴訟の一審判決（高津判決・東京地判1974〈昭49〉. 7 .16判時751号47頁）がだされ、杉本判決と真っ向から対立する内容で原告が敗訴となった。

この両者を比較すると、第一の論点である憲法26条・23条と教育の自由の理解について、杉本判決は、教育の本質は子どもの教育を受ける権利に対応すると解して「国家の教育権」説を否定し、教師の教育の自由も23条で保障されており学問と教育の自由は不可分一体と解した。これに対して、高津判決は、国の教育は国民の付託に基づき教育内容にも及ぶとして「国家の教育権」説にたった。また23条に教育の自由が含まれるとしても下級教育機関では画一化が要請され自由は制約されるとした。第二の論点である教育基本法10条と法治主義の理解については、杉本判決は行政当局も不当な支配の主体たりうるが法治主義には違反しないと解し、高津判決は議会制民主主義の原理から法律により公教育権が国家にあるとした。第三の論点である憲法21条の検閲該当性については、杉本判決は、検定自体は必ずしも検閲でないが本件はこれに該当するとしたのに対して、高津判決は、検定は検閲にあたらず、出版の自由の制限は受忍すべきであると、対照的な見解を示した。

その後、第一次訴訟の控訴審判決（鈴木判決・東京高判1986〈昭61〉. 3 .19判時1188号 1 頁）は本件検定を制度上も適用上も合憲・合法とした。その上告審判決（本件1993〈平 5 〉 3 .16）も、国が「必要かつ相当と認められる範囲において、子どもに対する教育内容を決定する権能を有する。もっとも、教育内容への国家的介入はできるだけ抑制的であることが要請され、殊に、子どもが自由かつ独立の人格として成長することを妨げるような介入は……許されない」としつつ、当該検定不合格処分に文部大臣の裁量の逸脱はないとして合憲・合法の判断を下した。

一方、第二次訴訟の控訴審判決（畔上判決・東京高判1975〈昭50〉.12.20行集26巻12号1446頁）は、本件不合格処分の違法性を認めて家永原告の勝訴とした。しかし上告審判決（最一判1982〈昭57〉. 4 . 8 民集36巻 4 号594頁）は、学習指導要領改定後の訴えの利益の問題に関して破棄差戻の判決を下し、差戻審（東京高判1989〈平元〉. 6 .27行集40巻 6 号661頁）では訴えの利益を欠くと判断して一審判決を取り消し、家永敗訴が確定した。

さらに1984年、国に200万円の賠償を求める国

家賠償請求訴訟としての第三次家永訴訟が提起された。一審判決（加藤判決・東京地判1989〈平元〉.10.3判時臨時増刊1990.2.15号3頁）は、1カ所の記述に対する検定の行き過ぎを認め、控訴審判決（川上判決・東京高判1993〈平5〉.10.20判時1473号3頁）も3カ所について検定を不当としたが、検定の合憲性については第一次訴訟の最高裁判決に従った。上告審では、原審で認定された3カ所に加えて、第二次大戦中の日本軍の七三一部隊に関する記述についても文部省の行き過ぎを認めて違法とし、合計40万円の損害賠償の支払いを国に命じた（最三判1997〈平9〉.8.29民集51巻7号2921頁）。

64 ロッキード（丸紅ルート）事件
最大判1995〈平7〉.2.22刑集49巻2号1頁

1972年にアメリカの航空会社が日本への航空機売り込みのために当時の日本政府高官に工作資金を提供し、航空会社に特定の航空機の選定購入を勧奨するよう運輸大臣に働きかけることが賄賂罪における職務行為に当たるかどうかが争点となったのがロッキード事件である。いわゆる丸紅ルート事件では、収賄罪の要件に関して内閣総理大臣の職務行為の認定が問題となった。一審（東京地判1983〈昭58〉.10.12判時1103号3頁）で有罪が認定され、控訴審（東京高判1985〈昭62〉.7.29高刑集42巻2号77頁）でも受託収賄が認定された。

最高裁多数意見は、運輸大臣と内閣総理大臣の職務権限を問題とし、後者について、「内閣総理大臣が行政各部に対し指揮監督権を行使するためには、閣議にかけて決定した方針が存在することを要するが、閣議にかけて決定した方針が存在しない場合においても、内閣総理大臣の右のような地位及び権限に照らすと、流動的で多様な行政需要に遅滞なく対応するため、内閣総理大臣は、少なくとも、内閣の明示の意思に反しない限り、行政各部に対し、随時、その所掌事務について一定の方向で処理するよう指導、助言等の指示を与える権限を有する」とした。そのうえで、「内閣総理大臣として運輸大臣に前記働き掛けをすることが、賄賂罪における職務行為に当たるとした原判決は、結論において正当」として上告棄却した。

ただし園部・大野・千種・河合裁判官の補足意見は、「内閣総理大臣の指揮監督権限は、本来憲法七二条に基づくものであって、閣議決定によって発生するものではない。」とし、「[[閣議の] 方針決定を欠く場合であっても、それは、内閣法六条による指揮監督権限の行使ができないというにとどまり、……内閣総理大臣の自由な裁量により臨機に行使することができる」と述べた。

65 外国人参政権訴訟
最三判1995〈平7.〉.2.28民集49巻2号639頁

定住外国人の参政権に関する訴訟は、①永住外国人の国政選挙権を求める訴訟、②在日韓国人の地方選挙権・被選挙権を求める訴訟など、数多く存在する。判例は、①の国政選挙権・被選挙権については、国民主権の原則から憲法15条の「国民」を国籍保持者と解して訴えを斥けたが、②の地方参政権に関する訴訟では、1995〈平7〉年最高裁判決において、立法政策により定住外国人に地方選挙権を認めることは憲法上禁止されていないという判断（いわゆる許容説の立場）を示した。この判決は、（ⅰ）憲法15条1項は、権利の性質上日本国民のみをその対象として日本国に在留する外国人には及ばない、（ⅱ）憲法93条の「住民」についても「地方公共団体の区域内に住所を有する日本国民を意味するもの解するのが相当であり」、日本国に在留する外国人に対して選挙権を保障したものと解することはできない、（ⅲ）しかしながら、第8章の地方自治の制度の趣旨からすれば、在留外国人のうちでも永住者等で居住区域と特段に密接な関係をもつに至ったと認められる者については、その意思を公共的事務処理に反映させるべく地方公共団体の長・議員等の選挙権を付与することは憲法上禁じられていない、と結論した。

66 泉佐野市民会館事件
最三判1995〈平7〉.3.7民集49巻3号687頁

本件は、関西新空港反対集会のための泉佐野市民会館使用不許可に関する国家賠償請求事件である。集会を企画したXらは市民会館条例に基づ

いて市長にホールの使用許可を申請したが「公の秩序をみだすおそれ」等を理由に不許可処分が下されたため、国賠法による賠償請求訴訟を提起した。一審（大阪地判）・二審（大阪高判）はいずれも不許可処分を適法として請求を棄却したため、本件条例の憲法21条違反、不許可処分の憲法21条違反および地方自治法244条（正当な理由がない限り、公の施設の利用を拒否できないこと等を定める）違反を主張して上告した。

最高裁判決は、不許可事由としての「公の秩序をみだすおそれがある場合」を「本件会館における集会の自由を保障することの重要性よりも、本件会館で集会が開かれることによって、人の生命、身体又は財産が侵害され、公共の安全が損なわれる危険を回避し、防止することの必要性が優越する場合」に限定して解すべきだとし、その危険性は、客観的事実に照らして「明らかな差し迫った危険の発生が具体的に予見されることが必要である」と判示した。そして比較衡量の基準にたちつつ市民会館条例に合憲限定解釈を加えれば憲法21条や地方自治法244条に違反しないと判断した。

67 日本新党繰上げ当選事件
最一判1995〈平7〉．5．25民集49巻5号1279頁

1992年7月の参議院比例代表選挙後、日本新党が比例代表候補者名簿順位第5位の候補者（次点により落選）を除名処分にしたところ、第1・2順位者の辞任によりXより下位の第6・7順位者が繰り上げ当選した。そこでXは除名の不存在ないし無効を理由に中央選挙管理会に対して公職選挙法（平成6年改正前のもの）208条の当選訴訟を提起した。原審では繰上げ当選の効力が争われ、東京高裁判決（1994〈平6〉．11.29判時1513号60頁）は、除名処分を公序良俗に反して無効であると判断し、繰上げ当選決定も無効と判断した。

これに対して、最高裁は、逆に、政党の自律性を重視し、本件のような場合には、除名届が適法になされていることから、「Xの除名が無効であるかどうかを論ずるまでもなく、本件当選印決定を無効とする余地はない」と述べ、当選無効の判断をしえないとして原審を破棄した。

68 オウム真理教解散命令事件
最一決1996〈平8〉．1．30民集50巻1号199頁

1995年3月、猛毒ガスのサリンを組織的に生成し地下鉄内で散布して多数の死傷者を出したオウム真理教が、宗教法人法81条に定める「法令に違反して、著しく公共の福祉を害すると明らかに認められる行為」および「宗教団体の目的を著しく逸脱した行為」を行ったとして、検察官および諸官庁は東京地裁に対して解散命令の請求を行った。東京地裁は、宗教法人の解散命令を認める決定を行い（東京地決1996〈平8〉．1．30判時1544号43頁）、控訴審もこれを支持して即時抗告も棄却した。そのため、教団信者の信教の自由の侵害等を理由に、抗告棄却決定に対する特別抗告がなされたところ、最高裁は、特別抗告を棄却した。

最高裁は、解散命令の制度は「専ら宗教法人の世俗的側面を対象とし、かつ、専ら世俗的目的によるものであって、宗教団体や信者の精神的・宗教的側面に容かいする意図によるものではなく、その制度の目的も合理的である」として本件解散命令を合法とし、即時抗告を棄却した原決定が憲法20条1項に反しないとした。

69 剣道実技拒否事件
最二判1996〈平8〉．3．8民集50巻3号469頁

エホバの証人という宗教の教義に基づいて必修科目の体育の剣道実技を拒否して原級留置・退学処分を受けた神戸市立工業高等専門学校の生徒が、その処分は信教の自由を侵害するものであるとして処分取消を求めて争った事件である。一審判決（神戸地判1993〈平5〉．2.22判タ813号134頁）は、剣道に代替する措置をとると「公教育の宗教的中立性に抵触するおそれがある」として請求を棄却した（ほかに原級留置処分の執行停止を求めた訴訟でも、同旨の判示がなされた）。

控訴審判決（大阪高判1994〈平6〉．12.22行集45巻12号2069頁）と同様、上告審判決は、学校側の措置は「社会観念上著しく妥当を欠く処分」であり「裁量権の範囲を超える違法なもの」であると判示した。その理由は、「剣道実技の履修が必須のものとまではいい難く、体育科目による教育目

③ 憲法関連 重要判例解説

的の達成は、他の体育種目の履修などの代替的方法」によっても性質上可能であること、学生の剣道実技拒否の理由は「信仰の核心部分と密接に関係する真しなもの」でその不利益（原級留置、退学処分）はきわめて大きいこと、代替措置をとっても「その目的において宗教的意義を有し、特定の宗教を援助、助長、促進する効果を有するものということはできず、他の宗教者又は無宗教者に圧迫、干渉を加える効果があるともいえない」こと、「当事者の説明する宗教上の信条と履修拒否との合理的関連性が認められるかどうかを確認する程度の調査」は、「公教育の宗教的中立性に反するとはいえない」ことなどである。

いてアメリカの憲法理論でいう「敵対的聴衆（敵意ある聴衆、hostile audience)」の理論があてはまる。これは、泉佐野市民会館事件判決でも採用されていたが、本件について違法判断が導かれたことで、最高裁が精神的自由の制約に対して厳格な審査基準によって判断したものとして評価される。もっとも、他方で「多数の暴力主義的破壊活動者の集合の用に供され又は供されるおそれがある工作物」の使用を運輸大臣が禁止することができる旨定める特別立法（成田新法）について、比較衡量の基準を用いて「公共の福祉による必要かつ合理的なもの」とした判例（1992〈平4〉.7.1民集46巻5号437頁）も存在する（本書61参照））。

70 上尾市福祉会館事件
最二判1996〈平8〉.3.15民集50巻3号549頁

本件は、労働組合幹部の合同葬のための福祉会館使用不許可事件である。福祉会館長が、本件合同葬の妨害による混乱の発生および会館内の結婚式場等の利用への支障の発生を理由に会館の利用を不許可にしたことについて、一審判決（浦和地判1991〈平3〉.10.11判時1426号115頁）は不許可処分を違法とし、控訴審判決（東京高判1993〈平5〉.3.30判時1455号97頁）は合法とした。

これに対して、最高裁は、「正当な理由がない限り」利用を拒んではならず、その利用について「不当な差別的取扱いをしてはならない」とする地方自治法244条2・3項および同会館管理条例6条1項を厳格に解釈し、「客観的な事実に照らして具体的に明らかに予測される場合に初めて、本件会館の使用を許可しないことができる」と解した。さらに、主催者が集会を平穏に行おうとしているのに、反対者らが実力で妨害しようとしていることを理由に公の施設の利用を拒むことができるのは、「警察の警備等によってもなお混乱を防止することができないなど特別な事情がある場合に限られる」とした。結局、管理上の支障が生じる事態が「客観的な事実に照らして具体的に明らかに予測され」たものとはいえないとして、当該不許可処分を違法と判断した。

ここでは、反対者の妨害のおそれを理由に公の施設の利用を拒むことは許されないという点につ

71 南九州税理士会事件
最三判1996〈平8〉.3.19民集50巻3号615頁

税理士法改正にかかわる政治献金のために徴収された特別会費の支払を拒んだ会員の税理士が、役員の選挙権・被選挙権を停止されたため特別会費納入義務の不存在の確認や慰謝料の支払を求めて出訴した事件である。一審熊本地裁判決（1986〈昭61〉.2.13判時1181号37頁）は、政治団体に対する寄付が強制加入制の公益法人である税理士会の目的の範囲内とはいえないとして請求を認めたが、二審福岡高裁判決はこれを覆した（1992〈平4〉.4.24判時1421号3頁）。

最高裁判決は、税理士法が税理士会を強制加入の法人としている以上、会員にはさまざまの思想・信条および主義・主張を有する者が存在することは当然に予定されるから会員に要請される協力義務にも限界があり、とくに政治団体に対する寄付は会員各人が自主的に決定すべき事柄であるから、税理士法49条2項所定の「税理士会の目的」の範囲外の行為である、として無効とした（八幡製鉄事件、本書24、群馬司法書士会事件）（本書79参照）。

72 沖縄県知事代理署名拒否訴訟

最大判1996〈平8〉.8.28民集50巻7号1952頁

沖縄住民の土地を米軍基地として強制使用するため、駐留軍用地特別措置法に基づいて、1995年に使用認定告示がなされたのに対して、土地所有者の署名拒否、市町村長の代理署名拒否に続いて、県知事も代理署名の代行を拒否したため、内閣総理大臣が県知事を相手取って職務執行命令訴訟を提起した。福岡高裁那覇支部は、実体審理をほとんど行うことなく職務執行を命じた（1996〈平8〉.3.25行集47巻3号192頁）。

最高裁も、砂川事件最高裁判決の判旨をふまえて（駐留米軍が9条等の趣旨に適合するという前提にたって）前記特別措置法が「憲法前文、9条、13条、29条3項に違反しない」とし、さらに、31条、14条、92条、95条に違反するとする主張も採用することができないとして上告を棄却し、県知事に代理署名を命ずる判決を下した。

73 愛媛玉串料訴訟

最大判1997〈平9〉.4.2民集51巻4号1673頁

愛媛県知事が在職中の1981年から1986年までの間に、靖国神社と県護国神社に対して玉串料・献灯料（13回分7万6千円）と供物料（9回分9万円）を公金から支出したことの違憲性を争った住民訴訟である。一審判決（松山地判1989〈平元〉.3.17行集40巻3号188頁）は、「その目的が宗教的意義をもつことを否定できないばかりでなく」、本件支出は「県と靖国神社との結びつきに関する象徴としての役割を果たしており、県護国神社の宗教活動を援助、助長、促進する効果を有する」ので、「わが国の文化的・社会的諸条件に照らして考えるとき、もはや相当とされる限度を超え」違憲である旨判示した。二審高松高裁判決（1992〈平4〉.5.12行集43巻5号717頁）は、玉串料の支出は「神道の深い宗教心に基づくものではなく」、その額も「社会的な儀礼の程度」であるとして、目的・効果基準に照らして合憲と判断した。

しかし、最高裁大法廷は、精神的自由の領域では珍しく違憲の判断を示し、一部破棄自判、一部上告棄却の判決を下した。多数意見は、政教分離原則について従来の相対的分離説を維持し、目的・効果基準を採用しつつ、玉串料・献灯料・供物料の奉納は慣習化した社会的儀礼にはとどまらず、「その目的が宗教的意義を持つことを免れず、その効果が特定の宗教に対する援助、助長、促進になると認めるべきであり、これによってもたらされる県と靖国神社等とのかかわり合いが我が国の社会的・文化的諸条件に照らし相当とされる限度を超えるもの」として、「憲法20条3項の禁止する宗教的活動に当たる」と解して違憲判断を下した。

さらに、「本件支出は、憲法89条の禁止する公金の支出に当たり、違法というべきであるとした。これまでの地鎮祭判決や忠魂碑判決と比較した場合にも、公金支出の対象である靖国神社と護国神社が明白な宗教施設であること、行為についても（社会慣習との区別が曖昧な地鎮祭とは異なって）明白に宗教的意義をもつ玉串料・献灯料の奉納であること、さらにこのような公金支出行為は提訴当時では愛媛県を含めて7県と少数であったなどの諸条件を考慮すれば、従来の最高裁の審査基準の枠内でも違憲判断の結果は妥当なものであったといえる。なお、本件は、住民が、地方自治法242条の2第1項（平成14年改正前のもの）に基づいて提起した損害賠償代位請求訴訟であり、一審判決のとおり白石元県知事に対する請求を認容して愛媛県への損害賠償支払いを認め、それ以外の被上告人らに対する請求は棄却すべきであるとした。

74 国会議員の免責特権（国賠請求事件）

最三判1997〈平9〉.9.9民集51巻8号3850頁

国会議員の発言により名誉を害されたことが原因で当事者の病院長が自殺した事例で、一審判決は、国会議員の発言が名誉毀損にあたるような特別の事情がある場合には国の賠償責任が生じるとして、国家賠償責任の可能性を示唆した（札幌地判1993〈平5〉.7.16判時1484号115頁）。

控訴審では、、賠償が認められる場合として「虚偽であることを通常払うべき注意義務をもってすれば知り得たにも拘らずこれを看過して摘示

した」場合が想定されていた(札幌高判1994〈平6〉.3.15民集51巻8号3881頁)。

これに対して、最高裁判決は、国家賠償が認められるためには「その職務とかかわりなく違法又は不当な目的をもって事実を摘示し、あるいは、虚偽であることを知りながらあえてその事実を摘示するなど、国会議員がその付与された権限の趣旨に明らかに背いてこれを行使したものと認め得るような特別の事情があることを必要とする」とし、結論的には特別の事情は認められないとして、原審同様、賠償請求を棄却した。

75 東京都青年の家事件
東京高判1997〈平9〉.9.16判タ986号206頁

1990年に宿泊施設「東京都府中青年の家」の利用を申し込んだ同性愛者の団体(動くゲイとレズビアンの会、通称アカー)に対して、東京都が「青少年の健全な育成に悪い影響を与える」として男女別室ルールを援用して利用を拒絶したことに対して、1991年2月に提訴された。一審東京地裁判決(1994〈平6〉3.30判時1509号80頁)では、「従来同性愛者は社会の偏見の中で孤立を強いられ、自分の性的指向について悩んだり、苦しんだりしてきた」とのべて東京都の処分は不当なものであったと判断し原告団体が勝訴した。

控訴審では、東京都側は「同性愛という性的指向を、性的自己決定能力を十分にもたない小学生や青少年に知らせ混乱をもたらすこと自体が問題」と主張したが、東京高裁は「平成二年当時は、一般国民も行政当局も、同性愛ないし同性愛者については無関心であって、正確な知識もなかったものと考えられる。しかし、一般国民はともかくとして、都教育委員会を含む行政当局としては、その職務を行うについて、少数者である同性愛者をも視野に入れた、肌理の細かな配慮が必要であり、同性愛者の権利、利益を十分に擁護することが要請されているものというべきであって、無関心であったり知識がないということは公権力の行使に当たる者として許されないことである。このことは、現在ではもちろん、平成二年当時においても同様である。」として都教育委員会の職務上の過失を認め、「同性愛者の利用権を不当に制限し、結果的、実質的に不当な差別的取扱いをしたものであり、……裁量権の範囲を逸脱したものであって、地方自治法二四四条二項、都青年の家条例八条の解釈適用を誤った違法なもの」として損害賠償(167200円)を認めた(確定)。

76 寺西事件
最大決1998〈平10〉.12.1民集52巻9号1761頁

寺西事件では、現職裁判官(判事補)が、通信傍受法の立法化に反対の立場から、令状実務上、通信傍受令状では国民の人権擁護の砦にはなりえないという趣旨の投書を行い、1997年10月2日の新聞紙上に掲載され、当時所属していた旭川地裁所長から書面で厳重注意処分を受けた。その後、同判事補は「盗聴法と令状主義」に関するシンポジウムに出席し、所属する仙台地裁所長の事前の警告等を紹介しつつパネリストを辞退した理由について発言した。この行為が「積極的に政治運動をすること」(裁判所法52条1号)に該当するとして裁判官分限法上の懲戒申立がなされ、1998〈平10〉年7月24日に一審仙台高裁で戒告の決定が下った(民集52巻9号1810頁)。これに対して即時抗告がなされたが、最高裁大法廷はこれを棄却した。

最高裁決定多数意見は、裁判所法52条1号の禁止規定は、裁判官の独立・中立性と裁判に対する国民の信頼を確保する等の目的を有していて合憲であり、憲法21条の表現の自由が裁判官に及ぶとしても、禁止目的が正当で目的と禁止の間に合理的関連性がある場合の制約は認められるとした。そのうえで、法案の廃案をめざす運動の一環としての集会での発言等は、職業裁判官からみて法案には問題が多いというメッセージを場外に伝える効果や運動促進の効果をもつため、52条1号が定める「積極的な政治活動」に該当するとした。

これに対して、反対意見を述べた5人の裁判官のうち、尾崎・遠藤裁判官らは、当該行為が、懲戒の対象行為としての「積極的に政治運動をすること」にあたらないとし、園部裁判官は、在任中の積極的な政治運動の場合にも(職務を甚だしく怠った場合や非行の場合に弾劾による罷免手続に従うほかは)それのみを理由に懲戒処分に付する

ことはできない、として多数意見の結論に反対した。

77 衆議院小選挙区比例代表並立制違憲訴訟

最大判1999〈平11〉.11.10民集53巻8号1577、1704頁

1996年10月20日の衆議院議員選挙は、初めて小選挙区比例代表並立制で実施された。この並立制の合憲性をめぐって、①小選挙区制については選挙区の選挙管理委員会、②比例代表制については中央選挙管理委員会を相手取って、複数の訴訟が提起された。①では（ⅰ）選挙区間の人口の最大格差が1対2.137であり、（ⅱ）政党公認候補が選挙運動や政見放送上有利になったことなどから、小選挙区制の合憲性が争点となった。また、②では、重複立候補制や比例代表制の合憲性が争われた。①に関する東京高裁判決（1997〈平9〉.10.9判時1681号82頁）では、並立制下の選挙制度決定は純然たる政治的判断に委ねられた事柄であり、「衆議院議員選挙の具体的な仕組みを国会の立法裁量に委ねている」として合憲判断を下した。

最高裁は、上記の諸事件（平成11年（行ツ）7・8号、35号）について合憲の判断を下した。①では、「小選挙区制は、憲法の国民代表の原理等に違反するとはいえない」とし、選挙運動の上で差異を生ずるもの場合も「その差異が一般的に合理性を有するとは到底考えられない程度に達しているとは断定し難く、憲法14条1項に違反するとはいえない」として、14人の裁判官全員で合憲判断を示した。ただし選挙区間の人口の較差が1対2をこえる選挙区割の合憲性、および、小選挙区での選挙運動を政党について認めている規定の合憲性については、5人の裁判官の反対意見がこれらを違憲と判断して注目された。②では、「重複立候補制度を採用したこと自体が憲法前文、43条1項、14条1項、15条3項、44条に違反するとはいえないとした」。

Ⅶ 2000年代 ［2000（平12）-2009（平21）年］

78 エホバの証人輸血拒否事件

最三判2000〈平12〉.2.29民集54巻2号582頁

エホバの証人の信者が、信仰上の理由に基づいて輸血拒否をしていたにもかかわらず、医師らが緊急時には輸血することがある旨の方針を伝えず、実際に輸血を行ったことに対して、損害賠償訴訟が提起された。一審は、救命を最優先しても違法性があるとは言えないとして請求を棄却したが、控訴審では、「各個人が有する自己の人生のあり方（ライフスタイル）は自らが決定することができるという自己決定権に由来する」として、生命喪失にかかわる自己決定権を認めたうえで、輸血の説明を怠った点に違法性を認めた（東京高判1998〈平10〉.2.9高民集51巻1号1頁。この判決では、無輸血治療を望んだ患者側の慰謝料請求を一部認容して医師側に50万円の支払いを命じた）。

最高裁も、「患者が、輸血を受けることは自己の宗教上の信念に反するとして、輸血を伴う医療行為を拒否するとの明確な意思を有している場合、このような意思決定をする権利は人格権の一内容として尊重されなければならない」と述べ、医師の説明不足について不法行為を認定して精神的損害の賠償を認めて上告を棄却した。

79 群馬司法書士会事件

最一判2002〈平14〉.4.25判時1785号31頁

税理士会と同様に、公益法人で強制加入団体である司法書士会における総会決議が会員の思想・信条の自由を害するか否かが問題となった事件である。この決議は、阪神・淡路大震災で被災した兵庫県司法書士会に3000万円の復興支援拠出金を寄付するため、会員から登記申請事件一件につき50円の特別負担金の徴収をする内容であった。

一審の前橋地裁判決（1996〈平8〉.12.3判時1625号80頁）は、南九州税理士会事件最高裁判決をうけて、「司法書士会の目的」の範囲外の行為であるとして原告の主張を認めたが、二審東京高裁判決（1999〈平11〉.3.10判時1677号22頁）は、本件寄付は目的の範囲内であるとした。

最高裁判決は、本件負担金の徴収は、「会員の政治的又は宗教的立場や思想・信条の自由」を害するものではないとして上告棄却した。南九州税理士会事件判決と本件判決の結論が異なった理由は、法人の目的の範囲および負担金徴収目的の捉え方の相違にある（前者が政治献金であったのに対して、後者が被災団体への支援金であり、被災地における司法書士業務の円滑な遂行による公的機能回復目的に資する目的であった）と考えられる。もっとも、本件最高裁判決は3対2の僅差で下され、深沢・横尾裁判官の反対意見が3000万円という拠出金額の大きさから権利能力の範囲を超えたものと判断していた点では、疑問がないわけではない（本書[71]参照）。

80 郵便法違憲判決
最大判2002〈平14〉.9.11民集56巻7号1439頁

憲法17条は「何人も、……法律の定めるところにより」国及び公共団体に賠償請求することを認めており、国家賠償法が権力的作用に基づく場合（公務員の故意・過失による違法な損害）と営造物の設置・管理の瑕疵に基づく場合について賠償責任を定める（その他の場合を民法や特別法に委ねている）。実際には、国家賠償法1条1項が、「国又は公共団体の公権力の行使に当る公務員が、その職務を行うについて、故意又は過失によって違法に他人に損害を加えたときは、国又は公共団体が、これを賠償する責に任ずる」として公務員の故意・過失を要件とし過失責任主義をとっているが、挙証が困難になる点が問題となる。1998年に発生した郵便法事件では、旧憲法下の「国家無問責の原則」の残影として国家賠償責任の免除や制限を認める法律の違憲性が争われ、最高裁大法廷は法令の一部違憲を宣言する判決を下した。

本件は、郵便業務従事者の差押債権命令書の誤配によって差押債権券面額の損害を被った原告が国家賠償を請求した事件であり、原審は旧来の判例に従って国の損害賠償責任を免除・制限する郵便法（平成14年法律121号による改正前のもの）68条・73条の規定を合憲と解していた。最高裁は、同法68条・73条のうち「書留郵便物について、郵便業務事業者の故意又は重大な過失によって損害が生じた場合に、不法行為に基づく国の損害賠償責任を免除し、又は制限している部分」、および、「特別送達郵便物について、郵便業務事業者の軽過失による不法行為に基づき」損害が生じた場合に同様の免除・制限を定める部分が憲法17条に違反するとした。また、「国家公務員である郵便業務従事者が、債権差押命令を内容物とする特別送達郵便物を、過失により、民訴法に定める送達方法によらずに第三債務者の私書箱に投函したため、通常の業務の過程において法令の定める職務規範に従って送達されるべき時に上記差押命令が送達されず、上告人の法的利益が侵害され（た）」場合に、国家賠償法1条1項に基づく損害賠償請求の当否を判断するについて事実関係等の審理を尽くすべきであるとして、原審に差戻した（5裁判官によって補足意見・意見が付された）。

本判決も、（憲法17条の具体的権利性を認めたわけではないが、）立法府に無制限の裁量権を付与する」ものではないとして立法裁量を制約した点が注目され、実際に、2002年12月に法改正が行われた。また、差戻審では、訴訟を引き継いだ日本郵政公社との間で和解が成立した。

81 「石に泳ぐ魚」事件
最三判2002〈平14〉.9.24判時1802号60頁

「石に泳ぐ魚」というモデル小説におけるモデルのプライバシーの権利と、作家の表現の自由との対抗が問題となった事件である。「宴のあと」事件以後、名誉毀損に関する「名もなき道を」事件判決（東京地判1995〈平7〉.5.19判タ883号103頁、作家側の勝訴）と、「捜査一課長」事件判決（大阪地判1995〈平7〉.12.19判時1583号98頁、作家側の敗訴）の間で判断が分かれていたが、本件一審判決（東京地判1999〈平11〉.6.22判時1691号91頁）は、プライバシー侵害を認定し、単行本の差止めを認めた。本件では、モデルの容姿や事実の摘示によって読者が実在モデルと作中人物を同定しうることから、虚構と事実を混同する危険が高いことを認め、名誉感情の侵害も認めた。二審東京高裁判決（2001〈平13〉.2.15判時1741号68頁）も、プライバシー侵害と名誉感情の侵害、名誉毀損を認定し、控訴を棄却した。最高裁も原審の判

断を維持し、上告を棄却した。

本件では、（モデルの）プライバシーと（作家の）表現の自由との優劣を比較衡量によって決すべきことが前提とされているが、小説の公表等の差止めが認められた点で、差止の基準が問題となった。最高裁は、重大で回復困難な損害を被らせるおそれを重視して、被侵害利益を総合して差止請求が認められたと解される。

82 早稲田大学江沢民講演会事件
最二判2003〈平15〉．9．12民集57巻8号973頁

大学主催の講演会に参加申込みした学生の氏名・住所等を記載した名簿の写しを警視庁戸塚署に提出した大学の行為がプライバシー侵害にあたるとして学生らが損害賠償を請求した事件である。一審（東京地判2001〈平13〉．4．11判時1752号3頁）につづき、二審判決（東京高判2002〈平14〉．1．16判時1772号17頁）はプライバシー侵害を認めたうえで損害賠償請求を棄却した。

最高裁判決は、本件個人情報を任意に提供した行為は「プライバシーに係る情報の適切な管理についての期待を裏切るものであり、プライバシーを侵害するものとして不法行為を構成する」として、原審判決の一部を破棄して高裁に差戻した。その後、差戻審の東京高裁判決（東京高判2004〈平16〉．3．23判時1855号104頁）により、学生一人5000円の慰謝料が認められた。

83 外国人公務就任権（東京都管理職）事件
最大判2005〈平17〉．1．26民集59巻1号128頁

本件は、東京都の在日韓国人の保健婦（保健師）、鄭香均（チョン・ヒャンギュン）が、管理職の受験資格を拒否されたため提訴した訴訟である。一審の東京地裁判決（1996〈平8〉．5．16判時1566号23頁）は、(a) 国の統治権力を直接行使する公務員と、(b) 間接的にかかわる公務員、(c) 補佐的・補助的な事務などに従事する公務員の三種類を区別し、前二者（a）・（b）とりわけ管理職の国籍要件について、国民主権原理や「当然の法理」を持ち出して合憲の判断をした。

二審の東京高裁判決（1997〈平9〉．11．26判時1639号30頁）は、第二類型（b）の公務員についても、職務の内容や権限と統治作用とのかかわり方等を具体的に検討して外国人の就任を認めるかどうかを検討すべきであるとし、さらに、特別永住者等の地方公務員就任については国家公務員と比べて就任し得る職務の範囲は広くなる、と解して、当該管理職受験資格拒否は管理職への昇任の途をとざすもので憲法22条1項、14条1項に違反すると判示した。

しかし、2005〈平17〉年1月26日の最高裁大法廷判決は、原判決のうち上告人敗訴部分を破棄し、労働基準法3条、憲法14条1項に違反しないとして合憲判断を下した（破棄自判）。本判決では、国民主権の原則に基づき日本国籍を有する者が「公権力行使等公務員」に就任することが想定されており、普通地方公共団体が「一体的な管理職の任用制度を構築して人事の適正な運用を図ること」は合理的理由に基づいているため労働基準法3条にも憲法14条1項にも違反しないと判断した。

84 在外国民選挙権訴訟
最大判2005〈平17〉．9．14民集59巻7号2087頁

公職選挙法では、選挙権行使のためには選挙人名簿に登録されていることが必要であり、その登録は市町村の選挙管理委員会が、当該市町村に住所を有する満20歳以上の日本国民について行うことと定められる（公職法19条以下）。このため、「国外に居住していて国内の市町村の区域内に住所を有していない日本国民」（以下、在外国民）は、選挙資格があるにもかかわらず現実に選挙区に居住していないことから権利行使が制約されてきた。これに対して、1998（平成10）年の公選法改正により、衆議院・参議院議員選挙比例代表選挙において在外選挙人名簿に記載されている有権者の在外投票が認められた（同49条の2）。しかし衆議院小選挙区・参議院選挙区選出議員選挙については認められなかったため訴訟が提起された。

最高裁大法廷は、原審東京高裁判決を破棄して公選法を違憲と判断し、次回の衆議院小選挙区と参議院選挙区選挙で選挙権を行使できるとして地

位の確認をしたうえで、1996年の総選挙で選挙権を行使できなかったことにつき1人あたり5000円の慰謝料を支払うよう命じた。

最高裁判決多数意見は、以下のように判断した。（i）1996年総選挙当時の公選法が、上記の在外国民が国政選挙において投票するのを全く認めていなかったことは、憲法15条1項・3項、43条1項、44条ただし書に違反する。（ii）同法附則8項の規定のうち、対象となる選挙を「当分の間両議院の比例代表選出議員の選挙に限定」する部分は、「遅くとも、本判決言渡し後に初めて行われる衆議院議員の総選挙または参議院議員の通常選挙の時点においては」、憲法15条1項・3項、43条1項、44条ただし書に違反する。（iii）在外国民が、次回の衆議院小選挙区選出議員選挙および参議院選挙区選出議員の選挙において、在外選挙人名簿に登録されていることに基づいて投票をすることができる地位にあることの確認を求める訴えは、適法である。（iv）在外国民は、次回選挙において、在外選挙人名簿に登録されていることに基づいて投票できる地位にある。（v）国会議員の立法行為または立法不作為は、その立法の内容または立法不作為が国民に憲法上保障されている権利を違法に侵害するものであることが明白な場合や、国民に憲法上保障されている権利行使の機会を確保するために所要の立法措置を執ることが必要不可欠であり、それが明白であるにもかかわらず、国会が正当な理由なく長期にわたってこれを怠る場合などには、例外的に、国家賠償法1条1項の適用上、違法の評価を受ける。（vi）在外国民に選挙権行使の機会を確保するためには、立法措置が必要不可欠であったにもかかわらず、「10年以上の長きにわたって国会が上記投票を可能にするための立法措置を執らなかったことは、国家賠償法1条1項の適用上違法の評価を受ける」。本判決は、国賠法上の違法性に関して、「国会が正当な理由なく長期にわたって立法措置を怠った場合」という基準を提示し、1人5000円の慰謝料を認めた（本書49参照）。

85 旭川市国民健康保険料条例事件
最大判2006〈平18〉3.1.民集60巻2号587頁

市町村・特別区が実施する国民健康保険事業の経費いついては、地方税法による国民保険税方式と、国民健康保険法による国民健康保険料という2種類の徴収方式が存在する。秋田市の住民が前者の保険税方法による処分の違憲性を争った秋田市条例事件では、一審に続いて控訴審判決（仙台高裁1982〈昭57〉.7.23行集33巻7号1616頁）も憲法92条、84条に違反して無効であると判断したため、多くの自治体で、後者の保険料方式に転じた。このため本件では、旭川市の条例による保険料徴収方式と租税法律主義との関係が問題となった。一審判決（旭川地判1998〈平10〉.4.21判時1641号29頁）は前記秋田事件控訴審判決に準じて違憲としたが、本件控訴審判決は、賦課・徴収の根拠を条例で定め、保険料率等を下位の法規に委任することは許される、として合憲判断を下した（札幌高判1999〈平11〉.12.21判時1723号37頁）。

2006〈平18〉年の最高裁判決は以下のように指摘して合憲判断を下し、上告を棄却した。
（i）国民健康保険料と憲法84条の「租税」との関係について、「国又は地方公共団体が、課税権に基づき、その経費に充てるための資金を調達する目的をもって、特別の給付に対する反対給付としてでなく、一定の要件に該当するすべての者に対して課する金銭給付は、その形式のいかんにかかわらず、憲法84条に規定する租税に当たる」とした。そのうえで、市町村が行う国民健康保険の保険料は、これと異なり「被保険者において保険給付を受け得ることに対する反対給付として徴収されるもの」であり、「保険料に憲法84条の規定が直接に適用されることはない」が、「形式が税である以上は、憲法84条の規定が適用されることとなる」とした。（ii）「国民健康保険は、……強制加入とされ、保険料が強制徴収され、賦課徴収の強制の度合いにおいては租税に類似する性質を有するものであるから、これについても憲法84条の趣旨が及ぶと解すべきであるが、他方において、保険料の使途は、国民健康保険事業に要する費用に限定されているのであって、法81条の委任に基づき条例において賦課要件がどの程度明確に定められるべきかは、賦課徴収の強制の度合いのほか、

社会保険としての国民健康保険の目的、特質等をも総合考慮して判断する必要がある」とし、(ⅲ)本件の旭川市国民健康保険条例が賦課総額の決定や公示を委任し、市長が公示したこと等は、国民健康保険法81条および憲法84条の趣旨に反しない、とした。また、(ⅳ)恒常的に生活が困窮している状態にある者を保険料の減免の対象としていないことは、国民健康保険法77条の委任の範囲を超えるものではなく、憲法25条、14条に違反しない、とした。

86 首相の靖国神社参拝違憲訴訟
最二判2006〈平18〉.6.23判時1940号122頁

靖国神社への公式参拝については、従来の政府見解では、政教分離原則に従って、(ⅰ)公用車を用いない、(ⅱ)公務員を随行させない、(ⅲ)記帳の際に肩書を用いない、(ⅳ)玉串料は公費で払わないなどの原則を定めていた。しかし1985年8月15日に中曽根康弘首相が従来の政府見解を変更して靖国神社に国の機関として公式に参拝し、供花代金として3万円の公費を支出したため、キリスト教信者等が原告となって宗教的人格権侵害等を理由に損害賠償・慰謝料を求めて提訴した。この事件では、二審判決(福岡高判1992〈平4〉.2.28判時1426号85頁)が、宗教的人格権等は具体的な権利・法的利益ではなく、また本件は信教の自由の侵害にあたらないとしつつも、一方で、公式参拝が制度的に継続して行われれば、神道式によらない参拝でも、靖国神社に「援助、助長、促進」の効果をもたらすとして違憲の疑いを指摘した。また、別の靖国公式参拝訴訟で、大阪高裁判決(1992〈平4〉.7.30判時1434号38頁)は具体的な権利侵害はないとしつつも、傍論で、靖国神社は宗教団体であり、公式参拝は外形的・客観的には宗教的活動の性格をもち儀礼的・習俗的とはいえないなどの諸事実を総合判断すれば違憲の疑いが強い、と判示した。

その後、小泉純一郎首相が2001年に行った靖国神社参拝(公用車を使用し「内閣総理大臣小泉純一郎」と記帳したが、献花料は私費支払い)について、戦没者遺族らが精神的苦痛を被ったことを理由に損害賠償を請求した(大阪第一次訴訟)。各地で訴訟が提起され、福岡地裁判決(2004〈平16〉.4.7判時1859号125頁)・大阪高裁判決(大阪第二次訴訟(2005〈平17〉.9.30訟月52巻9号2979頁)では傍論で違憲の判断を示した。しかし、上記大阪第一次訴訟では、一審(大阪地判2004〈平16〉.2.27判時1859号76頁)・二審(大阪高判2005〈平17〉.7.26訟月52巻9号2955頁)に続いて、最高裁第二小法廷は「神社参拝行為は他人の信仰生活等に対して圧迫・干渉を加えるような性質のものではないから……損害賠償の対象となり得るような法的利益の侵害があるとはいえない」として上告を棄却した(最二判2006〈平18〉.6.23判時1940号122頁)。

87 広島市暴走族追放条例事件
最三判2007〈平19〉.9.18刑集61巻6号601頁

広島市暴走族追放条例が2002年に制定された。この条例では、16条1項1号で「公共の場所において……許可を得ないで、公衆に不安又は恐怖を覚えさせるような集又は集会を行うこと」等を禁止し、同17条で「特異な服装をし、顔面の全部若しくは一部を覆い隠し、円陣を組み、又は旗を立てる等威勢を示すことにより行われたとき」は、市長は退去を命じることができると定めて、違反者には6月以下の懲役または10万円の罰金の課していた。被告人は、これらの規定が不明確であり、規制対象が広範囲すぎるとして憲法21条1項、31条違反を主張したが、一・二審はこれを退けて有罪とした(広島地判2004〈平16〉.7.16、広島高判2005〈平17〉.7.28高刑集58巻3号32頁)。

最高裁多数意見(3人の裁判官)は、暴走行為を目的として結成された集団(本来的暴走族)のほか、社会通念上これと同視できる集団(いわゆる準暴走族)によるものに限定すれば、規制目的の正当性、弊害防止手段の合理性等からすれば合憲である、として合憲限定解釈を行って上告を棄却した。これに対して、藤田宙靖裁判官の反対意見は、合憲限定解釈が許されるのは、(ⅰ)その解釈により、規制対象とそれ以外の者が明確に区別され、合憲的に規制し得るもののみが規制対象となることが明らかにされる場合、(ⅱ)国民一般の理解において、具体的な場合に当該表現行為等が規

88 住民基本台帳ネットワーク（「住基ネット」）事件決

最一判2008〈平20〉．3．6民集62巻3号665頁

改正住民基本台帳法（1999年）に基づいて本人確認情報を同ネットワークシステムに取り組むことがプライバシーの権利等の人格権侵害に当たるとして、住民が、居住する市に対して各地で国家賠償請求訴訟を提起した。最初に一審判決が出た金沢の事件では、金沢地裁判決（2005〈平17〉．5．30判時1934号3頁）がプライバシー侵害を認めたが、名古屋高裁金沢支部判決（2006〈平18〉．12.11判時1962号40頁）はこの主張を斥けた。大阪の事件では、一審大阪地裁判決（2004〈平16〉．2．27 判時1962号11頁）が請求棄却後、二審大阪高裁判決（2006〈平18〉．11.30判時1962号11頁）は「自己のプライバシー情報の取扱いについて自己決定する利益（自己情報コントロール権）は、憲法上保障されているプライバシーの権利の重要な一内容となっている」としたうえで、「本人確認情報は、いずれもプライバシーに係る情報として、法的保護の対象となり（最高裁判所平成15年9月12日第二小法廷判決・民集57巻8号973頁参照）、自己情報コントロール権の対象となる」として請求を一部認容した。

本件2008〈平20〉年3月6日の最高裁判決は、「憲法13条は、国民の私生活上の自由が公権力の行使に対しても保護されるべきことを規定して」おり、「何人も、個人に関する情報をみだりに第三者に開示又は公表されない自由を有する」としつつ、本人確認情報のうち、氏名・生年月日・性別・住所の4情報は「秘匿性の高い情報とはいえない」とした。そして、行政機関が住基ネットにより情報を管理する行為・利用等する行為は、「憲法13条により保障された上記の自由を侵害するものではない」として合憲判断を下し、上告人敗訴部分を破棄・自判した。

89 自衛隊イラク派兵違憲訴訟

名古屋高判2008〈平20〉．4．17判時2056号74頁

イラクが大量破壊兵器を開発し保有していることを理由にアメリカが2003年3月に始めたイラク攻撃を支援するため、日本政府が同年7月の「イラク特措法（イラクにおける人道復興支援活動及び安全確保支援活動の実施に関する特別措置法）」に基づいて同年12月から自衛隊を派遣した。これに対して、①派遣の差止め、②違憲性の確認、③原告らの平和的生存権が侵害されたことに対する損害賠償を求めて、各地で複数の訴訟が提訴された。

このうち、名古屋訴訟では、一審名古屋地裁（2006〈平18〉．4．14）がすべての請求を棄却した後、控訴審判決（名古屋高判2008〈平20〉．4．17判時2056号74頁）が、自衛隊のイラクでの活動の違憲性を認め、平和的生存権の具体的権利性を認める画期的な違憲判決を下した。但し、この判決主文は、上記の三点の請求をすべて棄却するものであったため、勝訴した国側が上告することができず、判決が確定した。この判決〔青山邦夫裁判長〕は、平和的生存権について、下記のように指摘した。「平和的生存権は、……全ての基本的人権の基礎にあってその享有を可能ならしめる基底的権利であるということができ、単に憲法の基本的精神や理念を表明したに留まるものではない。・・平和的生存権は、憲法上の法的な権利として認められるべきである。そして、・・裁判所に対してその保護・救済を求め法的強制措置の発動を請求し得るという意味における具体的権利性が肯定される場合があるということができる。」

その後、岡山訴訟でも、平和的生存権の裁判規範性を認めるともに、「すべての人権の基底的権利であり、懲役拒否権や良心的兵役拒否権、軍需労働拒絶権等の自由権の基本権として存在する」という見解を示した（岡山地判2009〈平21〉．2．24判時2046号124頁）が、他の多くの判決は、請求を棄却した。

90 国籍法違憲判決

最大判2008〈平20〉. 6 . 4民集62巻 6 号1367頁

　法律上の婚姻関係にない日本人の父とフィリピン人の母（在留期限を超過して日本に在留）との間に、日本で1997年に出生した男児 X が、出生後父から認知を受けたことを理由に、2005年に法務大臣あてに国籍取得届を提出したところ、国籍取得要件を備えていないとして日本国籍が認められなかった。そこで日本国籍を有することの確認を求めて出訴した。

　当時の国籍法 3 条 1 項は、「父母の婚姻及びその認知により嫡出子たる身分を取得した子で20歳未満のもの（日本国民であった者を除く）は、認知をした父又は母が子の出生の時に日本国民であった場合において、その父又は母が現に日本国民であるとき、又はその死亡の時に日本国民であったときは、法務大臣に届け出ることによって、日本の国籍を取得することができる。」と規定していた。ここでは、父又は母が認知をした場合に、母が日本国民であれば、出生と同時に法律上の母子関係が生じると解されていることから、子は日本国籍を得ることができる。また父子関係についても、日本国民である父が胎児認知した子は、出生時に父との間に法律上の親子関係が生ずることとなり、それぞれ同法 2 条 1 号により生来的に日本国籍を取得する。このため、この 3 条 1 項は、実際上は、法律上の婚姻関係にない日本国民である父と日本国民でない母との間に出生した子で、父から胎児認知を受けていないものに適用されることになり、本件のように出生後に認知された場合には、国籍取得が認められない。

　一審東京地裁（東京地判2005〈平17〉. 4 .13判時1890号27頁）は、準正子と非嫡出子との間の国籍取得上の合理性のない区別は憲法14条 1 項に違反するという判決を下し、届出時点での2003年 2 月 4 日に国籍を取得したとして、X の請求を容認した。しかし控訴審東京高裁判決（2006〈平18〉. 2 .28家月58巻 6 号47頁）は、仮に国籍法 3 条 1 項の規定が違憲無効になったところで、X が国籍を取得することは不可能であり、国籍法の「父母の婚姻」を内縁関係に類推ないし拡張して解釈することは許されない、という理由で、一審判決を取り消して X の請求を棄却した。

　これに対して最高裁大法廷は、国籍取得に両親の婚姻（準正）を要件とした国籍法 3 条 1 項を憲法14条違反として、上告していた子ら10人全員に日本国籍を認めた。15人の裁判官は、10人の多数意見（以下 A、藤田意見 B を含む）と 5 人の反対意見に分かれたが、反対意見のうち 2 人は違憲判断（堀籠・甲斐中裁判官、以下 C）、 3 人は合憲判断（横尾・津野・古田裁判官、以下 D）に分かれ、全体として、違憲と判断したのは12人（A＋C）である。多数意見は違憲判断により原審破棄自判、反対意見は上告棄却の結論となった。

Ⅷ 2010年代 ［2010（平22）-2017（平29）年］

91 砂川政教分離（空知太神社）訴訟

最大判2010〈平22〉. 1 .20民集64巻 1 号 1 頁

　北海道砂川市が所有する集会所の一角に空知太（そらちぶと）神社の祠が設置されている建物（神社施設）があり、市の所有地を無償で神社（宗教法人格をもたず、空知太町内会が管理）に提供していた。本件は、この利用提供行為が財産管理を怠り違法であるとして、住民らが地方自治法242条の 2 第 1 項にもとづいて提訴した、違法確認訴訟である。一審（札幌地判2006〈平18〉. 3 . 3 民集64巻 1 号89頁）、二審（札幌高判2007〈平19〉. 6 .26民集64巻 1 号119頁）はともに、本件利用提供行為は憲法20条 3 項の宗教的活動に当たり、20条 1 項後段、89条の政教分離原則の精神にも反することを認容した。これに対して、最高裁判決では、本件神社施設が氏子集団によって管理運営されていること、この集団は憲法89条の「宗教上の組織もしくは団体」に当たることから、憲法89条ひいては20条 1 項後段の特権付与禁止規定に反するとして、違憲を認定した。そのうえで、違憲性を解消する手段としては、一審判決及び控訴審判決が命ずる方法（神社施設の撤去と土地明渡し）以外にも合理的で現実的な手段が存在する可能性があり、上記利用提供行為の違憲性を解消するための他の手段の存否等について審理を尽くさせる必要があるとして、高裁に差戻した。

　最高裁判決では、実際に敷地の有償貸与などの方法を示唆したところ、判決後に、当事者間でそ

の方向で解決が協議された。差戻審の札幌高裁（2010〈平22〉.12.6民集66巻2号702頁）では、その前提に立って審理した結果、土地明け渡し等の請求等には理由がないとして、「一審判決中控訴人敗訴部分を取消して被控訴人らの請求をいずれも棄却する」という判決を下して決着した。

92 「一人別枠方式」違憲状態判決
最大判2011〈平23〉.3.23民集65巻2号755頁

1994年の公職選挙法改正で衆議院議員選挙に小選挙区制が導入されたことによって、（議員定数配分の不均衡の問題ではなく）各選挙区間の投票価値の不均衡が問題とされることになった。また、同時に成立した衆議院議員選挙区画定審議会（以下「区画審」）設置法では選挙区割りの基準として選挙区間の人口の最大較差が1対2未満になることを基本とする旨が定められたため、従来のような著しい不均衡が認められる余地はなくなった。ところが、上記区画審設置法3条によって「一人別枠方式」（各都道府県の区域内の選挙区の数は、予め1を配当したのちに人口比例して配分する方式）を採用した結果、2000年、2005年に実施された総選挙では1対2未満に収めることはできなかった。これに対して、最高裁は、合憲判断を維持してきた（最三判2001〈平13〉.12.18民集55巻7号1647頁、同1712頁、最大判2007〈平19.6.13民集61巻4号1617頁）。

戦後はじめて選挙による政権交代が実現した2009年8月30日の衆議院総選挙でも、「一人別枠方式」が採用された結果、2009年衆議院議員選挙時の最大較差は1対2.304になった。これに対して全国の7高等裁判所に9件が提訴され、違憲判決が相次いで示された（大阪高裁2009〈平21〉.12.28、広島高裁2010〈平22〉.1.25、福岡高裁2010.3.12、名古屋高裁2010.3.18の4件が違憲判決、東京高裁2010.2.24、福岡高裁那覇支部2010.3.9、高松高裁2010.4.8の3件が「違憲状態」判決であった）。その背景には、選挙による政権交代が実現したことで主権者にとって選挙権が重要な意義をもつことが再認識された現状があった。

これらの高裁判決を受けて、最高裁は、2011〈平23〉年3月23日大法廷で「一人別枠方式」について「違憲状態」と判断した。すなわち、前記「区画審」設置法3条の1対2基準に基づいて立法裁量を狭く解した結果、「一人別枠方式」が選挙時には憲法の投票価値平等に反する状態になったことを認めた反面、合理的期間論によって選挙の合憲性を承認したため、最終的には合憲判決であった。この2011年最高裁判決の多数意見では、投票価値平等に関する従来の理論枠組み（効果的代表制論や人口比例以外の要素の承認など）も維持していたが、田原・宮川裁判官の反対意見などでは、合理的期間も含めて違憲（事情判決により、選挙は有効）と判断した（本書35・48・98参照）。

93 君が代起立斉唱事件
最二判2011〈平23〉.5.30民集65巻4号1780頁

「君が代」をめぐる処分の違憲を争う裁判には、ピアノ伴奏事件と起立斉唱事件がある。

君が代ピアノ伴奏事件は、公立小学校の音楽教諭が入学式の「君が代」伴奏という職務命令を拒否したことから教育委員会によって懲戒処分を受けたため、処分取消を求めて出訴した事件である。一審東京地裁判決（2003〈平15〉.12.3判時1845号135頁）も二審東京高裁判決（2004〈平16〉.7.7民集61巻1号457頁、判例地方自治290号86頁）も請求を棄却した。最高裁第三小法廷判決（2007〈平19〉.2.27民集61巻1号291頁）は、上記職務命令は上告人の歴史観ないし世界観自体を否定するものとは認められず、特定の思想を強制したりこれを禁止したりするものではないことから、その目的および内容が不合理であるとはいえず、思想および良心の自由を侵すものとして憲法19条に違反するということはできない、とした。

君が代起立斉唱事件では、公立高校の校長が教諭に対して卒業式における国歌斉唱時に国旗に向かって起立し国歌を斉唱することを命じた職務命令が、憲法19条に反するか否かが争われた。一連の訴訟において、最高裁は、合憲判断を下した（最一判2011〈平23〉.6.6、最三判2011〈平23〉.6.14、同6.21）。

とくに第二小法廷判決（同年5月30日）では、起立斉唱行為は、学校の儀式的行事における「慣

行上の儀礼的所作としての性質を有するもの」で、(ⅰ)同職務命令は歴史観ないし世界観自体を否定するものといえない。(ⅱ)同職務命令は当該教諭に特定の思想を持つことを強制したり、禁止したりするものではなく、告白を強要するものでもない。(ⅲ)上記起立斉唱行為は国旗・国歌に対する敬意の表明の要素を含む行為であり、歴史観ないし世界観に由来する行動と異なる外部的行動を求められる面があるにしても、同職務命令は、「教育上の行事にふさわしい秩序の確保とともに当該式典の円滑な進行を図るものである」とし、「思想及び良心の自由についての間接的な制約となる面はあるものの、……総合的に較量すれば、上記の制約を許容し得る程度の必要性及び合理性が認められる」と結論づけた。

94 裁判員制度違憲訴訟

最大判2011〈平23〉.11.16刑集65巻8号1285頁

2009年から実施された裁判員制度の合憲性を争う訴訟において、最高裁大法廷は2011〈平23〉年11月16日に合憲判決を下した。

本件は、覚せい剤取締法違反・関税法違反に問われたフィリピン人の被告人（上告人）が、裁判員制度が、①憲法80条1項、32条、37条1項、76条1項、31条、②76条3項、③76条2項、④18条に違反すると主張した事件である。これに対して、最高裁大法廷は、「憲法が採用する統治の基本原理や刑事裁判の諸原則、憲法制定当時の歴史的状況を含めた憲法制定の経緯及び憲法の関連規定の文理を総合的に検討して判断されるべき事柄である」として、「憲法は、一般的には国民の司法参加を許容しており、……その内容を立法政策に委ねている」と判断した。そのうえで、裁判員制度のもとで裁判官と国民で構成される裁判体が、……憲法上の要請に適合した「裁判所」といい得るか、という点につき、「公平な『裁判所』における法と証拠に基づく適正な裁判が行われること（憲法31条、32条、37条1項）は制度的に十分保障されている上、裁判官は刑事裁判の基本的な担い手とされているものと認められ、憲法が定める刑事裁判の諸原則を確保する上での支障はない」とし、①に列挙した諸規定に反しないとした。

②についても、憲法76条3項によれば、裁判官は憲法及び法律に拘束されるとしており、「裁判員法が憲法に適合するようにこれを法制化したものである以上、裁判員法が規定する評決制度の下で、裁判官が時に自らの意見と異なる結論に従わざるを得ない場合があるとしても、それは憲法に適合する法律に拘束される結果であるから」同項違反ではないとした。③についても、「裁判員制度による裁判体は、地方裁判所に属するものであり、その第一審判決に対しては、高等裁判所への控訴及び最高裁判所への上告が認められており、裁判官と裁判員によって構成された裁判体が特別裁判所に当たらないことは明らかである」とした。

④の18条違反の点も、裁判員制度が国民主権の理念に沿って司法の国民的基盤の強化を図るもので、参政権と同様の権限を国民に付与するものであり、これを「苦役」ということは必ずしも適切ではない。また、辞退に関し柔軟な制度を設け、旅費、日当等の支給により負担を軽減するための経済的措置が講じられている事情からすれば、「憲法18条後段が禁ずる『苦役』に当たらないことは明らかであり、また、裁判員又は裁判員候補者のその他の基本的人権を侵害するところも見当たらない」とした。

95 老齢加算廃止違憲訴訟

最三判2012〈平24〉2.28民集66巻3号1240頁

1960年に創設され、原則として満70歳以上の高齢者に支給してきた老齢加算制度について、2006年に厚生労働大臣が保護基準を改定してこの制度を廃止した。2003年の厚労省の専門調査会提言を受けて実施された生活保護基準の改定や給付の減額等を内容とする保護決定が「不利益変更禁止原則」との関係で、生活保護法56条等および憲法25条等に反するか否かを争う訴訟が、東京・福岡・秋田・青森などの地裁に提訴された。一審は、福岡・広島・京都・東京で原告の請求が棄却された。その後、北九州市の受給者39人が市の決定取消を求めた訴訟で、福岡高裁（2010〈平22〉.6.14判時2085号76頁）は、福岡地裁の市側勝訴判決を取り消し、原告勝訴の逆転判決を下したことが注目された。

しかし多くの訴訟で原告側が敗訴し、東京地裁（2008〈平20〉6.26.判時2014号48頁）、東京高裁（2010〈平22〉2.28判時2085号43頁）判決はともに老齢加算廃止は適法・合憲であるとした。最高裁も上告を棄却した（最三判2012〈平24〉2.28。他の事件の上告審でも上告棄却が続いた。最二判2012〈平24〉4.2民集66巻6号2367頁、最一判2012〈平24〉4.2民集66巻6号2367頁、最一判2014〈平26〉10.6賃金と社会保障1622号40頁）。

96 堀越・世田谷事件

最二判2012〈平24〉12.7刑集66巻12号1337頁、1722頁

堀越事件は、社会保険庁東京社会保険事務局目黒社会保険事務所に年金審査官として勤務していた厚生労働事務官Xが、2003年11月の総選挙に際して日本共産党を支持する目的をもって同年10月19日午後0時3分頃から東京都中央区内で同党の機関紙である「しんぶん赤旗」等の機関紙等を配布した事件である。これが国家公務員法110条1項19号（平成19年法律第108号による改正前のもの）、102条1項、人事院規則14－7（政治的行為）6項等に当たるとして起訴された。一審判決（東京地判2006〈平18〉6.29刑集66巻12号1627頁）は、本件罰則規定は憲法21条1項、31条等に違反せず合憲であるとし、本件配布行為は本件罰則規定の構成要件に当たるとして、被告人を有罪と認め、被告人を罰金10万円、執行猶予2年に処した。控訴審判決（東京高判2010〈平22〉3.29刑集66巻12号1687頁）は、「本件配布行為が本件罰則規定の保護法益である国の行政の中立的運営及びこれに対する国民の信頼の確保を侵害すべき危険性は、抽象的なものを含めて、全く肯認できないから、本件配布行為に対して本件罰則規定を適用することは、国家公務員の政治活動の自由に対する必要やむを得ない限度を超えた制約を加え、これを処罰の対象とするものといわざるを得ず、憲法21条1項及び31条に違反する」として、一審判決を破棄し、被告人を無罪とした。

最高裁第二小法廷も、本件配布行為は本件罰則規定の構成要件に該当しないため、被告人を無罪とした原判決は結論において相当であると述べ、Xを無罪として検察官からの上告を棄却した。本判決については、いわゆる猿払3基準（本書32）の変更の有無が問題となったが、千葉裁判官の補足意見は、猿払事件判決と矛盾しないと指摘した。

他方、世田谷事件の方は、厚生労働省大臣官房統計情報部社会統計課長補佐として勤務する国家公務員（厚生労働事務官）Yが、日本共産党を支持する目的で、2005年9月10日午後0時5分頃、東京都世田谷内の警視庁職員住宅等で上記と同様政党の機関紙等を配布して起訴されたた事件である。一審判決（東京地判2008〈平20〉9.19刑集66巻12号1926頁）は、本件罰則規定は憲法21条1項、31条等に違反せず合憲であるとし、本件配布行為は本件罰則規定の構成要件に当たるとして、被告人を有罪と認め、被告人を罰金10万円に処した。控訴審判決（東京高判2010〈平22〉5.13刑集66巻12号1964頁）は、一審判決を支持して控訴を棄却した。最高裁第二小法廷も、堀越事件判決と同日の判決においてこれと同様の理由を提示しつつ、「本件配布行為には、公務員の職務の遂行の政治的中立性を損なうおそれが実質的に認められ、本件配布行為は本件罰則規定の構成要件に該当するというべきである。」として原審を支持して有罪とした（本書32参照）。

97 婚外子相続分差別規定違憲訴訟

最大決2013〈平25〉.9.4民集67巻6号1320頁

民法900条4号但書（2015〈平13〉年改正前のもの）は、「嫡出でない子の相続分は、嫡出でない子の相続分の2分の1」と定めており、婚外子（非嫡出子）を嫡出子との関係で差別した規定となっていた。このほかにも、住民票続柄差別訴訟など差別的法制度が存在したため、憲法14条や国際条約（国際人権規約B規約24条1項、子どもの権利条約2条など）に反するとする訴訟が数多く提起されてきた。婚外子相続分差別については、1993〈平5〉年6月23日の東京高裁決定（高民集46巻2号43頁）が民法900条4号但書を違憲とする画期的判断を下して注目されたが、最高裁は別の事件の1995〈平7〉年7月5日決定（最大決・民集49巻7号1789頁）で合憲と判断した。この多

数意見は、法律婚主義を採用した民法のもとで法律婚の尊重という基本理念を掲げること自体は不合理ではなく、手段も著しく不合理とはいえない、として緩やかな「合理性の基準」を採用した。

その後、最高裁では、2000〈平12〉年1月27日最一小法廷判決（判時1707号121頁）、2003〈平15〉年3月28日最二小法廷判決（判時1820号62頁）、同年3月31日最一小法廷判決（判時1820号64頁）など、いずれも前記大法廷決定に従って違憲の主張を斥けた。しかし、2008〈平20〉年国籍法違憲判決において、家族観の変化や国際的動向などを考慮して違憲判断に転じたことから、婚外子差別訴訟についての判例変更が期待された。

そして2013〈平成25〉年9月4日、最高裁は全員一致で違憲決定を下して原審に差戻した。最高裁は、家族観や国際情勢、国際的な法改正の状況等をふまえ、子どもの個人の尊重を重視する視点から違憲判断を導き、「以上を総合すれば、遅くともAの相続が開始した平成13年7月当時においては、立法府の裁量権を考慮しても、嫡出子と嫡出でない子の法定相続分を区別する合理的な根拠は失われていたというべきである。」として憲法14条1項に違反していた、と決定した。その直後（2015年12月）に法改正が実現し、上記民法900条4号但書が削除されて、嫡出でない子の相続分も嫡出子と同等となった。

に関する最高裁2000〈平12〉年9月6日大法廷判決（民集54巻7号1997頁）では5裁判官の反対意見、2001年選挙に関する最高裁2004〈平16〉年1月14日大法廷判決（民集58巻1号56頁）でも6裁判官の反対意見が付され、多数意見の4人が次回選挙までの改正を促して警告したことで注目された。2004年選挙に関する2006〈平18〉年10月4日大法廷判決（民集60巻8号2696頁）でも5裁判官が反対意見を述べて違憲と判断し、4裁判官が補足意見を述べた。その後、2006〈平18〉年法改正後初の2007年選挙時には最大較差1対4.86の不均衡に対して2009〈平21〉年9月30日最高裁大法廷（民集63巻7号1520頁）が合憲判決を下した。ここでは10人の裁判官の多数意見が「現行の選挙制度の仕組みの見直しが必要となる」ことを指摘し制度改革の必要を指摘した。

そして、政権交代後初の2010年7月の参議院選挙が、最大較差1対5.0の状態で実施されたのに対して多くの訴訟が提起され、最高裁（2012〈平24〉年10月17日判決民集66巻10号3357頁）は、違憲状態と判断した。さらに2013年選挙（最大較差1対4:77）に関する2014〈平26〉11.26判決でも違憲状態と判断しつつ、合理的期間論を採用して合憲判決を下した。同判決には、4裁判官の反対意見があり、山本裁判官の反対意見が、違憲・無効の立場を初めて明らかにして注目された（本書35参照）。

98 参議院議員定数訴訟

最大判2014〈平26〉.11.26民集68巻9号1363頁

参議院選挙の定数規定が1994年6月の公選法改正まで一度も是正されなかった結果、定数不均衡は拡大の一途をたどり、議員一人当たりの有権者数の最大較差は1対6.70（1993年9月現在、最小は鳥取、最大は神奈川）に及んだ。最高裁は、1996〈平8〉年9月11日大法廷判決（民集50巻8号2283頁）で、1対6.59の不均衡を違憲状態と判断したが、選挙制度の合理性や参議院の特殊性から人口比例原則の後退を認めて投票価値不平等を正当化してきた従来の論理（1983〈昭58〉年4月27日大法廷判決民集37巻3号345頁等）を維持した。その後、最高裁判決は合憲判断をくりかえしたが、1998年7月の通常選挙（最大較差1対4.98）

99 再婚期間禁止規定違憲訴訟

最大判2015〈平27〉.12.16民集69巻8号2427頁

民法733条（2016年6月改正前のもの）は「女は、前婚の解消又は取消しの日から6箇月を経過した後でなければ、再婚をすることができない」と定めていた。この規定は、民法772条が「妻が婚姻中に懐胎した子は、夫の子と推定する。婚姻の成立から200日を経過した後又は婚姻の解消若しくは取消しの300日以内に生まれた子は、婚姻中に懐胎したものと推定する」としていることから、嫡出推定の重複を避け、父子関係の混乱を防止するために6箇月の再婚禁止期間を定めたものである。しかし、（離婚後100日以内に再婚した場合には論理的に前婚の夫と後婚の夫の嫡出推定が

重複することからすれば）立法目的を達成するためには100日の期間で足りるはずであり、また懐胎してないことが明らかな場合も含めて、女性のみに再婚の自由を過度に（6箇月も）制限する規定は、憲法13条・14条・24条に反するとして、多くの訴訟が提起されてきた。最高裁1995〈平7〉年判決は、民法733条が憲法14条1項の文言に一義的に反するとはいえないため、「国会が民法733条を改廃しないことが直ちに……例外的な場合に当たると解する余地のないことは明らかである」として、国家賠償法上の違法性を否定し、原告の違憲の主張を斥けた（最判1995〈平成7〉年12月5日、判時1563号81頁）。

ところが、2015〈平27〉年12月16日大法廷判決は、100日を超える部分について、憲法14条1項及び24条2項に違反することを認めた。本判決多数意見は、「婚姻をするについての自由が憲法24条1項の規定の趣旨に照らし十分尊重されるべきものであることや妻が婚姻前から懐胎していた子を産むことは再婚の場合に限られないことをも考慮すれば、……本件規定のうち100日超過部分は合理性を欠いた過剰な制約を課すものとなっているというべきである。以上を総合すると、本件規定のうち100日超過部分は遅くとも上告人が前婚を解消した日から100日を経過した時点までには、婚姻及び家族に関する事項について国会に認められる合理的な立法裁量の範囲を超えるものとして、その立法目的との関連において合理性を欠くものになっていたと解される。」とした。ただし、多数意見のうち、櫻井龍子裁判官ら6裁判官の共同補足意見で100日を超える期間を含めて適用除外の拡大が求められ、千葉補足意見でも手段審査について審査密度を上げて相当性の有無について審査をすべきことが指摘された。このほか、鬼丸裁判官の意見は100日を超えない期間についても違憲とし、山浦裁判官の反対意見は、違憲のみならず国賠請求についても認める判断をした。反対意見は、100日を超える期間について違憲判断をした以上は、1996年の民法改正案要綱や2003年の女性差別撤廃委員会勧告の時点で立法府の民法改正に関する作為義務が生じたと考えて国賠請求をも認めたものである。その後、2015年12月16日判決当日法務省から民法改正を待たずに離婚後100日を超える再婚届を受理するよう通達が出された後、2016年6月に民法が改正され、懐胎してないことの証明がある場合に、100日以内についても適用除外することが定められた（2016年6月7日施行）。

100 夫婦別姓訴訟（夫婦同氏強制違憲訴訟）

最大判2015〈平27〉.12.16民集69巻8号2586頁

民法750条は「夫婦は、婚姻の際に定めるところに従い、夫又は妻の氏を称する」と定めて、夫婦が同一の氏を選択すべきことを定める（夫婦同氏制は明治31年に導入されたが日本国憲法制定後の法改正でも維持された）。この規定は、（733条とは異なり）男女のいずれかを差別する規定ではなく、形式的平等違反の規定ではないが、実際には、96％の夫婦において夫の氏が選択されており、旧姓の維持をのぞむ女性などが事実婚を選ぶ例も生じている。そこで民法750条の合憲性を争う訴訟が1980年代以降複数提起された。別姓選択の婚姻届不受理事件の岐阜家裁審判（1989年6月23日家月41巻9号116頁）では「同じ氏を称することは、主観的には夫婦の一体感を高めるのに役立（つ）」等として合憲判断を下していた。

2000年に原告5人が提訴した別件の国家賠償請求訴訟では、一審（東京地判2013〈平25〉5.29判時2196号67頁）、控訴審（東京高判2014〈平26〉3.28民集69巻8号2741頁）が合憲と判断したのち、2015〈平成27〉年12月16日最高裁大法廷で合憲判決が下された。上告人は、憲法13条・14条・24条・女性差別撤廃条約16条G項違反を指摘したのに対して、最高裁多数意見は下記のように指摘して違憲の主張を斥け、国家賠償請求も棄却した。
（ⅰ）「氏名は、……人が個人として尊重される基礎であり、その個人の人格の象徴であって、人格権の一内容を構成するものというべきである……しかし、……婚姻の際に「氏の変更を強制されない自由」が憲法上の権利として保障される人格権の一内容であるとはいえない。本件規定は、憲法13条に違反するものではない。」
（ⅱ）「本件規定は、夫婦が夫又は妻の氏を称するものとしており、夫婦がいずれの氏を称するかを夫婦となろうとする者の間の協議に委ねているのであって、その文言上性別に基づく法的な差

的取扱いを定めているわけではなく、……本件規定は、憲法14条1項に違反するものではない。

（ⅲ）「憲法24条2項は、具体的な制度の構築を第一次的には国会の合理的な立法裁量に委ねるとともに、その立法に当たっては、同条1項も前提としつつ、個人の尊厳と両性の本質的平等に立脚すべきであるとする要請、指針を示すことによって、その裁量の限界を画したものといえる。……夫婦同氏制それ自体に男女間の形式的な不平等が存在するわけではなく、夫婦がいずれの氏を称するかは、夫婦となろうとする者の間の協議による自由な選択に委ねられている。……上記の不利益は、このような氏の通称使用が広まることにより一定程度は緩和され得るものである。以上の点を総合的に考慮すると、……夫婦同氏制が、夫婦が別の氏を称することを認めないものであるとしても、……直ちに個人の尊厳と両性の本質的平等の要請に照らして合理性を欠く制度であるとは認めることはできない。したがって、本件規定は、憲法24条に違反するものではない。」

多数意見は、規制の程度の小さい氏に係る制度（例えば、選択的夫婦別氏制）に合理性がないと断ずるものではないとしつつ、「この種の制度の在り方は、国会で論ぜられ、判断されるべき事柄にほかならない」とした。なお、岡部喜代子裁判官ら女性3裁判官と木内裁判官、山浦裁判官ら5人はいずれも民法750条を違憲と判断し、山浦裁判官は国家賠償請求も容認する立場をとった（辻村『憲法と家族』日本加除出版246頁以下参照）。

［第3部所収の解説は、辻村みよ子『憲法（第5版）』の同（第6版）（日本評論社、2016年、2018年）等の自著の記述をもとに書きおろしたものであり、文責はすべて本書編著者に属する。（無断転用不可）］

辻村みよ子
　　明治大学法科大学院教授，東北大学名誉教授

主な著書
『フランス革命の憲法原理』（日本評論社，1989年）［渋沢＝クローデル賞］
『権利としての選挙権』（勁草書房，1989年）
『人権の普遍性と歴史性』（創文社，1992年）
『市民主権の可能性』（有信堂，2002年）
『フランスの憲法判例Ⅰ・Ⅱ』（編集代表，信山社，Ⅰ2002年，Ⅱ2013年）
『憲法とジェンダー』（有斐閣，2009年）［昭和女子大学女性文化研究賞］
『フランス憲法と現代立憲主義の挑戦』（有信堂，2010年）
『ポジティヴ・アクション──「法による平等」の技法』（岩波新書，2011年），
『人権をめぐる十五講──現代の難問に挑む』（岩波書店，2013年）
『比較のなかの改憲論──日本国憲法の位置』（岩波新書，2014年）
『選挙権と国民主権』（日本評論社，2015年）
『憲法と家族』（日本加除出版，2016年）
『概説　ジェンダーと法──人権論の視点から学ぶ（第2版）』（信山社，2016年）
『政治社会の変動と憲法』（全2巻，編集代表，信山社，2017年）
『新解説世界憲法集（第4版）』（共編著，三省堂，2017年）
『比較憲法（第3版）』（岩波書店，2018年）
『憲法（第6版）』（日本評論社，2018年）

最新 憲法資料集
年表・史料・判例解説

2018（平成30）年3月20日　第1版第1刷発行
8624-3：P224　¥2000E-012：015-007

著　者　　辻村みよ子
発行者　　今井 貴・稲葉文子
発行所　　株式会社　信山社
〒113-0033　東京都文京区本郷6-2-9-102
Tel 03-3818-1019　Fax 03-3818-0344
henshu@shinzansha.co.jp
笠間才木支店　〒309-1611 茨城県笠間市笠間 515-3
Tel 0296-71-9081　Fax 0296-71-9082
笠間来栖支店　〒309-1625 茨城県笠間市来栖 2345-1
Tel 0296-71-0215　Fax 0296-72-5410
出版契約 No.8624-3-01011　Printed in Japan

Ⓒ 辻村みよ子，2018　印刷・製本／亜細亜印刷・渋谷文泉閣
ISBN978-4-7972-8624-3 C3332　分類323.100-c100

JCOPY〈(社)出版者著作権管理機構　委託出版物〉
本書の無断複写は著作権法上での例外を除き禁じられています。複写される場合は，そのつど事前に，(社)出版者著作権管理機構（電話03-3513-6969，FAX03-3513-6979，e-mail: info@jcopy.or.jp）の許諾を得てください。

◆フランスの憲法判例
　フランス憲法判例研究会 編　辻村みよ子編集代表
・フランス憲法院(1958～2001年)の重要判例67件を、体系的に整理・配列して理論的に解説。フランス憲法研究の基本文献として最適な一冊。

◆フランスの憲法判例 II
　フランス憲法判例研究会 編　辻村みよ子編集代表
・政治的機関から裁判的機関へと揺れ動くフランス憲法院の代表的な判例を体系的に分類して収録。『フランスの憲法判例』刊行以降に出されたDC判決のみならず、2008年憲法改正により導入されたQPC（合憲性優先問題）判決をもあわせて掲載。

◆ヨーロッパ人権裁判所の判例
　戸波江二・北村泰三・建石真公子・小畑郁・江島晶子 編集代表
・ボーダーレスな人権保障の理論と実際。解説判例80件に加え、概説・資料も充実。来たるべき国際人権法学の最先端。

◆ヨーロッパ人権裁判所の判例 II〔近刊〕
　戸波江二・北村泰三・建石真公子・小畑郁・江島晶子 編集代表

◆ドイツの憲法判例〔第2版〕
　ドイツ憲法判例研究会 編　栗城壽夫・戸波江二・根森健 編集代表
・ドイツ憲法判例研究会による、1990年頃までのドイツ憲法判例の研究成果94選を収録。ドイツの主要憲法判例の分析・解説、現代ドイツ公法学者系譜図などの参考資料を付し、ドイツ憲法を概観する。

◆ドイツの憲法判例 II〔第2版〕
　ドイツ憲法判例研究会 編　栗城壽夫・戸波江二・石村修 編集代表
・1985～1995年の75にのぼるドイツ憲法重要判決の解説。好評を博した『ドイツの最新憲法判例』を加筆補正し、新規判例を多数追加。

◆ドイツの憲法判例 III
　ドイツ憲法判例研究会 編　栗城壽夫・戸波江二・嶋崎健太郎 編集代表
・1996～2005年の重要判例86判例を取り上げ、ドイツ憲法解釈と憲法実務を学ぶ。新たに、基本用語集、連邦憲法裁判所関係文献、1～3通巻目次を掲載。

憲法の発展 I －憲法の解釈・変遷・改正

鈴木秀美・M・イェシュテット・小山剛・R・ポッシャー 編

毛利透／U・フォルクマン／C・ブムケ／林知更／C・シェーンベルガー／高田篤／西原博史／C・ヴァルトホフ／C・ヒルグルーバー／川又伸彦／三宅雄彦／R・ポッシャー／M・ネッテスハイム／松原光宏

信山社

【講座 政治・社会の変動と憲法―フランス憲法からの展望 第Ⅰ巻】
政治変動と立憲主義の展開
辻村みよ子 編集代表

【講座 政治・社会の変動と憲法―フランス憲法からの展望 第Ⅱ巻】
社会変動と人権の現代的保障
辻村みよ子 編集代表

概説ジェンダーと法（第2版） 辻村みよ子

ジェンダー六法（第2版）
山下泰子・辻村みよ子・浅倉むつ子・二宮周平・戒能民江 編

憲法の基底と憲法論 ― 思想・制度・運用　高見勝利先生古稀記念
岡田信弘・笹田栄司・長谷部恭男 編

憲法の思想と発展　浦田一郎先生古稀記念
阪口正二郎・江島晶子・只野雅人・今野健一 編

憲法学の創造的展開　戸波江二先生古稀記念
工藤達朗・西原博史・鈴木秀美・小山剛・毛利透・三宅雄彦・斎藤一久 編

憲法改革の理念と展開　大石眞先生還暦記念
曽我部真裕・赤坂幸一 編

判例プラクティス憲法　憲法判例研究会 編
淺野博宣・尾形健・小島慎司・宍戸常寿・曽我部真裕・中林暁生・山本龍彦

信山社

憲法研究
　辻村みよ子 責任編集

概説 憲法コンメンタール
　辻村みよ子・山元一 編

最新 憲法資料集（年表・史料・判例解説）
　辻村みよ子 編著

信山社